ABITUR 2011

Prüfungsaufgaben
mit Lösungen

Mathematik

Gymnasium
Thüringen
2007–2010

STARK

ISBN 978-3-89449-268-7

© 2010 by Stark Verlagsgesellschaft mbH & Co. KG
14. neu bearbeitete und ergänzte Auflage
www.stark-verlag.de

Das Werk und alle seine Bestandteile sind urheberrechtlich geschützt. Jede vollständige oder teilweise Vervielfältigung, Verbreitung und Veröffentlichung bedarf der ausdrücklichen Genehmigung des Verlages.

Inhalt

Vorwort
Stichwortverzeichnis

Hinweise und Tipps zur schriftlichen Abiturprüfung

1 Ablauf der Prüfung I
2 Inhalte und Schwerpunktthemen II
3 Leistungsanforderungen und Bewertung III
4 Operatoren IV
5 Methodische Hinweise und allgemeine Tipps zur schriftlichen Prüfung V
6 Hinweise und Tipps zum Lösen von Abituraufgaben mit CAS-Rechnern XII

Übungsaufgaben

Übungsaufgaben Analysis 1
    Hinweise und Tipps 7
    Lösungen 10
Übungsaufgaben Analytische Geometrie 36
    Hinweise und Tipps 38
    Lösungen 40

Abiturprüfung 2007

A1: Analysis $y = f(x) = \frac{6x^2 - x^3}{4}$ 2007-1

A2: Analysis $y = f(x) = \frac{1}{2}x^2 \cdot (\ln x - 2)$ 2007-11

B1: Analytische Geometrie 2007-20
B2: Stochastik 2007-32
C: Themenübergreifend 2007-39

Abiturprüfung 2008

A1: Analysis $y = f(x) = \frac{2x^2}{x^2 + 1} = 2 - \frac{2}{x^2 + 1}$ 2008-1

A2: Analysis $y = f(x) = (x - 2) \cdot e^{\frac{3}{2}x}$ 2008-12

B1: Analytische Geometrie 2008-26
B2: Stochastik 2008-36
C: Themenübergreifend 2008-43

Abiturprüfung 2009

A1: Analysis $y = f(x) = \ln(2x+1) - x$ 2009-1

A2: Analysis $y = f(x) = 2 + \frac{8}{x} + \frac{6}{x^2} = \frac{2x^2 + 8x + 6}{x^2}$ 2009-14

B1: Analytische Geometrie 2009-25
B2: Stochastik 2009-34
C: Themenübergreifend 2009-41

Abiturprüfung 2010

A1: Analysis $y = f(x) = (2x+1) \cdot e^{-x}$ 2010-1

A2: Analysis $y = f(x) = \frac{1}{12}x^4 - \frac{3}{2}x^2$ 2010-14

B1: Analytische Geometrie 2010-26
B2: Stochastik 2010-36
C: Themenübergreifend 2010-45

Jeweils zu Beginn des neuen Schuljahres erscheinen die
neuen Ausgaben der Abiturprüfungsaufgaben mit Lösungen.

Autoren:

Irmhild Kantel, Gotha (2007–2009: Lösungen ohne CAS; 2010: Lösungen, Hinweise und Tipps zu A1, B2 und C)
Norbert Köhler, Geraberg (2010: Lösungen, Hinweise und Tipps zu A2 und B1)
Dr. Hubert Langlotz, Wutha-Farnroda (2007–2009: Lösungen mit CAS, Hinweise und Tipps)
Dr. Wilfried Zappe, Ilmenau (Übungsaufgaben)

Vorwort

Liebe Abiturientinnen und Abiturienten,

dieses Buch hilft Ihnen, sich frühzeitig und umfassend auf die **Abiturprüfung 2011 im Kernfach Mathematik** der neu gestalteten Oberstufe vorzubereiten. Dazu enthält es speziell auf die neuen Anforderungen abgestimmte **Übungsaufgaben** sowie die weiterhin prüfungsrelevanten **Abituraufgaben** für den Grundkurs Mathematik der Jahre 2007 bis 2010. Wenn Sie anhand dieser Aufgaben die Prüfungssituation „durchspielen", sollten Sie sich sowohl an der vorgegebenen Bearbeitungszeit orientieren als auch die Situation des „Auswählen-Müssens" von bestimmten Aufgaben berücksichtigen.

Neben den Lösungen zu den herkömmlichen Abituraufgaben finden Sie in diesem Buch auch die Aufgabenstellungen und Lösungen – oder zumindest Lösungshinweise – zum **CAS-Abitur**. Speziell hierfür haben wir in diesem Buch „Hinweise und Tipps zum Lösen von Abituraufgaben mit CAS-Rechnern" ergänzt. Um unnötige Wiederholungen zu vermeiden, wird nur ein Lösungsteil angeboten. Dabei sind in der Lösung ohne CAS klare Hinweise gegeben, wie Sie die Lösung mit dem Taschencomputer erzielen können. Aufgaben des CAS-Abiturs, die vom herkömmlichen Abitur abweichen, sind ausführlich anhand des Taschencomputers vorgerechnet. (Die Bildschirmausdrucke im Lösungsteil wurden teils mit einem TI-Voyage, teils mit einem TI-Nspire erstellt. Sie sind aber jeweils in gleicher Weise mit einem TI-Nspire bzw. TI-Voyage oder TI-89 reproduzierbar.)

Weiter finden Sie zusätzliche **Hinweise und Tipps**, die zwischen den Aufgaben und Lösungen stehen und für jede Teilaufgabe ausgearbeitet sind. Diese liefern Denkanstöße zur Lösung und sind nach zunehmendem Grad der Hilfestellung geordnet. Sollten Sie bei einer Aufgabe also keinen eigenen Lösungsansatz finden, so lesen Sie zunächst den **ersten Tipp** zu der entsprechenden Teilaufgabe und verdecken die weiteren Tipps mit einem Blatt. Denken Sie über den Tipp nach und versuchen Sie nun selbst einen Ansatz zu schaffen. Sollten Sie gar nicht weiterkommen, dann lesen Sie den **nächsten Tipp** usw. Schlagen Sie in der Lösung erst nach, wenn Sie mit allen zu der Aufgabe gehörenden Tipps nicht weiterkommen. Im Lösungsteil werden zudem ausführliche **Hinweise** gegeben, die Ihnen die vorgerechnete **Lösung erläutern und erklären**, sodass Sie die Lösung selbstständig nachvollziehen und verstehen können. Bei der Lösungsdarstellung werden teilweise auch alternative Lösungswege aufgezeigt, damit Sie Ihre angefertigte Lösung korrigieren können und um zu zeigen, dass es oft eine Vielfalt von mathematischen Lösungsansätzen gibt.

Sollten nach Erscheinen dieses Bandes noch wichtige Änderungen in der Abitur-Prüfung 2011 vom Ministerium für Bildung, Wissenschaft und Kultur bekannt gegeben werden, finden Sie aktuelle Informationen dazu im Internet unter:
http://www.stark-verlag.de/info.asp?zentrale-pruefung-aktuell

Viel Erfolg!

Ihr Autorenteam

Stichwortverzeichnis

Das Verzeichnis gliedert sich in drei Themenbereiche:
A = Analysis
B = Analytische Geometrie
C = Stochastik

Folgende Abkürzungen wurden zur Kennzeichnung der einzelnen Aufgaben gewählt:

ÜA 1b   Übungsaufgaben Analysis, Aufgabe **1**, Teilaufgabe **b**
ÜG 3c   Übungsaufgaben Analytische Geometrie, Aufgabe **3**, Teilaufgabe **c**
09-34 c   Abitur 2009, Seite 20**09-34**, Teilaufgabe **c**
10-2 a CAS   **CAS**-Abitur 2010, Seite 20**10-2**, Teilaufgabe **a**

A Analysis

Ableitung	
– Wahrheitswert überprüfen	10-2 a CAS
Abstand	
– von einer Geraden	09-1 d
– von einer Horizontalen	08-1 b
– zweier Punkte	ÜA 10d; 09-14 d; 09-15 e CAS
– zweier Tangenten	07-11 b CAS
Änderungsrate, momentane	ÜA 2f; ÜA 6; ÜA 11d
Anstieg	ÜA 1b; ÜA 4d; 10-14 d
Asymptoten	
– Begründung	ÜA 4b; ÜA 8a
– Gleichung	ÜA 3a; ÜA 8a, b; 08-1 a; 09-14 a
Berührung	
– Parabel und Gerade	ÜA 9b
Beschleunigung	ÜA 4d
Definitionsbereich	
– größtmöglicher	07-11 a; 09-1 a
Dreieck	
– Gleichschenkligkeit nachweisen	09-1 c
Extrempunkte (lokale)	
– Nichtexistenz	08-13 f CAS
– untersuchen, Koordinaten	ÜA 3a; ÜA 5b; ÜA 10b; 07-1 a; 07-11 a; 08-1 a; 08-12 a; 08-13 f CAS; 09-1 a; 09-14 a; 10-1 a; 10-14 a
Extremwertproblem	ÜA 1b; ÜA 11c, d; 07-1 b; 08-1 e; 08-12 c; 09-14 d; 09-15 e CAS; 10-1 d
Flächeninhalt	
– eines Dreiecks	07-1 b; 07-11 b; 09-1 c; 10-1 d
– eines Vierecks	ÜA 7

– zwischen Graph und Geraden	ÜA 1c; ÜA 3d; ÜA 4e; ÜA 9a; 07-1 d; 07-11 c; 08-2 d CAS; 09-1 b; 10-1 c
– zwischen Graph und Koordinatenachsen	08-12 b
– zwischen Graph und x-Achse	ÜA 5d; ÜA 7; 09-2 b CAS; 09-14 c; 09-15 d CAS; 10-1 c; 10-14 b
– zwischen zwei Graphen	ÜA 9a; 10-14 b

Funktion
– Exponentialfunktion	ÜA 2; ÜA 3; ÜA 4; 07-39 b; 08-12
– ganzrationale Funktion	ÜA 5c, d; ÜA 6; ÜA 9; ÜA 10; 07-1; 08-43 b
– gebrochenrationale Funktion	ÜA 8; 08-1; 08-43 b CAS; 09-14
– Logarithmusfunktion	ÜA 5; 07-11; 09-1
– trigonometrische Funktion	ÜA 1; ÜA 5; ÜA 7; ÜA 11

Funktionsgleichung bestimmen
– abschnittsweise definierte	ÜA 6
– exponentielle	ÜA 2a; ÜA 4a
– ganzrationale	ÜA 10a; 10-16 e CAS
– gebrochenrationale	08-43 b CAS
– lineare	09-14 b
– quadratische	ÜA 5c; ÜA 6

Funktionswerte
– Differenz	ÜA 3c
– Vorzeichen in einem Intervall	10-1 a

gemeinsame Punkte
– mit der x-Achse	08-1 a; 09-14 a
– mit einer Horizontalen (Anzahl)	08-12 a; 10-14 a

Geraden
– Gleichung ermitteln	10-1 e

Geschwindigkeit   ÜA 4

Gleichungen lösen
– Exponentialgleichung	09-41 a
– goniometrische Gleichung	ÜA 5a, b; ÜA 11
– quadratische Gleichung	ÜA 8a, c; ÜA 9

Gleichungssystem lösen   ÜA 4a; ÜA 5c; ÜA 10a; 10-16 e CAS

Graph G_2 aus G_1 07-39 b

Grenzwert
– $x \to \pm\infty$	ÜA 3a; ÜA 4b; ÜA 8a; 10-14 a
– $x \to a$	ÜA 8a; 09-1 a

Kreis
– Nachweis gemeinsamer Tangenten	08-12 d
– Radius	08-12 d

Maxima
– der Tageslänge	ÜA 11c
– der Zunahme der Tageslänge	ÜA 11d
– eines Anstiegs	ÜA 1b
– eines Dreiecksflächeninhalts	07-1 b; 10-1 d
– eines Rechteckflächeninhalts	08-1 e; 08-12 c

Minima
– der Tageslänge	ÜA 11c
– der Zunahme der Tageslänge	ÜA 11d
– eines Rechteckflächeninhalts	09-14 d; 09-15 e CAS
– lokale Minimumstelle	09-1 d
– minimale Differenz	09-1 d

Monotonienachweis	ÜA 4b
Normale	
– Gleichung	ÜA 7; ÜA 10c
Nullstellen	
– begründen	ÜA 5a
– berechnen	ÜA 3a; ÜA 8a, c; 08-43 b CAS; 10-14 d
– Existenznachweis	09-1 a
Orthogonalität zweier Geraden	
– Nachweis	08-1 d; 08-12 d
Parabel	ÜA 6; ÜA 9
– als Näherungsfunktion	ÜA 5c, d
Parameter bestimmen	
– für Anstieg	10-14 d
– für Berührungsstelle	ÜA 9b; 07-1 e
– für Funktionsterm	ÜA 2a; ÜA 4a; 10-45 b
– für Gerade	10-1 c
Parametereinfluss	
– Diskussion	ÜA 8b, c; ÜA 9; 07-11 d; 09-14 e; 09-15 f CAS; 10-14 d
Polstellen	08-43 b CAS
Schnittpunkte	
– Anzahl	09-1 e
– mit den Koordinatenachsen	07-1 a; 07-11 b; 08-12 a; 10-1 a, e
– mit der x-Achse	07-11 a; 10-14 a
– mit der y-Achse	09-1 a
– von Tangenten/Normalen	ÜA 7; 10-14 c
– zweier Graphen	ÜA 9; ÜA 10c
Schnittwinkel	
– Gerade, x-Achse	09-14 b
– Tangente, y-Achse	07-11 b; 10-1 b
– zweier Graphen	07-1 e
– zweier Tangenten	10-14 c
Spiegelung	
– an der x-Achse	ÜA 1; 10-14 b
– an der y-Achse	09-2 a CAS; 10-14 c
Stammfunktion	
– Eigenschaften	07-11 c; 10-2 c CAS
– Gleichung	08-43 b; 10-14 b
– Nachweis	07-11 c; 09-1 b; 09-14 c; 09-15 d CAS; 10-1 c
Substitution	ÜA 4a; ÜA 11b, c
Symmetrieverhalten	
– bestimmen	08-1 a; 10-14 a
Tangente	
– Abstand zweier Tangenten	07-11 b CAS
– Anzahl	07-1 c
– Berührungspunkt	08-1 c; 10-14 c
– Gleichung	ÜA 7; 07-1 c; 07-11 b; 08-1 c; 08-12 d; 10-14 c
– Nachweis	07-11 b; 10-1 b
– Tangente als Ursprungsgerade	08-12 e
Teilungsverhältnis	
– zweier Flächen	07-1 d
Ungleichung lösen	ÜA 3c

Verdopplungszeit	ÜA 2d
Verhalten im Unendlichen	10-14 a
Verhältnis	
– von Flächeninhalten	ÜA 7; 07-1 d
Volumen	
– eines Kegels	08-1 d; 09-15 c CAS; 10-1 b
– einer Rinne	ÜA 1c
Wachstum	
– exponentielles	ÜA 2
– lineares	ÜA 2g
Wendepunkte	
– Koordinaten	ÜA 1b; ÜA 10b; ÜA 11d; 07-1 a; 07-11 a; 08-1 a; 08-12 a; 09-1 a; 09-14 a; 10-1 a; 10-14 a
Wendetangente	07-1 c
Wertebereich	ÜA 1c; 07-11 a; 08-1 a; 08-12 a; 09-14 a; 10-1 a
Zahlenfolgen	
– arithmetische	09-41 b
– geometrische	07-39 a; 08-43 a
– Index bestimmen	08-43 a; 10-45 a

B Analytische Geometrie

Abstand	
– Gerade zu Ebene	ÜG 2e; ÜG 4b
– Punkt zu Ebene	ÜG 1c; ÜG 3a
– zweier Punkte	10-26 a
Dreieck	
– Flächeninhalt	ÜG 1b; ÜG 5a, d; 07-20 b; 10-26 b
– Innenwinkel	07-20 b
– Punkt im Innern	10-26 c
– Seitenhalbierende	ÜG 5a, e
– Winkel	07-20 b
Ebene(n)	
– besondere Lage	ÜG 4a, c
– Durchstoßpunkt	ÜG 1d; ÜG 2e; ÜG 3c; ÜG 4d; 10-26 c
– Koordinatengleichung	ÜG 1a; ÜG 4c
– Normalenvektor	ÜG 1a; ÜG 2c; ÜG 3a; ÜG 4a
– normierter Normalenvektor	ÜG 1c; ÜG 2e; ÜG 4b
– Parametergleichung	ÜG 4c
– Punktprobe	ÜG 2b; 08-26 a
Gerade(n)	
– besondere Lage	ÜG 4a; ÜG 5e
– Durchstoßpunkt mit Koordinatenebene	08-26 d
– Gleichung	ÜG 4d; ÜG 5b, e; 10-26 a
– Lagebeziehung Punkt–Gerade	10-26 a
– Lotgerade	ÜG 2c; ÜG 3b
– Schnittpunkt	ÜG 2d
– Schnittwinkel	ÜG 2d
Gleichungssystem lösen	ÜG 1a; ÜG 2d; ÜG 5a, e; 07-20 c; 08-26 c, d; 10-26 c
Koordinatenbestimmung	07-20 a; 10-26 b
Kreis	
– einbeschriebenes Quadrat	09-41 d

Orthogonalität	ÜG 4c; 07-20 c; 08-26 c; 10-26 b
Parallelität	
– Gerade/Ebene	ÜG 2a; ÜG 4a, d
Parameter bestimmen	
– für Orthogonalität	08-43 c; 10-45 c CAS
– für Parallelität	08-43 c; 10-45 c
– für Vektorlänge	10-45 c
– für Winkel	07-39 c
Prisma	
– Volumen	10-26 b
Projektion	ÜG 3b
Pyramide	
– Abstand Punkt/Fläche; Punkt/Punkt	07-20 c
– Darstellung	07-20 a
– Höhe	08-26 c
– Mantelflächenanteil	07-20 b
– Schnitt mit Ebene	ÜG 5b
– Spitze	07-20 a; 09-25 c
– Volumen	ÜG 1c; ÜG 3d; ÜG 5a, c, d; 08-26 c
– Winkel	09-25 c
Pyramidenstumpf	
– Lot auf Kante fällen	09-25 e
– Mantelflächeninhalt	09-25 b
– Volumen	ÜG 5c
Quader	
– Darstellung	07-20 a
– Eckpunkte	07-20 a
– Kantenlänge	07-20 a
– Vektorkette über Kanten	09-41 c
Schnittpunkt	
– von Gerade und Ebene	ÜG 1d; ÜG 2e; ÜG 4d; ÜG 5b; 10-26 c
– zweier Geraden	ÜG 2d; ÜG 5a, e
Strecke(n)	
– Länge	ÜG 1b; 07-20 a; 09-25 e
– rechtwinklig zu Fläche	07-20 c; 08-26 c; 10-26 b
– Teilungsverhältnis	07-20 c; 08-26 d; 09-25 e; 10-26 a
Trapez	
– Diagonalenschnittpunkt	08-26 c
– Flächeninhalt	08-26 b
– Nachweis	08-26 b
– ungleichschenklig	08-26 b
Vektorprodukt	
– berechnen	ÜG 1a
– geometrische Deutung	ÜG 1b
Winkel	
– zwischen Gerade und Ebene	ÜG 1d
– zwischen Vektoren	ÜG 2d; 10-26 c
Zeichnung	ÜG 5a; 07-20 a; 09-25 a; 10-26 b
Zusammengesetzter Körper	
– Darstellung	09-25 a
– Eckpunkte	09-25 a
– Punkte besonderer Lage	09-25 d

C Stochastik

Binomialverteilung
- $B_{n;\,p}(X = k)$ 07-32 e; 09-34 c; 10-36 b
- $B_{n;\,p}(X \geq k)$ 07-32 b, c; 09-34 b; 10-36 e
- Dreimal-Mindestens-Aufgabe   07-32 b; 08-36 b; 09-34 e
- Ereignis zu P(E) beschreiben   08-36 b; 09-34 c
- Erwartungswert   09-34 b
- k-ter Erfolg bei n-ter Ziehung 10-36 b

Gleichverteilung (mehrstufig)
- Anordnen in einer Reihe   09-41 e
- Auswahl ohne Zurücklegen   07-32 d; 09-34 a

Hypothesentest
- Alternativtest   08-36 d; 09-34 d
- einseitiger Signifikanztest   07-32 f; 10-36 f

Ziehen ohne Zurücklegen   07-32 d; 10-36 a

Zufallsexperiment (mehrstufig)
- Augensumme   07-39 d
- Baumdiagramm   07-32 a; 07-39 d; 08-43 d
- Chancengleichheit   10-36 c
- Ereignis in Worten   07-32 a; 10-45 d
- Verzweigungswahrscheinlichkeit 08-36 c
- Wahrscheinlichkeiten   07-32 a, e; 07-39 d; 08-36 a; 08-43 d; 10-36 a; 10-45 d

Zufallsgröße
- Erwartungswert   10-36 d

Hinweise und Tipps zur schriftlichen Abiturprüfung

1 Ablauf der Prüfung

Im Freistaat Thüringen gibt es im Fach Mathematik ein zentrales schriftliches Abitur. Auf der Grundlage eines Abiturerlasses des Thüringer Kultusministeriums werden die Aufgaben durch eine Abituraufgabenkommission erstellt, in der erfahrene Lehrerinnen und Lehrer mitarbeiten.

Aufbau der Prüfungsaufgaben

In der Abiturprüfung wird Ihnen ein Aufgabenvorschlag mit insgesamt fünf komplexen Aufgaben vorgelegt, von dem Sie drei Aufgaben auswählen und bearbeiten müssen. Die Prüfungsarbeit hat folgende Struktur:

Analysis A1	Analysis A2
Vektorrechnung/Analytische Geometrie B1	Stochastik B2
Themenübergreifende Aufgabe C	

Dabei können Sie von den ersten beiden Aufgaben A1 und A2, die aus dem Stoffgebiet Analysis stammen, eine zur Bearbeitung auswählen. Im zweiten Teil können Sie zwischen den Aufgaben B1 aus dem Stoffgebiet Lineare Algebra/Analytische Geometrie und der Aufgabe B2 aus dem Stoffgebiet Stochastik wählen. Bei dieser Wahl sollten Sie sich daran orientieren, welcher Schwerpunkt im Unterricht der Klassenstufe 12 gesetzt wurde. Die themenübergreifende Aufgabe C muss von allen Prüfungsteilnehmern bearbeitet werden. Bei dieser Aufgabe C werden Kenntnisse aus Analysis, Vektorrechnung/Analytische Geometrie I und Stochastik I geprüft.

Dauer der Prüfung

Die Bearbeitungszeit beträgt 270 Minuten.

Zugelassene Hilfsmittel

In allen Prüfungen sind ein Wörterbuch zur deutschen Rechtschreibung sowie die im Unterricht verwendete Formelsammlung zugelassen.
Als Rechenhilfsmittel ist ein Taschenrechner (nicht programmierbar, nicht grafikfähig) oder ein Taschencomputer mit Computeralgebrasystem (CAS) erlaubt. Eine Entscheidung darüber, welches dieser Rechenhilfsmittel bei der Prüfung zugelassen ist, trifft Ihre Schule.

Beachten Sie, dass es im Allgemeinen verschiedene Aufgabenstellungen für das Abitur mit bzw. ohne CAS gibt. Ausführungen zur Verwendung eines CAS-Rechners beziehen sich in diesem Buch auf die Rechner TI-Voyage und TI-Nspire-CAS. Sie sind sinngemäß übertragbar auf andere CAS-Rechner, wie z. B. TI-89, TI-Nspire-CAS mit Touchpad, Casio ClassPad 300 oder ClassPad 330.
Eventuell zusätzlich benötigte Stochastiktabellen sind im Anhang der jeweiligen Prüfungsaufgaben enthalten.

2 Inhalte und Schwerpunktthemen

Die verbindlichen Lehrplanvorgaben, nach denen in den vier Kurshalbjahren der Qualifikationsphase der gymnasialen Oberstufe unterrichtet wird, bestimmen die inhaltlichen Anforderungen.
Unter *http://www.thillm.de/thillm/start_serv.html* finden Sie eine ausführliche Darstellung des Mathematiklehrplans. Eine Übersicht über wichtige, abiturrelevante Kompetenzen ist nachstehend aufgeführt. Sie ist entnommen den erstmals für das Abitur 2011 zusätzlich zum Lehrplan von 1999 geltenden „Zielen und inhaltlichen Orientierungen für die Qualifikationsphase der gymnasialen Oberstufe im Fach Mathematik". Sie finden dieses Dokument ebenfalls vollständig unter der angegebenen Internetadresse. Die gegenüber dem Lehrplan für das Grundfach neuen Anforderungen sind nachfolgend mit (*) gekennzeichnet. Diese Stoffgebiete können Sie gezielt mit den angebotenen Übungsaufgaben einüben.

Analysis

- Zahlenfolgen
- Grenzwerte von Zahlenfolgen und Funktionen
- Zusammenhänge zwischen Funktionen und ihren Ableitungen
- Stetigkeit und Differenzierbarkeit
- Sätze über stetige und differenzierbare Funktionen sowie über bestimmte Integrale (z. B. notwendige und hinreichende Bedingungen, Hauptsatz)
- Ableitungen von ganz- und gebrochenrationalen Funktionen, von $y = x^p$ mit $p \in \mathbb{Q}$, $y = \sin x$ (*), $y = \cos x$ (*), $y = e^x$, $y = \ln x$ sowie Verknüpfungen und Verkettungen dieser Funktionen
- Gleichungen von Tangenten und Normalen (*)
- Funktionen mit höchstens einem Parameter und ihre Graphen auf charakteristische Eigenschaften untersuchen, (ganzrationale, (einfache) gebrochenrationale Funktionen, Exponential- und Logarithmusfunktionen)
- Gleichungen von Funktionen aus vorgegebenen Eigenschaften ermitteln
- Extremwertaufgaben
- Wachstumsprozesse
- Stammfunktionen ermitteln (Grundintegrale und Integration durch lineare Substitution)
- ein Näherungsverfahren zur Ermittlung bestimmter Integrale
- bestimmte Integrale mithilfe des Hauptsatzes berechnen
- Flächeninhalte bestimmen
- Größen, die sich als Flächeninhalte interpretieren lassen, bestimmen (*)

Vektorrechnung/Analytische Geometrie I

- geometrische Objekte in ebenen und räumlichen Koordinatensystemen darstellen und erkennen
- Vektoren zeichnerisch und analytisch addieren und vervielfachen

- Eigenschaften der Vektoraddition
- Vektoren auf Parallelität und Komplanarität untersuchen
- Skalarprodukt

Alternative 1: Vektorrechnung/Analytische Geometrie II
- Geraden und Ebenen im Raum durch Parametergleichungen beschreiben
- Koordinatengleichungen von Ebenen (∗)
  (Dabei ist die Nutzung des Vektorprodukts sinnvoll.)
- Lage von Punkten, Geraden und Ebenen im Raum beschreiben
- gegenseitige Lage zweier Geraden und einer Geraden mit einer Ebene ermitteln und die Schnittmenge bestimmen
- Größe von Schnittwinkeln bestimmen
- Abstände zwischen Punkt–Punkt, Punkt–Gerade, Punkt–Ebene, parallelen Geraden, Gerade–Ebene und parallelen Ebenen berechnen
- Streckenlängen, Flächeninhalte und Volumina ermitteln

Alternative 2: Stochastik II
- Einflüsse von Parametern der Binomialverteilung auf Histogramme interpretieren
- Wahrscheinlichkeiten binomialverteilter Zufallsgrößen mithilfe von Formeln, Tabellen, Taschenrechnern, CAS oder mathematischer Software berechnen
- Hypothesen aufstellen, Alternativ- und Signifikanztests durchführen und die zugehörigen Entscheidungsregeln formulieren
- Fehler 1. Art und 2. Art

Außerdem heißt es in den „Zielen und inhaltlichen Orientierungen für die Qualifikationsphase der gymnasialen Oberstufe im Fach Mathematik" u. a.:
„Der Schüler kann ... mathematische Werkzeuge wie Formelsammlungen, Taschenrechner, Software, Computeralgebrasystem (CAS) sinnvoll und verständig einsetzen ..."

3 Leistungsanforderungen und Bewertung

Bei den Leistungsanforderungen werden drei Anforderungsbereiche[1] unterschieden, die in den Prüfungsaufgaben angemessen repräsentiert sein sollen:

Anforderungsbereich I (Reproduktion)
umfasst die Wiedergabe von mathematischen Sachverhalten im gelernten Zusammenhang sowie die Beschreibung und Verwendung geübter Arbeitstechniken und Verfahrensweisen.

Anforderungsbereich II (analoge Rekonstruktion)
umfasst den selbstständigen Umgang mit bekannten mathematischen Sachverhalten und Zusammenhängen sowie das selbstständige Übertragen auf vergleichbare Sachverhalte.

Anforderungsbereich III (schöpferische Konstruktion)
umfasst methodenbewusste Problemlösung mit kritischer Interpretation der Resultate.

Für die Bewertung der Prüfungsarbeit gibt die Aufgabenkommission einen Bewertungsvorschlag und einen Bewertungsmaßstab vor. Auf dieser Grundlage erfolgt die Bewertung Ihrer Abiturarbeit durch zwei Korrektoren. Selbstverständlich werden unkonventionelle aber richtige Lösungen entsprechend gewürdigt.

[1] Vgl. Thüringer Kultusministerium: Lehrplan für das Gymnasium, Mathematik, Erfurt 1999, Seite 8

Die Erstkorrektur nimmt im Regelfall Ihr Fachlehrer vor. Die unabhängige Zweitkorrektur erfolgt durch einen anderen Mathematiklehrer Ihres oder eines anderen Gymnasiums. Einigen sich Erst- und Zweitkorrektor nicht auf eine abschließende Bewertung, entscheidet der Prüfungsvorsitzende ggf. unter Einbeziehung weiterer Gutachten über die Endnote.

Bei der Bewertung der Prüfungsarbeit können Sie insgesamt 60 Bewertungseinheiten (BE) erreichen, die sich folgendermaßen verteilen:
- Bei der Aufgabe A1 bzw. A2 werden maximal 30 BE vergeben,
- Bei der Aufgabe B1 bzw. B2 werden maximal 20 BE vergeben,
- Bei der themenübergreifenden Aufgabe C werden maximal 10 BE vergeben.

Natürlich sind fachliche Richtigkeit und Vollständigkeit die wichtigsten Grundlagen für die Bewertung. Dabei sollten Sie bei der Anfertigung Ihrer Prüfungsarbeit darauf achten, bei der Lösung der Aufgaben alle Ansätze in mathematisch korrekter Form zu notieren. Wesentliche Zwischenschritte müssen aus Gründen der Nachvollziehbarkeit und wegen der Anerkennung möglicher Folgefehler aufgeschrieben werden.
Bei Verstößen gegen die äußere oder die mathematische Form können bis zu zwei Punkte abgezogen werden.

4 Operatoren

Bei der Formulierung von zentralen Prüfungsaufgaben werden häufig sogenannte „Operatoren" verwendet, die sicherstellen sollen, dass alle Schüler und Lehrer unter einer bestimmten Aufgabenstellung das Gleiche verstehen. Damit Sie die Aufgabenstellungen korrekt erfassen können, ist es wichtig, sich mit diesen Operatoren auseinanderzusetzen.
Eine Auswahl solcher in den letzten Jahren im Thüringer Mathematikabitur häufig verwendeter Operatoren ist in der folgenden Übersicht zusammengestellt. Außerdem sind Beispiele für Abituraufgaben angegeben, in denen solche Operatoren vorkommen.

Operatoren	Charakterisierung	Beispiele
Nennen Sie ... Geben Sie ... an	Formulieren eines Sachverhaltes oder Aufzählung von Fakten ohne Begründung bzw. ohne Lösungsweg.	2007; B2f) 2008; A1a) 2009; C b)
Skizzieren Sie Zeichnen Sie	Grafische Darstellung wesentlicher Eigenschaften eines Objektes, auch saubere Freihandskizze möglich.	2007; B2a) 2009; A2a) 2010; A2c)
Beschreiben Sie Erläutern Sie	Systematische Darstellung eines Sachverhaltes; Belegen von Feststellungen (Sachverhalten) durch Aufzeigen der zugrunde liegenden Gesetzmäßigkeiten, Regeln und Beziehungen.	2008; B2b) 2009; B2c) 2010; C d)
Bestimmen Sie Berechnen Sie Ermitteln Sie	Ein nachvollziehbarer Lösungsweg muss angegeben werden. Ggf. vorgegebene Hilfsmittel bzw. Verfahren sind einzuhalten. Keine Hilfsmittelangabe bedeutet: Alle erlaubten Hilfsmittel sind zulässig!	2007; B2c) 2008; B1c) 2009; A2c) 2010; C b)
Begründen Sie	Verbale Darstellung der Zusammenhänge zwischen Sachverhalten unter dem Gesichtspunkt der Kausalität (Ursache – Wirkung, Gegebenes – Gesuchtes, Wahrheit – Falschheit).	2008; A2d) 2009; C e) 2010; B1c)

Zeigen Sie Weisen Sie nach	Lückenlose Beweisführung im mathematisch strengen Sinne, durch logische Schlüsse von bekannten Sachverhalten zu den beweisenden Aussagen zu gelangen.	2008; B1c) 2009; A1b) 2010; A1b)
Untersuchen Sie	Herausfinden charakteristischer Merkmale (z. B. einer Funktion) durch Anwenden theoretischer Kenntnisse; ggf. Fallunterscheidungen vornehmen.	2008; B2d) 2009; A1a) 2010; B1a)
Interpretieren Sie	Zuordnung eines konkreten Gegenstandsbereiches zu einem formalen System; z. B. Zuordnung der Ausdrücke eines Kalküls zu Aussagen einer Theorie oder Interpretieren von Gleichungen, Diagrammen.	
Diskutieren Sie	In der Prüfungssituation ist damit nicht eine Gesprächsform gemeint, sondern z. B. die Beschreibung und Begründung der Abhängigkeit eines mathematischen Merkmals von gewissen Parametern.	

5 Methodische Hinweise und allgemeine Tipps zur schriftlichen Prüfung

Vorbereitung

- Fangen Sie nicht zu spät mit der Vorbereitung auf die schriftliche Prüfung an. Warten Sie damit nicht auf eine Aufforderung durch Ihre Lehrerin oder Ihren Lehrer. Sie sind selbst verantwortlich für Ihren Prüfungserfolg.
- Pauken allein nützt nichts. Gelerntes muss möglichst vielfältig im Kopf vernetzt werden und wirklich verstanden worden sein.
- Fertigen Sie sich exakte und überschaubare Aufzeichnungen an, auf die Sie in der unmittelbaren Prüfungsvorbereitung rasch zurückgreifen können.
- Stellen Sie sicher, dass Sie wirklich mit den zugelassenen Hilfsmitteln umgehen können.
- Versuchen Sie die Aufgaben in diesem Übungsbuch zunächst allein und ohne sofortige Zuhilfenahme des Lösungsteils zu bearbeiten. Sprechen Sie dann mit einem Partner über Ihre Lösungswege, versuchen Sie auch dessen Lösungsideen zu verstehen. Fragen Sie ggf. Ihre Lehrerin oder Ihren Lehrer, wenn Sie fachliche Unklarheiten nicht selbst beseitigen können.

Prüfungssituation

- Gehen Sie ausgeruht und möglichst gelassen zur Prüfung.
- Legen Sie schon am Tag vorher die notwendigen Hilfsmittel und Utensilien zurecht.
- Sie müssen sich für Aufgaben entscheiden. Lesen Sie deshalb die Texte genau durch.
- Markieren Sie Schlüsselworte in Aufgabenstellungen ggf. farbig.
- Überlegen Sie, was die Operatoren von Ihnen verlangen.
- Beißen Sie sich nicht zu lange an für Sie schwierigen Aufgabenteilen fest. Mitunter ist es hilfreich, erst einmal eine andere Teilaufgabe zu lösen und dann mit einer neuen Idee zur schwierigen Aufgabe zurückzukehren.
- Die für Teilaufgaben vorgesehenen Punktanzahlen geben Ihnen eine gewisse Orientierung über den Umfang der von Ihnen erwarteten Kenntnisse.

- Schreiben Sie nicht alles zunächst ins „Unreine", sondern fertigen Sie bei Anforderungen, die Ihnen leicht und vertraut vorkommen, sofort eine Reinschrift an. Das spart Zeit.
- Schreiben Sie sauber und übersichtlich, das freut nicht nur die Korrektoren und erspart unnötigen Punktabzug, sondern erleichtert Ihnen selbst die Orientierung in Ihren Aufzeichnungen.

Lösungsplan

Aufgrund des Umfangs und der Komplexität von Aufgaben auf Abiturniveau empfiehlt es sich, beim Lösen systematisch zu arbeiten. Folgende Vorgehensweise hilft Ihnen dabei:

Schritt 1:
Nehmen Sie sich ausreichend Zeit zum **Analysieren** der Aufgabenstellung. Stellen Sie fest, zu welchem Themenbereich die Aufgabe gehört. Sammeln Sie alle Informationen, welche direkt gegeben sind, und achten Sie darauf, ob evtl. versteckte Informationen enthalten sind.

Schritt 2:
Markieren Sie die **Operatoren** in der Aufgabenstellung. Diese geben an, was in der Aufgabe von Ihnen verlangt wird. Vergegenwärtigen Sie sich die Bedeutung der verwendeten Fachbegriffe.

Schritt 3:
Versuchen Sie, den Sachverhalt zu veranschaulichen. Fertigen Sie gegebenenfalls mithilfe der Angaben und Zwischenergebnisse aus vorherigen Teilaufgaben eine **Skizze** an. Versuchen Sie Vermutungen zum Ergebnis zu formulieren.

Schritt 4:
Erarbeiten Sie nun schrittweise den **Lösungsplan**, um aus den gegebenen Größen die gesuchte Größe zu erhalten. Notieren Sie sich, welche Einzel- bzw. Zwischenschritte auf dem Lösungsweg notwendig sind. Prinzipiell haben Sie zwei Möglichkeiten, oft hilft auch eine Kombination beider Vorgehensweisen:
- Sie gehen vom Gegebenen aus und versuchen, das Gesuchte zu erschließen.
- Sie gehen von dem Gesuchten aus und überlegen „rückwärts", wie Sie zur Ausgangssituation kommen.

Bei diesem Schritt wird dann sukzessive die **Lösung dargestellt**.

Schritt 5:
Suchen Sie nach geeigneten Möglichkeiten, das Endergebnis zu **kontrollieren**. Oftmals sind bereits Überschlagsrechnungen, Punktproben oder Grobskizzen ausreichend.

Beispielaufgabe

Gegeben ist die Funktion durch die Gleichung $f(x) = -x^3 + 4x^2$. Der Graph von f sei G.

a) Untersuchen Sie G auf Extrempunkte.

b) Zeigen Sie: Eine Stammfunktion der Funktion f ist F mit
$$F(x) = \frac{-1}{4}x^4 + \frac{4}{3}x^3.$$
Berechnen Sie die Fläche, die G mit der x-Achse einschließt.

Lösungsvorschlag für Teilaufgabe a:

Schritt 1:
- Themenbereich: Kurvendiskussion einer Funktion
- Der Definitionsbereich ist nicht angegeben, daher wird $\mathbb{R}$ als der größtmögliche angenommen.

Schritt 2:
- Der Operator „Untersuchen Sie" bedeutet, mögliche Eigenschaften festzustellen und anzugeben.
- Unter Extrempunkten versteht man Hoch- oder Tiefpunkte.

Schritt 3:
Eine Veranschaulichung ist nur schwer möglich, da Anzahl, Art und Lage der Extrempunkte nicht klar sind. Eine Skizze ist daher wenig sinnvoll.

Schritt 4:
Ausgehend von der gegebenen Funktion werden mögliche Extremstellen berechnet und damit Art und Lage der Extrempunkte bestimmt:
- f(x) ist ein Polynom und lässt sich ableiten (Summenregel, Faktorregel, Potenzregel):

  $f'(x) = -3x^2 + 8x$

  Die Nullstellen der Ableitung sind mögliche Extremstellen:

  $-3x^2 + 8x = x \cdot (-3x + 8) = 0 \iff x = 0 \lor x = \frac{8}{3}$

- Ob tatsächlich Extremstellen vorliegen, lässt sich durch Einsetzen in die zweite Ableitung überprüfen:

  $f''(x) = -6x + 8$

  $f''(0) = 8 > 0 \implies$ Minimum bei $x = 0$

  $f''\left(\frac{8}{3}\right) = -6 \cdot \left(\frac{8}{3}\right) + 8 = -8 < 0 \implies$ Maximum bei $x = \frac{8}{3}$

- Um die Lage angeben zu können, braucht man noch die y-Koordinate. Dazu werden die Extremstellen in den Funktionsterm f eingesetzt:

  $f(0) = 0$

  $f\left(\frac{8}{3}\right) = -1\left(\frac{8}{3}\right)^3 + 4\left(\frac{8}{3}\right)^2 = -\frac{512}{27} + \frac{256 \cdot 3}{3 \cdot 9} = \frac{256}{27}$

- Ergebnis:

  Tiefpunkt $(0; 0)$ und Hochpunkt $\left(\frac{8}{3}; \frac{256}{27}\right)$

Schritt 5:
Um das Ergebnis zu überprüfen, könnte man den Graphen der Funktion f skizzieren. Dazu muss eine Wertetabelle erstellt werden. Ablesen der Extrempunkte aus dem Graphen ermöglicht einen Vergleich mit den berechneten Punkten.

Lösungsvorschlag für Teilaufgabe b:

Schritt 1:
- Themenbereich: Flächenberechnung mithilfe eines Integrals
- Es sind die Funktion und die Stammfunktion gegeben. Weiter ist implizit gegeben, dass die Funktion mindestens zwei verschiedene Nullstellen hat, weil der Graph eine Fläche mit der x-Achse einschließt.

Schritt 2:
- Der erste Operator ist „Zeigen Sie", das bedeutet, dass Sie die Aussage mithilfe von Berechnungen bestätigen sollen. Die Funktion und die zugehörige Stammfunktion sind dabei gegeben.
- Um zu zeigen, dass F eine Stammfunktion von f ist, kann entweder f integriert oder F abgeleitet werden. Es muss dann $F'(x) = f(x)$ gelten. Da das Bilden der Ableitung leichter ist als die Funktion zu integrieren, bietet es sich hier an, die Stammfunktion abzuleiten.

$$F(x) = -\frac{1}{4}x^4 + \frac{4}{3}x^3$$

$$F'(x) = -x^3 + 4x^2 \quad \Rightarrow \quad F'(x) = f(x) \quad \text{q.e.d.}$$

- Der zweite Operator in der Aufgabe ist „Berechnen Sie", das bedeutet, dass Sie das Ergebnis durch Berechnungen erzielen sollen.

Schritt 3:
Nutzen Sie die Lage des Hochpunkts, um den Graphen zu skizzieren.

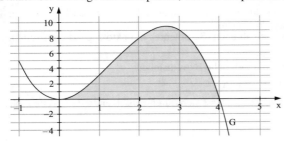

Schritt 4: Vom Gegebenen zum Gesuchten
Wie Sie an der Lösungsskizze erkennen, brauchen Sie für die Bestimmung der Fläche die beiden Nullstellen:

$$-x^3 + 4x^2 = 0 \iff x^2(-x+4) = 0 \iff x_{1,2} = 0 \lor x_3 = 4$$

Für die Berechnung der Fläche lässt sich die Stammfunktion der Funktion nutzen, die angegeben ist:

$$\int_0^4 f(x)\,dx = [F(x)]_0^4 = \left[-\frac{1}{4}x^4 + \frac{4}{3}x^3\right]_0^4 = -\frac{256}{4} + \frac{256}{3} = \frac{256}{12} = \frac{64}{3}$$

Schritt 4: Vom Gesuchten zum Gegebenen
Um die gesuchte Fläche zu berechnen, lässt sich die Stammfunktion der Funktion nutzen, die angegeben ist:

$$\int_{x_1}^{x_2} f(x)\,dx = [F(x)]_{x_1}^{x_2} = \left[-\frac{1}{4}x^4 + \frac{4}{3}x^3\right]_{x_1}^{x_2}$$

Für die Berechnung des Integrals benötigen Sie die Integralgrenzen. Diese sind die Nullstellen der Funktion, wie Sie an der Lösungsskizze erkennen können.

$$-x^3 + 4x^2 = 0 \iff x^2(-x+4) = 0 \iff x_{1,2} = 0 \lor x_3 = 4$$

Damit ergibt sich für das Integral:

$$\left[-\frac{1}{4}x^4 + \frac{4}{3}x^3\right]_{x_1}^{x_2} = \left[-\frac{1}{4}x^4 + \frac{4}{3}x^3\right]_0^4 = -\frac{256}{4} + \frac{256}{3} = \frac{256}{12} = \frac{64}{3}$$

Schritt 5:
Um die Fläche abzuschätzen, können Sie in der Skizze die Kästchen abzählen, die von dem Graphen und der x-Achse eingeschlossen werden. Man erhält ca. 21 Kästchen, das passt gut zu dem errechneten Wert.

Beispielaufgabe mit dem CAS-Rechner

Vor allem bei Analysisaufgaben werden die Aufgabenstellungen für Schülerinnen und Schüler, die mit einem CAS-Taschencomputer arbeiten, von der Aufgabenkommission meistens etwas verändert, um eine Gleichwertigkeit des Abiturs anzustreben.

Gegeben sind Funktionen f_k (k ist ein sogenannter Parameter) durch die Gleichung $f_k(x) = k \cdot x^3 + 4x^2$ mit $k \in \mathbb{R} \setminus \{0\}$. Der Graph von f_k sei G_k.

a) Untersuchen Sie den Einfluss des Parameters k auf die Lage und Art der lokalen Extrempunkte von G_k.

b) Der Graph G_k schließt mit der x-Achse eine Fläche ein. Ermitteln Sie die Werte des Parameters k, für die der Inhalt dieser Fläche $\frac{512}{3}$ FE beträgt.

Lösungsvorschlag für Teilaufgabe a:

Schritt 1:
- Themenbereich: Kurvendiskussion einer Funktionenschar
- Lage und Art lokaler Extrempunkte in Abhängigkeit von k sind zu bestimmen.
- Für den reellen Parameter k gilt $k \neq 0$.

Schritt 2 (Operatoren):
Der Operator „Untersuchen Sie" bedeutet, charakteristische Merkmale durch Anwenden theoretischer Kenntnisse herauszufinden und ggf. Fallunterscheidungen vorzunehmen.

Schritt 3 (Veranschaulichung, Vermutungen):
- Eine Veranschaulichung für positive und negative Werte des Parameters k ergibt folgendes Bild:

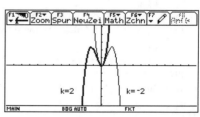

- Eine Veranschaulichung für verschieden große positive bzw. negative Werte von k zeigen die nächsten Bilder:

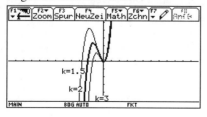 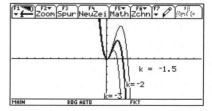

- Vermutungen zur Lage der Extremstellen:
  k > 0: Hochpunkt im II. Quadranten, k < 0: Hochpunkt im I. Quadranten
  Betrag von k zunehmend: Hochpunkt rückt näher an den Ursprung heran
  Unabhängig von k existiert ein lokaler Tiefpunkt im Ursprung.
  Vermutung zur Art der Extremstellen:
  Es gibt einen „fixen" Tiefpunkt im Ursprung.
  Es gibt einen Hochpunkt in Abhängigkeit von k, aber mit stets positiver Ordinate.

Schritt 4 (Lösungsplan und -darstellung):
- 1. und 2. Ableitung von f_k bilden: Geben Sie die Funktionsgleichung ein und bilden Sie die Ableitungsfunktionen, speichern Sie die Funktion und die Ableitungen.
- Notieren Sie die gefundenen Funktionen auf dem Prüfungsbogen. Die Gleichungen der Ableitungsfunktionen sind:

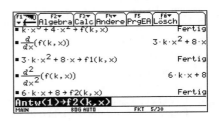

$$f_k'(x) = 3kx^2 + 8x$$
$$f_k''(x) = 6kx + 8$$

- Notwendige Bedingung für lokale Extremstellen untersuchen und notieren:
  Die Nullstellen von $f_k'(x)$, also mögliche Extremstellen, sind:
  $x_{e1} = \frac{-8}{3k}$ sowie $x_{e2} = 0$
- Hinreichende Bedingung für lokale Extrempunkte untersuchen und notieren:
  $$f_k''\left(\frac{-8}{3k}\right) = -8 < 0$$

Da der Wert -8 der zweiten Ableitung an der Stelle x_{e1} unabhängig von k ist, liegt hier also stets ein lokaler Hochpunkt vor.

$$f_k''(0) = 8 > 0$$

Auch an der Stelle x_{e2} ist die 2. Ableitung unabhängig von k und zwar stets 8, also gibt es an dieser Stelle immer einen lokalen Tiefpunkt.

- Berechnen Sie die Ordinaten $f(x_e)$ und geben Sie die geordneten Paare $(x_e; y_e)$ an
  Hochpunkt $H\left(\frac{-8}{3k}; \frac{256}{27k^2}\right)$ Tiefpunkt $T(0; 0)$

Interpretation der Ergebnisse:
Für alle $k \neq 0$ gilt $\frac{256}{27k^2} > 0$, also liegt H immer oberhalb der x-Achse.
Für negative k liegt der Hochpunkt H immer im I. Quadranten, weil dann $\frac{-8}{3k} > 0$ ist.
Für positive k ist $\frac{-8}{3k} < 0$, also liegt H im II. Quadranten.
Weil k sowohl bei x_e als auch bei y_e nur im Nenner steht, rückt der Hochpunkt für betragsmäßig größer werdende Werte von k immer näher zum Ursprung.
Der Tiefpunkt hängt nicht von k ab.
Damit sind die Vermutungen aus dem Schritt 3 bestätigt.

Schritt 5 (Probe):
Berechnen der Extrempunkte für k = –2 aus dem Grafikbildschirm und Vergleich mit den berechneten Extrempunkten für k = –2 zeigt Übereinstimmung.

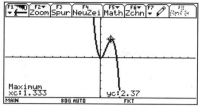 

Lösungsvorschlag für Teilaufgabe b:

Schritt 1:
- Themenbereich: Flächenberechnung mithilfe des bestimmten Integrals
- Indirekt gegeben und durch die Beispiele in Teilaufgabe a verdeutlicht: Integrationsgrenzen sind die beiden Nullstellen von f_k
Es muss (mindestens) zwei Werte für k geben.

Schritt 2 (Operatoren):
„Ermitteln Sie" heißt: Ein nachvollziehbarer Lösungsweg muss angegeben werden.

Schritt 3 (Veranschaulichung, Vermutungen):
Aus der Lage der Graphen von Funktionen mit entgegengesetztem k kann man vermuten, dass diese symmetrisch bezüglich der y-Achse sind. In diesem Falle müssen aus Symmetriegründen die von G_k und der x-Achse eingeschlossenen Flächen gleich groß sein. Da eine kubische Funktion nicht mehr als zwei lokale Extrempunkte haben kann, gibt es auch keine weiteren Nullstellen als die auf dem Bildschirm dargestellten. Es müsste deshalb genau zwei Werte für k geben.

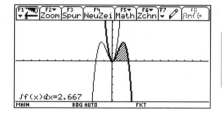

Schritt 4 (Lösungsplan und -darstellung):
- Die Nullstellen von $f_k(x) = k \cdot x^3 + 4x^2 = x^2 \cdot (k \cdot x + 4)$ sind $x_{01} = 0$ und $x_{02} = \frac{-4}{k}$.
- Es gibt also genau zwei Nullstellen für jede Funktion f_k.

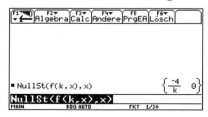

- Wenn die Graphen der Funktionen f_k und f_{-k} achsensymmetrisch bezüglich der y-Achse sind, so muss für alle reellen x gelten:
  $f_k(-x) = f_{-k}(x)$
  Diese Gleichung wird durch den CAS-Rechner als „wahr" bestätigt.

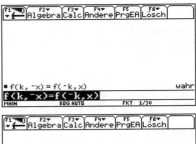

- Für negative k liegt die von null verschiedene Nullstelle rechts von null. Sie kommt also dann als obere Integrationsgrenze in Frage. Der Ansatz für die Flächenberechnung $\int_{0}^{-\frac{4}{k}} f_k(x)\,dx = \frac{512}{3}$ liefert $k = \frac{-1}{2}$ als Ergebnis.

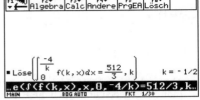

- Wegen der genannten und nachgewiesenen Symmetrie muss auch für $k = \frac{1}{2}$ der Graph von G_k mit der x-Achse eine Fläche von $\frac{512}{3}$ FE einschließen.

Schritt 5 (Probe):
Mit dem CAS-Rechner werden die beiden Integrale $\int_{0}^{-\frac{4}{k}} f_k(x)\,dx$ für $k = -\frac{1}{2}$ und $k = \frac{1}{2}$ berechnet.
Im ersten Fall ergibt sich als Flächeninhalt $\frac{512}{3}$ FE. Im zweiten Fall ergibt sich $-\frac{512}{3}$ FE.
Das Minuszeichen ist dadurch zu erklären, dass für positive k die Integrationsgrenzen vertauscht werden müssen. Auch eine Flächenberechnung im Grafikbildschirm bestätigt die Ergebnisse.

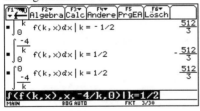
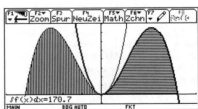

6 Hinweise und Tipps zum Lösen von Abituraufgaben mit CAS-Rechnern

Schülerinnen und Schüler, die im Unterricht der gymnasialen Oberstufe mit Taschencomputern gearbeitet haben, dürfen diese selbstverständlich auch im schriftlichen Abitur einsetzen. Damit Sie die damit verbundenen Vorteile auch effektiv nutzen können, sind hier einige Hinweise für das Lösen von Abituraufgaben mit CAS-Rechnern[2] aufgelistet.

---

[2] Diese Hinweise haben keinen Anspruch auf Vollständigkeit und können das Handbuch nicht ersetzen, sollen aber auf Sachverhalte hinweisen, die erfahrungsgemäß einigen Schülern Probleme bereiten. Sie beziehen sich auf Rechner vom Typ TI-Voyage, können aber sinngemäß auch auf andere Rechner übertragen werden.

1. Das Thüringer Kultusministerium verlangt wegen der Gleichwertigkeit der äußeren Bedingungen, dass bei der Prüfung verwendete Taschencomputer **vor dem Beginn des schriftlichen Mathematikabiturs** durch **ein RESET** in einen für alle Abiturienten einheitlichen Ausgangszustand mit leerem Arbeitsspeicher zurückgesetzt werden. Dieses RESET sollten Sie bereits spätestens am Vortag zu Hause vornehmen. So können Sie wichtige Dateien von Ihrem Taschencomputer auf einen PC übertragen und abspeichern, um sie später wieder zur Verfügung zu haben. Bei der Gelegenheit sollten Sie auch den technischen Zustand Ihres Taschencomputers überprüfen, eventuell neue Batterien einsetzen oder die Akkus aufladen. Schaden kann es auch nicht, wenn Sie Ersatzbatterien für den Prüfungstag bereithalten.

2. Empfehlenswert ist es, jede neue größere Aufgabe mit dem im Bildschirmausdruck angezeigten Befehl **NeuAufg**[3] zu beginnen. Dadurch werden alle aus einem Buchstaben bestehenden Variablen und der Bildschirm gelöscht, sodass es nicht so leicht zu Missverständnissen bei der Verwendung dieser Buchstaben im Zusammenhang mit der neuen Aufgabe kommen kann.

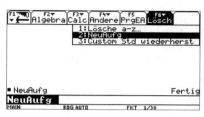

Ebenso ist es möglich, für jede neue Aufgabe einen entsprechenden Unterordner anzulegen[4] und zum Bearbeiten der Aufgabe in diesen Unterordner zu wechseln[5]. Dies hat den Vorteil, dass Sie die einmal gespeicherten Funktionen auch zu einem späteren Zeitpunkt immer zur Verfügung haben, da die Variablen sich nur auf den aktuellen Ordner beziehen.

3. Beim Abspeichern z. B. von Ableitungsfunktionen mit Parametern muss man **„dynamische Definitionen vermeiden"**.

Beispiel:
Für $f(x) = k \cdot x^2$ ist bekanntlich die 1. Ableitungsfunktion $f'(x) = 2k \cdot x$ und damit gilt für die 1. Ableitung von f an der Stelle k: $f'(k) = 2k^2$
Der Taschencomputer gibt bei folgendem – **falsch!** – Vorgehen aber den Term $f'(k) = 3 \cdot k^2$ an.
Woran liegt das? Speichert man wie im Beispiel nur die Vorschrift zum Bilden der 1. Ableitung unter dem Namen f1(x) ab, so rechnet der Taschencomputer erst den Wert von f(x) an der Stelle x = k aus und bildet davon die 1. Ableitung nach k:
$f(k) = k \cdot k^2 = k^3$ und damit $f'(k) = 3k^2$
Man vermeidet dynamische Definitionen, indem man immer erst den Term der Ableitungsfunktion ausgeben lässt und den Funktionsterm dann (ggf. unter Verwendung der [ANS]-Taste) unter einem geeigneten Namen abspeichert, wie es für dieses Beispiel gezeigt wird:

---

[3] [HOME]; [F6]; 2: (engl: Newprob)
[4] [VAR-LINK]; [F1]; 5: Verzeichnis anlegen (engl.: Create Folder)
[5] [MODE] 2: akt. Verzeichnis (engl.: Current Folder)

4. Es kommt nicht oft vor, aber man kann es nicht völlig ausschließen, dass der Taschencomputer an seine **technischen Grenzen** stößt. Deshalb sollte man **Warnhinweise** des Rechners **ernst nehmen** und versuchen, die **Lösung auf einem anderen Lösungsweg abzusichern**.[6]

    Beispiel:
    Die Lösungen der Gleichung $\sin x = e^x$ werden mit dem Taschencomputer auf algebraischem Wege ermittelt.

    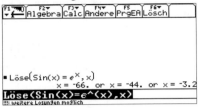 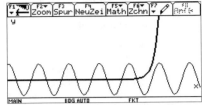

    Algebraisch werden nur drei Näherungslösungen ermittelt, aber es wird eine Warnung „weitere Lösungen möglich" angezeigt. In der grafischen Veranschaulichung erkennt man, dass es mehr als drei Lösungen geben muss. Durch inhaltliche Überlegungen (Periodizität der Sinusfunktion und asymptotisches Verhalten der e-Funktion bezüglich der negativen x-Achse) wird klar, dass es sogar unendlich viele Lösungen dieser Gleichung gibt.

5. Auch wenn der Taschencomputer keinen Warnhinweis anzeigt, kann die **Kontrolle auf einem anderen Lösungsweg** helfen, Fehler zu vermeiden, die z. B. durch falsche inhaltliche Überlegungen oder Eingabefehler entstehen können.

    Beispiele:
    a) Es soll die Gleichung der Tangente t an den Graphen von $f_k(x) = k \cdot x^2$ in $P(1; f_k(1))$ ermittelt werden.
    Durch inhaltliche Überlegungen kommt man zu der Tangentengleichung $y = t_k(x) = 2k \cdot x - k$.
    Man sollte es nicht versäumen, dieses algebraisch ermittelte Ergebnis anhand einiger Beispiele grafisch zu verifizieren.

    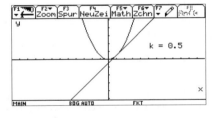

    b) Der Graph der Funktion $y = f(x) = \dfrac{(x-5) \cdot (x+3)}{x+4}$ soll auf lokale Extrempunkte untersucht werden.
    Er besitzt genau zwei lokale Extrempunkte. Die grafische Darstellung[7] zeigt aber nur einen lokalen Tiefpunkt an, obwohl die Funktion auch einen lokalen Hochpunkt besitzt.
    Der Nachweis über die Existenz und Anzahl aller lokalen Extrempunkte gelingt letztlich nur mithilfe algebraischer Methoden.

    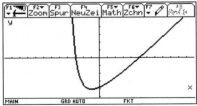

---

6 Nicht jeder Warnhinweis ist berechtigt.
7 Dies ist natürlich abhängig von den eingestellten Fensterparametern.

6. Rechnungen lassen sich weitgehend an den CAS-Rechner übertragen. Das spart Zeit und vermeidet Rechenfehler. Sie sollten stets sehr **sorgfältig die Eingabe** in den Rechner **kontrollieren**, um Eingabefehler zu vermeiden. Auch bei der Auswahl der Variablenbezeichnungen muss man aufpassen, dass keine rechnerinternen Überschneidungen entstehen.

Beispiel:
Es führt zu einem Fehler, innerhalb ein und derselben Aufgabe die Variable t gleichzeitig als Parameter für den Ortsvektor eines Punktes d(t) und außerdem als Bezeichnung eines anderen Objektes wie einer Geraden zu verwenden.

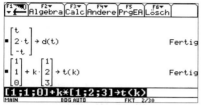

Die Fehlermeldung kommt dadurch zustande, dass der Rechner bei d(t) für t die Eingabe einer Variablen oder Zahl erwartet, aber t hier als ein Vektor abgespeichert ist.

7. Um Rundungsfehler zu vermeiden, sollte man die **Zwischenergebnisse** direkt **über Kopieren und Einfügen** im weiteren Rechengang **nutzen**.[8]

Beispiel:
Eine Stadt hatte 70 000 Einwohner im Jahr 2000, im Jahr 2006 sind es 85 000. Unter der Annahme, dass exponentielles Wachstum vorliegt, soll das Jahr berechnet werden, in dem sich die Bevölkerungszahl gegenüber dem Jahr 2000 verdoppelt hat.

Aus dem Ansatz ergibt sich ein exakter Wachstumsfaktor oder ein als Dezimalbruch angegebener Faktor mit vielen Nachkommastellen (siehe Bildschirmausdruck). Man ist versucht, mit einem gerundeten Wert weiterzurechnen, beispielsweise hier mit x = 1,03. Mit diesem gerundeten Zwischenergebnis erhält man eine Abweichung von fast zwei Jahren gegenüber dem Ergebnis, das aus dem nicht gerundeten Wert entsteht.

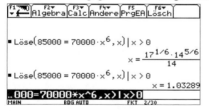
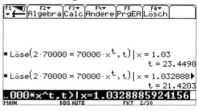

8. Weil der Taschencomputer Ihnen viel Arbeit abnimmt, kann es passieren, dass Ihre Lösungsdarstellung zu knapp ausfällt. Gewöhnen Sie sich beizeiten daran, den Lösungsweg immer so zu notieren, dass er von anderen gut nachvollzogen werden kann. **Kommentieren Sie Ihre Lösungsansätze, notieren Sie Zwischenschritte und nehmen Sie in der Antwort immer Bezug auf die gestellte Aufgabe.** So haben Sie eine nachträgliche Kontrolle, ob Sie wirklich alle gestellten Aufgabenteile bearbeitet haben. Eventuell ist es dann auch möglich, bei der Korrektur Folgefehler anzuerkennen. Selbstverständlich trägt eine saubere und übersichtliche Darstellung des Lösungsweges zu einem positiven Gesamteindruck Ihrer Abiturarbeit bei.

---

8 [HOME]; [F1]; 5 bzw. [HOME]; [F1]; 6

9. In der analytischen Geometrie werden z. B. bei Schnittproblemen **Gleichungssysteme in vektorieller Form** angegeben. Diese können moderne CAS auch in dieser Form **lösen**.

Beispiel (Schnitt zweier Geraden):

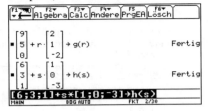
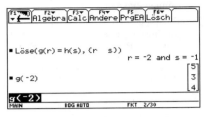

10. Nutzer von TI-89 und TI-Voyage können sich für Berechnungen in der Stochastik kostenlos von der Internetseite www.education.ti.com die Flash-Applikation „Statistik mit Listeneditor" herunterladen. Dieses Zusatzprogramm, das beim Reset nicht gelöscht wird, beinhaltet u. a. die Funktionen binompdf (berechnet eine diskrete Einzelwahrscheinlichkeit) und binomcdf (berechnet eine Intervallwahrscheinlichkeit) für die Berechnungen zu Binomialverteilungen. Diese Funktionen finden Sie dann z. B. im Katalog [CATALOG] unter [F3].

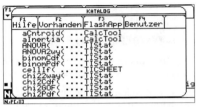

Beispiel:
Berechnen Sie für eine binomialverteilte Zufallsgröße die Einzelwahrscheinlichkeit für $n = 10$, $p = 0,8$ und $k = 8$ sowie die Intervallwahrscheinlichkeit für $8 \leq k \leq 10$.

Bei CAS-Rechnern wie TI-Nspire oder Casio ClassPad 330 sind diese Funktionen bereits vorinstalliert.

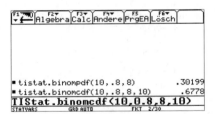

Kernfach Mathematik (Thüringen)
Übungsaufgaben Analysis

Aufgabe 1

Der Querschnitt einer 500 cm langen Rinne lässt sich näherungsweise beschreiben durch den Graphen der Funktion

$y = f(x) = -\cos x + 1$ mit $-\pi \leq x \leq \pi$ und x, y in cm.

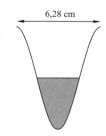

a) Zeichnen Sie den Graphen der Funktion f.

b) Ermitteln Sie, an welchen Punkten der Rand der Rinne am steilsten ist.

c) Die Rinne ist bis zur halben Höhe mit Wasser gefüllt. Berechnen Sie das Volumen (in Liter) des Wassers in der Rinne.

Aufgabe 2

Die Oberfläche eines Gewässers in Utopia wird von einer sich rasch ausbreitenden Algenart immer mehr zugewachsen. Zu Beobachtungsbeginn wurde eine algenbedeckte Fläche von ca. 2,0 m² gemessen, einen Tag später wurden 2,5 m² und wieder einen Tag darauf etwa 3,1 m² geschätzt, die von der Alge bedeckt waren. Das Gewässer hat eine Gesamtoberfläche von ca. 10 ha.

a) Es wird vermutet, dass sich die Größe der von Algen bedeckten Wasseroberfläche durch eine Exponentialgleichung $y = f(t) = a \cdot e^{k \cdot t}$ beschreiben lässt, wobei t für die Zeit in Tagen seit Beobachtungsbeginn steht. Ermitteln Sie aufgrund der gegebenen Daten die Größe der Parameter a und k für diese Exponentialgleichung.

b) Berechnen Sie, wie groß die algenbedeckte Fläche fünf Tage nach Beobachtungsbeginn sein wird.

c) Wie groß war die von Algen bedeckte Fläche zwölf Stunden vor Beobachtungsbeginn?

d) Bestimmen Sie die Verdopplungszeit für die Größe der von Algen bedeckten Fläche.

e) Wann wird das Gewässer vermutlich zur Hälfte von Algen zugewuchert sein, wenn dieses exponentielle Wachstum nicht begrenzt werden kann?
Wie viele Tage dauert es dann noch, bis die gesamte Wasseroberfläche zugewachsen ist?

f) Ermitteln Sie, wie groß die momentane Zuwachsrate an Algenfläche am Ende des zehnten Tages nach Beobachtungsbeginn ist.

g) Nach intensiven Bemühungen gelingt es, durch Verstreuen einer für Anwohner unschädlichen chemischen Substanz das Wachstum der Algen zu bremsen. Vom Beginn des elften Tages nach Beobachtungsbeginn an kann dadurch das Wachstum so verlangsamt werden, dass es nicht mehr exponentiell, sondern nur noch linear mit der zuvor in Teilaufgabe f ermittelten aktuellen Zuwachsrate pro Tag verläuft. Wie lange dauert es nun, bis die Gewässeroberfläche ganz zugewachsen ist?
Geben Sie dieses Ergebnis auch in Jahren an (1 Jahr $\triangleq$ 365 Tage).

Aufgabe 3

Gegeben ist die Funktion $y = f(x) = 6 - 4,5 \cdot e^{-0,5x}$ $(x \in \mathbb{R})$.

a) Untersuchen Sie die Funktion f auf Nullstellen, Extremstellen und Asymptoten.
b) Zeichnen Sie den Graphen der Funktion f im Intervall $0 \leq x \leq 12$.
c) Zeigen Sie durch algebraische Umformungen, dass sich für $x > 2 \cdot \ln 4500$ der Funktionswert von f um weniger als 10^{-3} von $y = 6$ unterscheidet.
d) Berechnen Sie den Inhalt der Fläche, die der Graph der Funktion f mit der x-Achse und den Geraden $x = 2$ und $x = 4$ einschließt.

Aufgabe 4

Der Anfahrweg eines Pkw soll durch eine Funktion
$$v(t) = a - b \cdot e^{-k \cdot t} \quad (a, b, k \in \mathbb{R}; \ a, b, k > 0)$$
beschrieben werden. Die Zeit t wird dabei in Sekunden, die Geschwindigkeit v in $\frac{m}{s}$ angegeben. Gemessen wurden zu Beobachtungsbeginn $1\,\frac{m}{s}$, nach 10 s betrug die Geschwindigkeit $12\,\frac{m}{s}$ und 20 s nach Beobachtungsbeginn $18\,\frac{m}{s}$.

a) Ermitteln Sie aus diesen Angaben die Größe der Parameter a, b und k für die Gleichung der Geschwindigkeit $v(t) = a - b \cdot e^{-k \cdot t}$.
   [Ergebnis zur Kontrolle: $v(t) \approx 25,2 - 24,2 \cdot e^{-0,0606 \cdot t}$]
b) Begründen Sie, dass der Graph der Funktion v streng monoton steigend ist und eine waagerechte Asymptote besitzt („Sättigungskurve").
   Zeichnen Sie das Geschwindigkeit-Zeit-Diagramm für $0 \leq t \leq 180$.
c) Geben Sie die Geschwindigkeit für $t = 180$ s in $\frac{km}{h}$ an.
   Wie viele Minuten vor dem Beobachtungsbeginn startete der Pkw?
d) Die Beschleunigung entspricht der 1. Ableitung der Geschwindigkeit nach der Zeit.
   Bestimmen Sie die Beschleunigung des Pkw zu Beobachtungsbeginn. Ermitteln Sie, zu welchem Zeitpunkt die Beschleunigung des Pkw $1\,\frac{m}{s^2}$ beträgt.
   Erläutern Sie, wie man aus dem v-t-Diagramm aus Teilaufgabe b auf den Verlauf des Beschleunigung-Zeit-Diagramms schließen kann. Skizzieren Sie auch unter Verwendung der berechneten Werte den Verlauf des Beschleunigung-Zeit-Diagramms für $0 \leq t \leq 180$.
e) Der Inhalt der grau getönten Fläche unter dem Graphen im Geschwindigkeit-Zeit-Diagramm kann als der im Intervall $[t_1; t_2]$ zurückgelegte Weg gedeutet werden.
   Berechnen Sie, welche Wegstrecke der Pkw in den ersten drei Minuten seit dem Beobachtungsbeginn zurückgelegt hat.

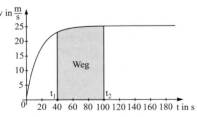

f) Eine Faustformel für den Bremsweg, wie sie in Fahrschullehrbüchern angegeben wird, lautet: „Der Bremsweg in Metern ist ungefähr das Quadrat eines Zehntels der Geschwindigkeit in $\frac{km}{h}$."
   Berechnen Sie nach dieser Faustformel den Bremsweg des Pkw, wenn der Fahrer drei Minuten nach Beobachtungsbeginn den Bremsvorgang einleitet.

Aufgabe 5

Gegeben ist der Graph der Funktion f mit

$y = f(x) = \ln(2 - \cos x)$.

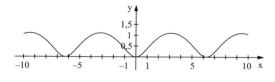

a) Begründen Sie, weshalb die Nullstellen x_0 von f durch $x_0 = k \cdot 2\pi$ mit $k \in \mathbb{Z}$ angegeben werden können.

b) Der Graph von f besitzt im Intervall $0 < x < 2\pi$ einen Hochpunkt H. Ermitteln Sie rechnerisch die Koordinaten von H. (Auf den Nachweis der hinreichenden Bedingung für die Existenz von H kann verzichtet werden.)

Für die Berechnung des Inhalts der Fläche, die der Graph von f im Intervall $0 \leq x \leq 2\pi$ mit der x-Achse einschließt, müsste das Integral

$$\int_0^{2\pi} \ln(2 - \cos x)\, dx$$

bestimmt werden. Dieses Integral ist nur schwierig zu ermitteln. Deshalb soll dieser Flächeninhalt im Folgenden näherungsweise ermittelt werden.

c) Der Graph von f wird im Intervall $0 \leq x \leq 2\pi$ näherungsweise durch eine Parabel p ersetzt, die durch die Punkte P(0; 0), Q(2π; 0) und den Hochpunkt H verläuft. Ermitteln Sie eine Gleichung der Parabel p.

d) Ermitteln Sie mithilfe der Parabel p einen Näherungswert für den Inhalt der Fläche, die der Graph von f im Intervall $0 \leq x \leq 2\pi$ mit der x-Achse einschließt.

Aufgabe 6

Der kleine Chris spielt am Abflussstöpsel der gefüllten Badewanne. Dabei fließen in 20 Minuten 80 % der Wannenfüllung ab. Die momentane Abflussmenge (in Liter/Minute) kann durch das Diagramm rechts veranschaulicht werden.
Ermitteln Sie, wie viel Liter Wasser in der Wanne waren.

Hinweis: Im letzten Zeitabschnitt wird die momentane Abflussmenge durch den Abschnitt einer Parabel mit dem Scheitelpunkt S(20; 0) beschrieben.

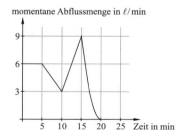

Aufgabe 7

Gegeben ist die Funktion f mit
$$y = f(x) = 2\sin(2x) \text{ im Intervall } 0 \leq x \leq \frac{\pi}{2}.$$
Der Graph von f schließt mit der x-Achse eine Fläche mit dem Inhalt A_1 ein.
Die Tangenten und die Normalen an den Graphen von f in den Punkten $P(0; 0)$ und $Q\left(\frac{\pi}{2}; 0\right)$ bestimmen ein Viereck mit dem Flächeninhalt A_2.
Ermitteln Sie, in welchem Verhältnis die Inhalte der Flächen A_1 und A_2 zueinander stehen.

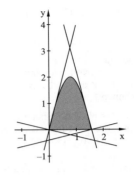

Aufgabe 8

Gegeben ist die Funktion f mit
$$y = f(x) = \frac{1}{x+2} + x + 1 \quad (x \in \mathbb{R}, x \neq -2).$$
Ein Teil des Graphen von f ist im Bild rechts zu sehen.

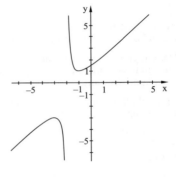

a) Zeigen Sie, dass sich die Funktionsgleichung von f auch durch
$$y = f(x) = \frac{x^2 + 3x + 3}{x+2} \quad (x \in \mathbb{R}, x \neq -2)$$
angeben lässt.
Begründen Sie, weshalb die Funktion f bei $x = -2$ eine senkrechte Asymptote besitzt.
Untersuchen Sie, ob weitere Asymptoten und Nullstellen der Funktion f existieren.

b) Untersuchen Sie den Einfluss des Parameters a ($a \in \mathbb{R}$) auf Asymptoten von
$$y = f_a(x) = \frac{1}{x+2} + x + a \quad (x \in \mathbb{R}, x \neq -2).$$

c) Für welche Werte des Parameters a besitzt die Funktion f_a genau eine Nullstelle?

Aufgabe 9

a) Die Graphen der Funktionen $y = f(x) = (x-2)^2 + 2$ und $y = g(x) = x$ schließen eine Fläche ein. Stellen Sie den Sachverhalt grafisch dar und berechnen Sie den Inhalt der Fläche.

b) Beschreiben Sie den Einfluss des Parameters a ($a \in \mathbb{R}$) auf den Graphen der Funktion $y = g_a(x) = a \cdot x$. Berechnen Sie Werte von a so, dass die Graphen der Funktionen $y = f(x) = (x-2)^2 + 2$ und $y = g_a(x) = a \cdot x$ einander in genau einem Punkt berühren.

c) Erläutern Sie den Einfluss des Parameters b (b ∈ ℝ) auf den Graphen der Funktion
$y = f_b(x) = (x-b)^2 + 2$. Ermitteln Sie alle Werte des Parameters b so, dass die Graphen der Funktionen $y = f_b(x) = (x-b)^2 + 2$ und $y = g(x) = x$ keine gemeinsamen Punkte besitzen.

d) Untersuchen Sie, ob es möglich ist, die Werte der reellen Parameter a und b so zu bestimmen, dass die Graphen von f_b und g_a einander im Punkt P(1; 1) schneiden.

Aufgabe 10

Der Graph einer ganzrationalen Funktion f mit
$y = f(x) = a \cdot x^3 + b \cdot x^2 + c \cdot x + d$.
verläuft durch die Punkte A(1; −1), B(0; 1), C(−1; 3) und D(2; 3).

a) Ermitteln Sie eine Gleichung der Funktion f.

b) Berechnen Sie die Koordinaten der Extrempunkte und des Wendepunktes der Funktion f. Zeichnen Sie den Graphen der Funktion f.

c) Die Normale im Wendepunkt von f schneidet den Graphen von f in zwei weiteren Punkten P und Q. Bestimmen Sie die Länge der Strecke $\overline{PQ}$.

d) Bestimmen Sie denjenigen Punkt auf der Normalen von Teilaufgabe b, der den kleinsten Abstand vom Ursprung hat.

Aufgabe 11

Der Tabelle kann man Zeitpunkte des Sonnenauf- und Sonnenuntergangs in Ilmenau zum Ersten jedes Monats im Jahr 2008 entnehmen.
Als Tageslänge t wurde die Zeitspanne in Stunden zwischen Sonnenauf- und Sonnenuntergang berechnet.

Datum	Tag n des Jahres	Sonnenaufgang	Sonnenuntergang	Tageslänge t in Stunden
1. Januar	1	08:18	16:21	8,05
1. Februar	32	07:53	17:07	9,23
1. März	61	07:00	17:58	10,97
1. April	92	05:52	18:49	12,95
1. Mai	122	04:50	19:38	14,8
1. Juni	153	04:09	20:20	16,18
1. Juli	183	04:08	20:32	16,4
1. August	214	04:44	20:01	15,28
1. September	245	05:31	19:01	13,5
1. Oktober	275	06:17	17:54	11,62
1. November	306	07:08	16:51	9,72
1. Dezember	336	07:56	16:14	8,3

Die Wertepaare (n; t) für den Tag n des Jahres und die zugehörige Tageslänge t liegen in guter Näherung auf dem Graphen der Funktion f mit

$$y = f(x) = 4{,}177 \cdot \sin(0{,}017x - 1{,}318) + 12{,}135 \quad (x \in \mathbb{R};\ 0 \le x \le 366).$$

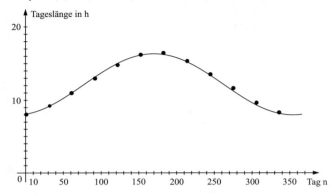

Bearbeiten Sie mit diesem mathematischen Modell die folgenden Problemstellungen für Ilmenau und das Jahr 2008.

a) Bestimmen Sie die Tageslänge in Stunden und Minuten für den 20. März 2008.

b) Berechnen Sie, an welchen Tagen im Jahr 2008 es die „Tagundnachtgleiche" (Äquinoktium) gab.

c) Ermitteln Sie rechnerisch, an welchen Tagen die Tageslänge maximal bzw. minimal war, wenn man alle Tage des Jahres 2008 betrachtet.
   Geben Sie auch das Datum dieser Tage und die Tageslänge in Stunden an.

d) Untersuchen Sie, an welchen Tagen die Zunahme der Tageslänge maximal bzw. minimal gewesen ist. Geben Sie das Datum dieser Tage an.

Hinweise und Tipps

Aufgabe 1
- Überlegen Sie, wie der Graph von f aus dem Graphen der Funktion y = cos x hervorgeht. Beachten Sie das Intervall.
- Ein Maß für die „Steilheit" des Randes können Sie über Werte der 1. und 2. Ableitungsfunktion ermitteln.
- Ermitteln Sie zunächst die Gesamthöhe der Rinne aus den Eigenschaften der Kosinusfunktion. Der Inhalt der Querschnittsfläche kann als Fläche zwischen den Graphen zweier geeigneter Funktionen mithilfe des bestimmten Integrals ermittelt werden.

Aufgabe 2
- Setzen Sie zwei Wertepaare aus den gegebenen Daten in die Gleichung $y = f(t) = a \cdot e^{k \cdot t}$ ein (t für die Zeit in Tagen, y für die Größe der bedeckten Wasseroberfläche in m^2) und ermitteln Sie daraus die Größe der Parameter a und k. Überprüfen Sie, ob die so erhaltene Gleichung auch für das dritte Wertepaar gilt.
- Berechnen Sie die in b und c gesuchten Werte durch Einsetzen in den Funktionsterm.
- Die Verdopplungszeit kann aus dem Ansatz $2a = a \cdot e^{k \cdot t}$ gewonnen werden.
- Beachten Sie für e die Umwandlung von ha in m^2 und verwenden Sie Ihr Ergebnis aus d.
- Die momentane Zuwachsrate entspricht dem Wert der 1. Ableitung.
- Ermitteln Sie den Anstieg der Tangente über die 1. Ableitung der Wachstumsfunktion.
- Berührpunkt und Anstieg der Tangente ergeben eine Gleichung der Tangente, mit der Sie weiterarbeiten können.
- Darstellung des veränderten Wachstumsverhaltens:

Aufgabe 3
- Zur Berechnung der Nullstellen setzen Sie y = 0.
- Für die Existenz von Extremstellen überprüfen Sie, ob die 1. Ableitungsfunktion von f Nullstellen besitzt.
- Zeichnen Sie den Graphen unter Verwendung bisheriger Ergebnisse und mithilfe einiger zusätzlicher Werte im angegebenen Intervall.
- Wenn sich der y-Wert von f um weniger als 10^{-3} von y = 6 unterscheiden soll, so muss die Ungleichung $6 - f(x) < 10^{-3}$ untersucht werden.
- Zur Berechnung des Flächeninhaltes nutzen Sie den Hauptsatz der Differenzial- und Integralrechnung.

Aufgabe 4

- Setzen Sie die gegebenen Wertepaare (Zeit; Geschwindigkeit) in die allgemeine Funktionsgleichung $v(t) = a - b \cdot e^{-k \cdot t}$ ein und lösen Sie das entstehende nichtlineare Gleichungssystem.
- Verwenden Sie dazu das Einsetzungsverfahren und substituieren Sie geeignet.
- Begründen Sie die Monotonie mithilfe von Eigenschaften der Funktion $y = e^{-x}$. Die waagerechte Asymptote finden Sie durch die Grenzwertbetrachtung $\lim\limits_{t \to \infty} v(t)$.
- Verwenden Sie zum Zeichnen des Geschwindigkeit-Zeit-Diagramms die gegebenen Werte und berechnen Sie einige weitere Werte für das vorgegebene Intervall.
- Nutzen Sie zum Berechnen der gesuchten Werte für $t = 180$ s bzw. $v = 0 \frac{m}{s}$ die Funktion $v(t)$.
- Bilden Sie die 1. Ableitung der Funktion $v(t)$. Beachten Sie die Kettenregel.
- Um die Wegstrecke zu berechnen, muss das bestimmte Integral verwendet werden.

Aufgabe 5

- Beachten Sie, dass die Funktion $y = \ln x$ für $x = 1$ eine Nullstelle besitzt.
- Für die Untersuchung der notwendigen Bedingung für die Existenz des Hochpunktes wird die 1. Ableitung der Funktion f gebraucht.
- Berechnen Sie die Nullstelle der 1. Ableitungsfunktion von f.
- Der Ansatz für eine Parabel ist durch $y = p(x) = a \cdot x^2 + b \cdot x + c$ oder $p(x) = a \cdot (x - x_1) \cdot (x - x_2)$ gegeben, wobei x_1 und x_2 die Nullstellen der Parabel sind.
- Die Flächenberechnung erfolgt mithilfe des bestimmten Integrals.

Aufgabe 6

- Die abgeflossene Wassermenge kann als Fläche unter der Kurve gedeutet werden.
- Ermitteln Sie diese Fläche für jeden Zeitabschnitt (jeweils 5 Minuten) gesondert.
- Für die ersten drei Abschnitte können Sie die Fläche elementar berechnen.
- Die Gleichung des Parabelabschnitts lässt sich am einfachsten über die Scheitelpunktform bestimmen.

Aufgabe 7

- Berechnen Sie A_1 über ein geeignetes Integral.
- Ermitteln Sie die Gleichungen der Tangenten und der Normalen.
- Beachten Sie dabei den Zusammenhang zwischen den Anstiegen von Tangente und zugehöriger Normale.
- Berechnen Sie die Schnittpunkte der Tangenten bzw. der Normalen.
- Berechnen Sie mithilfe dieser Schnittpunkte den Flächeninhalt des Vierecks.
- Achten Sie auf die besondere Art des Vierecks.

Aufgabe 8

- Asymptoten: Betrachten Sie Funktionswerte von f in der Umgebung von $x = -2$ sowie für $x \to \pm\infty$.
- Nullstellen: Setzen Sie $y = 0$ und untersuchen Sie die entstehende Gleichung auf ihre Lösungsmenge.

Aufgabe 9
- Berechnen Sie die Schnittstellen beider Graphen und ermitteln Sie den Flächeninhalt mithilfe eines bestimmten Integrals.
- Eine Berührung liegt dann vor, wenn Parabel und Gerade genau einen Schnittpunkt haben.
- Parabel und Gerade haben keine Schnittpunkte, wenn die Diskriminante in der aus der Schnittbedingung entstehenden quadratischen Gleichung negativ ist.
- Die Koordinaten des Punktes P(1; 1) müssen die Gleichungen beider Funktionen g_a und f_b erfüllen, wenn P Schnittpunkt ist. Außerdem müssen sich a und b aus dieser Bedingung eindeutig bestimmen lassen.

Aufgabe 10
- Setzen Sie die Koordinaten der Punkte A, B, C und D in die Gleichung von f ein und lösen Sie das Gleichungssystem.
- Extrempunkte und Wendepunkt können mithilfe von Ableitungsfunktionen bestimmt werden.
- Der Graph von f kann mit den berechneten und bereits bekannten Punkten skizziert werden.
- Die Normale im Wendepunkt W(x_W; f(x_W)) hat den Anstieg $m = -\frac{1}{f'(x_W)}$.
- Die Länge einer Strecke kann mit dem Satz des Pythagoras bestimmt werden.
- Die Ermittlung des kleinsten Abstands eines Punktes von einer Geraden ist als Extremproblem lösbar.

Aufgabe 11
- Überlegen Sie, der wievielte Tag des Jahres 2008 der 20. März war. Beachten Sie, dass das Jahr 2008 ein Schaltjahr gewesen ist.
- Berechnen Sie f(80). Rechnen Sie das Ergebnis in Stunden und Minuten um.
- Eine „Tagundnachtgleiche" ist theoretisch dann erreicht, wenn die Tageslänge 12 Stunden beträgt.
- Lösen Sie die Gleichung f(x) = 12.
- Für die Bestimmung des Maximums bzw. Minimums der Tageslänge werden die lokalen Extrempunkte von f im Intervall $0 \le x \le 366$ bestimmt.
- Da die Zunahme der Tageslänge untersucht werden soll, ist nach dem Maximum bzw. Minimum der Änderungsrate der Tageslänge gefragt.
- Bestimmen Sie die 1. und die 2. Ableitung von f' und ermitteln Sie das lokale Maximum bzw. Minimum der 1. Ableitungsfunktion von f.

Lösungen

Aufgabe 1

a) Der Graph der Funktion $y = f(x) = -\cos x + 1$ geht aus dem Graphen der Funktion $y = \cos x$ durch eine Spiegelung an der x-Achse und eine Verschiebung in Richtung der y-Achse um eine Einheit nach oben hervor. Unter Beachtung der Intervallgrenzen ergibt sich folgender Graph:

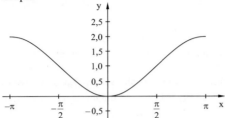

b) Der Rand ist dort am steilsten, wo der Anstieg der Kurve ein Maximum bzw. ein Minimum hat. Das bedeutet, es ist die 1. Ableitungsfunktion auf ein lokales Extremum zu untersuchen (Wendepunkte von f gesucht).

$f'(x) = \sin x$ mit $-\pi \leq x \leq \pi$
$f''(x) = \cos x$ mit $-\pi \leq x \leq \pi$
$f'''(x) = -\sin x$ mit $-\pi \leq x \leq \pi$

Notwendige Bedingung

$f''(x) = 0 \Rightarrow x \in \left\{-\frac{\pi}{2}; \frac{\pi}{2}\right\}$

Hinreichende Bedingung

$f'''\left(-\frac{\pi}{2}\right) = -\sin\left(-\frac{\pi}{2}\right) = 1 \neq 0$

$f'''\left(\frac{\pi}{2}\right) = -\sin\frac{\pi}{2} = -1 \neq 0$

Der Rand ist am steilsten in den Punkten $\left(-\frac{\pi}{2}; 1\right)$ und $\left(\frac{\pi}{2}; 1\right)$.

c) Halbe Höhe h heißt hier $h = 1$, denn die Funktion f hat als Wertebereich $y \in \mathbb{R}$ mit $0 \leq y \leq 2$. Die Gerade $y = g(x) = 1$ schneidet den Graphen von f in den Punkten, an denen der Rand am steilsten ist (siehe Teilaufgabe b).
Die Querschnittsfläche A ist als Fläche zwischen den Graphen von $y = 1$ und $y = f(x) = -\cos x + 1$ in den Grenzen $-\frac{\pi}{2} \leq x \leq \frac{\pi}{2}$ zu berechnen.

$$A = \int_{-\frac{\pi}{2}}^{\frac{\pi}{2}} (1 - (-\cos x + 1))\, dx = \int_{-\frac{\pi}{2}}^{\frac{\pi}{2}} \cos x\, dx = \sin\frac{\pi}{2} - \sin\left(-\frac{\pi}{2}\right) = 1 - (-1) = 2$$

Das Wasservolumen beträgt dann $V = 2\text{ cm}^2 \cdot 500\text{ cm} = 1\,000\text{ cm}^3 = 1\text{ dm}^3 = 1$ Liter.

Hinweis für CAS-Nutzer

Die Bestimmung der Maximumstelle der 1. Ableitung und die Berechnung des Integrals können mit den Algebrawerkzeugen des CAS durchgeführt werden.

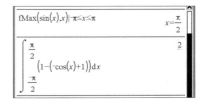

Aufgabe 2

a) **Tabelle der gegebenen Werte**

Tag	0	1	2
mit Algen bedeckte Wasseroberfläche in m²	2,0	2,5	3,1

Berechnung der Parameter a und k unter Verwendung der Angaben für den Beobachtungsbeginn (0. Tag) und den 1. Tag

Anmerkung: Ermittelt man die Parameter a und k aus anderen Angaben (1. und 2. Tag oder 0. und 2. Tag), erhält man etwas andere Ergebnisse als in der folgenden Rechnung.

$y = f(t) = a \cdot e^{k \cdot t}$

$2,0 = f(0) = a \cdot e^{k \cdot 0} \Rightarrow a = 2,0$

$2,5 = f(1) = 2,0 \cdot e^{k \cdot 1} \Rightarrow 1,25 = e^k \Rightarrow k = \ln 1,25 \approx 0,2231$

Damit gilt: $y = f(t) \approx 2,0 \cdot e^{0,2231 \cdot t}$

Zur Probe:

$y = f(2) \approx 2,0 \cdot e^{0,2231 \cdot 2} \approx 3,1$

b) $y = f(5) \approx 2,0 \cdot e^{0,2231 \cdot 5} \approx 6,1$

Nach fünf Tagen werden etwa 6,1 m² bedeckt sein.

c) 12 Stunden vorher entspricht einem Zeitwert von $t = -0,5$ Tagen:

$y = f(-0,5) \approx 2,0 \cdot e^{0,2231 \cdot (-0,5)} \approx 1,8$

12 Stunden vor Beobachtungsbeginn waren etwa 1,8 m² von Algen bedeckt.

d) Die Verdopplungszeit wird über $2a = a \cdot e^{k \cdot t}$ ermittelt:

$2 = e^{0,2231 \cdot t} \Rightarrow t = \dfrac{\ln 2}{0,2231} \approx 3,1$

In etwa 3,1 Tagen verdoppelt sich die von Algen bedeckte Wasseroberfläche.

e) Die Hälfte der Wasseroberfläche entspricht 5 ha = 50 000 m².

$50\,000 = f(t) \approx 2,0 \cdot e^{0,2231 \cdot t} \Rightarrow 25\,000 = e^{0,2231 \cdot t} \Rightarrow t = \dfrac{\ln 25\,000}{0,2231} \approx 45,4$

Es dauert ca. 45,4 Tage, bis das Gewässer halb zugewachsen ist, und dann noch 3,1 Tage (Verdopplungszeit!), also insgesamt 48,5 Tage, bis es ganz zugewuchert ist.

f) Die momentane Zuwachsrate ergibt sich aus der 1. Ableitungsfunktion (Kettenregel!):
$$y = f(t) \approx 2{,}0 \cdot e^{0{,}2231 \cdot t} \quad \Rightarrow \quad f'(t) \approx 2{,}0 \cdot 0{,}2231 \cdot e^{0{,}2231 \cdot t} = 0{,}4462 \cdot e^{0{,}2231 \cdot t}$$
Am Ende des zehnten Tages beträgt die momentane Zuwachsrate ca. 4,2 m²/Tag:
$$f'(10) = 0{,}4462 \cdot e^{0{,}2231 \cdot 10} \approx 4{,}2$$

g) Bis zum Ende des zehnten Tages ist das Wachstum exponentiell:
$$y = f(10) \approx 2{,}0 \cdot e^{0{,}2231 \cdot 10} \approx 18{,}6$$
Es sind also bis zu diesem Zeitpunkt ca. 18,6 m² zugewachsen.
Ab Beginn des elften Tages geht es linear weiter. Bis das Gewässer ganz zugewachsen ist, müssen noch 100 000 m² − 18,6 m² = 99 981,4 m² zuwachsen. Bei einem linearen Zuwachs von 4,2 m² pro Tag dauert dies 99 981,4 m² : (4,2 m²/Tag) ≈ 23 805 Tage.
Insgesamt wuchert das Gewässer nun erst in 23 815 Tagen vollständig zu, das sind rund 65,2 Jahre.

Hinweise für CAS-Nutzer

Berechnung der Parameter a und k und Definition der Exponentialfunktion:

Define $f(x)=a \cdot e^{k \cdot x}$	Fertig
solve$\left(\begin{cases} f(0)=2 \\ f(1)=2{,}5 \end{cases}, \{a,k\}\right)$	
	$a=2$ and $k=0{,}223144$
$f(x)\mid a=2$ and $k=0{,}22314355131421$	
	$2 \cdot (1{,}25)^x$
$f(x):=2 \cdot (1{,}25)^x$	Fertig
	27/99

	$a=2$ and $k=0{,}223144$
$f(x)\mid a=2$ and $k=0{,}22314355131421$	
	$2 \cdot (1{,}25)^x$
$f(x):=2 \cdot (1{,}25)^x$	Fertig
© Test drittes Wertepaar	
$f(2)$	3.125
	29/99

Weitere Rechnung:

© Fläche nach 5 Tagen:	
$f(5)$	6.10352
© Fläche 12 Stunden vorher:	
$f(-0{,}5)$	1.78885
© Verdopplungszeit:	
solve$(4=f(x),x)$	$x=3{,}10628$

© See zur Hälfte zugewachsen:	
solve$(50000=f(x),x)$	$x=45{,}3817$
© See ganz zugewachsen:	
$45{,}3817+3{,}10628$	48.488

© momentane Zuwachsrate am 10. Tag:	
$\frac{d}{dx}(f(x))\mid x=10$	4.15637
© Restfläche nach dem 10. Tag:	
$100000-f(10)$	99981.4

© Zeit für das Zuwachsen der Restfläche bei linearem Wachstum von 4,16 m² pro Tag:	
$\frac{99981{,}4}{4{,}16}$	24034.
© 24034 Tage in Jahre umrechnen:	
$\frac{24034{,}}{365}$	65.8466

Aufgabe 3

a) **Nullstellen**

In der Funktionsgleichung wird $y=0$ gesetzt:
$$6-4,5 \cdot e^{-0,5x} = 0$$
$$6 = 4,5 \cdot e^{-0,5x}$$
$$\frac{6}{4,5} = e^{-0,5x}$$
$$\ln \frac{4}{3} = -0,5x$$
$$x = -2 \cdot \ln \frac{4}{3} \approx -0,58$$

Extremstellen

$y = f(x) = 6 - 4,5 \cdot e^{-0,5x} \quad (x \in \mathbb{R})$

$y = f'(x) = 0 - 4,5 \cdot (-0,5) \cdot e^{-0,5x} = 2,25 \cdot e^{-0,5x}$

Da die Funktion $h(x) = e^{-0,5x} \neq 0$ für alle reellen Zahlen x ist, besitzt f'(x) keine Nullstellen. Demzufolge hat die Funktion f keine Extremstellen.

Asymptoten

$\lim\limits_{x \to +\infty} (6 - 4,5 \cdot e^{-0,5x}) = 6 - 4,5 \cdot 0 = 6 \qquad \lim\limits_{x \to -\infty} (6 - 4,5 \cdot e^{-0,5x}) = -\infty$

$y = 6$ ist waagerechte Asymptote.

b) **Wertetabelle**

x	0	1	2	3	4	5	6	7	8	9	10	11	12
y	1,50	3,27	4,34	5,00	5,39	5,63	5,78	5,86	5,92	5,95	5,97	5,98	5,99

Zeichnung

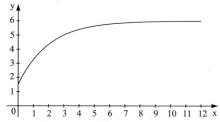

c) Der y-Wert von f soll sich für $x > 2 \cdot \ln 4500$ um weniger als 10^{-3} von $y = 6$ unterscheiden:
$$6 - f(x) < 10^{-3}$$
$$6 - (6 - 4,5 \cdot e^{-0,5x}) < 10^{-3}$$
$$4,5 \cdot e^{-0,5x} < 10^{-3}$$
$$e^{-0,5x} < \frac{10^{-3}}{4,5}$$

Beide Seiten sind positiv, es darf logarithmiert werden. Da die ln-Funktion streng monoton steigend ist, bleibt das Relationszeichen erhalten:

$-0,5x < \ln(4,5^{-1} \cdot 10^{-3})$

Nach Multiplikation mit -2 kehrt sich das Relationszeichen um. Durch Anwenden des Logarithmusgesetzes $\ln x^r = r \cdot \ln x$ wird die weitere Umformung eingeleitet:

$x > -2 \cdot \ln(4,5^{-1} \cdot 10^{-3}) = 2 \cdot \ln(4,5^{-1} \cdot 10^{-3})^{-1} = 2 \cdot \ln(4,5 \cdot 10^3) = 2 \cdot \ln 4\,500$

d) **Skizze**

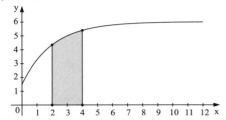

Flächeninhalt

$$A = \int_2^4 f(x)\, dx = \int_2^4 (6 - 4,5 \cdot e^{-0,5x})\, dx = \left[6x - 4,5 \cdot e^{-0,5x} \cdot \frac{1}{-0,5}\right]_2^4 = \left[6x + 9 \cdot e^{-0,5x}\right]_2^4$$

$$A = (6 \cdot 4 + 9 \cdot e^{-2}) - (6 \cdot 2 + 9 \cdot e^{-1}) = 12 + 9 \cdot (e^{-2} - e^{-1}) \approx 9,91\ \text{FE}$$

Hinweise für CAS-Nutzer

Die Rechnungen können weitgehend (bis auf Teilaufgabe c) dem CAS überlassen werden, müssen aber durch Ansätze und Anmerkungen kommentiert werden.

Die grafische Darstellung kann ebenso mit Unterstützung des CAS erfolgen.

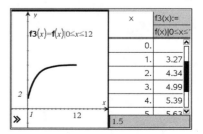

Aufgabe 4

a) **Tabelle der gegebenen Werte**

Zeit in s	0	10	20
Geschwindigkeit in $\frac{m}{s}$	1	12	18

Berechnung der Parameter a, b und k

$v(t) = a - b \cdot e^{-k \cdot t}$

(1) $\quad 1 = a - b \cdot e^{-k \cdot 0}$
(2) $\quad 12 = a - b \cdot e^{-k \cdot 10}$
(3) $\quad 18 = a - b \cdot e^{-k \cdot 20}$

Aus (1) folgt wegen $e^0 = 1$: $a = 1 + b$. Dies einsetzen in (2) und (3) ergibt:
(4) $\quad 12 = 1 + b - b \cdot e^{-10k}$
(5) $\quad 18 = 1 + b - b \cdot e^{-20k}$

Wegen $e^{-20k} = (e^{-10k})^2$ folgt:
(6) $\quad 11 = b - b \cdot e^{-10k}$
(7) $\quad 17 = b - b \cdot (e^{-10k})^2$

Substitution $z := e^{-10k}$ und Ausklammern ergibt:
(8) $\quad 11 = b \cdot (1 - z)$
(9) $\quad 17 = b \cdot (1 - z^2)$

Beide Gleichungen nach b umstellen und gleichsetzen:

(10) $\quad \dfrac{11}{1-z} = \dfrac{17}{1-z^2} \quad \text{mit } z \neq \pm 1$

Nach Multiplikation mit $(1-z)$ erhält man unter Beachtung der dritten binomischen Formel:

(11) $\quad 11 = \dfrac{17}{1+z} \;\Rightarrow\; 1+z = \dfrac{17}{11} \;\Rightarrow\; z = \dfrac{6}{11}$

Rücksubstitution:

$e^{-10k} = \dfrac{6}{11} \;\Rightarrow\; k = -\dfrac{1}{10} \cdot \ln \dfrac{6}{11} \approx 0{,}0606$

Betrachtung der oben ausgeschlossenen Fälle $z = \pm 1$:

$z = 1$ ergibt $e^{-10k} = 1 \;\Rightarrow\; k = 0$
Dies kann wegen $k > 0$ ausgeschlossen werden.

$z = -1$ ergibt $e^{-10k} = -1$
Dieser Fall kann nicht eintreten, da $e^x > 0$ für alle reellen Zahlen x ist.

Nach (8) folgt: $b = \dfrac{11}{1-z} = \dfrac{11}{1-\frac{6}{11}} = \dfrac{11}{\frac{5}{11}} = \dfrac{121}{5} = 24{,}2$

Nach (1) gilt $a = 1 + b$ und damit: $a = 1 + \dfrac{121}{5} = \dfrac{126}{5} = 25{,}2$

Die gesuchte Funktion lautet $v(t) \approx 25{,}2 - 24{,}2 \cdot e^{-0{,}0606 \cdot t}$.

b) **Monotonie**

Der Graph der Funktion $y = e^{-0{,}0606t}$ ist streng monoton fallend. Demzufolge wird in $v(t) \approx 25{,}2 - 24{,}2 \cdot e^{-0{,}0606 \cdot t}$ von 25,2 mit steigendem t ein immer kleiner werdender Betrag $24{,}2 \cdot e^{-0{,}0606 \cdot t}$ subtrahiert. Also wird v(t) mit steigendem t immer größer, die Funktion v(t) ist streng monoton wachsend.

Waagerechte Asymptote

Geht in $v(t) \approx 25{,}2 - 24{,}2 \cdot e^{-0{,}0606 \cdot t}$ die Variable $t \to \infty$, so geht der Term $e^{-0{,}0606 \cdot t} \to 0$. Die Gleichung der waagerechten Asymptote lautet also $y = 25{,}2$.

Geschwindigkeit-Zeit-Diagramm für $0 \leq t \leq 180$:

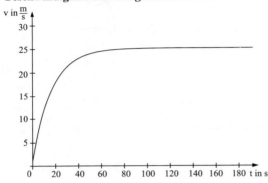

c) Mit $v(t) \approx 25{,}2 - 24{,}2 \cdot e^{-0{,}0606 \cdot t}$ und $t = 180$ s folgt:

$$v(180) \approx 25{,}2 \, \frac{m}{s} = 90{,}72 \, \frac{km}{h}$$

$v(t) = 0$ setzen ergibt:

$$0 = 25{,}2 - 24{,}2 \cdot e^{-0{,}0606 \cdot t} \quad \Rightarrow \quad t \approx \frac{\ln \frac{25{,}2}{24{,}2}}{-0{,}0606} \quad \Rightarrow \quad t \approx -0{,}7$$

Etwa 0,7 s vor Beobachtungsbeginn startete der Pkw.

d) Die 1. Ableitung von v(t) ergibt die Beschleunigung a(t) in $\frac{m}{s^2}$:

$$v(t) \approx 25{,}2 - 24{,}2 \cdot e^{-0{,}0606 \cdot t} \quad \Rightarrow \quad v'(t) = (-0{,}0606) \cdot (-24{,}2 \cdot e^{-0{,}0606 t})$$
$$\Rightarrow \quad a(t) \approx 1{,}47 \cdot e^{-0{,}0606 t}$$

Beschleunigung zu Beobachtungsbeginn ($t = 0$):

$$a(0) \approx 1{,}47 \, \frac{m}{s^2}$$

Zeitpunkt mit Beschleunigung von $1 \frac{m}{s^2}$:

$$1 = 1{,}47 \cdot e^{-0{,}0606 t} \quad \Rightarrow \quad t = \frac{\ln \frac{1}{1{,}47}}{-0{,}0606} \approx 6{,}4$$

Etwa 6,4 s nach Beobachtungsbeginn beträgt die Beschleunigung $1 \frac{m}{s^2}$.

Skizze für das Beschleunigung-Zeit-Diagramm

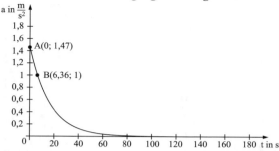

Der Anstieg im v-t-Diagramm flacht mit steigendem t ab, deshalb muss das a-t-Diagramm eine streng monoton fallende Kurve zeigen.
Da die Geschwindigkeit mit steigendem t einem konstanten Wert immer näher kommt, geht die Beschleunigung gegen null.

e) Der in den ersten drei Minuten seit Beobachtungsbeginn (also von t = 0 s bis t = 180 s) zurückgelegte Weg wird durch das bestimmte Integral ermittelt:

$$s = \int_0^{180} v(t)\, dt = \int_0^{180} (25{,}2 - 24{,}2 \cdot e^{-0{,}0606t})\, dt$$

$$s = \left[25{,}2t - \frac{24{,}2}{-0{,}0606} \cdot e^{-0{,}0606t} \right]_0^{180} = \left[25{,}2t + 399{,}34 \cdot e^{-0{,}0606t} \right]_0^{180} \approx 4137 \ [m]$$

Der Pkw legt in den ersten drei Minuten etwa 4,1 km zurück.

f) Faustformel für den Bremsweg:

$$s(v) = \left(\frac{v}{10} \right)^2$$

Die Geschwindigkeit nach drei Minuten, also für t = 180 s, beträgt ca. 90,72 $\frac{km}{h}$ (vgl. Teilaufgabe c). Damit ergibt sich für den Bremsweg:

$$s(90{,}72) = \left(\frac{90{,}72}{10} \right)^2 \approx 82{,}3 \ m$$

Hinweise für CAS-Nutzer

Alle Rechnungen können mit dem CAS durchgeführt bzw. überprüft werden, etwa so, wie es die Bildschirmdarstellungen zeigen.

```
Define v(t)=a−b·e^(−k·t)                               Fertig

solve  ⎧ v(0)=1     ⎫
       ⎨ v(10)=12   ⎬ ,a,b,k
       ⎩ v(20)=18   ⎭

                                              ln(11/6)
       a = 126/5  and  b = 121/5  and  k = ─────────
                                                10

|
                                                    2/99
```

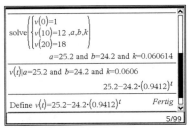
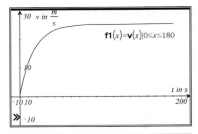
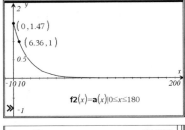
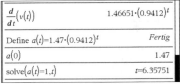
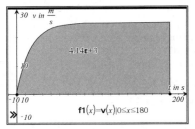

Aufgabe 5

a) Die Funktion $y = \ln(2 - \cos x)$ besitzt Nullstellen genau dort, wo $2 - \cos x = 1$ gilt. Dies ist der Fall, wenn $\cos x = 1$ ist. Dafür ergibt sich als Lösungsmenge $\mathbb{L} = \{k \cdot 2\pi \mid k \in \mathbb{Z}\}$.

b) Die 1. Ableitung von f wird unter Beachtung der Kettenregel gebildet:

$$f'(x) = \frac{1}{2 - \cos x} \cdot \sin x = \frac{\sin x}{2 - \cos x}$$

Die Nullstelle der 1. Ableitung im Intervall $0 < x < 2\pi$ ist für $\sin x = 0$ gegeben, also für $x = \pi$.
Bemerkung: Die Nennerfunktion $2 - \cos x$ ist für $x = \pi$ gleich $2 - \cos \pi = 2 - (-1) = 3 \neq 0$, sodass $f'(\pi) = 0$ gilt.

Auf die Untersuchung der hinreichenden Bedingung kann laut Aufgabenstellung verzichtet werden.

Der y-Wert des Hochpunktes ergibt sich aus:
$f(\pi) = \ln(2 - \cos \pi) = \ln(2 - (-1)) = \ln 3 \approx 1{,}1$

Die Koordinaten des Hochpunktes im Intervall $0 < x < 2\pi$ lauten $H(\pi; \ln 3)$.

Hinweis für CAS-Nutzer

Die Koordinaten des Hochpunktes H können mit dem CAS ermittelt werden.

fMax($\ln(2-\cos(x)), x$)$\mid 0<x<2\cdot\pi$	$x=\pi$
$\ln(2-\cos(\pi))$	$\ln(3)$

c) Einsetzen der Koordinaten von P, Q und H in die Parabelgleichung $y = p(x) = a \cdot x^2 + b \cdot x + c$ führt auf ein lineares Gleichungssystem:

P: $0 = a \cdot 0^2 + b \cdot 0 + c \quad \Rightarrow \quad c = 0$
Q: $0 = a \cdot (2\pi)^2 + b \cdot 2\pi \quad$ (c = 0 wurde bereits berücksichtigt)
H: $\ln 3 = a \cdot \pi^2 + b \cdot \pi$

(1) $4\pi^2 \cdot a + 2\pi \cdot b = 0$
(2) $\pi^2 \cdot a + \pi \cdot b = \ln 3$

Gleichung (2) mit −2 multiplizieren und dann zu Gleichung (1) addieren ergibt:

$$2\pi^2 \cdot a = -2\ln 3 \quad \Rightarrow \quad a = \frac{-2\ln 3}{2\pi^2} = \frac{-\ln 3}{\pi^2} \approx -0{,}111$$

Dieses Ergebnis in Gleichung (2) einsetzen und b berechnen führt zu:

$$\pi^2 \cdot \frac{-\ln 3}{\pi^2} + \pi \cdot b = \ln 3 \quad \Rightarrow \quad b = \frac{2 \cdot \ln 3}{\pi} \approx 0{,}699$$

Hinweis für CAS-Nutzer

Die Lösung des Gleichungssystems gelingt rasch und fehlerfrei mit dem CAS.

Die Parabel p hat somit die Gleichung:

$$p(x) = \frac{-\ln 3}{\pi^2} \cdot x^2 + \frac{2\ln 3}{\pi} \cdot x \approx -0{,}111 \cdot x^2 + 0{,}699 \cdot x$$

Alternative Lösung:
Da zwei Nullstellen $x_1 = 0$ und $x_2 = 2\pi$ der Parabel gegeben sind, kann man auch folgenden Ansatz wählen:

$p(x) = a \cdot x \cdot (x - 2\pi)$

Einsetzen von H(π; ln 3) führt auf:

$\ln 3 = a \cdot \pi \cdot (\pi - 2\pi) \quad \Rightarrow \quad a = \frac{-\ln 3}{\pi^2}$

Damit ergibt sich:

$$p(x) = \frac{-\ln 3}{\pi^2} \cdot x \cdot (x - 2\pi) \approx -0{,}111 \cdot x \cdot (x - 6{,}283)$$

Hinweis für CAS-Nutzer

Eine grafische Kontrolle der Näherung durch die Parabel im Bereich $0 \leq x \leq 2\pi$ ist sinnvoll (die punktierte Linie gehört zum Graphen der Parabel p).

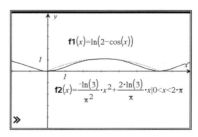

d) Flächenberechnung

$$A \approx \int_0^{2\pi} p(x)\,dx = \int_0^{2\pi} \left(\frac{-\ln 3}{\pi^2}\cdot x^2 + \frac{2\ln 3}{\pi}\cdot x\right)dx = \left[\frac{-\ln 3}{3\cdot\pi^2}\cdot x^3 + \frac{2\ln 3}{2\cdot\pi}\cdot x^2\right]_0^{2\pi}$$

$$= \frac{-\ln 3}{3\pi^2}\cdot(2\pi)^3 + \frac{\ln 3}{\pi}\cdot(2\pi)^2 = \frac{-8\ln 3\cdot\pi}{3} + \frac{12\ln 3\cdot\pi}{3} = \frac{4\ln 3\cdot\pi}{3} \approx 4{,}60 \;[\text{FE}]$$

Rechnet man mit den Näherungswerten, so erhält man:

$$A \approx \int_0^{6{,}283}(-0{,}111\cdot x^2 + 0{,}699\cdot x)\,dx = \left[\frac{-0{,}111}{3}\cdot x^3 + \frac{0{,}699}{2}\cdot x^2\right]_0^{6{,}283} \approx 4{,}62$$

Hinweis für CAS-Nutzer
Die Berechnung des Flächeninhaltes kann ebenfalls mit dem CAS erfolgen.

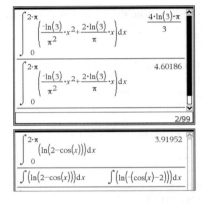

Hinweis: Das CAS kann das unbestimmte Integral $\int \ln(2-\cos x)\,dx$ nicht bestimmen, berechnet aber einen Näherungswert für $\int_0^{2\pi}\ln(2-\cos x)\,dx$.

Aufgabe 6

Im Abschnitt $0 \leq t < 5$ fließen gleichmäßig 6 Liter pro Minute ab, das sind also 30 Liter Wasser in den ersten fünf Minuten.

Im Abschnitt $5 \leq t < 10$ nimmt die momentane Abflussmenge gleichförmig ab. Die Fläche unter dem Geradenstück setzt sich zusammen aus einer Dreiecksfläche von $\frac{3\cdot 5}{2} = 7{,}5$ FE und einer Rechteckfläche von $5\cdot 3 = 15$ FE. Insgesamt fließen also im zweiten Zeitabschnitt 22,5 Liter Wasser ab.

Im Abschnitt $10 \leq t < 15$ nimmt die momentane Abflussmenge gleichförmig zu. Analog zum zweiten Abschnitt erhält man hier $\frac{6\cdot 5}{2} + 3\cdot 5 = 30$ Liter Wasser, die abfließen.

Die Abflussmenge im letzten Zeitabschnitt ($15 \leq t < 20$) kann man nicht mehr elementar berechnen. Zunächst ist die Gleichung der Parabel zu bestimmen. Die Scheitelpunktform einer Parabel lautet $y = f(x) = a\cdot(x-e)^2 + d$, wobei der Scheitelpunkt S die Koordinaten S(e; d) hat. Hier ist S(20; 0); damit kann die Parabelgleichung bereits angegeben werden durch:

$$y = f(x) = a\cdot(x-20)^2$$

Da der Punkt P(15; 9) ebenfalls auf der Parabel liegt, kann durch Einsetzen dieser Koordinaten die Größe des Parameters a bestimmt werden:

$$9 = a \cdot (15-20)^2 \implies a = \frac{9}{25}$$

Die Parabel hat die Gleichung:

$$y = f(x) = \frac{9}{25} \cdot (x-20)^2$$

Damit kann die Fläche unter der Parabel mithilfe der Integralrechnung ermittelt werden:

$$A = \int_{15}^{20} \left(\frac{9}{25} \cdot (x-20)^2 \right) dx = \left[\frac{9}{25} \cdot \frac{1}{3} \cdot (x-20)^3 \right]_{15}^{20} = \frac{3}{25} \cdot \left((20-20)^3 - (15-20)^3 \right)$$

$$A = \frac{3}{25} \cdot 125 = 15$$

Im letzten Zeitabschnitt sind also 15 Liter Wasser abgeflossen.

Insgesamt sind (30 + 22,5 + 30 + 15) Liter = 97,5 Liter Wasser abgeflossen. Diese 97,5 Liter entsprechen laut Aufgabentext 80 % der ursprünglichen Wassermenge, 1 % sind dann $\frac{97,5 \text{ Liter}}{80} \approx 1,22$ Liter. Also waren ursprünglich etwa 122 Liter Wasser in der Wanne.

Hinweise für CAS-Nutzer

Der Graph der momentanen Abflussrate lässt sich auch durch eine abschnittsweise definierte Funktion beschreiben. Die Fläche unter dem Graphen kann dann als Ganzes mithilfe eines bestimmten Integrals berechnet werden.
Die Geradengleichungen für den zweiten und dritten Abschnitt lassen sich leicht ermitteln, da jeweils zwei Punkte gegeben sind. So sind z. B. im zweiten Abschnitt die Punkte R(5; 6) und Q(10; 3) leicht abzulesen. Die Parameter m und n der Geradengleichung $y = mx + n$ werden durch Einsetzen der Punktkoordinaten über ein lineares Gleichungssystem ermittelt.
Die ganze Funktion und den Flächeninhalt kann man dem unteren Bild entnehmen.

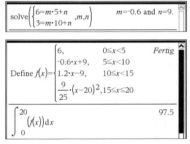

Aufgabe 7

Flächeninhalt A_1

Die Fläche zwischen dem Graphen von f und der x-Achse ergibt sich als bestimmtes Integral:

$$A_1 = \int_0^{\frac{\pi}{2}} 2\sin(2x)\, dx = \left[\frac{2 \cdot (-\cos(2x))}{2} \right]_0^{\frac{\pi}{2}} = -\cos\left(2 \cdot \frac{\pi}{2}\right) - (-\cos(2 \cdot 0)) = 1 + 1 = 2$$

Aufstellen der Tangentengleichungen

Bilden der 1. Ableitung von f unter Beachtung der Kettenregel:

$$f'(x) = 2 \cdot \cos(2x) \cdot 2 = 4 \cdot \cos(2x)$$

Anstiege der Tangenten:
$$m_1 = f'(0) = 4 \cdot \cos(2 \cdot 0) = 4; \quad m_2 = f'\left(\frac{\pi}{2}\right) = 4 \cdot \cos\left(2 \cdot \frac{\pi}{2}\right) = -4$$

Der y-Achsendurchgang der Tangente im Ursprung ist n = 0, sodass diese Tangente t_1 die Gleichung y = 4x hat.

Der y-Achsendurchgang der Tangente im Punkt $Q\left(\frac{\pi}{2}; 0\right)$ wird durch Einsetzen der Punktkoordinaten und von m_2 in y = mx + n bestimmt:
$$0 = -4 \cdot \frac{\pi}{2} + n \quad \Rightarrow \quad n = 2\pi$$

Die Tangente t_2 hat die Gleichung:
$$y = -4x + 2\pi$$

Aufstellen der Normalengleichungen

Für die Anstiege m einer Tangente und $\bar{m}$ der zugehörigen Normalen gilt die Beziehung:
$$m \cdot \bar{m} = -1$$

Die Normale n_1 zu t_1 hat demzufolge die Gleichung:
$$y = -\frac{1}{4}x$$

Die Normale n_2 zu t_2 hat den Anstieg $\bar{m}_2 = \frac{1}{4}$. Dies und die Koordinaten von Q einsetzen in y = mx + n ergibt:
$$0 = \frac{1}{4} \cdot \frac{\pi}{2} + n \quad \Rightarrow \quad n = -\frac{\pi}{8}$$

Die Normale n_2 zur Tangente t_2 hat die Gleichung:
$$y = \frac{1}{4} \cdot x - \frac{\pi}{8}$$

Schnittpunkt T der Tangenten

Gleichsetzen der Tangentengleichungen:
$$4x = -4x + 2\pi \quad \Rightarrow \quad x_T = \frac{\pi}{4}$$

Einsetzen in Tangentengleichung t_1:
$$y_T = 4 \cdot \frac{\pi}{4} = \pi \quad \Rightarrow \quad T\left(\frac{\pi}{4}; \pi\right)$$

Schnittpunkt N der Normalen

Gleichsetzen der Normalengleichungen:
$$-\frac{x}{4} = \frac{x}{4} - \frac{\pi}{8} \quad \Rightarrow \quad x_N = \frac{\pi}{4}$$

Einsetzen in Normalengleichung n_1:
$$y_N = -\frac{1}{4} \cdot \frac{\pi}{4} = -\frac{\pi}{16} \quad \Rightarrow \quad N\left(\frac{\pi}{4}; -\frac{\pi}{16}\right)$$

Flächeninhalt A_2

Das aus Tangenten und Normalen gebildete Viereck ist ein Drachenviereck. Der Flächeninhalt eines Drachenvierecks ergibt sich aus dem halben Produkt seiner Diagonalen:

$$A_2 = \frac{1}{2} \cdot \frac{\pi}{2} \cdot \left(\left|-\frac{\pi}{16}\right| + \pi\right) = \frac{17}{64} \cdot \pi^2 \text{ FE}$$

Das Verhältnis beider Flächen ist somit:

$$\frac{A_1}{A_2} = \frac{2}{\frac{17}{64} \cdot \pi^2} = \frac{128}{17 \cdot \pi^2} \approx 0{,}763$$

Hinweise für CAS-Nutzer

Alle Rechnungen können mit dem CAS durchgeführt bzw. überprüft werden, etwa so, wie es die Bildschirmdarstellungen zeigen.

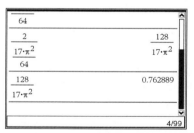

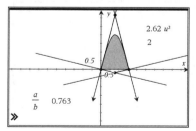

Das Ergebnis lässt sich auch grafisch ermitteln.

Aufgabe 8
a) Umformung

$$y = f(x) = \frac{1}{x+2} + x + 1 \qquad \big|\text{Hauptnenner bilden}$$

$$y = f(x) = \frac{1}{x+2} + \frac{(x+2) \cdot (x+1)}{x+2} \qquad \big|\text{Ausmultiplizieren}$$

$$y = f(x) = \frac{1 + x^2 + 2x + x + 2}{x+2} \qquad \big|\text{Zusammenfassen}$$

$$y = f(x) = \frac{x^2 + 3x + 3}{x+2}$$

Asymptoten

An der Stelle $x = -2$ existiert eine senkrechte Asymptote, denn für $x \to -2$ verlaufen die Funktionswerte gegen $-\infty$, wenn man sich der Stelle $x = -2$ von links nähert bzw. gegen $+\infty$, wenn man sich der Stelle $x = -2$ von rechts nähert.

Zur Überprüfung kann man einige Beispiele berechnen:

Define $f(x) = \frac{1}{x+2} + x + 1$	Fertig
$f(-2.1)$	-11.1
$f(-2.05)$	-21.05
$f(-2.0005)$	-2001.
$f(-2.00000005)$	-2.E7
	5/99

Define $f(x) = \frac{1}{x+2} + x + 1$	Fertig
$f(-1.9)$	9.1
$f(-1.999)$	999.001
$f(-1.9999)$	9999.
$f(-1.99999)$	99999.
	5/99

Für $x \to \pm\infty$ geht der erste Summand in $y = f(x) = \frac{1}{x+2} + x + 1$ gegen null, die Funktionswerte von f unterscheiden sich für dasselbe Argument immer weniger von denen der Geraden $y = x + 1$. Diese Gerade ist deshalb schiefe Asymptote des Graphen von f.

Hinweise für CAS-Nutzer
Die Untersuchung des Grenzverhaltens kann mit dem CAS erfolgen:

Define $f(x) = \frac{1}{x+2} + x + 1$	Fertig
$\lim_{x \to -2^-} (f(x))$	$-\infty$
$\lim_{x \to -2^+} (f(x))$	∞
	3/99

Define $f(x) = \frac{1}{x+2} + x + 1$	Fertig
$\lim_{x \to -\infty} (f(x) - (x+1))$	0
$\lim_{x \to \infty} (f(x) - (x+1))$	0
	3/99

Nullstellen

In der Funktionsgleichung $y = f(x) = \frac{1}{x+2} + x + 1$ wird $y = 0$ gesetzt:

$0 = \frac{1}{x+2} + x + 1 \qquad | \cdot (x+2)$

$0 = 1 + (x+1) \cdot (x+2) \qquad$ | Normalform der quadratischen Gleichung herstellen

$x^2 + 3x + 3 = 0 \qquad$ | Lösungsformel anwenden

$x_{1/2} = -1{,}5 \pm \sqrt{2{,}25 - 3} \qquad$ | Diskriminante D untersuchen

$D = 2{,}25 - 3 = -0{,}75 < 0$

$\Rightarrow$ Die quadratische Gleichung hat keine Lösungen, die Funktion f besitzt also keine Nullstellen.

Alternative Lösung:
Zur Nullstellenberechnung lässt sich auch die Funktionsgleichung $y = f(x) = \frac{x^2+3x+3}{x+2}$ verwenden. Diese Funktion hat Nullstellen, wenn die Zählerfunktion $z(x) = x^2 + 3x + 3$ Nullstellen besitzt, die keine Nullstellen der Nennerfunktion $n(x) = x + 2$ sind. Die Zählerfunktion $z(x)$ besitzt aber keine Nullstellen (siehe oben), sodass auch $f(x)$ keine Nullstellen hat.

Hinweise für CAS-Nutzer
Mit dem CAS kann man leicht überprüfen, dass f keine Nullstellen besitzt.

Define $f(x) = \frac{1}{x+2} + x + 1$	Fertig
solve($f(x) = 0, x$)	false

b) Der Graph der Funktion $y = f_a(x) = \frac{1}{x+2} + x + a$ geht aus dem Graphen der Funktion $y = f(x) = \frac{1}{x+2} + x + 1$ durch Verschiebung um $(a-1)$ Einheiten in Richtung der y-Achse hervor:

$y = f_a(x) = \frac{1}{x+2} + x + a = \frac{1}{x+2} + x + 1 + (a-1) = f(x) + (a-1)$

Für die Asymptoten von f_a bedeutet das:
- Die senkrechte Asymptote bei $x = -2$ bleibt erhalten.
- Die schiefe Asymptote hat die Gleichung $y = x + a$.

c) In der Funktionsgleichung $y = f_a(x) = \frac{1}{x+2} + x + a$ wird $y = 0$ gesetzt.

$0 = \frac{1}{x+2} + x + a \qquad | \cdot (x+2)$

$0 = 1 + (x+a) \cdot (x+2) \qquad$ | Normalform der quadratischen Gleichung herstellen

$0 = x^2 + (a+2) \cdot x + 2a + 1 \qquad$ | Lösungsformel anwenden

$x_{1/2} = -\frac{a+2}{2} \pm \sqrt{\left(\frac{a+2}{2}\right)^2 - (2a+1)}$

Um genau eine Nullstelle zu erhalten, muss die Diskriminante $D = 0$ sein:

$D = \left(\frac{a+2}{2}\right)^2 - (2a+1) = \frac{a^2+4a+4}{4} - \frac{4 \cdot (2a+1)}{4} = \frac{a^2+4a+4-8a-4}{4} = \frac{a^2-4a}{4}$

Die Diskriminante D wird null, wenn der Zählerterm gleich 0 ist:
$a^2 - 4a = a \cdot (a-4) = 0$
$\qquad a_1 = 0$ oder $a_2 = 4$
Die Funktion f_a besitzt genau eine Nullstelle für $a_1 = 0$ und für $a_2 = 4$.

Hinweis für CAS-Nutzer

Die Nullstellen von f_a werden mit dem CAS ermittelt. Die Diskriminante wird wie oben beschrieben ausgewertet.

Define $f(x) = \frac{1}{x+2} + x + a$		Fertig
solve$(f(x)=0,x)$		
$x = \frac{\sqrt{a \cdot (a-4)} - a - 2}{2}$	or	$x = \frac{-(\sqrt{a \cdot (a-4)} + a + 2)}{2}$
solve$(a \cdot (a-4) = 0, a)$		$a = 0$ or $a = 4$

Aufgabe 9

a) **Grafische Veranschaulichung**

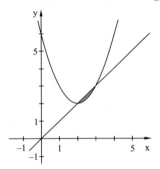

Berechnung der Schnittstellen durch Gleichsetzen

$(x-2)^2 + 2 = x$
$x^2 - 4x + 4 + 2 = x$
$x^2 - 5x + 6 = 0$
$\qquad x_{1/2} = \frac{5}{2} \pm \sqrt{\frac{25}{4} - 6} = \frac{5}{2} \pm \sqrt{\frac{1}{4}}$
$\qquad x_1 = 3$ und $x_2 = 2$

Berechnung des Flächeninhaltes

$A = \int_{2}^{3} (x - ((x-2)^2 + 2)) \, dx = \int_{2}^{3} (-x^2 + 5x - 6) \, dx = \left[-\frac{x^3}{3} + \frac{5x^2}{2} - 6x \right]_{2}^{3}$

$A = \left(-\frac{27}{3} + \frac{45}{2} - 18 \right) - \left(-\frac{8}{3} + \frac{20}{2} - 12 \right) = \frac{1}{6}$ FE

Hinweise für CAS-Nutzer
Die Berechnung der Schnittstellen sowie des Flächeninhalts kann mit dem CAS durchgeführt werden.

$$\text{solve}\left(x=(x-2)^2+2, x\right) \quad x=2 \text{ or } x=3$$
$$\int_2^3 \left(x-\left((x-2)^2+2\right)\right)dx \quad \frac{1}{6}$$

b) Der Parameter a in $y = g_a(x) = a \cdot x$ bringt die Steigung der Geraden g_a zum Ausdruck:
$$a = \frac{a \cdot x_2 - a \cdot x_1}{x_2 - x_1} = \frac{g(x_2) - g(x_1)}{x_2 - x_1}, \quad (x_1 \neq x_2)$$

Für $a > 0$ ist die Gerade streng monoton steigend.
Für $a < 0$ ist die Gerade streng monoton fallend.

Eine Parabel (Graph von f) und eine Gerade (Graph von g_a) haben entweder zwei gemeinsame Punkte, genau einen gemeinsamen Punkt (Berührpunkt!) oder keine gemeinsamen Punkte. Parabel und Gerade berühren einander, wenn sich aus der Schnittbedingung für beide Funktionen genau eine Lösung ergibt.

Gleichsetzen der beiden Funktionsterme:

$$a \cdot x = (x - 2)^2 + 2 \qquad | \text{Normalform herstellen}$$
$$a \cdot x = x^2 - 4x + 6$$
$$x^2 - (4 + a) \cdot x + 6 = 0 \qquad | \text{Lösungsformel anwenden}$$
$$x_{1/2} = \frac{4 + a}{2} \pm \sqrt{\frac{(4+a)^2}{4} - 6} \qquad | \text{Diskriminante D gleich null setzen}$$

$$D = \frac{(4+a)^2}{4} - 6 = 0$$
$$\frac{16 + 8a + a^2 - 24}{4} = 0$$
$$a^2 + 8a - 8 = 0$$
$$a_{1/2} = -4 \pm \sqrt{16 - (-8)} = -4 \pm \sqrt{24} = -4 \pm 2 \cdot \sqrt{6}$$

Die Gerade g_a und die Parabel $y = f(x) = (x-2)^2 + 2$ berühren einander genau dann, wenn $a = -4 + 2 \cdot \sqrt{6}$ oder $a = -4 - 2 \cdot \sqrt{6}$ ist.

c) Der Parameter b in $y = f_b(x) = (x-b)^2 + 2$ bewirkt eine Verschiebung der Parabel mit der Gleichung $y = x^2 + 2$ in Richtung der x-Achse. Für $b > 0$ wird die Parabel um b Einheiten nach rechts, für $b < 0$ um b Einheiten nach links verschoben.
Die sich aus der Schnittbedingung für beide Graphen ergebende quadratische Gleichung darf keine Lösung haben, wenn sich die Graphen nicht schneiden bzw. berühren sollen.

Gleichsetzen der beiden Funktionsterme:

$$x = (x - b)^2 + 2 \qquad | \text{Normalform herstellen}$$
$$x = x^2 - 2b \cdot x + b^2 + 2$$
$$x^2 - (2b + 1) \cdot x + b^2 + 2 = 0 \qquad | \text{Lösungsformel anwenden}$$
$$x_{1/2} = \frac{2b + 1}{2} \pm \sqrt{\frac{(2b+1)^2}{4} - b^2 - 2} \qquad | \text{D muss kleiner null sein}$$

$$D = \frac{(2b+1)^2}{4} - b^2 - 2 = \frac{4b^2 + 4b + 1 - 4b^2 - 8}{4} < 0$$

$$4b - 7 < 0$$

$$b < \frac{7}{4}$$

Für $b < \frac{7}{4} = 1{,}75$ besitzen Parabel und Gerade keine gemeinsamen Punkte.

d) Die Scheitelpunkte der Parabeln zu $y = f_b(x) = (x-b)^2 + 2$ liegen alle auf der Geraden $y = 2$. Alle diese Parabeln sind nach oben geöffnet. Da die Scheitelpunkte demzufolge die Tiefpunkte der Parabeln sind, kann es unter ihnen keine Parabel geben, die den Funktionswert $y = 1$ annimmt. Man kann also b nicht so wählen, dass der Punkt $P(1; 1)$ auf einer dieser Parabeln liegt. Deshalb ist es auch nicht möglich, dass sich f_b und g_a in diesem Punkt schneiden.

Alternative Lösung:
Wenn der Punkt $P(1; 1)$ auf der Geraden $y = g_a(x) = a \cdot x$ liegen soll, dann muss wegen $x = 1$ und $y = 1$ auch $a = 1$ gelten.

Setzt man $a = 1$ und $x = 1$ in die Schnittbedingung $g_a(x) = f_b(x)$ ein, so ergibt sich:

$$1 = (1-b)^2 + 2$$
$$1 = 1 - 2b + b^2 + 2$$
$$0 = b^2 - 2b + 2$$
$$b_{1/2} = 1 \pm \sqrt{1^2 - 2} = 1 \pm \sqrt{-1}$$

Die Diskriminante ist negativ, die quadratische Gleichung besitzt daher keine Lösung. Es ist also nicht möglich, a und b so zu wählen, dass die Graphen von g_a und f_b einander im Punkt $P(1; 1)$ schneiden.

Hinweise für CAS-Nutzer

Alle Rechnungen lassen sich mit dem CAS ausführen. Die inhaltlichen Erläuterungen und Begründungen sind wie oben in einem knappen Text zusammenfassend darzustellen.

Für die Aufgabenteile b und c sind grafische „Probierverfahren" als ein erster Zugang eventuell hilfreich, sie ersetzen jedoch nicht die Berechnungen, weil nur diese die exakten Werte liefern.

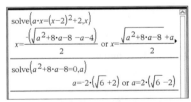

Aufgabe 10

a) Gleichungssystem aufstellen für $y = f(x) = a \cdot x^3 + b \cdot x^2 + c \cdot x + d$:
   A → $-1 = a + b + c + d$
   B → $1 = d$
   C → $3 = -a + b - c + d$
   D → $3 = 8a + 4b + 2c + d$

Unter Berücksichtigung von $d = 1$ ergibt sich das Gleichungssystem (*):
(1) $a + b + c = -2$
(2) $-a + b - c = 2$
(3) $8a + 4b + 2c = 2$

Addiert man Gleichung (1) und (2), erhält man $2b = 0$, also ist $b = 0$. Dies eingesetzt in (1) ergibt $c = -2 - a$. Beides in (3) einsetzen führt auf:
$8a + 4 \cdot 0 + 2 \cdot (-2 - a) = 2 \Rightarrow a = 1$
Damit ist $c = -3$; das Gleichungssystem (*) hat die Lösungsmenge $\mathbb{L} = \{(1; 0; -3)\}$.
Die gesuchte Funktion hat die Gleichung $y = f(x) = x^3 - 3x + 1$.

Hinweis für CAS-Nutzer

Das Gleichungssystem zur Bestimmung der Funktionsgleichung kann mit dem CAS-Rechner gelöst werden

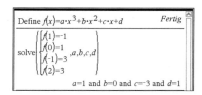

b) $y = f(x) = x^3 - 3x + 1$
Ableitungen von f bilden:
$f'(x) = 3x^2 - 3$
$f''(x) = 6x$
$f'''(x) = 6$

Extrempunkte
Notwendige Bedingung: $f'(x_E) = 0$
$3x^2 - 3 = 0 \Rightarrow x_{E1} = 1$ und $x_{E2} = -1$
Hinreichende Bedingung: $f''(x_E) \neq 0$
$f''(1) = 6 > 0$ und $f''(-1) = -6 < 0$
Hochpunkt $H(-1; 3)$ (Der Hochpunkt entspricht dem Punkt C.)
Tiefpunkt $T(1; -1)$ (Der Tiefpunkt entspricht dem Punkt A.)

Wendepunkt
Notwendige Bedingung: $f''(x_W) = 0$
$f''(x) = 0 \Rightarrow 6x = 0 \Rightarrow x_W = 0$
Hinreichende Bedingung: $f'''(x_W) \neq 0$
$f'''(x_W) = 6 \neq 0$
Die Koordinaten des Wendepunkts lauten $W(0; 1)$; der Wendepunkt entspricht dem Punkt B.

Zeichnung

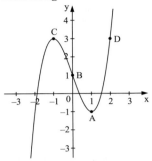

c) **Normale im Wendepunkt**

Anstieg der Normalen im Wendepunkt:

$$m = -\frac{1}{f'(x_W)} = -\frac{1}{-3} = \frac{1}{3}$$

Achsenabschnitt n bestimmen (W(0; 1) und m in y = mx + n einsetzen):

$$1 = \frac{1}{3} \cdot 0 + n \;\Rightarrow\; n = 1$$

Wendenormale: $y = \frac{1}{3}x + 1$

Schnittpunkte des Graphen von f und der Wendenormale

$$x^3 - 3x + 1 = \frac{1}{3}x + 1$$

$$x^3 - \frac{10}{3}x = 0$$

$$x \cdot \left(x^2 - \frac{10}{3}\right) = 0$$

$$x_1 = 0;\; x_2 = \sqrt{\frac{10}{3}} \approx 1{,}83;\; x_3 = -\sqrt{\frac{10}{3}} \approx -1{,}83$$

Setzt man die Näherungswerte in die Gleichung von f ein, so ergeben sich neben dem Wendepunkt W(0; 1) als weitere Schnittpunkte näherungsweise P(1,83; 1,64) und Q(−1,83; 0,36).

Abstand der Punkte P und Q

$$\overline{PQ} = \sqrt{\Delta x^2 + \Delta y^2} \approx \sqrt{(1{,}83 - (-1{,}83))^2 + (1{,}64 - 0{,}36)^2} \approx 3{,}88 \text{ LE}$$

d) Der Abstand eines beliebigen Punktes $R\left(x; \frac{1}{3}x + 1\right)$ der Normalen vom Ursprung O(0; 0) lässt sich nach dem Satz des Pythagoras angeben durch:

$$\overline{OR} = \sqrt{(x-0)^2 + \left(\frac{1}{3}x + 1 - 0\right)^2} = \sqrt{x^2 + \frac{1}{9}x^2 + \frac{2}{3}x + 1} = \sqrt{\frac{10}{9}x^2 + \frac{2}{3}x + 1}$$

Der Wurzelausdruck wird minimal, wenn der Radikand minimal wird. Die Hilfsfunktion $h(x) = \frac{10}{9}x^2 + \frac{2}{3}x + 1$ wird dazu auf ihr Minimum untersucht:

$h'(x) = \frac{20}{9}x + \frac{2}{3}$

$h''(x) = \frac{20}{9}$

Notwendige Bedingung für das lokale Extremum: $h'(x_E) = 0$

$h'(x) = \frac{20}{9}x + \frac{2}{3} = 0 \Rightarrow x_E = -\frac{3}{10}$

Die hinreichende Bedingung für ein lokales Minimum ist erfüllt, denn $h''(x_E) = \frac{20}{9} > 0$.

Setzt man noch x_E in die Normalengleichung ein, so erhält man insgesamt:
Der Punkt $R(-0,3; 0,9)$ ist derjenige Punkt auf der Normalen, der vom Ursprung den kleinsten Abstand hat.

Hinweise für CAS-Nutzer

Die Normale und der Abstand können rechnerisch, aber auch grafisch ermittelt werden.

Der kleinste Abstand eines Punktes auf der Normalen zum Ursprung kann mit dem CAS bestimmt werden.

Die punktiert gezeichnete Gerade ist parallel zur Tangente im Wendepunkt und geht durch den Ursprung.

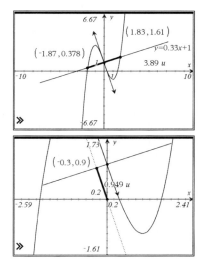

Alternative Lösung:
Denkt man sich eine Strecke zwischen dem Ursprung O und einem beliebigen Punkt R auf der Normalen, so hat die Strecke OR die kleinste Länge, wenn die Gerade g(OR) senkrecht auf der Normalen steht. Diese Gerade muss als Anstieg das negative Reziproke des Normalenanstiegs besitzen.

Die Gerade g(OR) hat also die Gleichung $y = -3x$. Der Schnittpunkt von g(OR) und Normale ergibt sich aus:

$-3x = \frac{1}{3}x + 1$

$x = -\frac{3}{10} = -0,3$ und $y = \frac{9}{10} = 0,9$.

Der Punkt $R(-0,3; 0,9)$ ist derjenige Punkt auf der Normalen, der vom Ursprung den kleinsten Abstand hat.

Aufgabe 11

a) Der 20. März 2008 war der 80. Tag des Jahres 2008.
Mit dem mathematischen Modell $y = f(x) = 4{,}177 \cdot \sin(0{,}017x - 1{,}318) + 12{,}135$ ergibt sich:
$f(80) = 4{,}177 \cdot \sin(0{,}017 \cdot 80 - 1{,}318) + 12{,}135 \approx 12{,}31$
Wegen $0{,}31 \cdot 60 = 18{,}6 \approx 19$ betrug die Tageslänge am 20. März 2008 etwa 12 Stunden und 19 Minuten.

b) Die Gleichung $f(x) = 12$ wird gelöst unter Beachtung, dass $x \in \mathbb{R}$ mit $0 \leq x \leq 366$ gilt:
$12 = 4{,}177 \cdot \sin(0{,}017x - 1{,}318) + 12{,}135$
$-0{,}135 = 4{,}177 \cdot \sin(0{,}017x - 1{,}318)$
$-0{,}03232 = \sin(0{,}017x - 1{,}318)$
$-0{,}03232 = \sin z \quad$ mit Substitution $z = 0{,}017x - 1{,}318$

Wenn für x das Intervall $0 \leq x \leq 366$ gilt, dann lautet das Intervall für z (weil $z(x) = 0{,}017x - 1{,}318$ eine streng monoton steigende lineare Funktion ist):
$0{,}017 \cdot 0 - 1{,}318 \leq z \leq 0{,}017 \cdot 366 - 1{,}318 \;\Rightarrow\; -1{,}318 \leq z \leq 4{,}904$
Mit dem Taschenrechner ergibt sich als Lösung der Gleichung $-0{,}03232 = \sin z$:
$z_1 \approx -0{,}0323$ und wegen $\sin(-x) = \sin(\pi + x)$ auch $z_2 \approx \pi + 0{,}0323 \approx 3{,}174$

Rücksubstitution:
$0{,}017 x_1 - 1{,}318 \approx -0{,}0323 \quad$ und $\quad 0{,}017 x_2 - 1{,}318 \approx 3{,}174$
$\qquad x_1 \approx 75{,}6 \approx 76 \qquad\qquad\qquad x_2 \approx 264{,}2 \approx 264$

Eine Tagundnachtgleiche gab es nach diesem Modell also etwa am 76. sowie am 264. Tag des Jahres 2008. Dies waren der 16. März und der 20. September 2008.

Anmerkung: Die Zeit der Tagundnachtgleiche entspricht dem Zeitpunkt des Durchgangs durch die beiden Äquinoktialpunkte: Frühlingspunkt und Herbstpunkt

c) $f(x) = 4{,}177 \cdot \sin(0{,}017x - 1{,}318) + 12{,}135$
$f'(x) = 4{,}177 \cdot 0{,}017 \cdot \cos(0{,}017x - 1{,}318) \approx 0{,}071 \cdot \cos(0{,}017x - 1{,}318)$
$f''(x) = -4{,}177 \cdot 0{,}017^2 \cdot \sin(0{,}017x - 1{,}318) \approx -0{,}0012 \cdot \sin(0{,}017x - 1{,}318)$

Notwendige Bedingung für lokale Extrempunkte:
$\qquad\qquad\qquad f'(x) = 0 \;$ mit $\; 0 \leq x \leq 366$
$0{,}071 \cdot \cos(0{,}017x - 1{,}318) = 0$
$\cos(0{,}017x - 1{,}318) = 0$

Substitution:
$z = 0{,}017x - 1{,}318 \;$ mit $\; -1{,}318 \leq z \leq 4{,}904 \;$ (vgl. Teilaufgabe b)
$\cos z = 0 \;\Rightarrow\; z = \dfrac{\pi}{2} \cdot (2k+1) \;$ mit $\; k \in \mathbb{Z}$ ist die allgemeine Lösung.

Für welche ganzzahligen Werte von k liegt dieses z im Intervall $-1{,}318 \leq z \leq 4{,}904$?

k	0	1
$z = \dfrac{\pi}{2} \cdot (2k+1)\;$ mit $\; k \in \mathbb{Z}$	$\dfrac{\pi}{2} \approx 1{,}57$	$\dfrac{3}{2}\pi \approx 4{,}71$

Rücksubstitution:

$0{,}017x_1 - 1{,}318 = \dfrac{\pi}{2}$ und $0{,}017x_2 - 1{,}318 = \dfrac{3\pi}{2}$

$x_1 \approx 169{,}9 \approx 170$ $\qquad\qquad x_2 \approx 354{,}73 \approx 355$

Hinreichende Bedingung für das lokale Maximum: $f''(x) < 0$
$f''(170) \approx -0{,}0012 \cdot \sin(0{,}017 \cdot 170 - 1{,}318) \approx -0{,}0012 < 0$
Die Tageslänge an diesem Tag ergibt sich aus f(170) zu ca. 16,3 Stunden.
Der längste Tag des Jahres 2008 war der 18. Juni 2008.

Hinreichende Bedingung für das lokale Minimum: $f''(x) > 0$
$f''(355) \approx -0{,}0012 \cdot \sin(0{,}017 \cdot 355 - 1{,}318) \approx 0{,}0012 > 0$
Die Tageslänge an diesem Tag ergibt sich aus f(355) zu ca. 8,0 Stunden.
Der kürzeste Tag des Jahres 2008 war der 20. Dezember 2008.

d) Die 1. Ableitungsfunktion von f beschreibt die Änderungsrate dieser Funktion. Deshalb lassen sich das Maximum bzw. das Minimum der Zunahme der Tageslänge über die Extremwerte der 1. Ableitungsfunktion von f bestimmen. Die gesuchten Werte entsprechen also den Wendepunkten der Funktion f.

$f'(x) = 0{,}071 \cdot \cos(0{,}017x - 1{,}318)$
$f''(x) = -0{,}0012 \cdot \sin(0{,}017x - 1{,}318)$
$f'''(x) = -0{,}0012 \cdot 0{,}017 \cdot \cos(0{,}017x - 1{,}318) \approx -0{,}00002 \cdot \cos(0{,}017x - 1{,}318)$

Notwendige Bedingung für Wendepunkte:
$f''(x) = 0$ mit $0 \leq x \leq 366$
$-0{,}0012 \cdot \sin(0{,}017x - 1{,}318) = 0$
$\sin(0{,}017x - 1{,}318) = 0$

Substitution:
$z = 0{,}017x - 1{,}318$ mit $-1{,}318 \leq z \leq 4{,}904$ (vgl. Teilaufgabe b)
$\sin z = 0 \;\Rightarrow\; z = k \cdot \pi$ mit $k \in \mathbb{Z}$ ist die allgemeine Lösung.

Für welche ganzzahligen Werte von k liegt dieses z im Intervall $-1{,}318 \leq z \leq 4{,}904$?

k	0	1
$z = k \cdot \pi$ mit $k \in \mathbb{Z}$	0	$\pi \approx 3{,}14$

Rücksubstitution:

$0{,}017x_1 - 1{,}318 = 0$ und $0{,}017x_2 - 1{,}318 = \pi$
$x_1 \approx 77{,}53 \approx 78$ $\qquad\qquad x_2 \approx 262{,}3 \approx 262$

Hinreichende Bedingung für Wendepunkte: $f'''(x) \neq 0$
$f'''(x_1) = f'''(78) \approx -0{,}00002 \cdot \cos(0{,}017 \cdot 78 - 1{,}318) \approx -0{,}00002 \neq 0$
$f'''(x_2) = f'''(262) \approx -0{,}00002 \cdot \cos(0{,}017 \cdot 262 - 1{,}318) \approx 0{,}00002 \neq 0$

Da $f'''(x_1) < 0$ ist, liegt dort ein Maximum der Zunahme der Tageslänge vor. Das Datum dafür war der 18. März 2008.

Wegen $f'''(x_2) > 0$, existiert an dieser Stelle ein Minimum der Zunahme der Tageslänge. Das war am 18. September 2008.

Es ist ein Zusammenhang zu Aufgabe b erkennbar:
Maximum und Minimum der Zunahme der Tageslänge hängen mit den in Aufgabe b ermittelten Näherungswerten für Frühlings- bzw. Herbstpunkt zusammen. Es sind „Wendepunkte", der Trend kehrt sich um.

Hinweise für CAS-Nutzer

Zum Ermitteln des Zusammenhangs zwischen Tagesnummer und Datum ist eine Tabelle hilfreich, die Sie sich in der Tabellenkalkulation anlegen können (etwa wie im Bild rechts). Beachten Sie, dass 2008 ein Schaltjahr war.

Alle Rechnungen lassen sich mit dem CAS rasch durchführen. Vergessen Sie nicht, den Lösungsweg sauber, nachvollziehbar und ausreichend kommentiert aufzuschreiben!

Tageslänge am 20. März 2004:

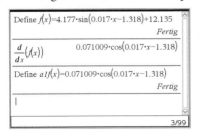

Tagundnachtgleiche:

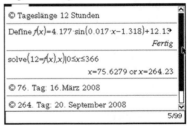

Maximale bzw. minimale Tageslänge

Ableitungen von f bestimmen und speichern:

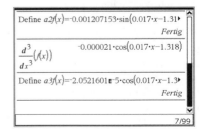

Nullstellen der 1. Ableitung bestimmen; Vorzeichen der 2. Ableitung und Funktionswerte berechnen (Die Rechnung ist verlangt!):

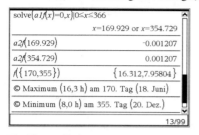
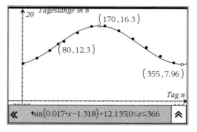

Zur Kontrolle kann man diese Punkte auch aus dem Diagramm ermitteln (siehe Bild rechts).

Tage mit maximaler bzw. minimaler Zunahme der Tageslänge

Nullstellen der 2. Ableitung, Vorzeichen der 3. Ableitung berechnen:

Kernfach Mathematik (Thüringen)
Übungsaufgaben Analytische Geometrie

Aufgabe 1

a) Die Punkte A(1; 2; 3), B(2; 3; 1) und C(−3; 0; 2) bestimmen eine Ebene E. Ermitteln Sie eine Koordinatengleichung für E.

b) Die Punkte A, B und C bilden ein Dreieck. Berechnen Sie den Flächeninhalt dieses Dreiecks.

c) Das Dreieck ABC bestimmt zusammen mit dem Punkt P(1; 1; 2) eine Pyramide. Berechnen Sie das Volumen dieser Pyramide.

d) Gegeben ist die Gerade g: $\vec{x} = \begin{pmatrix} 0 \\ 1 \\ -1 \end{pmatrix} + t \cdot \begin{pmatrix} 0 \\ 2 \\ 3 \end{pmatrix}$ (t ∈ ℝ).

Berechnen Sie die Koordinaten des Schnittpunktes S sowie die Größe des Schnittwinkels α von g und E.

Aufgabe 2

Gegeben sind eine Ebene E: $-2x + 3y - 6z + 4 = 0$ und eine Gerade

g: $\vec{x} = \begin{pmatrix} 0 \\ 1 \\ 2 \end{pmatrix} + t \cdot \begin{pmatrix} -1,5 \\ 1 \\ 1 \end{pmatrix}$ mit t ∈ ℝ.

a) Weisen Sie nach, dass die Gerade g echt parallel zur Ebene E ist.

b) Überprüfen Sie, ob der Punkt R(2; −1; −0,5) in der Ebene E liegt.

c) Erklären Sie, warum die Gerade h mit $\vec{x} = \begin{pmatrix} 1,5 \\ 0 \\ 1 \end{pmatrix} + r \cdot \begin{pmatrix} 2 \\ -3 \\ 6 \end{pmatrix}$ mit r ∈ ℝ eine Lotgerade bezüglich der Ebene E ist.

d) Überprüfen Sie, ob sich die Geraden g und h schneiden. Geben Sie ggf. Schnittpunkt und Schnittwinkel beider Geraden an.

e) Berechnen Sie den Abstand der Geraden g zur Ebene E.

Aufgabe 3

Gegeben ist die Ebene E mit
  E: $2x + y - 2z - 4 = 0$.

a) Bestimmen Sie denjenigen Punkt A der Ebene E, der den kleinsten Abstand zum Ursprung O(0; 0; 0) hat.

b) Ermitteln Sie die Koordinaten des Punktes B der Ebene E, der bei senkrechter Projektion auf die y-z-Ebene den Bildpunkt B'(0; 1; 2) besitzt.

c) Bestimmen Sie die Durchstoßpunkte X, Y und Z, die die Koordinatenachsen mit der Ebene E bilden.

d) Die Punkte O, X, Y, B' und O, X, Y, B sowie O, X, Y, Z bilden jeweils eine Pyramide. Es wird behauptet, dass diese drei Pyramiden dasselbe Volumen besitzen. Überprüfen Sie, ob diese Behauptung wahr ist.

Aufgabe 4

Gegeben sind eine Ebene E: $x + y = 4$, eine Gerade

g: $\vec{x} = \begin{pmatrix} 4 \\ 4 \\ 4 \end{pmatrix} + t \cdot \begin{pmatrix} 0 \\ 0 \\ 1 \end{pmatrix}$

und ein Punkt M(1; 2; 1).

a) Beschreiben Sie die Lage der Ebene E und der Geraden g bezüglich des Koordinatensystems. Begründen Sie, dass die Ebene E und die Gerade g echt parallel zueinander sind.

b) Bestimmen Sie den Abstand, den E und g zueinander haben.

c) Geben Sie eine Gleichung der Ebene F an, die senkrecht zu E ist und die die Gerade g enthält. Beschreiben Sie die besondere Lage der Ebene F.

d) Ermitteln Sie die Gleichung einer Geraden h, die durch den Punkt M verläuft, parallel zur x-y-Ebene ist und die Gerade g schneidet.
Berechnen Sie den Durchstoßpunkt T von h und E.

Aufgabe 5

Gegeben sind die Punkte A(0; 0; 0), B(1; 0; 0) und C(0; 1; 0).
Senkrecht über dem Schnittpunkt S der Seitenhalbierenden des Dreiecks ABC liegt in der Ebene E: $z = 1$ der Punkt D.

a) Veranschaulichen Sie den Sachverhalt in einer Skizze und berechnen Sie das Volumen der Pyramide ABCD. Ermitteln Sie die Koordinaten des Punktes D.

b) Die Ebene F: $z = 0,5$ schneidet die Pyramide ABCD. Geben Sie die Koordinaten der Schnittpunkte der Ebene F mit den Seitenkanten der Pyramide ABCD an.

c) Die Ebene F zerlegt die Pyramide ABCD in zwei Teilkörper. Ermitteln Sie, in welchem Verhältnis die Volumina der beiden Teilkörper stehen.

d) Der Punkt C sei nun nicht fest in (0; 1; 0), sondern es gelte $C_t(t; 1; 0)$ mit $t \in \mathbb{R}$. Begründen Sie, dass alle Pyramiden ABC_tD dasselbe Volumen besitzen.

e) Beschreiben Sie, auf welcher Kurve der Schnittpunkt der Seitenhalbierenden des Dreiecks ABC_t liegt.

Hinweise und Tipps

Aufgabe 1
- Die Koordinatengleichung von E lässt sich auf verschiedenen Wegen ermitteln, z. B.:
  (1) Stellen Sie zunächst eine Parametergleichung für E auf und eliminieren Sie dann die Parameter.
  (2) Bestimmen Sie zuerst mithilfe des Vektorprodukts den Normalenvektor von E, stellen Sie dann die Normalengleichung für E auf.
- Auch für die Berechnung des Flächeninhalts gibt es verschiedene Möglichkeiten, z. B.:
  (1) Bestimmen Sie die Längen zweier Seiten des Dreiecks und die Größe des von diesen Seiten eingeschlossenen Winkels und rechnen Sie mit der Formel $A = \frac{1}{2} \cdot a \cdot b \cdot \sin \gamma$ weiter.
  (2) Berechnen Sie den Flächeninhalt über das Vektorprodukt.
- Für das Pyramidenvolumen kann man als Grundfläche das Dreieck ABC verwenden. Die Höhe der Pyramide entspricht dann dem Abstand des Punktes P von der Ebene E.
- Setzen Sie die Koordinaten von g in die Koordinatenform der Ebenengleichung von E ein und lösen Sie die entstehende Gleichung nach t auf.
- Mit dem so erhaltenen Wert für t können Sie mithilfe der Geradengleichung die Koordinaten von S berechnen.
- Den Schnittwinkel von g und E können Sie über den Winkel bestimmen, den der Normalenvektor von E und der Richtungsvektor von g miteinander bilden.

Aufgabe 2
- Eine Gerade g ist echt parallel zu einer Ebene E, wenn der Richtungsvektor der Geraden senkrecht zum Normalenvektor der Ebene ist. Es muss ausgeschlossen werden, dass g in E liegt.
- Ein Punkt R liegt in einer Ebene E, wenn seine Koordinaten die Ebenengleichung erfüllen.
- Eine Lotgerade zu einer Ebene ist eine Gerade, die senkrecht zur Ebene verläuft. Der Richtungsvektor der Geraden muss also ein Vielfaches des Normalenvektors der Ebene sein.
- Zur Überprüfung der gegenseitigen Lage zweier Geraden wird überprüft, ob ihre Richtungsvektoren parallel sind oder nicht, und ob das durch Gleichsetzen der Geradengleichungen entstehende Gleichungssystem eine eindeutige Lösung besitzt.
- Der Schnittwinkel der Geraden wird über das Skalarprodukt ermittelt.
- Der Abstand eines Punktes P von einer Ebene E kann zum Beispiel mithilfe einer Lotgeraden zu E durch P bestimmt werden. Man bestimmt dazu den Durchstoßpunkt der Lotgeraden durch die Ebene und dann die Entfernung dieses Durchstoßpunktes vom Punkt P.

Aufgabe 3
- Der Punkt von E, der den kleinsten Abstand zum Ursprung O hat, muss auf der Lotgeraden zu E durch O liegen.
- Eine senkrechte Projektion auf die y-z-Ebene kann mit dem Richtungsvektors $\begin{pmatrix} 1 \\ 0 \\ 0 \end{pmatrix}$ beschrieben werden.
- Um zum Beispiel den Durchstoßpunkt der x-Achse durch eine Ebene zu erhalten, setzt man in der Ebenengleichung die beiden anderen Koordinaten $y = 0$ und $z = 0$.
- Um die Behauptung über das Pyramidenvolumen zu überprüfen, ist es sinnvoll, den Sachverhalt zu veranschaulichen. Beachten Sie auch, dass alle drei Pyramiden eine gemeinsame Seitenfläche besitzen. Treffen Sie Aussagen über die Höhen der Pyramiden, bezogen auf diese gemeinsame Seitenfläche.

Aufgabe 4
- Überlegen Sie, ob es Schnittpunkte der Ebene E mit den Koordinatenachsen gibt und bestimmen Sie ggf. deren Koordinaten. Überlegen Sie, welche besondere Lage der Richtungsvektor und der Aufpunkt der Geraden g besitzen.
- Für E ∥ g muss der Normalenvektor von E senkrecht zum Richtungsvektor von g sein. Außerdem darf kein Punkt von g in E liegen.
- Da Ebene und Gerade in einer besonders überschaubaren Lage vorliegen, kann der Abstand elementargeometrisch ermittelt werden. Veranschaulichen Sie den Sachverhalt durch eine geeignete Skizze.
- Der Normalenvektor von F muss orthogonal zum Normalenvektor von E sein. Die Gleichung von g muss die Gleichung von F erfüllen. Ergänzen Sie Ihre Skizze durch die Ebene F und beschreiben Sie die besondere Lage von F in einem kurzen Text.
- Der Schnittpunkt S von h und g muss in gleicher Höhe über der x-y-Ebene wie M liegen. Außerdem erfüllt S die Gleichung von g. Ermitteln Sie aus diesen Bedingungen den Parameterwert t für S bezüglich g. Damit kann S bestimmt werden. Mit M und S ist dann auch die Gerade h eindeutig festgelegt.
- Setzen Sie die Koordinaten der Geraden h in die Gleichung von E ein, um T zu erhalten.

Aufgabe 5
- Berechnen Sie zunächst die Koordinaten des Schnittpunktes S der Seitenhalbierenden.
- Die Seitenhalbierenden verlaufen vom Mittelpunkt einer Dreiecksseite zum gegenüberliegenden Eckpunkt.
- Die durch die Ebene F abgeschnittene Spitze ist eine zur Pyramide ABCD ähnliche Pyramide. Beachten Sie, dass der Ähnlichkeitsfaktor k bei einer zentrischen Streckung im Raum in der dritten Potenz k^3 wirksam wird.
- Das Volumen des zweiten Teilkörpers kann über eine Differenzbildung ermittelt werden.
- Machen Sie sich klar, dass der Punkt C_t auf einer Parallelen zur x-Achse verläuft. Überlegen Sie, welche Auswirkungen diese Tatsache auf den Inhalt der Grundfläche hat.
- Überlegen Sie, welche Konsequenzen es hat, dass die Seitenhalbierenden im Dreieck einander immer im Verhältnis 1 : 2 teilen.

Lösungen

Aufgabe 1

a) *Lösungsweg 1:*
Parametergleichung für E aufstellen und dann die Parameter eliminieren:
$$\vec{x} = \overrightarrow{OA} + s \cdot \overrightarrow{AB} + r \cdot \overrightarrow{AC} \quad \text{mit } s, r \in \mathbb{R}$$

$$\vec{x} = \begin{pmatrix} 1 \\ 2 \\ 3 \end{pmatrix} + s \cdot \begin{pmatrix} 2-1 \\ 3-2 \\ 1-3 \end{pmatrix} + r \cdot \begin{pmatrix} -3-1 \\ 0-2 \\ 2-3 \end{pmatrix} = \begin{pmatrix} 1 \\ 2 \\ 3 \end{pmatrix} + s \cdot \begin{pmatrix} 1 \\ 1 \\ -2 \end{pmatrix} + r \cdot \begin{pmatrix} -4 \\ -2 \\ -1 \end{pmatrix}$$

Zeilenweise geschrieben:
(1) $x = 1 + s - 4r$
(2) $y = 2 + s - 2r$
(3) $z = 3 - 2s - r$

Parameter eliminieren:
(1) − (2) → (4) $\quad x - y = -1 - 2r$
$2 \cdot (1) + (3)$ → (5) $\quad 2x + z = 5 - 9r$
$9 \cdot (4) - 2 \cdot (5)$ → (6) $\quad 5x - 9y - 2z = -19$

Die Ebenengleichung in Koordinatenform lautet E: $5x - 9y - 2z + 19 = 0$.

Lösungsweg 2:
Über das Vektorprodukt $\vec{n} = \overrightarrow{AB} \times \overrightarrow{AC}$ wird der Normalenvektor der Ebene E bestimmt:

$$\vec{n} = \overrightarrow{AB} \times \overrightarrow{AC} = \begin{pmatrix} 1 \\ 1 \\ -2 \end{pmatrix} \times \begin{pmatrix} -4 \\ -2 \\ -1 \end{pmatrix} = \begin{pmatrix} 1 \cdot (-1) - (-2) \cdot (-2) \\ (-2) \cdot (-4) - 1 \cdot (-1) \\ 1 \cdot (-2) - 1 \cdot (-4) \end{pmatrix} = \begin{pmatrix} -5 \\ 9 \\ 2 \end{pmatrix}$$

Die Normalengleichung der Ebene E wird über das Skalarprodukt $\vec{n} \circ \left(\begin{pmatrix} x \\ y \\ z \end{pmatrix} - \overrightarrow{OA} \right) = 0$ aufgestellt:

$$\begin{pmatrix} -5 \\ 9 \\ 2 \end{pmatrix} \circ \left(\begin{pmatrix} x \\ y \\ z \end{pmatrix} - \begin{pmatrix} 1 \\ 2 \\ 3 \end{pmatrix} \right) = 0 \quad \Rightarrow \quad -5x + 9y + 2z - 19 = 0$$

Nach Multiplikation mit (−1) ergibt sich dieselbe Koordinatengleichung wie beim ersten Lösungsweg:
E: $5x - 9y - 2z + 19 = 0$

Bemerkung: Der Lösungsweg über das Vektorprodukt ist im Allgemeinen kurz und effektiv, da sich der so erzeugte Normalenvektor auch für andere häufig vorkommende Fragestellungen, z. B. bei Flächenberechnungen und Abstandsproblemen, gut verwenden lässt. Die Berechnung des Vektorprodukts gelingt besonders rasch, wenn man einen geeigneten Taschenrechner zur Verfügung hat.

Lösungsweg 3:
Der Normalenvektor $\vec{n}$ kann auch über das Skalarprodukt berechnet werden; er muss senkrecht auf den beiden Richtungsvektoren der Ebene stehen, deshalb müssen die zugehörigen Skalarprodukte gleich null sein:

$$\vec{n} = \begin{pmatrix} a \\ b \\ c \end{pmatrix}; \quad \overrightarrow{AB} = \begin{pmatrix} 1 \\ 1 \\ -2 \end{pmatrix}; \quad \overrightarrow{AC} = \begin{pmatrix} -4 \\ -2 \\ -1 \end{pmatrix}$$

$\vec{n} \circ \overrightarrow{AB} = 0 \Rightarrow a + b - 2c = 0$ und $\vec{n} \circ \overrightarrow{AC} = 0 \Rightarrow -4a - 2b - c = 0$

Es liegt ein Gleichungssystem mit zwei Gleichungen und drei Unbekannten vor; deshalb wird c = 1 gesetzt und das neue Gleichungssystem nach a und b aufgelöst:

$a + b - 2 = 0$
$\underline{-4a - 2b - 1 = 0} \quad |:2$
$a + b - 2 = 0$
$\underline{-2a - b - 0,5 = 0} \quad |+$
$-a - 2,5 = 0 \Rightarrow a = -2,5 \Rightarrow b = 4,5$

Damit kann der Normalenvektor durch $\vec{n} = \begin{pmatrix} -2,5 \\ 4,5 \\ 1 \end{pmatrix}$ und alle reellen Vielfachen davon dargestellt werden, also z. B. auch durch $\begin{pmatrix} -5 \\ 9 \\ 2 \end{pmatrix}$.

Die weitere Rechnung kann nun wie im 2. Lösungsweg beschrieben fortgeführt werden.

Hinweise für CAS-Nutzer

Die Rechnungen lassen sich leicht, effektiv und rasch mit dem CAS durchführen, erst recht, wenn das Vektorprodukt verwendet wird. Deshalb wird hier und im Folgenden auf den im 2. Lösungsweg beschriebenen Fall eingegangen.

Zunächst werden die Ortsvektoren der gegebenen Punkte definiert.

$\text{Define } a = \begin{bmatrix} 1 \\ 2 \\ 3 \end{bmatrix} : \text{Define } b = \begin{bmatrix} 2 \\ 3 \\ 1 \end{bmatrix} : \text{Define } c = \begin{bmatrix} -3 \\ 0 \\ 2 \end{bmatrix}$

Der Normalenvektor der Ebene E wird über das Vektorprodukt ermittelt und abgespeichert.

$\text{crossP}(b-a, c-a) \quad \begin{bmatrix} -5 \\ 9 \\ 2 \end{bmatrix}$

$\text{Define } n = \begin{bmatrix} -5 \\ 9 \\ 2 \end{bmatrix} \quad \text{Fertig}$

Die Ebenengleichung wird anschließend über das Skalarprodukt bestimmt.

$\text{dotP}\left(n, \begin{bmatrix} x \\ y \\ z \end{bmatrix} - a\right) = 0 \quad -5 \cdot x + 9 \cdot y + 2 \cdot z - 19 = 0$

b) *Lösungsweg 1:*
Seitenlängen von $\overrightarrow{AB}$ und $\overrightarrow{AC}$ berechnen, dabei die entsprechenden Vektoren von Teilaufgabe a verwenden:

$\overline{AB} = |\overrightarrow{AB}| = \left| \begin{pmatrix} 1 \\ 1 \\ -2 \end{pmatrix} \right| = \sqrt{1^2 + 1^2 + (-2)^2} = \sqrt{6} \approx 2,45 \text{ LE}$

$\overline{AC} = |\overrightarrow{AC}| = \left| \begin{pmatrix} -4 \\ -2 \\ -1 \end{pmatrix} \right| = \sqrt{(-4)^2 + (-2)^2 + (-1)^2} = \sqrt{21} \approx 4,58 \text{ LE}$

Winkel berechnen, den die Vektoren $\overrightarrow{AB}$ und $\overrightarrow{AC}$ einschließen:

$\cos \alpha = \frac{\overrightarrow{AB} \circ \overrightarrow{AC}}{|\overrightarrow{AB}| \cdot |\overrightarrow{AC}|} = \frac{\begin{pmatrix} 1 \\ 1 \\ -2 \end{pmatrix} \circ \begin{pmatrix} -4 \\ -2 \\ -1 \end{pmatrix}}{\sqrt{6} \cdot \sqrt{21}} = \frac{-4}{\sqrt{126}} \approx -0,3563 \Rightarrow \alpha \approx 110,88°$

Flächeninhalt A berechnen:
$$A = \frac{1}{2} \cdot |\overrightarrow{AB}| \cdot |\overrightarrow{AC}| \cdot \sin\alpha \approx 0,5 \cdot 2,45 \cdot 4,58 \cdot \sin 110,88° \approx 5,24 \text{ FE}$$

Lösungsweg 2:
Nach der geometrischen Deutung des Vektorprodukts entspricht die Länge des Normalenvektors $\vec{n} = \overrightarrow{AB} \times \overrightarrow{AC}$ dem Flächeninhalt des von $\overrightarrow{AB}$ und $\overrightarrow{AC}$ aufgespannten Parallelogramms. Die Hälfte von $|\vec{n}|$ kann also als Flächeninhalt des Dreiecks ABC gedeutet werden.
Der Normalenvektor $\vec{n}$ wurde in Teilaufgabe a bereits berechnet:

$$\vec{n} = \begin{pmatrix} -5 \\ 9 \\ 2 \end{pmatrix} \Rightarrow |\vec{n}| = \sqrt{(-5)^2 + 9^2 + 2^2} = \sqrt{110} \approx 10,49$$

$$A_{\triangle ABC} = \frac{1}{2} \cdot |\vec{n}| \approx 0,5 \cdot 10,49 \approx 5,24 \text{ FE}$$

Hinweis für CAS-Nutzer

Der Flächeninhalt des Dreiecks wird über den (halben) Betrag des Normalenvektors berechnet.

c) *Lösungsweg 1:*
Die Höhe h der Pyramide steht senkrecht auf der Grundfläche. Die Grundfläche (Dreieck ABC) liegt in der Ebene E. Da der Normalenvektor $\vec{n} = \overrightarrow{AB} \times \overrightarrow{AC}$ senkrecht auf E steht, kann er als Richtungsvektor einer zu E senkrechten Geraden g verwendet werden, die durch den Punkt P verläuft.

$$g: \vec{x} = \overrightarrow{OP} + t \cdot \vec{n} = \begin{pmatrix} 1 \\ 1 \\ 2 \end{pmatrix} + t \cdot \begin{pmatrix} -5 \\ 9 \\ 2 \end{pmatrix} \quad \text{mit } t \in \mathbb{R}$$

Zeilenweise geschrieben:
$x = 1 - 5t$
$y = 1 + 9t$
$z = 2 + 2t$

Die Gerade g durchstößt die Ebene E in einem Punkt S. Um die Koordinaten von S zu ermitteln, werden die Koordinaten von g in die Koordinatenform von E: $5x - 9y - 2z + 19 = 0$ eingesetzt:

$5 \cdot (1 - 5t) - 9 \cdot (1 + 9t) - 2 \cdot (2 + 2t) + 19 = 0$

Diese Gleichung wird nach t aufgelöst:
$5 - 25t - 9 - 81t - 4 - 4t + 19 = 0$
$\qquad\qquad\qquad 11 - 110t = 0$
$\qquad\qquad\qquad\qquad\quad t = 0,1$

Durch Einsetzen in die Geradengleichung von g erhält man die Koordinaten von S:

$\left.\begin{array}{l} x = 1 - 5 \cdot 0,1 = 0,5 \\ y = 1 + 9 \cdot 0,1 = 1,9 \\ z = 2 + 2 \cdot 0,1 = 2,2 \end{array}\right\} \Rightarrow S(0,5;\ 1,9;\ 2,2)$

Die Höhe h entspricht dem Betrag des Vektors $\overrightarrow{SP}$:

$$|\overrightarrow{SP}| = \left|\begin{pmatrix} 1-0,5 \\ 1-1,9 \\ 2-2,2 \end{pmatrix}\right| = \left|\begin{pmatrix} 0,5 \\ -0,9 \\ -0,2 \end{pmatrix}\right| = \sqrt{0,5^2 + (-0,9)^2 + (-0,2)^2} = \sqrt{1,1} \approx 1,05 \text{ LE}$$

Das Volumen der Pyramide beträgt:

$$V = \frac{1}{3} \cdot A_{\Delta ABC} \cdot h \approx \frac{1}{3} \cdot 5,24 \cdot 1,05 \approx 1,83 \text{ VE}$$

Lösungsweg 2:
Der Abstand d eines Punktes P von einer Ebene E mit der Gleichung $\vec{n} \circ (\vec{x} - \vec{p}_0) = 0$ lässt sich berechnen durch $d = |\vec{n}_0 \circ (\vec{p} - \vec{p}_0)|$. Dabei ist $\vec{n}_0 = \frac{\vec{n}}{|\vec{n}|}$ der normierte Normalenvektor, d. h. $|\vec{n}_0| = 1$. Der Vektor $\vec{p}_0$ ist der Ortsvektor eines Punktes der Ebene.
Insbesondere gilt für den vorliegenden Sachverhalt, dass die Höhe h der Pyramide gleich dem Abstand der Spitze P von der Ebene E ist, in der die Grundfläche ABC liegt:

$$h = |\vec{n}_0 \circ (\overrightarrow{OP} - \overrightarrow{OA})| = |\vec{n}_0 \circ \overrightarrow{AP}|$$

$$h = \left| \frac{\begin{pmatrix} -5 \\ 9 \\ 2 \end{pmatrix}}{\sqrt{110}} \circ \begin{pmatrix} 1-1 \\ 1-2 \\ 2-3 \end{pmatrix} \right| \approx |-1,05| = 1,05$$

Mit diesem Wert wird das Volumen wie im ersten Lösungsweg berechnet.

Hinweise für CAS-Nutzer
Zunächst werden der Punkt P gespeichert und die Höhe h berechnet.

Anschließend wird das Volumen der Pyramide berechnet.

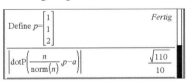

d) **Koordinaten des Schnittpunktes S von Gerade und Ebene**

g: $\vec{x} = \begin{pmatrix} 0 \\ 1 \\ -1 \end{pmatrix} + t \cdot \begin{pmatrix} 0 \\ 2 \\ 3 \end{pmatrix}$ ($t \in \mathbb{R}$) und E: $5x - 9y - 2z + 19 = 0$

Einsetzen der Koordinaten von g in die Gleichung von E:
$5 \cdot (0 + 0 \cdot t) - 9 \cdot (1 + 2 \cdot t) - 2 \cdot (-1 + 3 \cdot t) + 19 = 0$
$-9 - 18t + 2 - 6t + 19 = 0$
$-24t + 12 = 0$
$t = 0,5$

Der Wert t = 0,5 wird in die Gleichung von g eingesetzt:

$$\vec{x} = \begin{pmatrix} 0 \\ 1 \\ -1 \end{pmatrix} + 0,5 \cdot \begin{pmatrix} 0 \\ 2 \\ 3 \end{pmatrix} = \begin{pmatrix} 0 \\ 2 \\ 0,5 \end{pmatrix}$$

Die Koordinaten des Schnittpunktes S der Geraden g und der Ebene E lauten S(0; 2; 0,5).

Berechnung des Schnittwinkels α

Der Schnittwinkel α zwischen einer Geraden und einer Ebene ergibt sich aus dem Winkel, den der Richtungsvektor $\vec{a}$ der Geraden und der Normalenvektor $\vec{n}$ der Ebene miteinander bilden, aus $\sin\alpha = \left|\dfrac{\vec{a}\circ\vec{n}}{|\vec{a}|\cdot|\vec{n}|}\right|$.

Mit $\vec{a} = \begin{pmatrix}0\\2\\3\end{pmatrix}$ und $\vec{n} = \begin{pmatrix}-5\\9\\2\end{pmatrix}$ erhält man:

$$\sin\alpha = \left|\dfrac{\begin{pmatrix}0\\2\\3\end{pmatrix}\circ\begin{pmatrix}-5\\9\\2\end{pmatrix}}{\left|\begin{pmatrix}0\\2\\3\end{pmatrix}\right|\cdot\left|\begin{pmatrix}-5\\9\\2\end{pmatrix}\right|}\right| = \left|\dfrac{18+6}{\sqrt{13}\cdot\sqrt{110}}\right| = \dfrac{24}{\sqrt{13\cdot 110}} \approx 0{,}6347 \quad\Rightarrow\quad \alpha \approx 39{,}4°$$

Hinweise für CAS-Nutzer

Die Rechnungen können jeweils mit dem CAS durchgeführt werden.

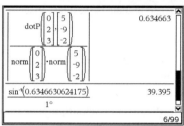

Bei der Winkelberechnung wird durch 1° dividiert, um die Anzeige des Winkels im Gradmaß zu erhalten.

Aufgabe 2

a) *Lösungsweg 1:*
Wenn g ∥ E gilt, müssen der Normalenvektor der Ebene und der Richtungsvektor der Geraden orthogonal zueinander sein, d. h., das Skalarprodukt beider Vektoren muss null ergeben:
$$\begin{pmatrix}-2\\3\\-6\end{pmatrix}\circ\begin{pmatrix}-1{,}5\\1\\1\end{pmatrix} = 3+3-6 = 0$$

Die Gerade g ist also entweder parallel zu E oder sie liegt in E. Es muss deshalb überprüft werden, ob der Aufpunkt von g in E liegt. Wenn dies der Fall wäre, dann läge g in E, anderenfalls wäre g ∥ E gezeigt.

Einsetzen von (0; 1; 2) in E:
$-2\cdot 0 + 3\cdot 1 - 6\cdot 2 + 4 = -5 \neq 0$

Der Aufpunkt von g liegt nicht in E, die Gerade g ist somit echt parallel zur Ebene E.

Lösungsweg 2:
Die Koordinaten der Geradengleichung werden in die Ebenengleichung eingesetzt:
$$-2 \cdot (0 - 1{,}5t) + 3 \cdot (1 + t) - 6 \cdot (2 + t) + 4 = 0$$
$$3t + 3 + 3t - 12 - 6t + 4 = 0$$
$$0 \cdot t = 5$$
Diese Gleichung kann durch keine reelle Zahl t erfüllt werden. Daraus lässt sich schließen, dass die Gerade g die Ebene E weder schneidet noch in ihr liegt, also echt parallel zu ihr ist.

b) Der Punkt R liegt in E, wenn seine Koordinaten die Ebenengleichung erfüllen:
$$-2 \cdot 2 + 3 \cdot (-1) - 6 \cdot (-0{,}5) + 4 = 0 \quad \text{(wahre Aussage)}$$
R liegt also in E.

c) Der Richtungsvektor der Geraden h ist der zum Normalenvektor der Ebene E entgegengesetzte Vektor. Aus diesem Grunde ist h eine Gerade, die senkrecht bezüglich der Ebene E verläuft, also eine Lotgerade.

d) **Lage der Geraden g und h**

$$g: \vec{x} = \begin{pmatrix} 0 \\ 1 \\ 2 \end{pmatrix} + t \cdot \begin{pmatrix} -1{,}5 \\ 1 \\ 1 \end{pmatrix} \text{ mit } t \in \mathbb{R} \quad \text{und} \quad h: \vec{x} = \begin{pmatrix} 1{,}5 \\ 0 \\ 1 \end{pmatrix} + r \cdot \begin{pmatrix} 2 \\ -3 \\ 6 \end{pmatrix} \text{ mit } r \in \mathbb{R}$$

Die Richtungsvektoren beider Geraden sind nicht parallel:
$$\begin{pmatrix} -1{,}5 \\ 1 \\ 1 \end{pmatrix} = \lambda \cdot \begin{pmatrix} 2 \\ -3 \\ 6 \end{pmatrix} \Rightarrow \begin{array}{l} -1{,}5 = 2\lambda \\ 1 = -3\lambda \\ 1 = 6\lambda \end{array} \Rightarrow \begin{array}{l} \lambda = -0{,}75 \\ \lambda = -\frac{1}{3} \\ \lambda = \frac{1}{6} \end{array}$$

Die Geraden sind also entweder windschief zueinander oder sie schneiden sich.

Bestimmung des Schnittpunkts

$$\begin{pmatrix} 0 \\ 1 \\ 2 \end{pmatrix} + t \cdot \begin{pmatrix} -1{,}5 \\ 1 \\ 1 \end{pmatrix} = \begin{pmatrix} 1{,}5 \\ 0 \\ 1 \end{pmatrix} + r \cdot \begin{pmatrix} 2 \\ -3 \\ 6 \end{pmatrix}$$

$$-1{,}5t = 1{,}5 + 2r$$
$$1 + t = -3r$$
$$2 + t = 1 + 6r$$

Dieses Gleichungssystem hat die Lösungen $r = 0$ und $t = -1$. Die Geraden schneiden einander. Der Schnittpunkt ist $S(1{,}5; 0; 1)$.

Bestimmung des Schnittwinkels

Da die Gerade g parallel zur Ebene E ist und die Gerade h senkrecht zu E verläuft, muss der Winkel zwischen den Geraden ebenfalls ein rechter Winkel sein.

Die übliche Rechnung bestätigt diese Überlegung. Der Schnittwinkel der Geraden entspricht dem Winkel zwischen ihren Richtungsvektoren:

$$\cos \alpha = \frac{\begin{pmatrix} -1{,}5 \\ 1 \\ 1 \end{pmatrix} \circ \begin{pmatrix} 2 \\ -3 \\ 6 \end{pmatrix}}{\sqrt{(-1{,}5)^2 + 1^2 + 1^2} \cdot \sqrt{2^2 + (-3)^2 + 6^2}} = \frac{0}{\sqrt{4{,}25} \cdot \sqrt{49}} = 0 \Rightarrow \alpha = 90°$$

e) Der Abstand der Geraden g zur Ebene E kann mithilfe der bisherigen Überlegungen gefunden werden. Da h senkrecht zu E verläuft und g in S schneidet, muss der gesuchte Abstand gleich der Entfernung des Punktes S vom Durchstoßpunkt T der Geraden h mit der Ebene E sein.

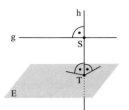

Berechnung des Durchstoßpunktes T

$$h: \vec{x} = \begin{pmatrix} 1,5 \\ 0 \\ 1 \end{pmatrix} + r \cdot \begin{pmatrix} 2 \\ -3 \\ 6 \end{pmatrix} \Rightarrow \begin{array}{l} x = 1,5 + 2r \\ y = -3r \\ z = 1 + 6r \end{array} \text{ mit } r \in \mathbb{R}$$

Einsetzen der Koordinaten in die Ebenengleichung E: $-2x + 3y - 6z + 4 = 0$ führt auf:

$$-2 \cdot (1,5 + 2r) + 3 \cdot (0 - 3r) - 6 \cdot (1 + 6r) + 4 = 0 \Rightarrow r = -\frac{5}{49}$$

Diesen Wert in h einsetzen ergibt:

$$T\left(\frac{127}{98}; \frac{15}{49}; \frac{19}{49}\right) \approx T(1,30; 0,31; 0,39)$$

Abstand der Geraden g zur Ebene E

Mit S(1,5; 0; 1) ergibt sich eine Strecke $\overline{ST}$ der Länge $|\overline{ST}| = \frac{5}{7} \approx 0,71$ LE.

Alternative Lösung:
Der Abstand der parallelen Geraden g zur Ebene E kann als Abstand ihres Aufpunktes von der Ebene bestimmt werden.
Der Abstand d eines Punktes P von einer Ebene E mit der Gleichung $\vec{n} \circ (\vec{x} - \vec{p}_0) = 0$ lässt sich berechnen durch $d = |\vec{n}_0 \circ (\vec{p} - \vec{p}_0)|$. Dabei ist $\vec{n}_0 = \frac{\vec{n}}{|\vec{n}|}$ der normierte Normalenvektor, d. h. $|\vec{n}_0| = 1$. Der Vektor $\vec{p}_0$ ist der Ortsvektor eines Punktes der Ebene. Hier wird der Punkt R von Teilaufgabe b als Punkt der Ebene verwendet:

$$\left| \frac{\begin{pmatrix} -2 \\ 3 \\ -6 \end{pmatrix}}{\sqrt{(-2)^2 + 3^2 + (-6)^2}} \circ \begin{pmatrix} 0-2 \\ 1-(-1) \\ 2-(-0,5) \end{pmatrix} \right| = \left| \frac{\begin{pmatrix} -2 \\ 3 \\ -6 \end{pmatrix}}{\sqrt{49}} \circ \begin{pmatrix} -2 \\ 2 \\ 2,5 \end{pmatrix} \right| = \left| \frac{-5}{\sqrt{49}} \right| = \frac{5}{7}$$

Hinweise für CAS-Nutzer

Die Rechnungen in den Teilaufgaben a, b, d und e können mit dem CAS durchgeführt bzw. überprüft werden, etwa so, wie es die Bildschirmdarstellungen zeigen.

Zunächst werden dazu die Gerade g und die Ebene E sowie der Richtungsvektor der Geraden und der Normalenvektor der Ebene definiert.

Define $g(t) = \begin{bmatrix} 0 \\ 1 \\ 2 \end{bmatrix} + t \cdot \begin{bmatrix} -1.5 \\ 1 \\ 1 \end{bmatrix}$	Fertig
Define $e(x,y,z) = -2 \cdot x + 3 \cdot y - 6 \cdot z + 4 = 0$	Fertig
Define $a = \begin{bmatrix} -1.5 \\ 1 \\ 1 \end{bmatrix}$:Define $n = \begin{bmatrix} -2 \\ 3 \\ -6 \end{bmatrix}$	$\begin{bmatrix} -1.5 \\ 1 \\ 1 \end{bmatrix}$
	3/99

© Skalarprodukt von a und n:	
dotP(a,n)	0.
© Liegt Aufpunkt von g in E?	
e(0,1,2)	false

© Liegt R in E?	
e(2,-1,-0.5)	true

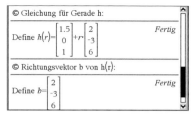
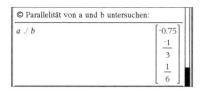

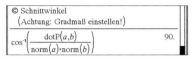

Aufgabe 3

a) Zunächst wird die Lotgerade g zu E durch den Ursprung ermittelt:

$\vec{n} = \begin{pmatrix} 2 \\ 1 \\ -2 \end{pmatrix}$ ist Normalenvektor von E $\Rightarrow$ Lotgerade g: $\vec{x} = t \cdot \vec{n} = t \cdot \begin{pmatrix} 2 \\ 1 \\ -2 \end{pmatrix}$ mit $t \in \mathbb{R}$

Der Schnittpunkt der Lotgeraden g mit der Ebene E ist der gesuchte Punkt A.
Einsetzen der Koordinaten von g in E führt zu:

$2 \cdot 2t + 1 \cdot t - 2 \cdot (-2t) - 4 = 0 \Rightarrow t = \dfrac{4}{9}$

Einsetzen dieses Wertes in g liefert die Koordinaten von A:

$\overrightarrow{OA} = \dfrac{4}{9} \cdot \begin{pmatrix} 2 \\ 1 \\ -2 \end{pmatrix} = \begin{pmatrix} \frac{8}{9} \\ \frac{4}{9} \\ -\frac{8}{9} \end{pmatrix} \Rightarrow A\left(\dfrac{8}{9}; \dfrac{4}{9}; -\dfrac{8}{9}\right)$

Hinweis für CAS-Nutzer
Die Rechnung kann mit dem CAS durchgeführt bzw. überprüft werden.
Dazu werden zunächst die Ebene E und die Lotgerade g definiert.

© Ebene E definieren:	
Define $e(x,y,z)=2\cdot x+y-2\cdot z-4=0$	Fertig
© Lotgerade g zu E definieren:	
Define $g(t)=\begin{bmatrix} 2 \\ 1 \\ -2 \end{bmatrix}$	Fertig

Anschließend werden die Koordinaten der Geraden g in die Ebenengleichung E eingesetzt und der zugehörige Parameterwert bestimmt.

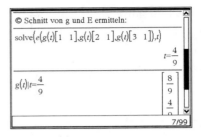

b) Die Lotgerade zur y-z-Ebene hat den Richtungsvektor $\vec{n} = \begin{pmatrix} 1 \\ 0 \\ 0 \end{pmatrix}$. Die Lotgerade g durch B' mit diesem Richtungsvektor schneidet E im gesuchten Punkt B.

$$g: \vec{x} = \begin{pmatrix} 0 \\ 1 \\ 2 \end{pmatrix} + t \cdot \begin{pmatrix} 1 \\ 0 \\ 0 \end{pmatrix} \text{ mit } t \in \mathbb{R}$$

Einsetzen der Koordinaten von g in die Ebenengleichung E: $2x + y - 2z - 4 = 0$ führt auf:
$2 \cdot (0 + t) + 1 \cdot 1 - 2 \cdot 2 - 4 = 0$
$t = 3{,}5$

Einsetzen in g liefert den Punkt B(3,5; 1; 2).

Alternative Lösung:
Die Koordinaten des Punktes B lassen sich auch einfacher ermitteln, indem man y = 1 und z = 2 in die Ebenengleichung einsetzt und den zugehörigen x-Wert bestimmt (bei der Projektion auf die y-z-Ebene wird nur die x-Koordinate null):
$2 \cdot x + 1 - 2 \cdot 2 - 4 = 0$
$2x = 7$
$x = 3{,}5 \quad \Rightarrow \quad B(3{,}5; 1; 2)$

c) **Durchstoßpunkt der x-Achse mit der Ebene E**
Man setzt in der Ebenengleichung y = 0 und z = 0 und erhält x = 2. $\Rightarrow$ X(2; 0; 0)
Analog ergeben sich Y(0; 4; 0) und Z(0; 0; –2).

d) **Veranschaulichung des Sachverhaltes für die Pyramiden OXYZ und OXYB'**

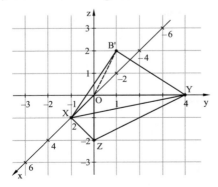

Alle drei Pyramiden besitzen dieselbe Grundfläche OXY.
Die Punkte Z(0; 0; −2), B'(0; 1; 2) und B(3,5; 1; 2) haben von der x-y-Ebene, in der die Grundfläche OXY liegt, denselben Abstand 2. Deshalb haben die drei Pyramiden auch dieselbe Höhe h = 2 LE.
Also ist die Behauptung wahr: Alle drei Pyramiden besitzen dasselbe Volumen
$V = \frac{1}{3} \cdot \left(\frac{1}{2} \cdot 2 \cdot 4\right) \cdot 2 = \frac{8}{3}$ VE

Hinweis für CAS-Nutzer
Die Rechnungen in den Teilaufgaben b, c und d sind einfach und brauchen deshalb keine Rechnerunterstützung.

Aufgabe 4

a) Die Ebene E schneidet die x-Achse im Punkt X(4; 0; 0) und die y-Achse im Punkt Y(0; 4; 0). Es gibt keinen Schnittpunkt mit der z-Achse, deshalb ist die Ebene E parallel zur z-Achse. Die Ebene E ist eine „Ebene in besonderer Lage". Der Normalenvektor von E hat die Koordinaten $\vec{n} = \begin{pmatrix} 1 \\ 1 \\ 0 \end{pmatrix}$. Die Ebene E ist also senkrecht zur x-y-Ebene und verläuft deshalb parallel zur z-Achse. Die Gerade g mit ihrem Richtungsvektor $\vec{a} = \begin{pmatrix} 0 \\ 0 \\ 1 \end{pmatrix}$ ist ebenfalls parallel zur z-Achse. Ebene E und Gerade g sind also entweder parallel zueinander oder g liegt in E. Letzteres kann man aber ausschließen, denn der Aufpunkt (4; 4; 4) von g erfüllt nicht die Ebenengleichung, sodass in der Tat E ∥ g gilt.

b) Der Abstand von g zu E kann wegen der besonderen Lage dieser Objekte elementargeometrisch ermittelt werden. Projiziert man die Ebene E und die Gerade g in die x-y-Ebene, so ist zu erkennen, dass die Spurgerade der Ebene durch die Punkte A(4; 0; 0) und B(0; 4; 0) verläuft. Der Spurpunkt der Geraden g hat die Koordinaten S(4; 4; 0).
Der gesuchte Abstand d entspricht also der halben Diagonalenlänge eines Quadrates mit der Seitenlänge 4 LE:
⇒ $d = \frac{1}{2} \cdot 4 \cdot \sqrt{2} = 2 \cdot \sqrt{2}$ LE

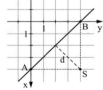

Alternative Lösung:
Der Abstand d eines Punktes P von einer Ebene E mit der Gleichung $\vec{n} \circ (\vec{x} - \vec{p}_0) = 0$ lässt sich berechnen durch $d = |\vec{n}_0 \circ (\vec{p} - \vec{p}_0)|$. Dabei ist $\vec{n}_0 = \frac{\vec{n}}{|\vec{n}|}$ der normierte Normalenvektor, d. h. $|\vec{n}_0| = 1$. Der Vektor $\vec{p}_0$ ist der Ortsvektor eines Punktes der Ebene, hier wird A(4; 0; 0) verwendet. Der Aufpunkt (4; 4; 4) der Geraden wird für P eingesetzt:

$d = \left| \frac{\begin{pmatrix} 1 \\ 1 \\ 0 \end{pmatrix} \circ \left[\begin{pmatrix} 4 \\ 4 \\ 4 \end{pmatrix} - \begin{pmatrix} 4 \\ 0 \\ 0 \end{pmatrix} \right]}{\sqrt{1^2 + 1^2 + 0^2}} \right| = \frac{4}{\sqrt{2}} = \frac{4 \cdot \sqrt{2}}{2} = 2 \cdot \sqrt{2}$ LE

c) Wie aus der Skizze in Aufgabe b ersichtlich ist, kann als Normalenvektor der gesuchten Ebene F zum Beispiel der Vektor $\overrightarrow{AB} = \begin{pmatrix} -4 \\ 4 \\ 0 \end{pmatrix}$ verwendet werden. Da die Gerade g in F liegen soll, kann ihr Aufpunkt (4; 4; 4) als Aufpunkt von F dienen:

$$F: \begin{pmatrix} -4 \\ 4 \\ 0 \end{pmatrix} \circ \left[\begin{pmatrix} x \\ y \\ z \end{pmatrix} - \begin{pmatrix} 4 \\ 4 \\ 4 \end{pmatrix} \right] = 0 \quad \Rightarrow \quad F: -4x + 4y = 0 \quad \Rightarrow \quad F: x - y = 0$$

Die Ebene F ist also auch senkrecht zur x-y-Ebene und enthält die z-Achse. Die Spurgerade von F in der x-y-Ebene stellt die Winkelhalbierende von x- und y-Achse dar.

Alternative Lösung:
Da nur eine Gleichung der Ebene F gefordert ist, kann man auch die Parametergleichung von F angeben. Diese lässt sich mithilfe der Gleichung von g und des Normalenvektors von E direkt angeben:

$$F: \vec{x} = \begin{pmatrix} 4 \\ 4 \\ 4 \end{pmatrix} + t \cdot \begin{pmatrix} 0 \\ 0 \\ 1 \end{pmatrix} + s \cdot \begin{pmatrix} 1 \\ 1 \\ 0 \end{pmatrix}$$

d) **Gleichung der Geraden h**
Da h den Punkt M enthalten und parallel zur x-y-Ebene verlaufen soll, muss der Schnittpunkt N von h und g die gleiche z-Koordinate wie M haben, also $N(x_N; y_N; 1)$. Außerdem muss N die Gleichung von g erfüllen:

$$\begin{pmatrix} x_N \\ y_N \\ 1 \end{pmatrix} = \begin{pmatrix} 4 \\ 4 \\ 4 \end{pmatrix} + t \cdot \begin{pmatrix} 0 \\ 0 \\ 1 \end{pmatrix} \quad \Rightarrow \quad 1 = 4 + t \cdot 1 \quad \Rightarrow \quad t = -3 \quad \Rightarrow \quad N(4; 4; 1)$$

Eine Gleichung der Geraden h lautet somit:

$$h: \vec{x} = \overrightarrow{OM} + s \cdot \overrightarrow{MN} = \begin{pmatrix} 1 \\ 2 \\ 1 \end{pmatrix} + s \cdot \begin{pmatrix} 3 \\ 2 \\ 0 \end{pmatrix} \quad \text{mit } s \in \mathbb{R}$$

Durchstoßpunkt T von h und E
Einsetzen der Koordinaten der Geraden h in die Ebenengleichung von E liefert:
$1 + 3s + 2 + 2s = 4$
$5s = 1$
$s = 0,2$

$$\overrightarrow{OT} = \begin{pmatrix} 1 \\ 2 \\ 1 \end{pmatrix} + 0,2 \cdot \begin{pmatrix} 3 \\ 2 \\ 0 \end{pmatrix} = \begin{pmatrix} 1,6 \\ 2,4 \\ 1 \end{pmatrix} \quad \Rightarrow \quad T(1,6; 2,4; 1)$$

Hinweis für CAS-Nutzer
Die Rechnungen können so einfach gehalten werden, dass das CAS nicht benötigt wird.

Aufgabe 5

a) **Skizze**

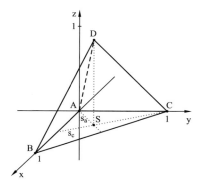

Volumen

$$V = \frac{1}{3} \cdot A_{\triangle ABC} \cdot h = \frac{1}{3} \cdot \frac{1}{2} \cdot 1 \cdot 1 \cdot 1 = \frac{1}{6} \text{ VE}$$

Koordinaten von D

Man braucht die Koordinaten von S, denn D liegt senkrecht über S in einer Höhe von $z = 1$. Die Koordinaten von S ergeben sich als Koordinaten des Schnittpunktes zweier Seitenhalbierenden des Dreiecks ABC, z. B. von s_a und s_c.

$$s_a: \vec{x} = s \cdot \begin{pmatrix} 0,5 \\ 0,5 \\ 0 \end{pmatrix} \qquad s_c: \vec{x} = \begin{pmatrix} 0,5 \\ 0 \\ 0 \end{pmatrix} + r \cdot \begin{pmatrix} -0,5 \\ 1 \\ 0 \end{pmatrix} \quad \text{mit } s, r \in \mathbb{R}$$

Gleichsetzen führt zu:

(1) $0,5s = 0,5 - 0,5r$
(2) $0,5s = r$ $\Rightarrow \; r = 0,5 - 0,5r \;\Rightarrow\; \frac{3}{2}r = \frac{1}{2} \;\Rightarrow\; r = \frac{1}{3} \;\Rightarrow\; s = \frac{2}{3}$
(3) $0 = 0$

$$\overrightarrow{OS} = \frac{2}{3} \cdot \begin{pmatrix} \frac{1}{2} \\ \frac{1}{2} \\ 0 \end{pmatrix} = \begin{pmatrix} \frac{1}{3} \\ \frac{1}{3} \\ 0 \end{pmatrix} \quad \Rightarrow \quad S\left(\frac{1}{3}; \frac{1}{3}; 0\right)$$

Die Koordinaten von D ergeben sich daraus mit $z = 1$: $D\left(\frac{1}{3}; \frac{1}{3}; 1\right)$

b) Von der Ebene F werden die Seitenkanten $\overline{AD}$, $\overline{BD}$ und $\overline{CD}$ geschnitten. Die zugehörigen Geraden lauten:

$$g(AD): \vec{x} = \begin{pmatrix} 0 \\ 0 \\ 0 \end{pmatrix} + t \cdot \begin{pmatrix} \frac{1}{3} \\ \frac{1}{3} \\ 1 \end{pmatrix}; \quad g(BD): \vec{x} = \begin{pmatrix} 1 \\ 0 \\ 0 \end{pmatrix} + t \cdot \begin{pmatrix} -\frac{2}{3} \\ \frac{1}{3} \\ 1 \end{pmatrix}; \quad g(CD): \vec{x} = \begin{pmatrix} 0 \\ 1 \\ 0 \end{pmatrix} + t \cdot \begin{pmatrix} \frac{1}{3} \\ -\frac{2}{3} \\ 1 \end{pmatrix}$$

Die Bedingung $z = 0,5$ führt bei allen Geraden zu $t = 0,5$.

Schnittpunkt P_{AD} der Ebene F mit der Kante $\overline{AD}$

$$\vec{p}_{AD} = \frac{1}{2} \cdot \begin{pmatrix} \frac{1}{3} \\ \frac{1}{3} \\ 1 \end{pmatrix} = \begin{pmatrix} \frac{1}{6} \\ \frac{1}{6} \\ \frac{1}{2} \end{pmatrix} \quad \Rightarrow \quad P_{AD}\left(\frac{1}{6}; \frac{1}{6}; \frac{1}{2}\right)$$

Schnittpunkt P_{BD} der Ebene F mit der Kante $\overline{BD}$

$$\vec{p}_{BD} = \begin{pmatrix} 1 \\ 0 \\ 0 \end{pmatrix} + \frac{1}{2} \cdot \begin{pmatrix} -\frac{2}{3} \\ \frac{1}{3} \\ 1 \end{pmatrix} = \begin{pmatrix} \frac{2}{3} \\ \frac{1}{6} \\ \frac{1}{2} \end{pmatrix} \quad \Rightarrow \quad P_{BD}\left(\frac{2}{3}; \frac{1}{6}; \frac{1}{2}\right)$$

Schnittpunkt P_{CD} der Ebene F mit der Kante $\overline{CD}$

$$\vec{p}_{CD} = \begin{pmatrix} 0 \\ 1 \\ 0 \end{pmatrix} + \frac{1}{2} \cdot \begin{pmatrix} \frac{1}{3} \\ -\frac{2}{3} \\ 1 \end{pmatrix} = \begin{pmatrix} \frac{1}{6} \\ \frac{2}{3} \\ \frac{1}{2} \end{pmatrix} \quad \Rightarrow \quad P_{CD}\left(\frac{1}{6}; \frac{2}{3}; \frac{1}{2}\right)$$

c) Die Ebene F zerlegt die Pyramide ABCD in eine zu ihr ähnliche Pyramide $P_{AD}P_{BD}P_{CD}D$ und einen Pyramidenstumpf $ABCP_{AD}P_{BD}P_{CD}$.

Wegen des Ähnlichkeitsfaktors $k = \frac{1}{2}$ gilt für das Volumen der kleinen Pyramide:

$$V_{P_{AD}P_{BD}P_{CD}D} = \left(\frac{1}{2}\right)^3 \cdot V_{ABCD} = \frac{1}{8} \cdot V_{ABCD} = \frac{1}{8} \cdot \frac{1}{6} = \frac{1}{48} \text{ VE}$$

Das Volumen des Pyramidenstumpfs ergibt sich als Differenz der Volumina von großer und kleiner Pyramide:

$$V_{\text{Stumpf}} = \frac{1}{6} - \frac{1}{48} = \frac{7}{48} \text{ VE}$$

Das Verhältnis der Volumina beider Teilkörper beträgt also:

$$V_{P_{AD}P_{BD}P_{CD}D} : V_{ABCP_{AD}P_{BD}P_{CD}} = 1 : 7$$

d) Der Punkt $C_t(t; 1; 0)$ mit $t \in \mathbb{R}$ liegt auf einer Geraden h, die parallel zur x-Achse in der x-y-Ebene verläuft und von der x-Achse den Abstand 1 LE hat.

Die Grundfläche der Pyramide verändert zwar ihre Gestalt, aber nicht ihren Flächeninhalt, denn die Grundseite $\overline{AB}$ hat unverändert die Länge 1 LE und die Höhe des Dreiecks ABC_t beträgt stets 1 LE.

Die Spitze D der Pyramide ABC_tD verändert ebenfalls ihre Lage, weil sich mit C_t auch der Schnittpunkt der Seitenhalbierenden der Grundfläche ABC verändert. Im Folgenden wird deshalb dieser Punkt, da er wie C_t vom Parameter t abhängt, mit D_t bezeichnet. Da der Punkt D_t aber stets in der Ebene F: $z = 1$ verbleibt, ändert sich die Höhe der Pyramide ABC_tD_t nicht. Sie beträgt stets 1 LE.

Damit bleibt das Volumen der Pyramide ABC_tD_t konstant.

e) Da die Seitenhalbierenden einander im Verhältnis 1:2 teilen und die Spitze C_t des Dreiecks ABC_t auf einer Parallelen im Abstand 1 LE zur x-Achse verläuft, während die Punkte A und B unverändert auf der x-Achse liegen, muss der Schnittpunkt der Seitenhalbierenden stets $\frac{1}{3}$ LE von der x-Achse entfernt liegen.

Der Schnittpunkt der Seitenhalbierenden liegt also stets in der x-y-Ebene auf einer Geraden parallel zur x-Achse im Abstand $\frac{1}{3}$ LE von dieser Achse.

Diese Parallele hat die Gleichung $\vec{x} = \begin{pmatrix} 0 \\ \frac{1}{3} \\ 0 \end{pmatrix} + t \cdot \begin{pmatrix} 1 \\ 0 \\ 0 \end{pmatrix}$ ($t \in \mathbb{R}$).

Alternative Lösung:
Die Koordinaten von S ergeben sich als Koordinaten des Schnittpunktes zweier Seitenhalbierenden, z. B. von s_a und s_c:

$s_a: \vec{x} = s \cdot \begin{pmatrix} \frac{t+1}{2} \\ \frac{1}{2} \\ 0 \end{pmatrix}$ $s_c: \vec{x} = \begin{pmatrix} \frac{1}{2} \\ 0 \\ 0 \end{pmatrix} + r \cdot \begin{pmatrix} t - \frac{1}{2} \\ 1 - 0 \\ 0 - 0 \end{pmatrix}$

Gleichsetzen ergibt:

(1) $\frac{t+1}{2} \cdot s = \frac{1}{2} + \left(t - \frac{1}{2}\right) \cdot r$

(2) $\frac{1}{2} s = r$

(3) $0 = 0$

Einsetzen von (2) in (1) führt zu:

$$\frac{t+1}{2} \cdot s = \frac{1}{2} + \left(t - \frac{1}{2}\right) \cdot \left(\frac{1}{2} s\right)$$

$$\frac{1}{2} st + \frac{1}{2} s = \frac{1}{2} + \frac{1}{2} st - \frac{1}{4} s$$

$$s = \frac{2}{3}$$

Mit der Gleichung von s_a ergibt sich damit der Schnittpunkt S_t der Seitenhalbierenden:

$\vec{s}_t = \frac{2}{3} \cdot \begin{pmatrix} \frac{t+1}{2} \\ \frac{1}{2} \\ 0 \end{pmatrix} = \begin{pmatrix} \frac{t+1}{3} \\ \frac{1}{3} \\ 0 \end{pmatrix}$ $\Rightarrow$ $S_t\left(\frac{t+1}{3}; \frac{1}{3}; 0\right)$

Da nur die x-Koordinate von S_t abhängig vom Parameter t ist, verläuft der Schnittpunkt S_t der Seitenhalbierenden in der x-y-Ebene auf einer Parallelen zur x-Achse im Abstand $\frac{1}{3}$ von dieser Achse.

Hinweis für CAS-Nutzer

Die Ortskurve des Schnittpunkts der Seitenhalbierenden kann auch elementargeometrisch mit der dynamischen Geometriesoftware des CAS bestimmt werden. Dazu wird das Dreieck ABC_t mit dem Schnittpunkt S_t der Seitenhalbierenden erzeugt.

Der Punkt C_t läuft dabei auf der Parallelen zur x-Achse im Abstand 1 LE und es wird die Ortskurve des Schnittpunktes S_t bezüglich C_t konstruiert.

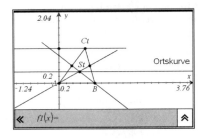

Grundkurs Mathematik (Thüringen): Abiturprüfung 2007
Aufgabe A1: Analysis

Gegeben ist eine Funktion f durch

$$y = f(x) = \frac{6x^2 - x^3}{4} \text{ mit } x \in \mathbb{R}.$$

a) Untersuchen Sie den Graphen von f auf Schnittpunkte mit den Koordinatenachsen, lokale Extrempunkte, Wendepunkte und geben Sie gegebenenfalls deren Koordinaten an!
Skizzieren Sie den Graphen von f im Intervall $-2 \leq x \leq 6{,}5$! (10 BE)
Ergänzung für das CAS-Abitur
An welcher Stelle hat der Graph der Funktion f seinen größten Anstieg?
Begründen Sie Ihre Entscheidung! (CAS: 10 BE)

b) Auf dem Graphen der Funktion f existiert ein Punkt Q(q; f(q)) mit $0 < q < 6$.
Die Parallele zur y-Achse durch Q schneidet die x-Achse im Punkt P.
O bezeichnet den Koordinatenursprung.
Ermitteln Sie die Koordinaten von Q so, dass der Flächeninhalt des Dreiecks OPQ maximal ist! (5 BE)
Ergänzung für das CAS-Abitur
Geben Sie diesen maximalen Flächeninhalt an! (CAS: 5 BE)

c) Bestimmen Sie eine Gleichung der Wendetangente an den Graphen von f!
Ermitteln Sie, wie viele Tangenten es an den Graphen von f gibt, die die Wendetangente senkrecht schneiden! (4 BE)
(CAS: 4 BE)

d) Der Graph von f und die x-Achse begrenzen eine Fläche vollständig.
Bestimmen Sie, in welchem Verhältnis diese Fläche durch die Gerade mit der Gleichung $y = 2x$ geteilt wird! (6 BE)
Ergänzung für das CAS-Abitur
Eine Parallele zur y-Achse an der Stelle $x = c$ teilt diese Fläche im Verhältnis $1 : 1$. Ermitteln Sie die Stelle c! (CAS: 6 BE)

e) Für jede reelle Zahl a mit $a \neq 0$ ist eine Funktion g_a durch $y = g_a(x) = a \cdot (x^2 - 6x)$ mit $x \geq -2$ gegeben.
Skizzieren Sie den Graphen von g_1 in das Koordinatensystem aus Teilaufgabe a)!
Unter welchem Winkel schneiden sich die Graphen von f und g_1 in dem vom Ursprung verschiedenen Schnittpunkt?
Untersuchen Sie, ob man a so wählen kann, dass sich die Graphen von g_a und f an der Stelle 6 berühren! (5 BE)
(CAS: 5 BE)
(30 BE)

Hinweise und Tipps

Aufgabe a
- Für Schnittpunkte mit den Achsen muss $x=0$ bzw. $y=0$ gelten.
- Mit $f(0)$ erhält man den Schnittpunkt mit der y-Achse und mit $f(x)=0$ den Schnittpunkt mit der x-Achse.
- Zur Bestimmung der Extrema und Wendepunkte notieren Sie sich zunächst die ersten drei Ableitungen der Funktion f.
- Nun können Sie zunächst mögliche Extremstellen x_e mit dem notwendigen Kriterium $f'(x)=0$ bestimmen, ebenso finden Sie mögliche Wendestellen x_w mit $f''=0$.
- Ob ein Extrem- bzw. Wendepunkt an den ermittelten Stellen vorliegt kann mit einem hinreichenden Kriterium überprüft werden, z. B. für Extremstellen $f''(x_e) \neq 0$ bzw. für Wendestellen $f'''(x_w) \neq 0$.

CAS-Abitur: Stelle mit größtem Anstieg
- Über den Anstieg eines Funktionsgraphen macht z. B. die erste Ableitung eine Aussage.
- Zeichnen Sie die Graphen von f' und f.
- Der größte Anstieg entspricht dann dem globalen Maximum der Funktion f'.

Aufgabe b
- Zeichnen Sie das zu untersuchende Dreieck OPQ in ihre unter a) erstellte Skizze. Was für ein spezielles Dreieck ist das?
- Für den Flächeninhalt eines rechtwinkligen Dreiecks gilt $A = \frac{g \cdot h}{2}$.
- Versuchen Sie den Flächeninhalt A in Abhängigkeit von der Variablen q auszudrücken. Nutzen Sie dabei q als Grundseite.
- Wenden Sie dann auf die Zielfunktion A das Extremwertverfahren zur Bestimmung der maximalen Fläche an.

Aufgabe c
- Zur Bestimmung einer Gleichung der Wendetangente benötigt man z. B. den Anstieg im Wendepunkt und die Koordinaten des Wendepunktes.
- Für den Anstieg m gilt $m = f'(x_w)$.
- Damit zwei Geraden senkrecht aufeinander stehen, muss für ihre Anstiege gelten $m_1 = \frac{-1}{m_2}$.

Aufgabe d
- Veranschaulichen Sie sich die Flächen anhand der bereits angefertigten Skizze.
- Die Flächenberechnungen können Sie mithilfe des bestimmten Integrals durchführen. Berechnen Sie zunächst die vom Graphen von f und der x-Achse begrenzte Fläche.
- Um die Integrationsgrenzen zu bestimmen, ermitteln sie die Schnittstellen beider Graphen rechnerisch.

CAS-Abitur: Verhältnis 1:1
- Um die gesuchte Stelle c zu ermitteln, muss das bestimmte Integral mit unbekannter oberer Grenze gleich der Hälfte der Ausgangsfläche werden.

Aufgabe e

Schnittwinkel

Der Schnittwinkel zweier Graphen in einem ihrer Schnittpunkte ist als Schnittwinkel ihrer Tangenten in diesen Punkten definiert.

Man kann diesen Winkel z. B. mit einer der folgenden Möglichkeiten berechnen:

1. Berechnen Sie die Schnittwinkel φ_f und φ_{g1} beider Tangenten mit der x-Achse und ermitteln Sie hiermit den Winkel zwischen den Tangenten.

   Der Anstiegswinkel φ einer Tangente ist durch $m = f'(x_0) = \tan(\varphi)$ zu berechnen.

2. Den Schnittwinkel zweier Geraden kann man mit $\tan(\varphi) = \left| \dfrac{m_2 - m_1}{1 + m_1 \cdot m_2} \right|$ berechnen.

Berührung

Damit sich die Graphen zweier Funktionen in einem Punkt B berühren, müssen zwei Bedingungen erfüllt sein.

Die beiden Bedingung sind $f(b) = g(b)$ und $f'(b) = g'(b)$.

Da für die gegebene Funktionenschar g immer gilt, dass $g_a(6) = f(6)$ ist, muss nur die zweite Bedingung erfüllt werden.

Lösungen

$$f(x) = \frac{6x^2 - x^3}{4} = \frac{3}{2}x^2 - \frac{1}{4}x^3 \quad (x \in \mathbb{R})$$

$$f'(x) = 3x - \frac{3}{4}x^2$$

$$f''(x) = 3 - \frac{3}{2}x$$

$$f'''(x) = -\frac{3}{2}$$

G_f bezeichne den Graphen der Funktion f.

$$g_a(x) = a \cdot (x^2 - 6x) \quad (a \neq 0, x \geq -2)$$

$$g_a'(x) = a \cdot (2x - 6)$$

G_a bezeichne den Graphen der Funktion g_a.

a) Schnittpunkte S_x und S_y mit den Koordinatenachsen

G_f kann die x-Achse nur in einem Punkt $S_x(x; f(x))$ mit $f(x) = 0$ schneiden.

$$0 = f(x) = \frac{6x^2 - x^3}{4}$$
$$0 = 6x^2 - x^3$$
$$0 = x^2 \cdot (6 - x)$$
$$x_1 = 0 \Rightarrow S_{x_1}(0; 0)$$
$$x_2 = 6 \Rightarrow S_{x_2}(6; 0)$$

G_f kann die y-Achse nur im Punkt $S_y(0; f(0))$ schneiden.

$$f(0) = 0 \Rightarrow \underline{\underline{S_y(0; 0) = S_{x_1}}}$$

lokale Extrempunkte E

$E(x_E; f(x_E))$ ist ein lokaler Extrempunkt von G_f, wenn sowohl die Gleichung $f'(x_E)=0$ als auch die Ungleichung $f''(x_E) \neq 0$ gelten.

$$0 = f'(x) = 3x - \frac{3}{4}x^2$$

$$0 = 3x \cdot \left(1 - \frac{1}{4}x\right)$$

$0 = 3x \qquad\qquad 0 = 1 - \frac{1}{4}x$

$x_1 = 0 \qquad\qquad x_2 = 4 \quad$ sind die beiden möglichen Extremstellen von G_f

$f''(0) = 3 > 0 \;\Rightarrow\; x_1 = 0 \quad$ ist eine lokale Extremstelle von G_f und zwar eine Minimumstelle.

$f''(4) = -3 < 0 \;\Rightarrow\; x_2 = 4 \quad$ ist eine lokale Extremstelle von G_f und zwar eine Maximumstelle.

$f(0) = 0 \;\Rightarrow\; \underline{\underline{E_1(0; 0)}} \quad$ ist als lokaler Extrempunkt von G_f ein Tiefpunkt.

$f(4) = 8 \;\Rightarrow\; \underline{\underline{E_2(4; 8)}} \quad$ ist als lokaler Extrempunkt von G_f ein Hochpunkt.

Wendepunkte W

$W(x_W; f(x_W))$ ist ein Wendepunkt von G_f, wenn sowohl die Gleichung $f''(x_W)=0$ als auch die Ungleichung $f'''(x_W) \neq 0$ gelten.

$$0 = f''(x) = 3 - \frac{3}{2}x$$

$x = 2 \qquad\qquad \Rightarrow \; x = 2$ ist die einzig mögliche Wendestelle von G_f.

$f'''(2) = -\frac{3}{2} \neq 0 \;\Rightarrow\; W(2; f(2)) = \underline{\underline{W(2; 4)}}$ ist der einzige Wendepunkt von G_f.

Skizze des Graphen G_f

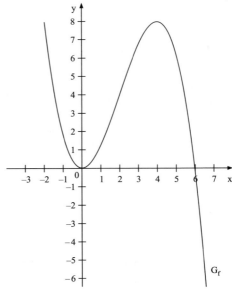

Lösungshinweise für das CAS-Abitur

Eine Aussage über den Anstieg eines Funktionsgraphen macht z. B. die erste Ableitung, von der man die Stelle mit dem größten Funktionswert bestimmen muss.

Das globale Maximum der 1. Ableitung von f findet man, wenn man einerseits die lokalen Extremstellen bestimmt und die Funktion außerdem nach globalen Extremstellen untersucht. Hier wird statt der üblichen Untersuchung mit einem notwendigen Kriterium $f''(x)=0$ und $f'''(x)\neq 0$ der vorgegebene CAS-Befehl fMax genutzt, der das globale Maximum bestimmt.

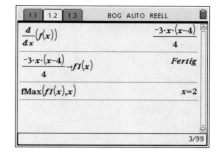

Man ermittelt die schon gefundene Wendestelle $x = 2$ als diejenige Stelle mit dem größten Anstieg.

b) **Maximaler Dreiecksflächeninhalt**

Der Punkt $Q(q; f(q))$ lässt den Flächeninhalt $A(q)$ des Dreiecks OPQ maximal werden, wenn q sowohl eine lokale als auch eine globale Maximumstelle der Funktion A ist.

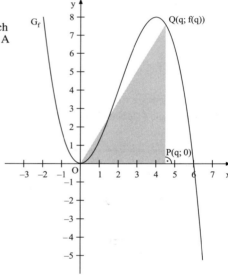

Aufstellen der Zielfunktion:

$A(q) = \dfrac{1}{2} \cdot \overline{OP} \cdot \overline{PQ}$ für den Flächeninhalt des rechtwinkligen Dreiecks OPQ

$ = \dfrac{1}{2} \cdot q \cdot f(q)$ mit $0 < q < 6$ laut Aufgabenstellung

$ = \dfrac{1}{2} \cdot q \cdot \left(\dfrac{3}{2}q^2 - \dfrac{1}{4}q^3\right)$

$A(q) = \dfrac{3}{4}q^3 - \dfrac{1}{8}q^4$ als Gleichung der Zielfunktion A

lokale Betrachtung:

$$0 = A'(q) = \left(\frac{3}{4}q^3 - \frac{1}{8}q^4\right)' = \frac{9}{4}q^2 - \frac{1}{2}q^3$$

$$0 = \frac{9}{4}q^2 - \frac{1}{2}q^3 = q^2 \cdot \left(\frac{9}{4} - \frac{1}{2}q\right) \quad \text{mit } 0 < q < 6$$

$$0 = q^2 \qquad 0 = \frac{9}{4} - \frac{1}{2}q$$

$q = 0$ entfällt $\quad q = \frac{9}{2} \quad$ ist die einzig mögliche Extremstelle von A.

$$A''(q) = \left(\frac{9}{4}q^2 - \frac{1}{2}q^3\right)' = \frac{9}{2}q - \frac{3}{2}q^2$$

$A''\left(\frac{9}{2}\right) = -\frac{81}{8} < 0 \implies q = 4{,}5 \quad$ ist die lokale Maximumstelle von A.

globale Betrachtung:
$A(4{,}5) \approx 17{,}1$
$\lim_{q \to 0} A(q) = 0$
$\lim_{q \to 6} A(q) = 0 \quad \implies q = 4{,}5$ ist die globale Maximumstelle von A.

$\implies$ Für $Q(4{,}5; f(4{,}5)) = Q\left(\frac{9}{2}; \frac{243}{32}\right)$ wird der Flächeninhalt des Dreiecks OPQ maximal.

Lösungshinweise für das CAS-Abitur
Der maximale Flächeninhalt ergibt sich für die Stelle $q = \frac{9}{2}$ mit $A \approx 17{,}09$ FE.

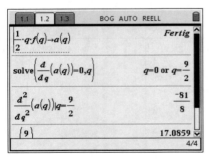 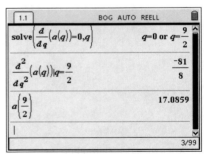

c) **Wendetangente t**

Die Wendetangente t ist die Tangente an G_f in seinem Wendepunkt $W(2; 4)$.

t: $\quad y = m_t \cdot x + n \quad$ mit $\quad m_t = f'(2) = 3$
$\quad\;\; y = 3x + n \quad$ mit $\quad W(2; 4) \in t$
$\quad\;\; 4 = 6 + n \quad \implies \quad n = -2$
$\implies \underline{\underline{t(x) = 3x - 2}}$

Anzahl spezieller Tangenten

Um die Anzahl derjenigen Tangenten an G_f zu bestimmen, die orthogonal zu seiner Wendetangente t verlaufen, ist die Anzahl der Stellen x von f mit $f'(x) = -\frac{1}{m_t} = -\frac{1}{3}$ zu ermitteln.

$$-\frac{1}{3} = f'(x) = 3x - \frac{3}{4}x^2$$

$$0 = -\frac{3}{4}x^2 + 3x + \frac{1}{3}$$

$$0 = x^2 - 4x - \frac{4}{9}$$

$$x_{1,2} = 2 \pm \sqrt{4 + \frac{4}{9}} \quad \Rightarrow \quad x_1 \neq x_2$$

Es existieren also genau zwei Tangenten an G_f, die jeweils orthogonal zur Wendetangente t verlaufen.

Lösungshinweise für das CAS-Abitur

Mit dem Taschencomputer ergibt sich z. B. folgender analoger Lösungsweg:

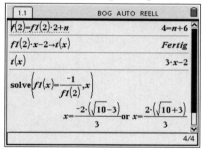
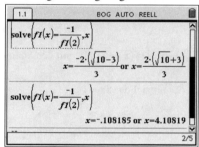

d) **Teilungsverhältnis**

Die Gerade mit der Gleichung $y = 2x$ zerlegt die angegebene Fläche in die beiden Teilflächen A_1 und A_2. Das gesuchte Teilungsverhältnis kann als

$\dfrac{A_1}{A_2}, \dfrac{A_2}{A_1}, \dfrac{A_1}{A_1 + A_2}$ oder

als $\dfrac{A_2}{A_1 + A_2}$ bestimmt werden.

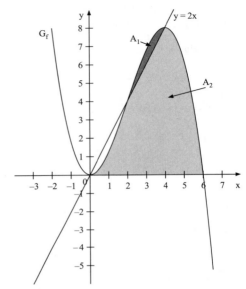

$A_1 = \int\limits_{x_2}^{x_3}(f(x) - 2x)dx$ mit den Schnittstellen x_2 und x_3:

Schnittstellen: $2x = f(x)$

$$2x = \frac{3}{2}x^2 - \frac{1}{4}x^3$$

$$0 = -\frac{1}{4}x^3 + \frac{3}{2}x^2 - 2x$$

$$0 = x \cdot \left(-\frac{1}{4}x^2 + \frac{3}{2}x - 2\right)$$

$0 = x$ $\qquad\qquad\qquad 0 = -\dfrac{1}{4}x^2 + \dfrac{3}{2}x - 2$

$x_1 = 0$ $\qquad\qquad\qquad 0 = x^2 - 6x + 8$

$\qquad\qquad\qquad\qquad x_{2,3} = 3 \pm \sqrt{9 - 8} = 3 \pm 1$

$\qquad\qquad\qquad\qquad x_2 = 2 \quad x_3 = 4$

$$A_1 = \int\limits_2^4 \left(\frac{3}{2}x^2 - \frac{1}{4}x^3 - 2x\right)dx = \left[\frac{1}{2}x^3 - \frac{1}{16}x^4 - x^2\right]_2^4 = 0 - (-1) = 1$$

$$A_1 + A_2 = \int\limits_0^6 f(x)dx = \int\limits_0^6 \left(\frac{3}{2}x^2 - \frac{1}{4}x^3\right)dx = \left[\frac{1}{2}x^3 - \frac{1}{16}x^4\right]_0^6 = 27 - 0 = 27$$

Antwortvarianten: $\dfrac{A_1}{A_2} = 1 : 26; \quad \dfrac{A_2}{A_1} = 26 : 1; \quad \dfrac{A_1}{A_1 + A_2} = 1 : 27; \quad \dfrac{A_2}{A_1 + A_2} = 26 : 27$

Lösungshinweise für das CAS-Abitur

Da die gesamte eingeschlossene Fläche 27 FE umfasst, muss die gesuchte halb so groß sein. Man ermittelt diejenige obere Grenze, für die das bestimmte Integral den gesuchten Wert annimmt.

Man erhält $c \approx 3{,}69$ (der zweite Wert entfällt, da er außerhalb des betrachteten Intervalls liegt).

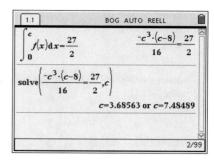

e) **Skizze des Graphen G_1**

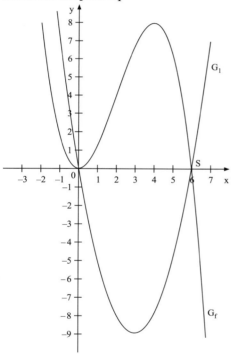

Schnittwinkel σ

Der Winkel σ, unter dem sich G_1 und G_f im Punkt $S(6; 0)$ schneiden, lässt sich als positive Differenz der Anstiegswinkel von G_1 und G_f an der Stelle $x = 6$ oder mittels der Schnittwinkelformel des Tafelwerkes berechnen.

Lösungsweg 1:
Anstiegswinkel α_1 von G_1 an der Stelle $x = 6$:
$\tan \alpha_1 = g_1'(6)$
$\tan \alpha_1 = 6$
$\alpha_1 \approx 80{,}5°$

Anstiegswinkel α_2 von G_f an der Stelle $x = 6$:
$\tan \alpha_2 = f'(6)$
$\tan \alpha_2 = -9$
$\alpha_2 \approx -83{,}7° + 180° = 96{,}3°$

Schnittwinkel $\sigma = \alpha_2 - \alpha_1$
$\underline{\underline{\sigma \approx 15{,}8°}}$

Lösungsweg 2:
$\tan \sigma = \left| \dfrac{m_2 - m_1}{1 + m_1 \cdot m_2} \right| = \left| \dfrac{g_1'(6) - f'(6)}{1 - g_1'(6) \cdot f'(6)} \right| = \left| \dfrac{6 - (-9)}{1 + 6 \cdot (-9)} \right| = \dfrac{15}{53}$
$\underline{\underline{\sigma \approx 15{,}8°}}$

Bestimmen des Parameters a

Damit sich die Graphen G_a und G_f an der Stelle $x = 6$ berühren, müssen sowohl ihre Funktionswerte als auch ihre Anstiege an der Stelle $x = 6$ jeweils gleich sein.

$f(6) = g_a(6) \Rightarrow 0 = 0$
$f'(6) = g_a'(6) \Rightarrow -9 = 6a$
$\qquad\qquad\qquad a = -\dfrac{3}{2}$

Für $a = -\dfrac{3}{2}$ berühren sich G_a und G_f an der Stelle $x = 6$.

Lösungshinweise für das CAS-Abitur

Ein möglicher Lösungsweg bei Nutzung des Taschencomputers ist hier dargestellt.

Mit dem Taschencomputer fallen die Rechnungen sehr kurz aus. Es ist deshalb erforderlich, einen verständlichen Kommentar aufzuschreiben, um den Lösungsweg nachvollziehbar zu gestalten.

Grundkurs Mathematik (Thüringen): Abiturprüfung 2007
Aufgabe A2: Analysis

Gegeben ist eine Funktion f durch

$$y = f(x) = \frac{1}{2}x^2 \cdot (\ln x - 2).$$

a) Geben Sie den Definitionsbereich von f an!
   Untersuchen Sie den Graphen von f auf Schnittpunkte mit der x-Achse, lokale Extrempunkte und Wendepunkte und geben Sie gegebenenfalls deren Koordinaten an!
   Skizzieren Sie den Graphen von f im Intervall $\frac{1}{2} \leq x \leq 8$!
   Geben Sie den Wertebereich von f an! (11 BE)
   (CAS: 10 BE)

b) An den Graphen von f wird im Punkt P(e; f(e)) die Tangente gelegt.
   Zeigen Sie, dass die Tangente eine Ursprungsgerade ist!
   Bestimmen Sie die Größe des Winkels, unter dem die Tangente die y-Achse schneidet!
   Diese Tangente und die zu ihr senkrechte Gerade durch P begrenzen mit der x-Achse ein Dreieck.
   Berechnen Sie dessen Flächeninhalt! (8 BE)
   Ergänzung für das CAS-Abitur
   Es gibt eine weitere Tangente t_2 an den Graphen von f, die parallel zu t_1 ist.
   Ermitteln Sie den Abstand der beiden Tangenten! (CAS: 10 BE)

c) Weisen Sie nach, dass die Funktion F mit

$$F(x) = \frac{1}{6}x^3 \cdot \left(\ln x - \frac{7}{3}\right) + 2\,007$$

   eine Stammfunktion von f ist!
   Aus den bisherigen Ergebnissen können Eigenschaften von F bestimmt werden. Geben Sie zwei Eigenschaften von F ohne weitere Rechnung an und begründen Sie Ihre Entscheidung!
   Der Graph von f begrenzt mit der x-Achse und der Geraden mit der Gleichung x = e eine Fläche.
   Berechnen Sie deren Inhalt! (6 BE)
   (CAS: 5 BE)

d) Für jede reelle Zahl a mit $a \neq 0$ und $a \neq 1$ ist eine Funktion g_a mit $g_a(x) = a \cdot f(x)$ gegeben.
   Wie verändert sich der Graph von f in Abhängigkeit von a?
   Führen Sie dazu eine Fallunterscheidung durch!
   Geben Sie zwei Eigenschaften an, die die Graphen aller Funktionen g_a gemeinsam haben! (5 BE)
   (CAS: 5 BE)
   (30 BE)

Hinweise und Tipps

Aufgabe a
- Für den Definitionsbereich der Funktion f ist zunächst der Definitionsbereich der natürlichen Logarithmusfunktion zu bestimmen.
- Für Schnittpunkte mit den Achsen muss entweder $x = 0$ bzw. $y = 0$ gelten.
- Mit $f(0)$ erhält man den Schnittpunkt mit der y-Achse und mit $f(x) = 0$ den Schnittpunkt mit der y-Achse.
- Zur Bestimmung der Extrema und Wendepunkte notieren Sie sich zunächst die ersten drei Ableitungen der Funktion f.
- Mögliche Extremstellen x_e können Sie mit dem notwendigen Kriterium $f'(x) = 0$ bestimmen, ebenso finden Sie mögliche Wendestellen x_w mit $f''(x) = 0$.
- Ob ein Extrem- bzw. Wendepunkt an den ermittelten Stellen vorliegt kann mit einem hinreichenden Kriterium überprüft werden, z. B. für Extremstellen $f''(x_e) \neq 0$ bzw. für Wendestellen $f'''(x_w) \neq 0$.
- Der Wertebereich einer Funktion umfasst alle Funktionswerte, die die Funktion annehmen kann. Berücksichtigen Sie die ermittelten wesentlichen Punkte der Funktion und den Definitionsbereich.

Aufgabe b
- Zur Bestimmung der Tangentengleichung, die durch den Punkt $P(e; f(e))$ verläuft, benötigt man den Anstieg m im Punkt P.
- Den Anstieg einer Funktion f an einer Stelle x_0 können Sie als 1. Ableitung $f'(x_0)$ ermitteln.
- Die Gleichung einer Tangente ist eine Geradengleichung der Form $y = mx + n$.
- Wenn in der Geradengleichung $n = 0$ gilt, dann ist die Tangente eine Ursprungsgerade.

Winkel
- Für den Winkel, den eine Tangente mit der x-Achse einschließt, gilt $m = f'(x_0) = \tan(\varphi)$. Hieraus kann man den gesuchten Winkel mit der y-Achse ermitteln.

Normale, Fläche
- Die zu einer Tangente durch einen Punkt senkrecht verlaufende Gerade wird als Normale bezeichnet.
- Damit zwei Geraden senkrecht aufeinander stehen, muss für ihre Anstiege gelten $m_1 = \frac{-1}{m_2}$.
- Zur Berechnung der Dreiecksfläche können Sie die allgemeine Beziehung $A = \frac{g \cdot h}{2}$ nutzen.
- Berücksichtigen Sie eventuell auch, dass das Dreieck rechtwinklig ist.

CAS-Abitur: Weitere Tangente, Abstand
- Eine Bedingung an die Tangente ist $f'(e) = f'(x)$.
- Bestimmen Sie dann die Tangentengleichung von t_2.
- Um den Abstand der beiden Tangenten voneinander zu bestimmen, kann man z. B. eine der folgenden Möglichkeiten wählen:
- 1. Bestimmen Sie den Abstand eines beliebigen Punktes von t_1 zur Tangente t_2.
- 2. Ermitteln Sie eine zu beiden Tangenten senkrechte Gerade (die Normale).
    - Bestimmen Sie die Schnittpunkte dieser Normale mit den beiden Tangenten.
    - Der Abstand der beiden Tangenten ergibt sich dann aus dem Abstand der beiden Schnittpunkte.

Aufgabe c
- Erinnern Sie sich an den Zusammenhang zwischen F und f.
- Differenzieren Sie F und beachten Sie dabei die Produktregel.
- Beim CAS-Abitur auch möglich: Integrieren Sie f.

Eigenschaften von F
- 1. Betrachten Sie die Nullstellen von f und berücksichtigen Sie, dass f eine Aussage über das Monotonieverhalten von F macht.
- 2. Wechselt die Funktion f an einer Stelle x_0 ihr Vorzeichen, so besitzt jede Stammfunktion F von f an dieser Stelle einen Extrempunkt.
- 3. Die Extremstellen von f sind die Wendestellen von F.

Fläche
- Fertigen Sie eine Skizze an und schraffieren Sie die gesuchte Fläche.
- Die Flächenberechnungen können Sie mithilfe des bestimmten Integrals durchführen.
- Bestimmen Sie zunächst die untere und die obere Grenze.

Aufgabe d
- Betrachten Sie die drei Fälle $|a|>1$, $|a|<1$ und $a<0$.

CAS-Abitur:
- Zeichnen Sie für jeden Fall mindestens ein Beispiel und stellen Sie Vermutungen über Gemeinsamkeiten auf. Überprüfen Sie diese dann rechnerisch.
- Aus der Zeichnung lässt sich vermuten, dass alle g_a die gleiche Nullstelle und die gleiche Extremstelle besitzen. Dies bestätigt die Rechnung.

Lösungen

$f(x) = \frac{1}{2}x^2 \cdot (\ln x - 2)$

$f'(x) = x \cdot (\ln x - 2) + \frac{1}{2}x^2 \cdot \frac{1}{x} = x \cdot \ln x - 1{,}5x = x \cdot (\ln x - 1{,}5)$

$f''(x) = 1 \cdot \ln x + x \cdot \frac{1}{x} - 1{,}5 = \ln x - 0{,}5$

$f'''(x) = \frac{1}{x}$

G_f bezeichne den Graphen der Funktion f.

a) größtmöglicher Definitionsbereich D_f

Die Funktion f ist für alle die x-Werte definiert, für die auch ln x definiert ist.

$D_f = \{x \mid \ln x \text{ ist definiert}\}$
$D_f = \{x \mid x > 0\} =]0; \infty[= \mathbb{R}^+$

Schnittpunkte S_x mit der x-Achse

G_f kann die x-Achse nur in einem Punkt $S_x(x; f(x))$ mit $f(x) = 0$ schneiden.

$0 = f(x) = \frac{1}{2}x^2 \cdot (\ln x - 2)$

$0 = \frac{1}{2}x^2 \qquad\qquad 0 = \ln x - 2$
$x = 0 \notin D_f \qquad\qquad \ln x = 2$
$\qquad\qquad\qquad\qquad x = e^2 \quad \Rightarrow \quad \underline{\underline{S_x(e^2; 0)}}$

lokale Extrempunkte E

$E(x_E; f(x_E))$ ist ein lokaler Extrempunkt von G_f, wenn sowohl die Gleichung $f'(x_E) = 0$ als auch die Ungleichung $f''(x_E) \neq 0$ gelten.

$0 = f'(x) = x \cdot (\ln x - 1{,}5)$
$0 = x \qquad\qquad 0 = \ln x - 1{,}5$
$x = 0 \notin D_f \qquad \ln x = 1{,}5$
$\qquad\qquad\qquad x = e^{1{,}5}$ ist die einzig mögliche Extremstelle von G_f.

$f''(e^{1{,}5}) = \ln e^{1{,}5} - 0{,}5 = 1 > 0 \Rightarrow x = e^{1{,}5}$ ist die lokale Extremstelle von G_f und zwar eine Minimumstelle.

$f(e^{1{,}5}) = -\frac{e^3}{4} \qquad\qquad \Rightarrow \underline{\underline{E\left(e^{1{,}5}; -\frac{1}{4}e^3\right)}}$

Der lokale Extrempunkt $E(e^{1{,}5}; -\frac{1}{4}e^3)$ ist der Tiefpunkt

$T\left(e^{1{,}5}; -\frac{1}{4}e^3\right) = T(\approx 4{,}5; \approx -5{,}0)$.

Wendepunkte W

$W(x_W; f(x_W))$ ist ein Wendepunkt von G_f, wenn sowohl die Gleichung $f''(x_W) = 0$ als auch die Ungleichung $f'''(x_W) \neq 0$ gelten.

$0 = f''(x) = \ln x - 0{,}5$

$\ln x = 0{,}5$

$x = e^{0{,}5} = \sqrt{e}$ ist die einzig mögliche Wendestelle von G_f.

$f'''(e^{0{,}5}) = \dfrac{1}{e^{0{,}5}} = e^{-0{,}5} \neq 0 \;\Rightarrow\; W(\sqrt{e}; f(\sqrt{e})) = W\left(\sqrt{e}; -\dfrac{3}{4}e\right)$ ist der einzige Wendepunkt von G_f.

$\phantom{f'''(e^{0{,}5}) = \dfrac{1}{e^{0{,}5}} = e^{-0{,}5} \neq 0 \;\Rightarrow\;\;\;\;\;\;\;\;} = W(\approx 1{,}6; -2{,}0)$

Skizze des Graphen G_f

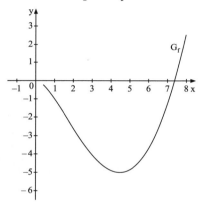

Wertebereich W_f

Der Wertebereich W_f ist der Skizze des Graphen G_f zu entnehmen.

$W_f = \{y \mid y \geq y_T\}$

$W_f = \left\{y \;\middle|\; y \geq -\dfrac{1}{4}e^3\right\} = \left[-\dfrac{1}{4}e^3; \infty\right[$

b) Nachweis, dass die Tangente eine Ursprungsgerade ist

Die Tangente im Punkt $P(e; f(e))$ an G_f ist eine Ursprungsgerade, wenn ihre Gleichung kein konstantes Glied n enthält.

t: $y = m_t \cdot x + n$ mit $m_t = f'(e) = e \cdot (\ln e - 1{,}5) = -0{,}5e$

       $y = -0{,}5e \cdot x + n$ mit $P(e; f(e)) = P\left(e; -\dfrac{1}{2}e^2\right) \in t$

$-\dfrac{1}{2}e^2 = -0{,}5e^2 + n \;\Rightarrow\; n = 0$ **q.e.d.**

Schnittwinkel β

Der Schnittwinkel β der Tangente t mit der y-Achse ergibt sich aus dem Anstiegswinkel α der Tangente.

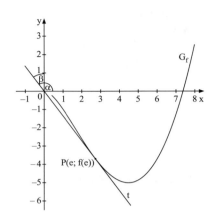

$\tan\alpha = m_t = -0,5e$
$\alpha \approx -53,7° + 180° = 126,3°$
$\beta = \alpha - 90°$
$\underline{\underline{\beta \approx 36,3°}}$

Flächeninhalt A des Dreiecks

Der Flächeninhalt A des Dreiecks OPQ lässt sich sowohl über den allgemeinen Ansatz

$A_\Delta = \dfrac{1}{2} g \cdot h_g$ (Lösungsweg 1)

als auch über den speziellen Ansatz für rechtwinklige Dreiecke mit den Katheten a und b

$A_{\text{rechtw. Dreieck}} = \dfrac{1}{2} a \cdot b$ (Lösungsweg 2)

berechnen.

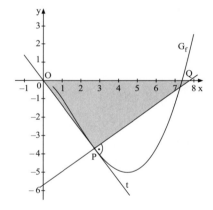

Lösungsweg 1:

$A = \dfrac{1}{2} g \cdot h_g$ mit $g = \overline{OQ} = x_Q$

$h_g = |y_P| = \left|-\dfrac{1}{2}e^2\right| = \dfrac{1}{2}e^2 \approx 3,695$

$A = \dfrac{1}{2} \cdot x_Q \cdot \dfrac{1}{2}e^2$

Um x_Q als Schnittstelle der Geraden PQ mit der x-Achse berechnen zu können, benötigt man eine Gleichung der Geraden PQ.
PQ verläuft durch den Punkt P und steht orthogonal zu t.

PQ: $y = m \cdot x + n$ mit $m = -\dfrac{1}{m_t} = -\dfrac{1}{-0{,}5e} = \dfrac{2}{e} \approx 0{,}7358$

$\quad y = \dfrac{2}{e} \cdot x + n$ mit $P\left(e;\ -\dfrac{1}{2}e^2\right) \in PQ$

$-\dfrac{1}{2}e^2 = \dfrac{2}{e} \cdot e + n \quad \Rightarrow \quad n = -2 - \dfrac{1}{2}e^2 \approx -5{,}695$

PQ: $y = \dfrac{2}{e} \cdot x - 2 - \dfrac{1}{2}e^2$

x_Q ergibt sich somit als Nullstelle von PQ.

$0 = \dfrac{2}{e} \cdot x - 2 - \dfrac{1}{2}e^2 \approx 0{,}7358x - 5{,}695$

$x = e + \dfrac{1}{4}e^3 \quad \Rightarrow \quad x_Q = e + \dfrac{1}{4}e^3 \approx 7{,}740$

$A = \dfrac{1}{2} \cdot \left(e + \dfrac{1}{4}e^3\right) \cdot \dfrac{1}{2}e^2 \approx \dfrac{1}{2} \cdot 7{,}740 \cdot 3{,}695$

$\underline{\underline{A = \dfrac{1}{4}e^3 + \dfrac{1}{16}e^5 \approx 14{,}3}}$

Der Flächeninhalt des Dreiecks beträgt ca. 14,3 FE.

Lösungsweg 2:

$A = \dfrac{1}{2} a \cdot b$ mit $a = \overline{OP} = |\vec{OP}| = \left|\begin{array}{c} e - 0 \\ -\dfrac{1}{2}e^2 - 0 \end{array}\right| = \sqrt{e^2 + \dfrac{1}{4}e^4} \approx 4{,}587$

$\phantom{A = \dfrac{1}{2} a \cdot b \quad \text{mit}\quad} b = \overline{PQ} = |\vec{PQ}| = \left|\begin{pmatrix} x_Q - e \\ 0 - \left(-\dfrac{1}{2}e^2\right) \end{pmatrix}\right| \quad$ x_Q lässt sich wie im Lösungsweg 1 berechnen

$\phantom{A = \dfrac{1}{2} a \cdot b \quad \text{mit}\quad b}= \left|\begin{pmatrix} e + \dfrac{1}{4}e^3 - e \\ \dfrac{1}{2}e^2 \end{pmatrix}\right| = \left|\begin{pmatrix} \dfrac{1}{4}e^3 \\ \dfrac{1}{2}e^2 \end{pmatrix}\right| = \sqrt{\dfrac{1}{16}e^6 + \dfrac{1}{4}e^4} \approx 6{,}234$

$= \dfrac{1}{2} \cdot \sqrt{e^2 + \dfrac{1}{4}e^4} \cdot \sqrt{\dfrac{1}{16}e^6 + \dfrac{1}{4}e^4} \approx \dfrac{1}{2} \cdot 4{,}587 \cdot 6{,}234$

$\underline{\underline{A = \dfrac{1}{4}e^3 + \dfrac{1}{16}e^5 \approx 14{,}3}}$ Der Flächeninhalt des Dreiecks beträgt ca. 14,3 FE.

Lösungshinweise für das CAS-Abitur

Mit dem Ansatz $f'(e) = f'(x)$ ermittelt man zunächst die Stelle, bei der f den gleichen Anstieg wie t_1 hat. Man erhält $x \approx 0{,}774$. Hiermit kann man dann für die Tangentengleichung t_2

$$y = -\frac{1}{2}ex + 0{,}376$$

ermitteln.

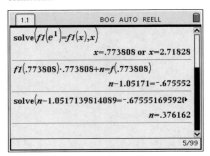

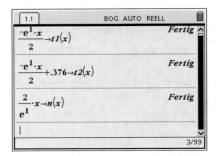

Um den Abstand beider Tangenten voneinander zu bestimmen, definiert man z. B. noch eine weitere Gerade n(x), welche senkrecht auf t_1 und t_2 steht.
Der Abstand der Schnittpunkte von t_3 mit t_1 bzw. t_2 entspricht dann dem Abstand der beiden Tangenten. Der Abstand ergibt sich dann z. B. durch Nutzung des Satzes von Pythagoras mit $d \approx 0{,}22$ LE.

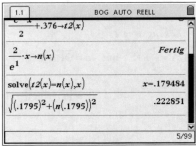

c) **Nachweis, dass F eine Stammfunktion von f ist**

$$F'(x) = \left(\frac{1}{6}x^3 \cdot \left(\ln x - \frac{7}{3}\right) + 2007\right)' = \frac{1}{6} \cdot 3x^2 \cdot \left(\ln x - \frac{7}{3}\right) + \frac{1}{6}x^3 \cdot \left(\frac{1}{x}\right) + 0$$

$$= \frac{1}{2}x^2 \cdot \ln x - \frac{7}{6}x^2 + \frac{1}{6}x^2 = \frac{1}{2}x^2 \cdot \ln x - x^2 = \frac{1}{2}x^2 \cdot (\ln x - 2) = f(x) \quad \text{q.e.d.}$$

Eigenschaften der Stammfunktion F

Da F eine Stammfunktion der Funktion f ist, lassen sich einige Eigenschaften von F aus denen von f ablesen.

- Der Graph von F besitzt an der Stelle $x = e^2$ (und nur an dieser) eine horizontale Tangente, weil $F'(e^2) = f(e^2) = 0$ aufgrund der Nullstellenbestimmung von f gilt.
- Der Graph von F besitzt an der Stelle $x = e^2$ einen lokalen Tiefpunkt, weil G_f an seiner Nullstelle $x = e^2$ einen positiven Anstieg hat: $0 < f'(e^2) = F''(e^2)$
- Der Graph von F besitzt an der Stelle $x = e^{1{,}5}$ (und nur an dieser) eine Wendestelle aufgrund der Extremstellenbestimmung des Graphen von f, weil die beiden Gleichungen $F''(x) = f'(x)$ und $F'''(x) = f''(x)$ gelten.

Flächeninhalt A
Die Fläche, deren Inhalt zu berechnen ist, liegt nirgends oberhalb der x-Achse.

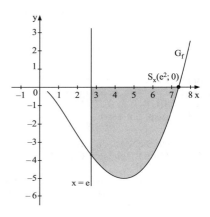

$$A = \left| \int_{e}^{e^2} f(x)dx \right| = |F(e^2) - F(e)|$$

$\underline{\underline{A \approx 17,9}}$ Der Inhalt der eingeschlossenen Fläche beträgt ca. 17,9 FE.

d) **Parameterdiskussion**
Beim Vergleich der Graphen von g_a für $g_a(x) = a \cdot f(x)$ mit dem Graphen G_f ist der Einfluss des Streckungsfaktors a zu beschreiben.

|a| > 1   Der Graph G_f wird mit dem Faktor |a| in y-Achsen-Richtung gestreckt, d. h. die Punkte A(x; f(x)) gehen über in die Punkte A'(x; |a| f(x)), d. h. die Ordinatenlängen vergrößern sich auf das |a|-Fache.

|a| < 1   Der Graph G_f wird mit dem Faktor |a| in y-Achsen-Richtung gestaucht, d. h. die Punkte A(x; f(x)) gehen über in die Punkte A'(x; |a| f(x)), d. h. die Ordinatenlängen verkleinern sich auf das |a|-Fache.

a < 0   Der mit |a| gestreckte bzw. gestauchte Graph G_f wird zusätzlich noch an der x-Achse gespiegelt.

g_a und f besitzen sowohl dieselben Nullstellen als auch dieselben Extrem- und Wendestellen (jedoch nicht unbedingt dieselben Extrem- und Wendepunkte).

Lösungshinweise für das CAS-Abitur

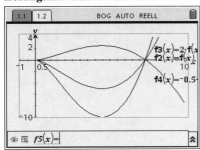
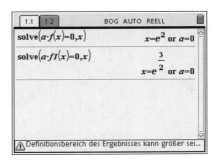

Grundkurs Mathematik (Thüringen): Abiturprüfung 2007
Aufgabe B1: Analytische Geometrie/Vektorrechnung

Ein Turm besitzt die Form eines Quaders ABCDEFGH mit einer aufgesetzten geraden Pyramide mit der Spitze S. Die Höhe des Turmes beträgt 14 m. Die Koordinaten folgender Punkte A(3; 2; 0), B(7; 5; 0), C(4; 9; 0), G(4; 9; 10) sind gegeben.
(1 LE entspricht 1 m)

a) Zeigen Sie, dass die Strecken $\overline{AB}$ und $\overline{BC}$ gleich lang sind!
Die Grundfläche des Turms ist ein Quadrat. Ermitteln Sie die Koordinaten des Punktes D!
Geben Sie die Koordinaten der restlichen Punkte an und zeichnen Sie den Turm in ein kartesisches Koordinatensystem ein! (6 BE)

b) Das Dach des Turmes soll mit Kupfer gedeckt werden. Dazu müssen alle Winkel einer Dachfläche ermittelt werden.
Berechnen Sie die Größen der Winkel sowie den Flächeninhalt einer Dreiecksfläche!
Wie viel Quadratmeter Kupfer benötigt man zur Eindeckung des gesamten Daches, wenn 5 % Verschnitt zu berücksichtigen sind? (5 BE)

c) Um das Dach zu sichern, werden Stützbalken eingezogen.
Der eine Balken verläuft vom Mittelpunkt der Dachkante $\overline{EH}$ in Richtung
$\vec{v} = \begin{pmatrix} 32 \\ 24 \\ 25 \end{pmatrix}$ zur Dachfläche FGS.

Zeigen Sie, dass dieser Balken senkrecht auf der Fläche FGS steht und berechnen Sie seine Länge!
Der zweite Balken verläuft vom Punkt E zur Dachkante $\overline{GS}$, dabei teilt das Ende des Balkens die Kante GS im Verhältnis 1 : 3.
Ermitteln Sie auch die Länge dieses Balkens! (9 BE)
(20 BE)

Hinweise und Tipps

Aufgabe a

- Die Länge der Strecke $\overline{AB}$ entspricht der Entfernung zwischen den Punkten A und B, die mit dem Betrag des Vektors $\overrightarrow{AB}$ ermittelt werden kann.
- Da ABCD ein Rechteck sein muss, gilt $\overrightarrow{AB} = \overrightarrow{DC}$. Hieraus lassen sich die Koordinaten des Punktes D bestimmen.
- Berücksichtigen Sie bei der Bestimmung der übrigen Punkte, dass der Quader auf der x-y-Ebene steht. Die Koordinaten der Spitze S lassen sich bestimmen, da der aufgesetzte Teil eine gerade Pyramide ist.

Aufgabe b

- Es gibt mehrere Möglichkeiten, die gesuchten Größen zu bestimmen.
  1. Mit der Formel $\cos(\alpha) = \dfrac{\vec{a} \cdot \vec{b}}{|\vec{a}| \cdot |\vec{b}|}$ kann man den Winkel *zwischen* zwei Vektoren bestimmen. Berücksichtigen Sie auch, dass es sich um eine gerade Pyramide mit quadratischer Grundfläche handelt, hieraus ergibt sich, dass die einzelnen Dachflächen spezielle Dreiecke darstellen, die aufgrund der Ergebnisse der Teilaufgabe a zueinander kongruent sind.
  2. In gleichschenkligen Dreiecken kann man ggf. die Sinus- oder Kosinusfunktion zur Berechnung von Winkeln nutzen. Sie können die gesuchten Größen auch unter Verwendung des Satzes des Pythagoras und der Winkelbeziehungen im rechtwinkligen Dreieck bestimmen.
- Da alle vier Dreiecksflächen kongruent sind, lässt sich der Bedarf einschließlich des Verschnitts ermitteln. Es gibt mehrere Möglichkeiten, beispielsweise:
  1. Der Flächeninhalt kann aufgrund der vorliegenden Daten mittels der Formel $A = \tfrac{1}{2} ab \sin \gamma$ berechnet werden.
  2. Der Flächeninhalt kann auch unter Verwendung des Vektorproduktes berechnet werden.
  3. Der Flächeninhalt kann mittels der allgemeinen Beziehung $A = \dfrac{g \cdot h}{2}$ berechnet werden. Berücksichtigen Sie dabei wiederum, dass das Dreieck gleichschenklig ist.

Aufgabe c

- Damit ein Vektor senkrecht auf einer Fläche steht, muss er senkrecht zu zwei nicht zueinander parallelen Spannvektoren stehen.
- Zwei Vektoren stehen genau dann senkrecht aufeinander, wenn gilt $\vec{a} \cdot \vec{b} = 0$.
- Der Mittelpunkt einer Strecke kann auf verschiedene Weise ermittelt werden:
  1. Der Mittelpunkt kann als Schwerpunkt der beiden Streckenendpunkte aufgefasst werden und dann mit der Formel $\vec{m} = \tfrac{1}{2}(\vec{a} + \vec{b})$ berechnet werden, wobei $\vec{a}$ und $\vec{b}$ die Ortsvektoren der Streckenendpunkte sind.
  2. Der Mittelpunkt M kann auch unter Verwendung einer Vektorgleichung gefunden werden: $\overrightarrow{OM} = \overrightarrow{OA} + \tfrac{1}{2}(\overrightarrow{OB} - \overrightarrow{OA})$
- Um die Länge des Balkens zu berechnen, benötigt man den Durchstoßpunkt T des Balkens durch die Ebene FGS. Hat man diesen bestimmt, kann man die Länge mithilfe des Betrags der Strecke $\overline{MT}$ berechnen.
- Um die Länge des zweiten Balkens berechnen zu können, muss man zunächst die Kante $\overline{GS}$ im Verhältnis 1 : 3 teilen, d. h. in vier Teile. Hierzu kann man wieder eine entsprechende Vektorgleichung aufstellen. Es können mehrere Lösungen als richtig anerkannt werden.

Lösungen

A(3; 2; 0),
B(7; 5; 0),
C(4; 9; 0),
G(4; 9; 10)

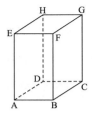

a) Nachweis, dass $\overline{AB} = \overline{BC}$ gilt

Um die Längen der Strecken $\overline{AB}$ und $\overline{BC}$ zu vergleichen, kann man die Längen der Vektoren $\vec{AB}$ und $\vec{BC}$ vergleichen. Die Länge eines Vektors $\vec{u}$ berechnet sich nach der Formel

$$|\vec{u}| = \left| \begin{pmatrix} x_u \\ y_u \\ z_u \end{pmatrix} \right| = \sqrt{x_u^2 + y_u^2 + z_u^2}.$$

$$\overline{AB} = |\vec{AB}| = \left| \begin{pmatrix} 7-3 \\ 5-2 \\ 0-0 \end{pmatrix} \right| = \left| \begin{pmatrix} 4 \\ 3 \\ 0 \end{pmatrix} \right| = \sqrt{4^2 + 3^2 + 0^2} = 5$$

$$\overline{BC} = |\vec{BC}| = \left| \begin{pmatrix} 4-7 \\ 9-5 \\ 0-0 \end{pmatrix} \right| = \left| \begin{pmatrix} -3 \\ 4 \\ 0 \end{pmatrix} \right| = \sqrt{(-3)^2 + 4^2 + 0^2} = 5 \quad \text{mit 1 LE} = 1 \text{ m}$$

$\Rightarrow \overline{AB} = \overline{BC}$ Die beiden Strecken sind jeweils 5 m und damit gleich lang. **q.e.d.**

Die Längengleichheit der im Quader benachbarten Seiten $\overline{AB}$ und $\overline{BC}$ der Grundfläche folgt auch direkt aus dem im Aufgabentext nachfolgenden Hinweis, dass die Grundfläche des Turmes ein Quadrat ist.

Eckpunkt D

Der Punkt D ist Eckpunkt des Quadrats ABCD genau dann, wenn die beiden Vektoren $\vec{AB}$ und $\vec{DC}$ gleich sind.

$$\left. \begin{array}{l} \vec{AB} = \begin{pmatrix} 4 \\ 3 \\ 0 \end{pmatrix} \\ \vec{DC} = \begin{pmatrix} 4-x_D \\ 9-y_D \\ 0-z_D \end{pmatrix} \end{array} \right\} \begin{pmatrix} 4 \\ 3 \\ 0 \end{pmatrix} = \begin{pmatrix} 4-x_D \\ 9-y_D \\ 0-z_D \end{pmatrix} \Rightarrow \begin{array}{l} 4 = 4 - x_D \\ 3 = 9 - y_D \\ 0 = 0 - z_D \end{array} \Rightarrow \begin{array}{l} x_D = 0 \\ y_D = 6 \\ z_D = 0 \end{array}$$

$\Rightarrow$ D(0; 6; 0)

Quadereckpunkte E, F und H

Die Eckpunkte E, F und H der Quaderdeckfläche ergeben sich als die Spitzen der mit dem gegebenen Vektor $\vec{CG}$ identischen Kantenvektoren $\vec{AE}$, $\vec{BF}$ und $\vec{DH}$.

$$\overrightarrow{CG} = \begin{pmatrix} 4-4 \\ 9-9 \\ 10-0 \end{pmatrix} = \begin{pmatrix} 0 \\ 0 \\ 10 \end{pmatrix}$$

$$\overrightarrow{CG} = \overrightarrow{AE} \Rightarrow \begin{pmatrix} 0 \\ 0 \\ 10 \end{pmatrix} = \begin{pmatrix} x_E - 3 \\ y_E - 2 \\ z_E - 0 \end{pmatrix} \Rightarrow \begin{matrix} 0 = x_E - 3 \\ 0 = y_E - 2 \\ 10 = z_E - 0 \end{matrix} \Rightarrow \begin{matrix} x_E = 3, \text{d.h. } x_E = x_A \\ y_E = 2, \text{d.h. } y_E = y_A \\ z_E = 10, \text{d.h. } z_E = z_G \end{matrix}$$

$$\overrightarrow{CG} = \overrightarrow{BF} \Rightarrow \begin{pmatrix} 0 \\ 0 \\ 10 \end{pmatrix} = \begin{pmatrix} x_F - 7 \\ y_F - 5 \\ z_F - 0 \end{pmatrix} \Rightarrow \begin{matrix} 0 = x_F - 7 \\ 0 = y_F - 5 \\ 10 = z_F - 0 \end{matrix} \Rightarrow \begin{matrix} x_F = 7, \text{d.h. } x_F = x_B \\ y_F = 5, \text{d.h. } y_F = y_B \\ z_F = 10, \text{d.h. } z_F = z_G \end{matrix}$$

$$\overrightarrow{CG} = \overrightarrow{DH} \Rightarrow \begin{pmatrix} 0 \\ 0 \\ 10 \end{pmatrix} = \begin{pmatrix} x_H - 0 \\ y_H - 6 \\ z_H - 0 \end{pmatrix} \Rightarrow \begin{matrix} 0 = x_H - 0 \\ 0 = y_H - 6 \\ 10 = z_H - 0 \end{matrix} \Rightarrow \begin{matrix} x_H = 0, \text{d.h. } x_H = x_D \\ y_H = 6, \text{d.h. } y_H = y_D \\ z_H = 10, \text{d.h. } z_H = z_G \end{matrix}$$

$\Rightarrow$ $\underline{E(3; 2; 10), \quad F(7; 5; 10), \quad H(0; 6; 10)}$

Pyramidenspitze S

S ist die Spitze einer 4 LE hohen geraden Pyramide, deren quadratische Grundfläche parallel zur x-y-Ebene im Abstand von 10 LE liegt. Die z-Koordinate von S ist also um 4 LE größer als z. B. die z-Koordinate des Punktes E. Die x- und y-Koordinaten von S stimmen mit den x- und y-Koordinaten des Pyramidenhöhenfußpunktes U überein.

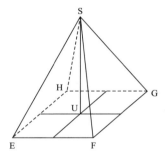

$G(4; 9; 10) \Rightarrow z_G = 10 \Rightarrow z_S = 14$

Die Koordinaten des Fußpunktes U ergeben sich aus seinem Ortsvektor $\overrightarrow{OU}$ oder auch direkt aus der Formel für die Koordinaten des Mittelpunktes einer Strecke.

Lösungsweg 1:

$$\overrightarrow{OU} = \overrightarrow{OE} + \frac{1}{2}\overrightarrow{EF} + \frac{1}{2}\overrightarrow{FG} = \begin{pmatrix} 3 \\ 2 \\ 10 \end{pmatrix} + \frac{1}{2}\begin{pmatrix} 7-3 \\ 5-2 \\ 10-10 \end{pmatrix} + \frac{1}{2}\begin{pmatrix} 4-7 \\ 9-5 \\ 10-10 \end{pmatrix} = \begin{pmatrix} 3+2-1{,}5 \\ 2+1{,}5+2 \\ 10+0+0 \end{pmatrix} = \begin{pmatrix} 3{,}5 \\ 5{,}5 \\ 10 \end{pmatrix}$$

Lösungsweg 2:

U ist der Mittelpunkt der Diagonale $\overline{EG}$ mit E(3; 2; 10) und G(4; 9; 10).

$$U\left(\frac{x_E + x_G}{2}; \frac{y_E + y_G}{2}; \frac{z_E + z_G}{2}\right) = U\left(\frac{3+4}{2}; \frac{2+9}{2}; \frac{10+10}{2}\right) = U(3{,}5; 5{,}5; 10)$$

$\Rightarrow S(x_U; y_U; 14) = \underline{S(3{,}5; 5{,}5; 14)}$

Die Koordinaten von S lassen sich auch „in einem Zug" berechnen:

$$\overrightarrow{OS} = \overrightarrow{OE} + \frac{1}{2}\overrightarrow{EG} + 4 \cdot \begin{pmatrix} 0 \\ 0 \\ 1 \end{pmatrix} = \begin{pmatrix} 3 \\ 2 \\ 10 \end{pmatrix} + \frac{1}{2}\begin{pmatrix} 4-3 \\ 9-2 \\ 10-10 \end{pmatrix} + \begin{pmatrix} 0 \\ 0 \\ 4 \end{pmatrix} = \begin{pmatrix} 3+0{,}5+0 \\ 2+3{,}5+0 \\ 10+0+4 \end{pmatrix}$$

$$\overrightarrow{OS} = \begin{pmatrix} 3{,}5 \\ 5{,}5 \\ 14 \end{pmatrix}$$

Zeichnung

Lösungsweg 1:
Schrägbild (Kavalierperspektive)

Lösungsweg 2:
Zweitafelprojektion

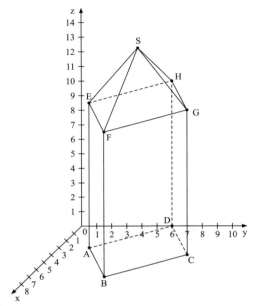
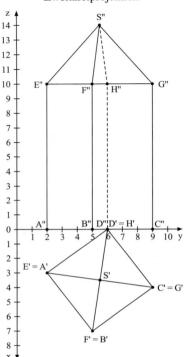

b) **Innenwinkel des Dreiecks EFS**

Alle vier Dachflächen sind einander kongruente gleichschenklige Dreiecke, da die aufgesetzte Pyramide eine quadratische Grundfläche besitzt und gerade ist. Demzufolge weisen die Basiswinkel dieselbe Größe auf und ihre Summe wird durch den Winkel bei S zu 180° ergänzt.

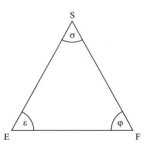

Lösungsweg 1:

Um den Kosinus eines der drei Winkel zu berechnen, nutzt man die Formel

$\cos \sphericalangle(\vec{a}, \vec{b}) = \dfrac{\vec{a} \cdot \vec{b}}{|\vec{a}| \cdot |\vec{b}|}$, wobei $\vec{a} \cdot \vec{b}$ das Skalarprodukt der Vektoren $\vec{a}$ und $\vec{b}$ ist.

$$\cos \varepsilon = \frac{\overrightarrow{ES} \cdot \overrightarrow{EF}}{|\overrightarrow{ES}| \cdot |\overrightarrow{EF}|} = \frac{\begin{pmatrix} 0,5 \\ 3,5 \\ 4 \end{pmatrix} \cdot \begin{pmatrix} 4 \\ 3 \\ 0 \end{pmatrix}}{\sqrt{0,5^2 + 3,5^2 + 4^2} \cdot \sqrt{4^2 + 3^2 + 0^2}} = \frac{0,5 \cdot 4 + 3,5 \cdot 3 + 4 \cdot 0}{\sqrt{28,5} \cdot \sqrt{25}} \approx 0,46829$$

$\varepsilon \approx 62,1° \;\Rightarrow\; \varphi \approx 62,1°$

$\sigma = 180° - \varepsilon - \varphi \;\Rightarrow\; \sigma \approx 55,8°$

Lösungshinweise für das CAS-Abitur

Speichern Sie die Ortsvektoren der gegebenen Punkte ab und bestimmen Sie mit Hilfe des Befehls norm() die Beträge der benötigten Vektoren.

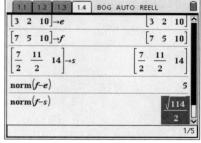

Die gesuchten Winkel erhält man durch die dargestellte Rechnung.

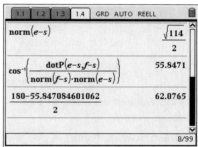

Lösungsweg 2:

Die Höhe h zerlegt das gleichschenklige Dreieck EFS in zwei kongruente rechtwinklige Dreiecke, in denen mittels der Sinus- bzw. Kosinusfunktion einer der gesuchten Innenwinkel zu berechnen ist.

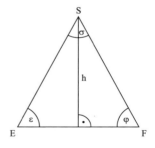

Variante 1:

$$\cos\varepsilon = \frac{\frac{1}{2}\overline{EF}}{\overline{ES}} = \frac{\frac{1}{2}\left|\begin{pmatrix}4\\3\\0\end{pmatrix}\right|}{\left|\begin{pmatrix}0,5\\3,5\\4\end{pmatrix}\right|}$$

$$= \frac{\frac{1}{2}\cdot\sqrt{4^2+3^2+0^2}}{\sqrt{0,5^2+3,5^2+4^2}} \approx 0,46829$$

$\Rightarrow \ \underline{\varepsilon \approx 62,1°}$

$\sigma = 180° - 2\varepsilon \ \Rightarrow \ \underline{\underline{\sigma \approx 55,8°}}$

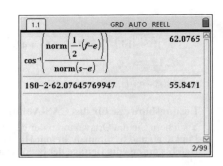

Variante 2:

$$\sin\frac{\sigma}{2} = \frac{\frac{1}{2}\overline{EF}}{\overline{ES}} = \frac{\frac{1}{2}\left|\begin{pmatrix}4\\3\\0\end{pmatrix}\right|}{\left|\begin{pmatrix}0,5\\3,5\\4\end{pmatrix}\right|}$$

$$= \frac{\frac{1}{2}\cdot\sqrt{4^2+3^2+0^2}}{\sqrt{0,5^2+3,5^2+4^2}} \approx 0,46829$$

$\Rightarrow \ \frac{\sigma}{2} \approx 27,9° \ \Rightarrow \ \underline{\underline{\sigma \approx 55,8°}}$

$\varepsilon = \frac{180° - \sigma}{2} \ \Rightarrow \ \underline{\underline{\varepsilon = \varphi \approx 62,1°}}$

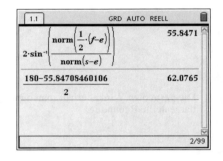

Flächeninhalt des Dreiecks EFS

Lösungsweg 1:

Genutzt wird die Formel $A_\Delta = \frac{1}{2}a\cdot b\sin\gamma$.

$A = \frac{1}{2}\overline{SE}\cdot\overline{SF}\cdot\sin\sigma = \frac{\overline{SE}^2}{2}\cdot\sin\sigma$ mit $\overline{SE} = \sqrt{28,5};\ \sigma \approx 55,8°$

$\underline{\underline{A \approx 11,8}}$ mit $1\ \text{FE} = 1\ \text{m}^2$

Analog kann die Formel auch mit einem anderen Dreiecksseitenpaar angewandt werden.

Lösungsweg 2:

Genutzt wird die Formel $A_\Delta = \frac{1}{2}|\vec{a}\times\vec{b}|$.

$$A = \frac{1}{2}|\overline{SF}\times\overline{SE}| = \frac{1}{2}\left\|\begin{matrix}\vec{i} & 3,5 & -0,5\\ \vec{j} & -0,5 & -3,5\\ \vec{k} & -4 & -4\end{matrix}\right\| = \frac{1}{2}\left|\begin{pmatrix}-12\\16\\-12,5\end{pmatrix}\right| = \frac{1}{2}\sqrt{12^2+16^2+12,5^2} = \frac{5}{4}\sqrt{89}$$

$\underline{\underline{A \approx 11,8}}$ mit $1\ \text{FE} = 1\ \text{m}^2$

Analog kann die Formel auch mit einem anderen Dreiecksseitenpaar angewandt werden.

Lösungsweg 3:

Genutzt wird die Formel $A_\Delta = \frac{1}{2} \cdot g \cdot h_g$.

$A = \frac{1}{2} \cdot \overline{EF} \cdot h \quad \text{mit} \quad \overline{EF} = 5$

$\sin \varepsilon = \frac{h}{\overline{ES}} \Rightarrow h = \overline{ES} \cdot \sin \varepsilon \approx \sqrt{28,5} \cdot \sin 62,1°$

$A = \frac{1}{2} \cdot 5 \cdot \sqrt{28,5} \cdot \sin 62,1°$

$\underline{\underline{A \approx 11,8}} \quad \text{mit} \quad 1 \text{ FE} = 1 \text{ m}^2$

Analog kann die Formel auch mit einem anderen Dreiecksseitenpaar angewandt werden. Der gesuchte Flächeninhalt einer Dreiecksfläche des Daches beträgt ca. 11,8 m².

Materialverbrauch A_n

Der benötigte Materialverbrauch an Kupfer entspricht 105 % der Mantelfläche der Pyramide, die aus vier kongruenten Dreiecksflächen besteht.

$A_n = 105 \% \text{ von } 4 \cdot A \quad \text{mit} \quad A \approx 11,8$

$A_n \approx 1,05 \cdot 4 \cdot 11,8$

$\underline{\underline{A_n \approx 50}} \quad \text{mit} \quad 1 \text{ FE} = 1 \text{ m}^2$

Zum Eindecken des gesamten Daches benötigt man ca. 50 m² Kupfer.

c) **Nachweis der Orthogonalität**

Der betrachtete Stützbalken werde durch das mathematische Modell einer Strecke beschrieben. Um zu zeigen, dass der Balken senkrecht auf der Dachfläche FGS steht, müsste sowohl nachgewiesen werden, dass der Balkenendpunkt zum Dreieck FGS gehört als auch dass sein Richtungsvektor $\vec{v}$ senkrecht auf der Ebene ε_{FGS} steht. Die erste Bedingung wird laut Aufgabenstellung als erfüllt vorausgesetzt, da der Balken bis zur Dachfläche FGS reichen soll.
Ein Vektor $\vec{a}$ steht senkrecht auf einer Ebene ε mit den beiden Spannvektoren $\vec{b}$ und $\vec{c}$, wenn beide Skalarprodukte $\vec{a} \cdot \vec{b}$ und $\vec{a} \cdot \vec{c}$ den Wert null besitzen.

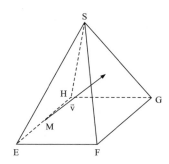

$\vec{v} \perp \varepsilon_{FGS}$, wenn $\vec{v} \perp \overrightarrow{FG}$ und $\vec{v} \perp \overrightarrow{FS}$, d. h.
wenn $\vec{v} \cdot \overrightarrow{FG} = 0$ und $\vec{v} \cdot \overrightarrow{FS} = 0$

$$\vec{v} \cdot \overrightarrow{FG} = \begin{pmatrix} 32 \\ 24 \\ 25 \end{pmatrix} \cdot \begin{pmatrix} -3 \\ 4 \\ 0 \end{pmatrix} = 32 \cdot (-3) + 24 \cdot 4 + 25 \cdot 0 = 0$$

$$\vec{v} \cdot \overrightarrow{FS} = \begin{pmatrix} 32 \\ 24 \\ 25 \end{pmatrix} \cdot \begin{pmatrix} -3,5 \\ 0,5 \\ 4 \end{pmatrix} = 32 \cdot (-3,5) + 24 \cdot 0,5 + 25 \cdot 4 = 0 \quad \textbf{q.e.d.}$$

Länge des ersten Balkens

Gesucht ist die Länge des (als Strecke modellierten) Balkens vom Mittelpunkt der Kante $\overline{EH}$ zur Seitenfläche FGS. Diese Länge lässt sich berechnen als Abstand des Punktes M von dem Schnittpunkt T zwischen der Geraden g durch M und mit dem Richtungsvektor $\vec{v}$ und der Ebene ε_{FGS}.

Mittelpunkt der Strecke $\overline{EH}$:

$$M\left(\frac{x_E + x_H}{2}; \frac{y_E + y_H}{2}; \frac{z_E + z_H}{2}\right) = M(1,5; 4; 10)$$

Schnittpunkt T der Geraden g und der Ebene ε_{FGS}:

$$\overrightarrow{OM} + r \cdot \vec{v} = \overrightarrow{OF} + s \cdot \overrightarrow{FG} + t \cdot \overrightarrow{FS}$$

$$\begin{pmatrix} 1,5 \\ 4 \\ 10 \end{pmatrix} + r \cdot \begin{pmatrix} 32 \\ 24 \\ 25 \end{pmatrix} = \begin{pmatrix} 7 \\ 5 \\ 10 \end{pmatrix} + s \cdot \begin{pmatrix} -3 \\ 4 \\ 0 \end{pmatrix} + t \cdot \begin{pmatrix} -3,5 \\ 0,5 \\ 4 \end{pmatrix}$$

$$\begin{aligned} -5,5 &= -32\,r - 3\,s - 3,5\,t \\ -1 &= -24\,r + 4\,s + 0,5\,t \\ 0 &= -25\,r \quad\quad\;\; + 4\,t \end{aligned}$$

$$\Rightarrow \quad r = \frac{8}{89}; \quad s = \frac{39}{178}; \quad t = \frac{50}{89}$$

$$\Rightarrow \quad T\left(1,5 + \frac{8}{89} \cdot 32;\, 4 + \frac{8}{89} \cdot 24;\, 10 + \frac{8}{89} \cdot 25\right) = T\left(\frac{779}{178}; \frac{548}{89}; \frac{1090}{89}\right)$$

$$= T(\approx 4,38;\, \approx 6,16;\, \approx 12,25)$$

Abstand der Punkte M und T:

$$\overline{MT} = |\overrightarrow{MT}| = \frac{1}{89} \cdot \left|\begin{pmatrix} 256 \\ 192 \\ 200 \end{pmatrix}\right| = \frac{1}{89}\sqrt{256^2 + 192^2 + 200^2} = \frac{40}{89} \cdot \sqrt{89}$$

$\overline{MT} \approx 4,24$ mit 1 FE = 1 m

Die Balkenlänge beträgt ca. 4,24 m.

Lösungshinweise für das CAS-Abitur

Bei Verwendung des Taschencomputers speichert man sowohl die Geradengleichung als auch die Ebenengleichung als Vektorfunktionen ab. Voraussetzung dafür ist, dass alle verwendeten Ortsvektoren ebenfalls gespeichert sind. Beachten muss man dabei, dass die Variablenbezeichner sinnvoll verwendet werden, z. B. g1(r) für die Gerade, wenn g bereits für den Ortsvektor des Punktes g genutzt wurde. Die Lösung des Gleichungssystems g1(r) = e1(t,u) erfolgt mit dem Taschencomputer.

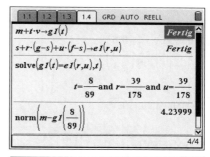

Natürlich müssen die Ansätze, Zwischenlösungen und Lösungen notiert, kommentiert bzw. begründet werden!

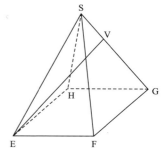

Länge des zweiten Balkens

Auch dieser Balken werde durch das mathematische Modell einer Strecke beschrieben. Die Länge dieses Balkens berechnet sich als Abstand des Eckpunktes E von einem Punkt V der Kante $\overline{SG}$, der diese im Verhältnis 1 : 3 teilt. Für das in der Aufgabenstellung geforderte Teilungsverhältnis 1 : 3 sind verschiedene Interpretationsmöglichkeiten sinnvoll.

Beachten Sie, dass Sie für eine vollständige Lösung nur eine der folgenden vier Annahmen betrachten müssen.

Punkt V der Strecke $\overline{SV}$:

$$\overrightarrow{OV} = \overrightarrow{OS} + t \cdot \overrightarrow{SG} \quad (0 < t < 1)$$

$$\Rightarrow \overrightarrow{OV} = \begin{pmatrix} 3,5 + t \cdot 0,5 \\ 5,5 + t \cdot 3,5 \\ 14 - t \cdot 4 \end{pmatrix}$$

Annahme 1, das Teilungsverhältnis 1 : 3 werde als

$$\frac{\overline{SV}}{\overline{VG}} = \frac{1}{3}$$

interpretiert:

2007-29

$\Rightarrow \overrightarrow{SV} = \frac{1}{4}\overrightarrow{SG}$

$\begin{pmatrix} 0,5\,t \\ 3,5\,t \\ -4\,t \end{pmatrix} = \frac{1}{4}\begin{pmatrix} 0,5 \\ 3,5 \\ -4 \end{pmatrix} \Rightarrow \begin{aligned} &\Rightarrow t = \frac{1}{4} \\ &\Rightarrow t = \frac{1}{4} \\ &\Rightarrow t = \frac{1}{4} \end{aligned} \Biggr\} \Rightarrow V\left(\frac{29}{8}; \frac{51}{8}; 13\right)$

Balkenlänge $\overline{EV}$:

$\overline{EV} = |\overrightarrow{EV}| = \left|\begin{pmatrix} \frac{29}{8} - 3 \\ \frac{51}{8} - 2 \\ 13 - 10 \end{pmatrix}\right| = \sqrt{\left(\frac{5}{8}\right)^2 + \left(\frac{35}{8}\right)^2 + 3^2} = \frac{\sqrt{1826}}{8}$

$\underline{\underline{\overline{EV} \approx 5{,}34}}$ mit $1\,FE = 1\,m$

Das Lösen der Gleichung

$\overrightarrow{SV} = \frac{1}{3}\overrightarrow{VG}$ statt $\overrightarrow{SV} = \frac{1}{4}\overrightarrow{SG}$

hätte zu demselben Endergebnis geführt.
Dieser zweite Balken weist eine Länge von ca. 5,34 m auf.

Annahme 2, das Teilungsverhältnis 1 : 3 werde als

$\dfrac{\overline{SV}}{\overline{SG}} = \dfrac{1}{3}$

interpretiert:

$\Rightarrow \overrightarrow{SV} = \frac{1}{3}\overrightarrow{SG}$

$\begin{pmatrix} 3{,}5 + 0{,}5\,t - 3{,}5 \\ 5{,}5 + 3{,}5\,t - 5{,}5 \\ 14 - 4\,t - 14 \end{pmatrix} = \frac{1}{3}\begin{pmatrix} 4 - 3{,}5 \\ 9 - 5{,}5 \\ 10 - 14 \end{pmatrix} \Rightarrow \begin{aligned} &\Rightarrow t = \frac{1}{3} \\ &\Rightarrow t = \frac{1}{3} \\ &\Rightarrow t = \frac{1}{3} \end{aligned} \Biggr\} \Rightarrow V\left(\frac{11}{3}; \frac{20}{3}; \frac{38}{3}\right)$

Balkenlänge $\overline{EV}$:

$\overline{EV} = |\overrightarrow{EV}| = \left|\begin{pmatrix} \frac{11}{3} - 3 \\ \frac{20}{3} - 2 \\ \frac{38}{3} - 10 \end{pmatrix}\right| = \sqrt{\left(\frac{2}{3}\right)^2 + \left(\frac{14}{3}\right)^2 + \left(\frac{8}{3}\right)^2} = \frac{2\sqrt{66}}{3}$

$\underline{\underline{\overline{EV} \approx 5{,}42}}$ mit $1\,FE = 1\,m$

Das Lösen der Gleichung

$\overrightarrow{SV} = \frac{1}{2}\overrightarrow{VG}$ statt $\overrightarrow{SV} = \frac{1}{3}\overrightarrow{SG}$

hätte zu demselben Endergebnis geführt.
Dieser zweite Balken weist eine Länge von ca. 5,42 m auf.

Unter der *Annahme 3*, das Teilungsverhältnis $1:3$ werde als
$$\frac{\overline{VG}}{\overline{SV}} = \frac{1}{3}$$
interpretiert, ergibt sich auf analogem Lösungsweg eine Balkenlänge von ca. $\underline{\underline{6,27\text{ m}}}$ und unter der *Annahme 4*
$$\frac{\overline{VG}}{\overline{SG}} = \frac{1}{3}$$
eine Länge von ca. $\underline{\underline{7,31\text{ m}}}$.

Die Annahmen 2 und 4 sind Interpretationen im Sinne des sogenannten „äußeren" Teilungsverhältnisses, das man auch häufig mit einem negativen Vorzeichen kennzeichnet.

Lösungshinweise für das CAS-Abitur
Bei Verwendung des Taschencomputers bestimmt man die gesuchten Werte wie folgt:

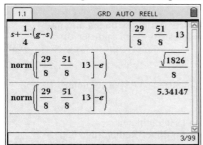 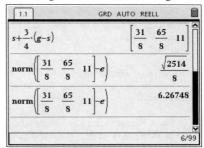

Im Sinne der „inneren Teilung" entstehen zwei mögliche Resultate, je nachdem, von welcher Seite der Strecke SG man mit der Teilung beginnt.

Grundkurs Mathematik (Thüringen): Abiturprüfung 2007
Aufgabe B2: Stochastik

An einer Schule in Thüringen wurden die Freizeitaktivitäten der Schüler erfasst. Man ermittelte, dass 70 % der Schüler in einer Sportgemeinschaft trainieren. Von den Sportlern singen 2 % auch im Schulchor, bei den Nichtsportlern beträgt der Anteil der Sänger 5 %.

a) Zeichnen Sie ein Baumdiagramm und berechnen Sie die Wahrscheinlichkeiten der folgenden Ereignisse!
   A: = „Ein zufällig ausgewählter Schüler treibt Sport und singt im Chor."
   B: = „Ein zufällig ausgewählter Schüler hat wenigstens eine der beiden Freizeitbeschäftigungen."
   Formulieren Sie das Ereignis $\overline{A \cap B}$ in Worten! (4 BE)

b) Wie viele Schüler muss man nach ihrer Freizeitbeschäftigung befragen, um mit einer Wahrscheinlichkeit von mindestens 0,99 mindestens einen Sportler zu treffen? (3 BE)

c) 50 Schüler werden befragt.
   Ermitteln Sie, mit welcher Wahrscheinlichkeit mindestens 37 Sportler unter ihnen sind! (2 BE)

d) In einer Klasse mit 26 Schülern sind genau sieben Leichtathleten.
   Zum Pausenklingeln verlassen die Schüler in rein zufälliger Reihenfolge den Raum.
   Berechnen Sie die Wahrscheinlichkeit für das Ereignis C!
   C: = „Unter den ersten fünf Schülern sind genau zwei Leichtathleten." (2 BE)

Von den Schülern der 12. Klassen, die an der theoretischen Fahrschulprüfung teilnahmen, bestanden 65 % die Prüfung sofort. Alle Schüler, die diese Prüfung nicht bestanden haben, nutzten die Möglichkeit einer Nachprüfung. Diese konnte jetzt von 45 % der Teilnehmer erfolgreich abgelegt werden.

e) Berechnen Sie die Wahrscheinlichkeiten der Ereignisse D und E!
   D: = „Ein zufällig ausgewählter Schüler bestand diese Prüfung spätestens nach der ersten Wiederholung."
   E: = „In einer Klasse mit 20 Schülern, die alle an der Fahrschulprüfung teilgenommen haben, bestanden alle die theoretische Prüfung spätestens nach der ersten Wiederholung." (4 BE)

Für eine Schultombola wurden 375 Preise gestiftet und nummeriert. Unter die 375 Gewinnlose wurden noch genau 125 Nieten gemischt. Der Schulsprecher zweifelt am Anteil der Nieten und will 5 Lose testen. Er wäre zufrieden, wenn mindestens drei Gewinne darunter sind.

f) Nennen Sie für den durchzuführenden Signifikanztest die Testgröße, die Nullhypothese sowie deren Ablehnungsbereich!
   Bestimmen Sie die Wahrscheinlichkeit für einen Fehler erster Art! (5 BE)

(20 BE)

Hinweise und Tipps

Aufgabe a
- Berücksichtigen Sie bei Ereignis A „Sport treiben **und** Singen" bedeutet, dass der Schüler beiden Freizeitaktivitäten nachgeht.
- Für das Ereignis B können Sie das Gegenereignis zu „wenigstens eine Freizeitbeschäftigung" betrachten.
- Formulieren Sie zunächst das Ereignis $A \cap B$ ($\cap$: beide Ereignisse treffen zu).

Aufgabe b
- Betrachten Sie das Gegenereignis des gesuchten Ereignisses.
- Zum Ereignis E = „Mindestens ein ..." ist das Gegenereignis $\overline{E}$ = „Kein ...".
- Es gilt $P(E) = 1 - P(\overline{E})$.

Aufgabe c
- Betrachten Sie die Befragung als Zufallsexperiment und überlegen Sie, warum es eine Bernoulli-Kette ist (falls Sie es nicht bereits bei b) getan haben).
- Notieren Sie sich die Länge der Bernoulli-Kette und die Trefferwahrscheinlichkeit p.
- Benutzen Sie die Bernoulli-Formel $P(X = k) = \binom{n}{k} p^k (1-p)^{n-k}$ bzw. die entsprechende Summenformel $P(X \geq i) = \sum_{k=i}^{n} \binom{n}{k} p^k (1-p)^{n-k}$, die tabelliert sind.

CAS-Abitur:
- Die Funktionen für Binomialverteilungen sind z. T. vorhanden – beim TI-Nspire, beim Voyage 200 und beim TI-Titanium die Funktionen binompdf() bzw. binomcdf().

Aufgabe d
- Berücksichtigen Sie, dass es sich nun um Ziehen ohne Zurücklegen handelt.
- Zur Berechnung der gesuchten Wahrscheinlichkeit haben Sie mehrere Möglichkeiten:
1. Die Lösung lässt sich mit dem Ansatz über eine hypergeometrische Verteilung („Lottoformel") ermitteln: $\dfrac{\binom{K}{k} \cdot \binom{N-K}{n-k}}{\binom{N}{n}}$
2. Man überlegt sich, wie viele verschiedene Möglichkeiten es gibt, dass sich 2 Leichtathleten auf 5 „Plätze" verteilen können: (LLNNN, LNLNN, ..., NNNLL)
- Dann kann man sich einen Fall herausgreifen und dessen Wahrscheinlichkeit berechnen. Verwenden Sie hierzu Zählprinzipien („Ziehen ohne Zurücklegen", „unter Beachtung der Reihenfolge").
- Da alle Ereignisse gleichwahrscheinlich sind, muss man dieses Ergebnis nur noch mit der zuerst bestimmten Anzahl multiplizieren.

Aufgabe e
- Erstellen Sie ein Baumdiagramm, um das Ereignis D zu berechnen. Spätestens nach der ersten Wiederholung bestanden heißt, ohne Wiederholung oder erst nach einer Wiederholung bestanden.
- $P(E)$ kann man als eine Binomialwahrscheinlichkeit mit $p = P(D)$ und $n = 20$ auffassen.

Aufgabe f

- Die Testgröße gibt die zufällige Anzahl der in der Stichprobe eines bestimmten Umfangs registrierten „Treffer" an und ist binomialverteilt mit unbekanntem p.
- Man erfasst die anfängliche Vermutung über p als Nullhypothese H_0.
- Der Ablehnungsbereich $\overline{A}$ ist die Menge aller Stichprobenergebnisse, bei deren Eintreten H_0 abgelehnt wird.
- Ein Fehler 1. Art tritt auf, wenn H_0 wahr ist, aber irrtümlich abgelehnt wird.

Lösungen

Zufallsgröße X_n: zufällige Anzahl der Sportler unter n rein zufällig befragten Schülern

$$X_n \sim B_{n;\,0,70} \qquad P(X_n = k) = \binom{n}{k} \cdot 0,70^k \cdot 0,30^{n-k}$$

a) Baumdiagramm

Die Schüler werden befragt, ob sie in einer Sportgemeinschaft trainieren und ob sie Mitglied des Schulchores sind. Für jede dieser zwei Fragen gibt es nur zwei alternative Antwortmöglichkeiten. Folglich ist diese Befragung durch ein zweistufiges Zufallsexperiment und damit durch ein zweistufiges Baumdiagramm beschreibbar.

S: = „der rein zufällig ausgewählte Schüler ist Mitglied einer Sportgemeinschaft"

C: = „der rein zufällig ausgewählte Schüler ist Mitglied des Schulchores"

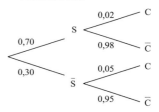

Wahrscheinlichkeit P(A)

P(A) ergibt sich als Wahrscheinlichkeit des Pfades, der längs der Ereignisse S und C verläuft. Sie lässt sich deshalb nach der ersten Pfadregel berechnen.

$P(A) = 0,70 \cdot 0,02 = \underline{\underline{0,014}}$

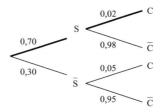

Wahrscheinlichkeit P(B)

Lösungsweg 1:

P(B) ergibt sich als Summe der Wahrscheinlichkeiten all der Pfade, an denen wenigstens eines der beiden Ereignisse S und C liegt. P(B) lässt sich daher nach der zweiten Pfadregel (der Summenregel) berechnen.

$P(B) = 0,70 \cdot 0,02 + 0,70 \cdot 0,98 + 0,30 \cdot 0,05 = \underline{\underline{0,715}}$

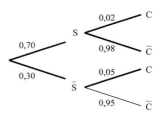

Lösungsweg 2:
P(B) als Wahrscheinlichkeit von „mindestens eine ..." lässt sich über die Pfadwahrscheinlichkeit des Gegenereignisses $\overline{B}$ berechnen.

$$P(B) = 1 - P(\overline{B})$$
$$= 1 - P(\text{„der rein zufällig ausgewählte Schüler hat keine der beiden Freizeitbeschäftigungen"})$$
$$= 1 - 0,30 \cdot 0,95 = \underline{\underline{0,715}}$$

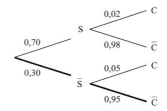

Ereignis $\overline{A \cap B}$ beschreiben

Um das Ereignis $\overline{A \cap B}$ in Worten zu beschreiben, kann man sich am bereits erstellten Baumdiagramm oder an einer entsprechenden Vierfeldertafel orientieren.

Die drei Pfade, die wenigstens einen Ast ungleich ═══ besitzen, führen zu $\overline{A \cap B} = \overline{A}$.

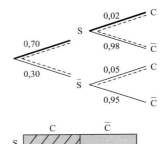

Die drei Felder, die nicht die Zweifach-Markierung ▓▓▓ aufweisen, stellen $\overline{A \cap B} = \overline{A}$ dar.
A: ☐
B: ▓▓▓

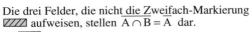

$\Rightarrow \overline{A \cap B} = $ „der rein zufällig ausgewählte Schüler hat höchstens eine der beiden Freizeitbeschäftigungen"

b) **Mindestanzahl n_{min} für einen Erfolg**

Die Befragung von n rein zufällig ausgewählten Schülern nach der Sportaktivität ist als BERNOULLI-Kette der Länge n und mit der Erfolgswahrscheinlichkeit p = 0,70 zu beschreiben. Die zufällige Anzahl X_n der dadurch erfassten Sportler ist demzufolge binomialverteilt mit $X_n \sim B_{n;\,0,70}$. Die gesuchte Mindestanzahl der zu befragenden Schüler erhält man, wenn die folgende Ungleichung nach n umgestellt wird.

P(„mindestens ein Sportler unter den n Befragten") $\geq 0,99$
$$P(X_n \geq 1) \geq 0,99$$
$$1 - P(X_n = 0) \geq 0,99$$
$$1 - \binom{n}{0} \cdot 0,70^0 \cdot 0,30^n \geq 0,99$$
$$0,01 \geq 0,30^n$$
$$\ln 0,01 \geq n \cdot \ln 0,30 \quad |: \ln 0,30 \text{ mit } \ln 0,30 < 0$$
$$\frac{\ln 0,01}{\ln 0,30} \leq n$$
$$3,82... \leq n$$
$$4 \leq n \quad \Rightarrow \quad \underline{\underline{n_{min} = 4}}$$

Es müssen mindestens vier Schüler befragt werden.

Die Ungleichung $0,01 \geq 0,30^n$ kann auch durch systematisches Probieren gelöst werden.

c) Ziehen mit Zurücklegen

P(F) = P("mindestens 37 Sportler unter 50 Befragten")
= $P(X_{50} \geq 37) = 1 - P(X_{50} \leq 36)$
Der Wert für $P(X_{50} \leq 36)$ kann einer $B_{50;\,0{,}70}$-Tabelle entnommen werden.
P(F) ≈ 0,33

Lösungshinweise für das CAS-Abitur

Die Funktionen für Binomialverteilungen sind z. T. vorhanden – hier beim TI-Nspire als auch beim Voyage 200 und dem TI-Titanium kann die Funktion binomcdf() genutzt werden. Man kann natürlich, wie im Screenshot dargestellt, auch die Summenformel direkt eingeben.

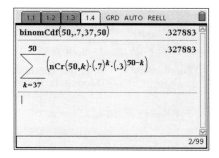

d) Ziehen ohne Zurücklegen

Die Klasse mit 26 Schülern, von denen genau sieben Leichtathleten sind, kann als eine Urne mit genau 26 Kugeln, von denen 7 weiß und 19 schwarz sind, interpretiert werden. Dem Verlassen des Klassenraumes durch die 26 Schüler entspricht die Modellannahme „Ziehen ohne Zurücklegen", wobei die Modellannahme „Ziehen mit Zurücklegen" hier nicht sinnvoll ist, da die Anzahl der Schüler für eine solche Modellannahme zu klein wäre.

Lösungsweg 1: über die „Lottoformel" der hypergeometrischen Verteilung

$$P(C) = \frac{\binom{7}{2}\binom{19}{3}}{\binom{26}{5}} \approx 0{,}31$$

Lösungsweg 2: über Zählprinzipien

$$P(C) = \frac{\binom{5}{2} \cdot 7 \cdot 6 \cdot 19 \cdot 18 \cdot 17}{26 \cdot 25 \cdot 24 \cdot 23 \cdot 22} \approx 0{,}31$$

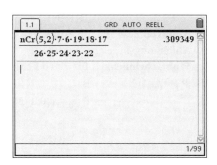

e) Wahrscheinlichkeiten P(D) und P(E)

Die Wahrscheinlichkeiten P(D) und P(E) sind unter folgenden Modellannahmen zu berechnen:
- Die gegebenen Prozentsätze sind die entsprechenden, für jeden Schüler geltenden Erfolgswahrscheinlichkeiten.

- Sowohl der beim Ereignis D betrachtete Schüler als auch die Schüler der Klasse werden rein zufällig aus der beschriebenen Schülergesamtheit ausgewählt. Die Wahrscheinlichkeit des Ereignisses D lässt sich – entsprechend dem Baumdiagra<u>mm</u> – über die 2. Pfadregel oder über das Gegenereignis $\overline{D}$ berechnen.

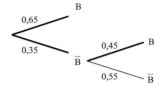

$P(D) = 0,65 + 0,35 \cdot 0,45 = 0,8075 \approx \underline{\underline{0,81}}$

oder

$= 1 - P(\overline{D}) = 1 - 0,35 \cdot 0,55 = 0,8075 \approx \underline{\underline{0,81}}$

Zufallsgröße Y: zufällige Anzahl der Schüler aus der Klasse mit 20 Schülern, die die theoretische Prüfung spätestens nach der ersten Wiederholung bestehen

$Y \sim B_{20;\, 0,8075}$

$P(E) = P(Y = 20) = \binom{20}{20} \cdot 0,8075^{20} \cdot (1 - 0,8075)^0 = 0,8075^{20} \approx \underline{\underline{0,014}}$

f) **Signifikanztest**

Zu bestimmen sind die grundlegenden Elemente eines Verfahrens, mit dem man – gestützt auf die Ergebnisse einer Stichprobe – entscheidet, ob die zur Grundgesamtheit formulierte Hypothese angenommen werden soll oder nicht. Die Testgröße X ist die zufällige Anzahl der Gewinne unter fünf rein zufällig gezogenen Losen. Da die Faustregel $N \geq 100 \cdot n$ mit $N = 500$ und $n = 5$ erfüllt ist, ist es gerechtfertigt X als binomialverteilt anzusehen. Für den Schulsprecher ist hinsichtlich der Situation in der Grundgesamtheit entscheidend, dass die Wahrscheinlichkeit rein zufällig ein Gewinnlos zu ziehen, mindestens $\frac{375}{500} = 0,75$ beträgt. Diese Nullhypothese will er annehmen, wenn in der Stichprobe mindestens drei Gewinnlose sind. Aus der Aufforderung einen Signifikanztest durchzuführen, ergibt sich, dass die Gegenhypothese als logische Negation der Nullhypothese zu formulieren ist.

Testgröße X: zufällige Anzahl der Gewinne unter 5 Losen

$X \sim B_{5;\, p}$

Nullhypothese H_0: $p \geq 0,75$ **Gegenhypothese H_1:** $p < 0,75$

Ablehnungsbereich $\overline{A} = \{0; 1; 2\}$ **Annahmebereich** $A = \{3; 4; 5\}$

Wahrscheinlichkeit für einen Fehler erster Art:

$P_{\{H_0\text{ wahr}\}}(X \in \overline{A}) = B_{5;\, p}(\{0; 1; 2\})$ für $p \geq 0,75$

$\leq B_{5;\, 0,75}(\{0; 1; 2\}) \approx \underline{\underline{0,10}}$

Grundkurs Mathematik (Thüringen): Abiturprüfung 2007
Aufgabe C: Themenübergreifend

a) In einer Nährlösung verdoppelt sich die Anzahl der Bakterien innerhalb einer halben Stunde.
   Nach wie vielen Stunden hat sich die Anzahl der Bakterien vertausendfacht? (2 BE)

b) Gegeben ist die Funktion f durch $f(x) = e^x$ und g durch $g(x) = e^{x+2} - 1$.
   Wie lässt sich der Graph von g aus dem Graphen von f gewinnen? (2 BE)

c) Gegeben sind die Vektoren $\vec{a}_t = \begin{pmatrix} t \\ 1 \\ 1 \end{pmatrix}$ und $\vec{b}_t = \begin{pmatrix} 0 \\ 0 \\ t \end{pmatrix}$ mit $t > 0$.

   Bestimmen Sie den Wert für t so, dass beide Vektoren einen Winkel von 60° einschließen! (3 BE)

d) Ein idealer Würfel wird zweimal geworfen.
   Bestimmen Sie die Wahrscheinlichkeiten folgender Ereignisse:
   A: „Mindestens eine Sechs wird gewürfelt."
   B: „Es wird zweimal die gleiche Zahl gewürfelt."
   C: „Die Augensumme ist eine Primzahl." (3 BE)

   (10 BE)

Hinweise und Tipps

Aufgabe a
Es gibt mehrere Möglichkeiten, beispielsweise:
1. Betrachten Sie den Vorgang als geometrische Zahlenfolge mit $q = 2$.
2. Vollziehen Sie an einem selbstgewählten Beispiel das Problem nach: Gehen Sie von einem Bakterium aus.
- Verdoppeln Sie die Anzahl. Wie oft müssen Sie verdoppeln?
3. Ordnen Sie der Problemstellung eine Ihnen bekannte Funktionenklasse zu und führen Sie eine Funktionsbestimmung durch.
- Berücksichtigen Sie insbesondere die Verdopplungszeit von einer halben Stunde.

Aufgabe b
- Beachten Sie, dass im Funktionsterm von g zwei Änderungen gegenüber f auftreten.
- Man kann jede Änderung für sich untersuchen.
- Es gibt mehrere Möglichkeiten für den Übergang von e^x zu e^{x+2}, weil $e^{x+2} = e^2 \cdot e^x$ gilt.

CAS-Abitur:
- Mit dem CAS kann man die beiden Funktionen visualisieren.

Aufgabe c
- Mit der Formel $\cos(\alpha) = \dfrac{\vec{a} \cdot \vec{b}}{|\vec{a}| \cdot |\vec{b}|}$ kann man den Winkel zwischen zwei Vektoren bestimmen.

Aufgabe d
- Schreiben Sie alle günstigen Ereignisse des Ergebnismenge beim zweimaligen Werfen eines idealen Würfels in übersichtlicher Form auf und berücksichtigen Sie, wie viele Elemente die Ergebnismenge insgesamt besitzt.
- Die Wahrscheinlichkeiten für Ereignisse mehrstufiger Zufallsexperimente kann man mithilfe von Baumdiagrammen nach den Pfadregeln berechnen.
- P(A): Nutzen Sie das Gegenereignis.
- P(B): Betrachten Sie alle möglichen Ergebnisse des Zufallsexperiments und notieren Sie sich die für das Ereignis B günstigen.
- P(C): Notieren Sie sich die möglichen Augensummen, die eine Primzahl darstellen und untersuchen Sie dann, auf welche Arten diese entstehen können. (Beispiel: Summe 5: $1+4$, $2+3$, $3+2$, $4+1$)

Lösungen

a) **Vervielfachen des Anfangsgliedes einer geometrischen Zahlenfolge**

Die Anzahl der Bakterien verdoppelt sich in jeder Zeiteinheit, demzufolge kann ihre Vermehrung durch eine geometrische Zahlenfolge mit dem konstanten Quotienten q = 2 beschrieben werden. Die Anzahl der Bakterien nach n Zeiteinheiten, wobei jede Zeiteinheit einer halben Stunde entspricht, beträgt $a_n = a_1 \cdot 2^n$.

$1\,000 \cdot a_1 = a_1 \cdot 2^n$

$1\,000 = 2^n$ (Diese Gleichung lässt sich auch durch systematisches Probieren lösen.)

$\ln 1\,000 = n \cdot \ln 2$

$\dfrac{\ln 1\,000}{\ln 2} = n$

$n = 9{,}96\ldots$ ($n \in \mathbb{N}$ aufgrund der Fragestellung „Nach wie vielen ...")

$n \geq 10$

Nach 10 Zeiteinheiten von jeweils einer halben Stunde, d. h. nach fünf Stunden hat sich die Anzahl der Bakterien vertausendfacht.

Lösungshinweise für das CAS-Abitur
Betrachtet man den Vorgang als Exponentialfunktion und geht z. B. von 1 Bakterium zum Zeitpunkt t = 0 aus, so ergibt sich mit dem Taschencomputer z. B. folgender Lösungsweg.

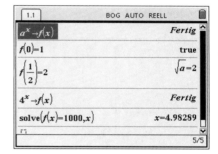

Weitere Alternative:
Vollziehen Sie an einem selbstgewählten Beispiel das Problem nach: Gehen Sie von einem Bakterium aus. Verdoppeln Sie die Anzahl.

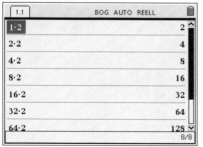

Man erkennt, dass man zehnmal verdoppeln muss, d. h., dass sich nach rund fünf Stunden die Anzahl der Bakterien vertausendfacht hat.

b) **Überführen des Graphen von f in den Graphen von g**

Geeignete Streckungen/Stauchungen, Verschiebungen oder Spiegelungen, die den Graphen der Funktion f in den Graphen der Funktion g überführen, sind aus dem Vergleich der Funktionsterme von f und g abzulesen.

Lösungsweg 1:
$g(x) = e^{x+2} - 1 \quad \Rightarrow \quad g(x) = f(x+2) - 1$
$\Rightarrow$ Um den Graphen von g zu erhalten, wird der Graph von f erst um 2 LE nach „links" und dann um 1 LE nach „unten" verschoben.

Lösungsweg 2:
$g(x) = e^{x+2} - 1 = e^2 \cdot e^x - 1 \quad \Rightarrow \quad g(x) = e^2 \cdot f(x) - 1$
$\Rightarrow$ Um den Graphen von g zu erhalten, wird der nur oberhalb der x-Achse liegende Graph von f zuerst mit dem Faktor e^2 nach „oben" gestreckt und dann um 1 LE nach „unten" verschoben.

Lösungshinweise für das CAS Abitur

Mit dem Taschencomputer kann man die Verschiebungen und Streckungen/Stauchungen visualisieren und eine Kontrolle der Überlegungen vornehmen.

Lösungsweg 1: *Lösungsweg 2:*

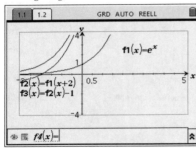 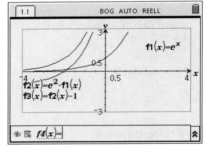

c) **Parameter t für $\sphericalangle(\vec{a}_t, \vec{b}_t) = 60°$**

Um den Parameter t so zu bestimmen, dass die von t abhängenden Vektoren $\vec{a}_t$ und $\vec{b}_t$ einen Winkel von 60° einschließen, kann die Formel

$$\cos \sphericalangle(\vec{a}_t, \vec{b}_t) = \frac{\vec{a} \cdot \vec{b}}{|\vec{a}| \cdot |\vec{b}|}$$

genutzt werden.

$$\sphericalangle(\vec{a}_t, \vec{b}_t) = 60°$$
$$\Rightarrow \quad \cos \sphericalangle(\vec{a}_t, \vec{b}_t) = \cos 60°$$

$$\frac{\begin{pmatrix} t \\ 1 \\ 1 \end{pmatrix} \cdot \begin{pmatrix} 0 \\ 0 \\ t \end{pmatrix}}{\sqrt{t^2 + 1^2 + 1^2} \cdot \sqrt{0^2 + 0^2 + t^2}} = \frac{1}{2}$$

$$\frac{t}{\sqrt{t^2 + 2} \cdot t} = \frac{1}{2} \quad \left(\sqrt{t^2} = t, \text{ weil } t > 0\right)$$

$$\frac{1}{\sqrt{t^2 + 2}} = \frac{1}{2}$$

$$t^2 + 2 = 4$$

$$t_{1,2} = \pm\sqrt{2} \quad \text{mit} \quad t > 0 \quad \Rightarrow \quad \underline{\underline{t = \sqrt{2}}}$$

Der gesuchte positive Parameter t muss den Wert $\sqrt{2}$ annehmen.

d) **Wahrscheinlichkeiten beim zweimaligen Würfeln**

Das zweimalige Würfeln kann als zweistufiges Zufallsexperiment aufgefasst werden. Für das Berechnen von P(A) beschränkt sich das Beobachtungsziel auf den beiden Stufen jeweils auf die zwei möglichen Ergebnisse, eine Sechs bzw. keine Sechs zu würfeln.

Lösungsweg 1:

P(A) ergibt sich als Summe der Wahrscheinlichkeiten all der Pfade, an denen wenigstens eines der beiden Ereignisse „6" und „keine 6" liegt und lässt sich daher nach der zweiten Pfadregel (Summenregel) berechnen.

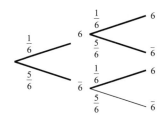

$$P(A) = \frac{1}{6} \cdot \frac{1}{6} + \frac{1}{6} \cdot \frac{5}{6} + \frac{5}{6} \cdot \frac{1}{6}$$

$$\underline{\underline{P(A) = \frac{11}{36} \approx 0{,}30\overline{5}}}$$

Lösungsweg 2:

P(A) als Wahrscheinlichkeit von „mindestens eine …" lässt sich über die Pfadwahrscheinlichkeit bzw. die Laplace-Regel des Gegenereignisses $\overline{A}$ berechnen.

$$P(A) = P(\text{„mindestens eine 6"})$$

$$= 1 - P(\overline{A}) = 1 - P(\text{„keine 6"}) = 1 - \frac{5}{6} \cdot \frac{5}{6}$$

$$\overset{\text{bzw.}}{=} 1 - \frac{5 \cdot 5}{6 \cdot 6}$$

$$\underline{\underline{P(A) = \frac{11}{36} \approx 0{,}30\overline{5}}}$$

Für das Berechnen von P(B) beschränkt sich das Beobachtungsziel auf der zweiten Stufe auf die zwei möglichen Ergebnisse, dieselbe Zahl bzw. eine andere Zahl als auf der ersten Stufe zu würfeln.

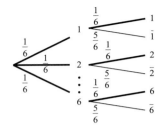

$P(B) = 6 \cdot \dfrac{1}{6} \cdot \dfrac{1}{6}$ (nach Baumdiagramm)

$P(B) = \dfrac{6 \cdot 1}{6 \cdot 6}$ (nach Laplace-Ansatz und Abzählprinzipien)

$\Rightarrow \quad \underline{\underline{P(B) = \dfrac{1}{6} = 0{,}1\overline{6}}}$

Für das Berechnen von P(C) kann man das Beobachtungsziel nicht so vereinfachen. Es ist deshalb kaum realisierbar das entsprechende Baumdiagramm zu zeichnen.
Folglich muss man für den Ansatz $P(C) = \dfrac{|C|}{|\Omega|}$ sowohl alle möglichen Ergebnisse als auch alle für C günstigen Ergebnisse abzählen.

$P(C) = \dfrac{|C|}{|\Omega|}$ mit $\Omega = \{(w1; w2) \mid w1, w2 \in \{1; 2; 3; 4; 5; 6\}\} \Rightarrow |\Omega| = 6 \cdot 6 = 36$

C enthält alle Ergebnisse aus Ω, deren Koordinatensumme eine Primzahl ist:
$2 = 1 + 1$
$3 = 1 + 2 = 2 + 1$
$5 = 1 + 4 = 2 + 3 = 3 + 2 = 4 + 1$
$7 = 1 + 6 = 2 + 5 = 3 + 4 = 4 + 3 = 5 + 2 = 6 + 1$
$11 = 5 + 6 = 6 + 5 \qquad\qquad\qquad\qquad \Rightarrow |C| = 15$

$\underline{\underline{P(C) = \dfrac{15}{36} = \dfrac{5}{12} = 0{,}41\overline{6}}}$

Grundkurs Mathematik (Thüringen): Abiturprüfung 2008
Aufgabe A1: Analysis

Gegeben ist die Funktion f durch

$$y = f(x) = \frac{2x^2}{x^2+1} = 2 - \frac{2}{x^2+1}, \quad x \in \mathbb{R}.$$

a) Untersuchen Sie den Graphen der Funktion f auf Symmetrie, auf Asymptoten, auf gemeinsame Punkte mit der x-Achse, auf lokale Extrempunkte und auf Wendepunkte! Geben Sie gegebenenfalls deren Koordinaten an! (Auf den Nachweis eventueller Wendepunkte wird verzichtet.)
Skizzieren Sie den Graphen von f und vorhandene Asymptoten im Intervall $-3 \leq x \leq 3$ in ein und dasselbe Koordinatensystem!
Geben Sie den Wertebereich von f an! (14 BE)

b) Welche Punkte des Graphen von f haben von der Geraden mit der Gleichung $y = 2$ den Abstand 0,1 LE? (3 BE)

c) Die Tangente t an den Graphen von f im Punkt $P(x_P; f(x_P))$ mit $x_P > 0$ soll durch den Koordinatenursprung verlaufen.
Bestimmen Sie die Koordinaten des Punktes P und geben Sie eine Gleichung der Tangente t an!
Zeichnen Sie die Tangente t in das vorhandene Koordinatensystem ein! (5 BE)

d) Eine Gerade s verläuft senkrecht zur Geraden mit der Gleichung $y = x$ durch den Punkt $P(1; 1)$.
Zeigen Sie, dass $y = -x + 2$ eine Gleichung für die Gerade s ist!
Die Gerade s begrenzt mit den Koordinatenachsen ein Dreieck. Bei Rotation dieses Dreiecks um die x-Achse entsteht ein Körper.
Berechnen Sie dessen Volumen! (4 BE)

e) Für alle u ($u \in \mathbb{R}$, $u > 0$) wird durch die Punkte $Q(u; f(u))$, $T(u; 2)$, $R(-u; 2)$ und $S(-u; f(-u))$ ein Rechteck bestimmt.
Untersuchen Sie, ob es einen Wert für u gibt, so dass der Flächeninhalt des Rechtecks maximal wird!
(Auf den Nachweis des lokalen Maximums wird verzichtet.) (4 BE)

(30 BE)

Aufgabenstellung für das CAS-Abitur

Gegeben ist die Funktion f durch

$$y = f(x) = \frac{2x^2}{x^2+1}, \quad x \in \mathbb{R}.$$

a) Bestimmen Sie unter Verwendung der Ableitungsregeln die 1. Ableitung der Funktion f!
Untersuchen Sie den Graphen der Funktion f auf Symmetrie, auf Asymptoten, auf gemeinsame Punkte mit der x-Achse, auf lokale Extrempunkte und auf Wendepunkte! Geben Sie gegebenenfalls deren Koordinaten an!
Skizzieren Sie den Graphen von f und die vorhandenen Asymptoten im Intervall $-3 \leq x \leq 3$ in ein und dasselbe Koordinatensystem!
Geben Sie den Wertebereich von f an! (CAS: 13 BE)

b) Welche Punkte des Graphen von f haben von der Geraden mit der Gleichung y = 2 den Abstand 0,1 LE? (CAS: 2 BE)

c) Die Tangente t an den Graphen von f im Punkt $P(x_P; f(x_P))$ mit $x_P > 0$ soll durch den Koordinatenursprung verlaufen.
Bestimmen Sie die Koordinaten des Punktes P und geben Sie eine Gleichung der Tangente t an!
Zeichnen Sie die Tangente t in das vorhandene Koordinatensystem ein! (CAS: 4 BE)

d) Eine Gerade s verläuft senkrecht zur Geraden mit der Gleichung y = x durch den Punkt P(1; 1).
Zeigen Sie, dass y = –x + 2 eine Gleichung für die Gerade s ist!
Der Graph der Funktion f, die Gerade s und die x-Achse schließen eine Fläche vollständig ein. Berechnen Sie deren Flächeninhalt!
Die Gerade s begrenzt mit den Koordinatenachsen ein Dreieck. Bei Rotation dieses Dreiecks um die x-Achse entsteht ein Körper.
Berechnen Sie dessen Volumen! (CAS: 7 BE)

e) Für alle u ($u \in \mathbb{R}$, $u > 0$) wird durch die Punkte $Q(u; f(u))$, $T(u; 2)$, $R(-u; 2)$ und $S(-u; f(-u))$ ein Rechteck bestimmt.
Untersuchen Sie, ob es einen Wert u gibt, so dass der Flächeninhalt des Rechtecks maximal wird!
Geben Sie diesen maximalen Flächeninhalt an! (CAS: 4 BE)
(CAS: 30 BE)

Hinweise und Tipps

Aufgabe a

Anwendung der Ableitungsregeln
- Da der Funktionsterm ein Quotient ist, kann man die Quotientenregel anwenden. Der Funktionsterm kann aber auch als Produkt geschrieben und die Produktregel angewendet werden.

Symmetrie
- Anhand einer Skizze können Sie vermuten, dass Symmetrie zur y-Achse vorliegt.
- Um Symmetrie zur y-Achse nachzuweisen, müssen Sie zeigen, dass $f(x) = f(-x)$ für alle x eine wahre Aussage ist.
- Alternativ können Sie auch überprüfen, dass sowohl im Zähler als auch im Nenner nur geradzahlige Exponenten bei x vorkommen.

Asymptoten
- Um alle Asymptoten einer gebrochenrationalen Funktion zu ermitteln, sollte man den Definitionsbereich betrachten (Polstellen bzw. senkrechte Asymptoten) sowie eine Polynomdivision durchführen bzw. Zähler- und Nennergrad vergleichen, um eventuell vorhandene waagerechte Asymptoten zu ermitteln.
- Die Polynomdivision zeigt, dass sich f für $x \to \pm\infty$ einer linearen Funktion annähert.

Schnittpunkte, Extrempunkte, Wendepunkte
- Schnittpunkte mit der x-Achse erhalten Sie, wenn Sie in der Funktionsgleichung $y = 0$ setzen und die zugehörigen x-Werte berechnen.
- Zur Bestimmung der Extrema und Wendepunkte notieren Sie sich zunächst die ersten beiden Ableitungen der Funktion f.
- Nun können Sie zunächst mögliche Extremstellen x_E mit dem notwendigen Kriterium $f'(x) = 0$ bestimmen, ebenso finden Sie mögliche Wendestellen x_W mit $f''(x) = 0$. Ob ein Extrempunkt an den ermittelten Stellen vorliegt, kann mit einem hinreichenden Kriterium überprüft werden, z. B. für Extremstellen $f''(x_E) \neq 0$.

Ergänzung für das CAS-Abitur: Nachweis der Wendepunkte
- Bestimmen Sie mit dem Taschencomputer zusätzlich die dritte Ableitung der Funktion f.
- Ob an den möglichen Wendestellen x_W tatsächlich ein Wendepunkt vorliegt, kann dann mit dem hinreichenden Kriterium $f'''(x_W) \neq 0$ überprüft werden.

Skizze
- Tragen Sie zunächst die bereits ermittelten wesentlichen Punkte in die Zeichnung ein und berechnen Sie ggf. weitere Werte.
- Benutzen Sie einen grafikfähigen Taschencomputer, so sind die Graphen der Funktion f und der Asymptote rasch erstellt.

Wertebereich
- Der Wertebereich einer Funktion umfasst alle Funktionswerte, die die Funktion annehmen kann. Berücksichtigen Sie die ermittelten wesentlichen Punkte der Funktion und das Verhalten der Funktion an den Grenzen des Definitionsbereiches.

Aufgabe b

- Da der Abstand die kürzeste Verbindung zwischen zwei Punkten darstellt, muss man die senkrechte Verbindung vom Graphen zu der Geraden mit der Gleichung y = 2 betrachten, d. h. man muss jene x suchen, für die $f(x) - 2 = 0{,}1$ ist.

Aufgabe c

- Beachten Sie, dass die Tangente durch den Koordinatenursprung verlaufen soll. Dies bedeutet aber nicht, dass sie an der Stelle $x = 0$ an den Graphen von f zu legen ist.
- Zur Bestimmung der Tangentengleichung, die durch den Punkt $P(x_P; f(x_P))$ verläuft, benötigt man noch den Anstieg m im Punkt P.
- Den Anstieg einer Funktion f an einer Stelle x_P können Sie als 1. Ableitung $f'(x_P)$ ermitteln.
- Die Gleichung einer Tangente ist eine Geradengleichung der Form $y = mx + n$. Wenn $n = 0$ gilt, dann ist die Tangente eine Ursprungsgerade.

Aufgabe d

Senkrecht verlaufende Gerade

- Die zu einer Tangente durch einen Punkt senkrecht verlaufende Gerade wird als Normale bezeichnet.
- Damit zwei Geraden senkrecht aufeinander stehen, muss für ihre Anstiege $m_1 \cdot m_2 = -1$ gelten.

Ergänzung für das CAS-Abitur: Flächeninhalt

- Fertigen Sie eine Skizze an und schraffieren Sie die gesuchte Fläche.
- Die gesuchte Fläche besteht aus zwei Teilflächen, die durch den Schnittpunkt von f und s bestimmt werden. Ermitteln Sie diesen Schnittpunkt.
- Die Flächenberechnungen können Sie mithilfe des bestimmten Integrals durchführen.
- Bestimmen Sie zunächst jeweils die untere und die obere Grenze für jedes bestimmte Integral.

Rotationsvolumen

- Der Körper, der bei der Rotation entsteht ist ein Kegel. Falls Sie die Volumenformel für einen Kegel nicht parat haben, nutzen Sie ihr Tafelwerk. Skizzieren Sie die Gerade s und tragen Sie in die Skizze die für die Berechnung des Kegelvolumens notwendigen Werte ein. Berechnen Sie dann diese Werte.

Aufgabe e

- Veranschaulichen Sie den Sachverhalt für ein konkretes Beispiel mit $u > 0$.
- Der Flächeninhalt eines Rechtecks kann aus $A = a \cdot b$ bestimmt werden, wobei a und b die Seitenlängen des Rechtecks sind.
- Die Seitenlänge a entspricht dem Doppelten der x-Koordinate u des Punktes Q, die andere Seitenlänge entspricht der Differenz von 2 mit der y-Koordinate des Punktes Q.
- Untersuchen Sie die Zielfunktion A mit $A(u) = 2u \cdot (2 - f(u))$ auf lokale Extrema.
- Aus der notwendigen Bedingung $A'(u) = 0$ ergeben sich mögliche Extremstellen u_E.

Ergänzung für das CAS-Abitur: Nachweis des lokalen Maximums

- Mithilfe der hinreichenden Bedingung $A''(u) = 0$ kann auf ein lokales Maximum geschlossen werden.
- Vergessen Sie nicht, den maximalen Flächeninhalt anzugeben.

Lösungen

$f(x) = 2 - \dfrac{2}{x^2+1} = \dfrac{2x^2}{x^2+1} =: \dfrac{Z(x)}{N(x)}$

Für $f(x) = \dfrac{Z(x)}{N(x)}$ gilt nach der Quotientenregel:

$f'(x) = \left(\dfrac{2x^2}{x^2+1}\right)' = \dfrac{4x \cdot (x^2+1) - 2x^2 \cdot 2x}{(x^2+1)^2}$

$= \dfrac{4x^3 + 4x - 4x^3}{(x^2+1)^2}$

$= \dfrac{4x}{(x^2+1)^2} =: \dfrac{Z_1(x)}{N_1(x)}$

Mit der anderen Darstellung von $f(x)$ erhält man:

$f'(x) = (2 - 2 \cdot (x^2+1)^{-1})'$
$= -2 \cdot (-1) \cdot (x^2+1)^{-2} \cdot 2x = \dfrac{4x}{(x^2+1)^2}$

Alternativ kann $f(x) = Z(x) \cdot (N(x))^{-1}$ auch mittels Produkt- und Kettenregel abgeleitet werden:

$f'(x) = 4x \cdot (x^2+1)^{-1} + 2x^2 \cdot (-2x \cdot (x^2+1)^{-2})$

Vereinfachen liefert das obige Ergebnis.

Die 2. Ableitung berechnet sich zu:

$f''(x) = \dfrac{4 \cdot (x^2+1)^2 - 4x \cdot 2 \cdot (x^2+1) \cdot 2x}{(x^2+1)^4} = \dfrac{4 \cdot (x^2+1) - 16x^2}{(x^2+1)^3} = \dfrac{4 - 12x^2}{(x^2+1)^3} =: \dfrac{Z_2(x)}{N_2(x)}$

G_f bezeichne den Graphen der Funktion f.

Lösungshinweise für das CAS-Abitur

Für den Nachweis des Wendepunkts wird auch die 3. Ableitung benötigt, die zusammen mit der 2. Ableitung mit dem Taschencomputer bestimmt werden kann.
Die Formulierung beim CAS-Abitur verlangt jedoch, die 1. Ableitung ohne Rechner zu bestimmen.
Mögliche Vereinfachungen bzw. Zusammenfassungen können wieder mit dem Taschencomputer durchgeführt werden.

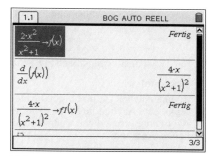

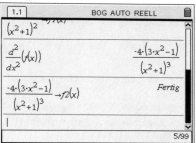

a) Symmetrieverhalten von G_f

Zu entscheiden ist, ob G_f entweder axialsymmetrisch zur y-Achse verläuft oder punktsymmetrisch zum Koordinatenursprung liegt oder keine von beiden Eigenschaften aufweist.

$$f(-x) = \frac{2 \cdot (-x)^2}{(-x)^2 + 1} = \frac{2x^2}{x^2 + 1} = f(x)$$

$\Rightarrow$ G_f ist axialsymmetrisch zur y-Achse.

Asymptoten

Zu untersuchen ist, ob G_f senkrechte oder waagerechte Asymptoten besitzt. G_f besitzt eine senkrechte Asymptote genau dann, wenn f eine Polstelle hat. G_f besitzt eine waagerechte Asymptote genau dann, wenn einer der Grenzwerte $\lim_{x \to \infty} f(x)$ oder $\lim_{x \to -\infty} f(x)$ einen endlichen Wert annimmt.

$0 = N(x)$
$0 = x^2 + 1$

nicht lösbar $\Rightarrow$ G_f besitzt keine Polstelle und damit keine senkrechte Asymptote.

$$\lim_{x \to \pm\infty} f(x) = \lim_{x \to \pm\infty} \frac{x^2 \cdot 2}{x^2 \left(1 + \frac{1}{x^2}\right)} = \lim_{x \to \pm\infty} \frac{2}{1 + \frac{1}{x^2}} = \frac{2}{1+0} = 2$$

$\Rightarrow$ G_f besitzt genau eine waagerechte Asymptote und diese genügt der Gleichung $y = 2$.

gemeinsame Punkte S_x mit der x-Achse

G_f kann mit der x-Achse im Punkt $S_x(x; f(x))$ nur dann einen gemeinsamen Punkt haben, wenn $f(x) = 0$ gilt.

$0 = f(x)$
$0 = Z(x) = 2x^2$
$x = 0$ mit $N(0) = 0^2 + 1 = 1 \neq 0$ $\Rightarrow$ $S_x(0; 0)$

lokale Extrempunkte E

$E(x_E; f(x_E))$ ist ein lokaler Extrempunkt von G_f, wenn sowohl die Gleichung $f'(x_E) = 0$ als auch die Ungleichung $f''(x_E) \neq 0$ gelten.

$$0 = f'(x) = \frac{4x}{(x^2+1)^2}$$

$0 = Z_1(x) = 4x$

$x = 0$ mit $N_1(0) = (0^2+1)^2 = 1 \neq 0$ $\Rightarrow$ $x = 0$ ist die einzig mögliche Extremstelle von G_f.

$f''(0) = \dfrac{4 - 12 \cdot 0^2}{(0^2+1)^3} = 4 > 0$ $\Rightarrow$ $x = 0$ ist die lokale Minimumstelle von G_f.

$f(0) = 0$ $\Rightarrow$ $E(0; 0)$ ist als der lokale Extrempunkt von G_f ein Tiefpunkt.

Wendepunkte W

$W(x_W; f(x_W))$ kann nur dann ein Wendepunkt von G_f sein, wenn die Gleichung $f''(x_W)=0$ gilt.

$$0 = f''(x) = \frac{4-12x^2}{(x^2+1)^3}$$

$$0 = 4 - 12x^2$$

$$x^2 = \frac{1}{3}$$

$$x_{1,2} = \pm\sqrt{\frac{1}{3}} \text{ mit } N_2\left(\pm\sqrt{\frac{1}{3}}\right) = \left(\frac{1}{3}+1\right)^3 \neq 0$$

$\Rightarrow x_{1,2} = \pm\sqrt{\frac{1}{3}}$ sind die beiden möglichen Wendestellen von G_f.

Da auf den Nachweis, dass $x_{1,2}$ tatsächlich Wendestellen von G_f sind, verzichtet wird, sind $W_{1,2}\left(\pm\sqrt{\frac{1}{3}}; f\left(\pm\sqrt{\frac{1}{3}}\right)\right) = \underline{\underline{W_{1,2}\left(\pm\sqrt{\frac{1}{3}}; \frac{1}{2}\right)}}$ als die gesuchten Wendepunkte anzusehen.

Lösungshinweise für das CAS-Abitur

Den Nachweis, dass es sich tatsächlich um Wendestellen handelt, führen Sie mit der 3. Ableitung durch.
Für beide möglichen Wendestellen gilt, dass $f'''(x) \neq 0$ ist. Damit ist gezeigt, dass es sich um Wendestellen handelt.

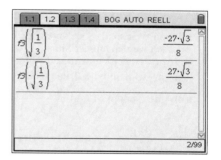

Skizze des Graphen G_f und der Asymptote

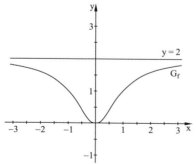

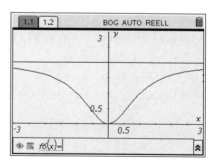

Wertebereich W_f

Der Wertebereich W_f kann der Skizze von G_f entnommen werden.

$W_f = \{y \mid y \geq y_T \text{ und } y < 2\} = \{y \mid 0 \leq y < 2\}$

$\underline{\underline{W_f = \{y \mid 0 \leq y < 2\} = [0; 2[}}$

b) **Punkte P mit vorgegebenem Abstand zu einer waagerechten Geraden**

Da G_f stets unterhalb der Geraden mit der Gleichung $y = 2$ liegt, vereinfacht sich der Abstand $|2 - f(x)|$ eines Punktes $P(x; f(x))$ von dieser Geraden zu $2 - f(x)$.

$2 - f(x) = 0,1$

$1,9 = f(x) = \dfrac{2x^2}{x^2 + 1} \quad |\cdot (x^2 + 1)$

$1,9x^2 + 1,9 = 2x^2$

$1,9 = 0,1x^2$

$19 = x^2$

$x_{1,2} = \pm\sqrt{19} \approx \pm 4{,}359 \quad \Rightarrow \quad P_{1,2}(\pm\sqrt{19}; f(\pm\sqrt{19})) = \underline{\underline{P_{1,2}(\pm\sqrt{19}; 1,9)}}$

c) **Gleichung der Tangente t und Berührungspunkt P**

Gesucht ist eine Tangente, die in einem (noch unbekannten) Punkt P an G_f gelegt werden soll und zwar so, dass sie durch den Koordinatenursprung verläuft. Dies darf nicht verwechselt werden mit der Situation, dass die Tangente im Koordinatenursprung an G_f gelegt wird. Außerdem wird laut Aufgabenstellung zusätzlich $x_P > 0$ vorausgesetzt.

$t(x) = m \cdot x + n$ mit $n = 0$, da t eine Ursprungsgerade sein soll.

$t(x) = m \cdot x$ mit $m = f'(x_P) = \dfrac{4x_P}{(x_P^2 + 1)^2}$

$t(x) = \dfrac{4x_P}{(x_P^2 + 1)^2} \cdot x_P$ mit $t(x_P) = f(x_P) = \dfrac{2x_P^2}{x_P^2 + 1}$

$\dfrac{2x_P^2}{x_P^2 + 1} = \dfrac{4x_P^2}{(x_P^2 + 1)^2} \quad |\cdot (x_P^2 + 1)^2$

$2x_P^2(x_P^2 + 1) = 4x_P^2 \quad |:(2x_P^2)$, da $x_P > 0$ sein soll

$x_P^2 + 1 = 2$

$x_P^2 = 1$ mit $x_P > 0$

$\Rightarrow \quad x_P = 1 \quad \Rightarrow \quad P(1; f(1)) = \underline{\underline{P(1; 1)}}$

$\Rightarrow \quad t(x) = m \cdot x$ mit $m = f'(1) = \dfrac{4 \cdot 1}{(1^2 + 1)^2} = 1$

$\Rightarrow \quad \underline{\underline{t(x) = x}}$ ist die Gleichung der Tangente im Punkt P an G_f.

Skizze der Tangente t

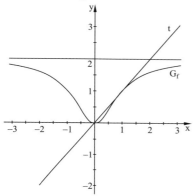

d) **Nachweis der Gültigkeit einer Geradengleichung**

Die Aufgabe kann auf zwei Wegen gelöst werden. Man kann aus der gegebenen Gleichung die geforderten Eigenschaften von s ableiten (Lösungsweg 1) oder man kann aus den gegebenen Eigenschaften von s die gegebene Gleichung rekonstruieren (Lösungsweg 2).

Lösungsweg 1
s genüge der Gleichung $y = s(x) = -x + 2$
$\Rightarrow$ (1) $m_s = -1 = \frac{-1}{1} = \frac{-1}{m_g}$, d. h. $s \perp g$ mit $g: y = x$
(2) $s(1) = -1 + 2 = 1$, d. h. $P(1; 1) \in s$ q. e. d.

Lösungsweg 2
s genügt als Gerade einer Gleichung $s(x) = m_s \cdot x + n$ und es soll gelten

(1) $s \perp g$ mit $g: y = x$ $\Rightarrow$ $m_s = \frac{-1}{m_g} = \frac{-1}{1} = -1$ $\Rightarrow$ $s(x) = -x + n$

(2) $P(1; 1) \in s$ $\Rightarrow$ $s(1) = 1$ $\Rightarrow$ $-1 + n = 1$ $\Rightarrow$ $n = 2$

$\Rightarrow y = s(x) = -x + 2$

q. e. d.

Lösungshinweise für das CAS-Abitur: Berechnung des Flächeninhalts

Man bestimmt zunächst den Schnittpunkt der Graphen von f und s. Man erhält für den Schnittpunkt den x-Wert 1.
Jetzt kann man mit dem Taschencomputer sofort beide bestimmte Integrale berechnen und erhält als Wert für die Fläche:

$$A = \frac{5}{2} - \frac{\pi}{2} \approx 0{,}93$$

Der gesuchte Flächeninhalt beträgt ca. 0,93 FE.

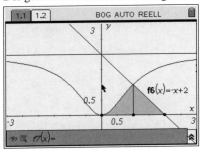
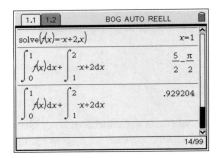

Volumen V eines Rotationskörpers

Die Gerade s schließt mit den Koordinatenachsen das markierte Dreieck ein. Bei seiner Rotation um die x-Achse entsteht ein (Kreis-)Kegel mit dem Radius r = 2 und der Höhe h = 2.

$$V = \frac{1}{3}\pi \cdot r^2 \cdot h$$

$$V = \frac{1}{3}\pi \cdot 2^2 \cdot 2$$

$$\underline{\underline{V = \frac{8}{3}\pi \approx 8{,}378}}$$

Das gesuchte Volumen beträgt ca. 8,378 VE.

e) **maximaler Rechteckflächeninhalt**

Bezeichne A(u) den Flächeninhalt des Rechtecks RSQT in Abhängigkeit vom Wert u, so ist eine positive lokale Maximumstelle von A gesucht.

Aufstellen der Zielfunktion A:

$A(u) = \overline{SQ} \cdot \overline{QT}$ mit $\overline{SQ} = 2u$ und $\overline{QT} = 2 - f(u)$
$ = 2u \cdot (2 - f(u))$ mit $u > 0$ laut Aufgabenstellung
$ = 2u \cdot \left(2 - 2 + \frac{2}{u^2 + 1}\right)$

$$A(u) = \frac{4u}{u^2 + 1}$$

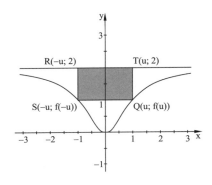

2008-10

Ermitteln einer möglichen lokalen Maximumstelle von A:

$$A'(u) = \left(\frac{4u}{u^2+1}\right)' = \frac{4\cdot(u^2+1)-4u\cdot 2u}{(u^2+1)^2} = \frac{4u^2+4-8u^2}{(u^2+1)^2} = \frac{4-4u^2}{(u^2+1)^2}$$

$$0 = A'(u) = \frac{4-4u^2}{(u^2+1)^2}$$

$$0 = 4 - 4u^2$$

$$u^2 = 1 \text{ mit } u > 0 \Rightarrow u = 1$$

u = 1 ist die einzig mögliche lokale Maximumstelle von A. Da auf den Nachweis, dass u = 1 tatsächlich eine lokale Maximumstelle von A ist, verzichtet wird, ist $\underline{\underline{u = 1}}$ als die gesuchte Maximumstelle anzusehen.

Lösungshinweise für das CAS-Abitur

Sie müssen auch den maximalen Flächeninhalt berechnen. Dieser beträgt 2 FE.

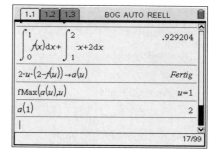

Grundkurs Mathematik (Thüringen): Abiturprüfung 2008
Aufgabe A2: Analysis

Gegeben ist die Funktion f durch

$$y = f(x) = (x-2) \cdot e^{\frac{3}{2}x}, \quad x \in \mathbb{R}.$$

a) Untersuchen Sie den Graphen der Funktion f auf Schnittpunkte mit den Koordinatenachsen, auf lokale Extrempunkte und auf Wendepunkte!
(Auf den Nachweis eventueller Wendepunkte wird verzichtet.)
Geben Sie gegebenenfalls die Koordinaten dieser Punkte an!
Skizzieren Sie den Graphen von f im Intervall $-2 \leq x \leq 2{,}1$!
Geben Sie den Wertebereich von f an!
Für welches c ($c \in \mathbb{R}$) hat die Gerade mit der Gleichung $y = c$ mit dem Graphen von f im gesamten Definitionsbereich genau einen, keinen oder zwei gemeinsame Punkte?

[Kontrollergebnis: $f'(x) = \left(\frac{3}{2}x - 2\right) \cdot e^{\frac{3}{2}x}$] (15 BE)

b) Die Funktion F mit

$$F(x) = e^{\frac{3}{2}x} \cdot \left(\frac{2}{3}x - \frac{16}{9}\right) + 2008$$

ist eine Stammfunktion von f.
Der Graph der Funktion f schließt mit den Koordinatenachsen eine Fläche vollständig ein.
Berechnen Sie den Inhalt dieser Fläche! (3 BE)

c) Der Punkt U(u; f(u)) mit $0 < u < 2$ und der Koordinatenursprung sind Eckpunkte eines achsenparallelen Rechtecks.
Untersuchen Sie, ob es einen Wert von u gibt, so dass der Flächeninhalt des Rechtecks maximal wird!
(Auf den Nachweis des lokalen Maximums wird verzichtet.) (4 BE)

d) Der Graph von f schneidet die y-Achse im Punkt Y. Im Punkt Y wird die Tangente t an den Graphen von f gelegt.
Ermitteln Sie eine Gleichung der Tangente t!
Durch Y und den Punkt M(4; 0) verläuft eine Gerade s.
Zeigen Sie, dass diese Gerade s senkrecht zur Tangente t verläuft!
Begründen Sie, dass der Punkt M Mittelpunkt eines Kreises ist, der den Graphen von f in Y berührt!
Berechnen Sie den Radius dieses Kreises! (6 BE)

e) Untersuchen Sie, ob es Tangenten an den Graphen von f gibt, die durch den Koordinatenursprung verlaufen! (2 BE)

(30 BE)

Aufgabenstellung für das CAS-Abitur

Gegeben ist die Funktion f durch
$$y = f(x) = (x-2) \cdot e^{\frac{3}{2}x}, \quad x \in \mathbb{R}.$$

a) Untersuchen Sie den Graphen der Funktion f auf Schnittpunkte mit den Koordinatenachsen, auf lokale Extrempunkte und auf Wendepunkte! Geben Sie gegebenenfalls die Koordinaten dieser Punkte an!
Skizzieren Sie den Graphen von f im Intervall $-2 \leq x \leq 2{,}1$!
Geben Sie den Wertebereich von f an!
Für welches c ($c \in \mathbb{R}$) hat die Gerade mit der Gleichung $y = c$ mit dem Graphen von f im gesamten Definitionsbereich genau einen, keinen oder zwei gemeinsame Punkte? (CAS: 13 BE)

b) Der Graph der Funktion f schließt mit den Koordinatenachsen eine Fläche vollständig ein.
Berechnen Sie den Inhalt dieser Fläche! (CAS: 2 BE)

c) Der Punkt U(u; f(u)) mit $0 < u < 2$ und der Koordinatenursprung sind Eckpunkte eines achsenparallelen Rechtecks.
Untersuchen Sie, ob es einen Wert von u gibt, so dass der Flächeninhalt des Rechtecks maximal wird! (CAS: 3 BE)

d) Der Graph von f schneidet die y-Achse im Punkt Y. Im Punkt Y wird die Tangente an den Graphen von f gelegt.
Ermitteln Sie eine Gleichung der Tangente!
Durch Y und M(4; 0) verläuft eine Gerade s.
Zeigen Sie, dass diese Gerade s senkrecht zur Tangente verläuft!
Begründen Sie, dass der Punkt M Mittelpunkt eines Kreises ist, der den Graphen von f in Y berührt!
Berechnen Sie den Radius dieses Kreises! (CAS: 6 BE)

e) Untersuchen Sie, ob es Tangenten an den Graphen von f gibt, die durch den Koordinatenursprung verlaufen! (CAS: 2 BE)

f) Für jede reelle Zahl t ist eine Funktion f_t durch
$$f_t(x) = (x-t)e^{t \cdot x}$$
gegeben.
Für welches t hat der Graph von f_t keinen Extrempunkt?
Begründen Sie Ihre Entscheidung!
Bestimmen Sie den Extrempunkt von f_t in Abhängigkeit von t!
Für welche Werte von t liegt der Extrempunkt unterhalb der x-Achse? (CAS: 4 BE)

(CAS: 30 BE)

Hinweise und Tipps

Aufgabe a
Schnittpunkte, Extrempunkte, Wendepunkte
- Für Schnittpunkte mit den Achsen muss $x=0$ bzw. $y=0$ gelten.
- Mit $f(0)$ erhält man den Schnittpunkt mit der y-Achse und mit $f(x)=0$ den Schnittpunkt mit der x-Achse.
- Zur Bestimmung der Extrema und Wendepunkte notieren Sie sich zunächst die ersten beiden Ableitungen der Funktion.
- Nun können Sie zunächst mögliche Extremstellen x_E mit dem notwendigen Kriterium $f'(x)=0$ bestimmen, ebenso finden Sie mögliche Wendestellen x_W mit $f''(x)=0$. Ob ein Extrempunkt an den ermittelten Stellen vorliegt, kann mit einem hinreichenden Kriterium überprüft werden, z. B. für Extremstellen $f''(x_E) \neq 0$.

Ergänzung für das CAS-Abitur: Nachweis der Wendepunkte
- Bestimmen Sie mit dem Taschencomputer zusätzlich die dritte Ableitung der Funktion f.
- Ob an den möglichen Wendestellen x_W tatsächlich ein Wendepunkt vorliegt, kann dann mit dem hinreichenden Kriterium $f'''(x_W) \neq 0$ überprüft werden.

Wertebereich
- Der Wertebereich einer Funktion umfasst alle Funktionswerte, die die Funktion annehmen kann. Berücksichtigen Sie die ermittelten wesentlichen Punkte der Funktion und das Verhalten der Funktion an den Grenzen des Definitionsbereiches.

Schnittpunkte mit $y=c$
- Veranschaulichen Sie sich den Sachverhalt an Beispielen.
- Sie erkennen, dass drei Fälle zu unterscheiden sind:
kein gemeinsamer Punkt, zwei gemeinsame Punkte bzw. ein gemeinsamer Punkt.
- Beachten Sie den Sonderfall des Tiefpunktes der Funktion.

Aufgabe b
- Veranschaulichen Sie die zu bestimmende Fläche in der bereits angefertigten Skizze.
- Die Flächenberechnungen können Sie nun mithilfe des bestimmten Integrals durchführen.
- Bestimmen Sie zunächst die untere und die obere Grenze für das bestimmte Integral.
- Berechnen Sie dann den Inhalt der gesuchten Fläche.

Aufgabe c
- Veranschaulichen Sie den Sachverhalt für ein konkretes Beispiel mit $u>0$.
- Der Flächeninhalt eines Rechtecks kann aus $A = a \cdot b$ bestimmt werden, wobei a und b die Seitenlängen des Rechtecks sind.
- Die Seitenlänge a entspricht der x-Koordinate u des Punktes U, die andere Seitenlänge entspricht der y-Koordinate des Punktes U.
- Untersuchen Sie die Zielfunktion A mit $A(u) = u \cdot (-f(u))$ auf lokale Extrema.
- Aus der notwendigen Bedingung $A'(u)=0$ ergeben sich mögliche Extremstellen u_E.

Ergänzung für das CAS-Abitur: Nachweis des lokalen Maximums
- Mithilfe der hinreichenden Bedingung $A''(u)=0$ kann auf ein lokales Maximum geschlossen werden.

Aufgabe d

Gleichung der Tangenten t

- Zur Bestimmung der Tangentengleichung, die durch den Punkt P(0; f(0)), dem schon ermittelten Schnittpunkt mit der y-Achse, verläuft, benötigt man noch den Anstieg m im Punkt P.
- Den Anstieg einer Funktion f an einer Stelle x_0 können Sie als 1. Ableitung $f'(x_0)$ ermitteln.
- Die Gleichung einer Tangente ist eine Geradengleichung der Form $y = mx + n$.

Senkrechte Gerade zur Tangente – Normale

- Die zu einer Tangente durch einen Punkt senkrecht verlaufende Gerade wird als Normale bezeichnet.
- Damit zwei Geraden senkrecht aufeinander stehen, muss für ihre Anstiege $m_1 \cdot m_2 = -1$ gelten.
- Die gesuchte Gerade verläuft durch die Punkte Y(0; 2) und M (4; 0). Hiermit können Sie den Anstieg der gesuchten Geraden bestimmen.
- Der Anstieg einer Geraden ist definiert mit $m = \frac{\Delta y}{\Delta x}$.

Begründung

- Erinnern Sie sich an den Zusammenhang zwischen Berührungsradius und Tangente.

Radius des Kreises

- Der Radius entspricht dem Abstand der beiden Punkte Y und M.

Aufgabe e

- Die Gleichung einer Tangente, die durch den Koordinatenursprung verläuft ist eine Geradengleichung der Form $y = mx$.
- Den Anstieg m einer Funktion f an einer Stelle x_0 können Sie als 1. Ableitung $f'(x_0)$ ermitteln.

Aufgabe f für das CAS-Abitur

- Bestimmen Sie die erste und zweite Ableitung von f_t.
- Nun können Sie mögliche Extremstellen x_E mit dem notwendigen Kriterium $f'(x) = 0$ bestimmen.
- Untersuchen Sie den für x_E ermittelten Term in Abhängigkeit von t auf dessen Definitionsbereich.
- Ob ein Extrempunkt an den ermittelten Stellen vorliegt, kann mit einem hinreichenden Kriterium überprüft werden, z. B. $f''(x_E) \neq 0$.
- Bestimmen Sie dann den Extrempunkt $E(x_E; f_t(x_E))$.
- Damit der Extrempunkt unterhalb der x-Achse liegt, muss für die y-Koordinate des Extrempunktes $y < 0$ gelten.
- Analysieren Sie den Term $-\frac{e^{t^2}-1}{t}$ anhand einer Fallunterscheidung mit $t > 0$ bzw. $t < 0$.
- Berücksichtigen Sie dabei das Verhalten der Exponentialfunktion $y = e^x$.
- Kontrollieren Sie Ihre Ergebnisse anhand ausgewählter Beispiele im Grafikfenster.

Lösungen

$f(x) = (x-2) \cdot e^{\frac{3}{2}x}$

$f'(x) = 1 \cdot e^{\frac{3}{2}x} + (x-2) \cdot e^{\frac{3}{2}x} \cdot \frac{3}{2}$

$ = e^{\frac{3}{2}x} \left(\frac{3}{2}x - 2\right)$

$f''(x) = e^{\frac{3}{2}x} \cdot \frac{3}{2} \cdot \left(\frac{3}{2}x - 2\right) + e^{\frac{3}{2}x} \cdot \frac{3}{2}$

$ = e^{\frac{3}{2}x} \cdot \left(\frac{9}{4}x - \frac{3}{2}\right)$

G_f bezeichne den Graphen der Funktion f.

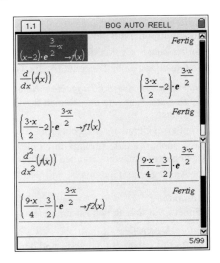

a) Schnittpunkte S_x und S_y mit den Koordinatenachsen

G_f kann die x-Achse nur in Punkten $S_x(x; f(x))$ mit $f(x) = 0$ schneiden.

$0 = f(x) = (x-2) \cdot e^{\frac{3}{2}x}$ Ein Produkt ist genau dann null, wenn einer seiner Faktoren null ist.

$0 = x - 2$ $\qquad$ $0 = e^{\frac{3}{2}x}$

$x = 2$ $\qquad$ nicht lösbar

$\Rightarrow$ $\underline{\underline{S_x(2; 0)}}$ ist der einzige Schnittpunkt von G_f mit der x-Achse.

G_f kann die y-Achse nur in einem Punkt $S_y(x; f(x))$ mit $x = 0$ schneiden.

$f(0) = (0-2) \cdot e^{\frac{3}{2} \cdot 0} = -2$ $\Rightarrow$ $\underline{\underline{S_y(0; -2)}}$ ist der Schnittpunkt von G_f mit der y-Achse.

lokale Extrempunkte E

$E(x_E; f(x_E))$ ist ein lokaler Extrempunkt von G_f, wenn sowohl die Gleichung $f'(x_E) = 0$ als auch die Ungleichung $f''(x_E) \neq 0$ gelten.

$0 = f'(x) = \left(\frac{3}{2}x - 2\right) \cdot e^{\frac{3}{2}x}$

$0 = \left(\frac{3}{2}x - 2\right)$ $\qquad$ $0 = e^{\frac{3}{2}x}$

$x = \frac{4}{3}$ $\qquad\qquad$ nicht lösbar

$\Rightarrow$ $x = \frac{4}{3}$ ist die einzig mögliche Extremstelle von G_f.

$f''\left(\dfrac{4}{3}\right) = \left(\dfrac{9}{4} \cdot \dfrac{4}{3} - \dfrac{3}{2}\right) \cdot e^{\frac{3}{2} \cdot \frac{4}{3}} = \dfrac{3}{2} e^2 \approx 11{,}08 > 0 \quad\Rightarrow\quad x = \dfrac{4}{3}$ ist als die einzige lokale Extremstelle von G_f eine Minimumstelle.

$f\left(\dfrac{4}{3}\right) = \left(\dfrac{4}{3} - 2\right) \cdot e^{\frac{3}{2} \cdot \frac{4}{3}} = -\dfrac{2}{3} e^2 \approx -4{,}9 \quad\Rightarrow\quad \underline{\underline{E\left(\dfrac{4}{3};\, -\dfrac{2}{3} e^2\right)}}$

Der einzig vorhandene Extrempunkt $E\left(\dfrac{4}{3};\, -\dfrac{2}{3} e^2\right) = E(\approx 1{,}3;\, \approx -4{,}9)$ ist ein Tiefpunkt.

Wendepunkte W

$W(x_W; f(x_W))$ ist ein Wendepunkt von G_f, wenn sowohl die Gleichung $f''(x_W) = 0$ als auch die Ungleichung $f'''(x_W) \neq 0$ gelten.

$0 = f''(x) = \left(\dfrac{9}{4} x - \dfrac{3}{2}\right) \cdot e^{\frac{3}{2}x}$

$0 = \left(\dfrac{9}{4} x - \dfrac{3}{2}\right) \qquad\qquad 0 = e^{\frac{3}{2}x}$

$x = \dfrac{3}{2} \cdot \dfrac{4}{9} = \dfrac{2}{3} \qquad\qquad\qquad$ nicht lösbar

$\Rightarrow\quad x = \dfrac{2}{3}$ ist die einzig mögliche Wendestelle von G_f.

$f\left(\dfrac{2}{3}\right) = \left(\dfrac{2}{3} - 2\right) \cdot e^{\frac{3}{2} \cdot \frac{2}{3}} = -\dfrac{4}{3} e \approx -3{,}6$

$\Rightarrow\quad \underline{\underline{W\left(\dfrac{2}{3};\, -\dfrac{4}{3} e\right)}} = W(\approx 0{,}67;\, \approx -3{,}6)$ ist als der gesuchte Wendepunkt von G_f anzusehen,

da auf den Nachweis, dass W tatsächlich ein Wendepunkt von G_f ist, laut Aufgabenstellung verzichtet werden kann.

Lösungshinweise für das CAS-Abitur: Nachweis des Wendepunkts

Um nachzuweisen, dass an der Stelle $x_W = \dfrac{2}{3}$ eine Wendestelle existiert, muss $f'''(x_W) \neq 0$ sein. Dies ist der Fall.

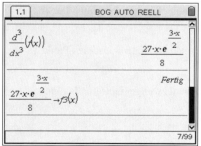 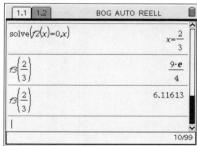

Skizze des Graphen G_f

Um G_f (mindestens) im Intervall $-2 \leq x \leq 2{,}1$ zu skizzieren, ist es notwendig, auch die Funktionswerte an den Intervallenden zu berechnen.

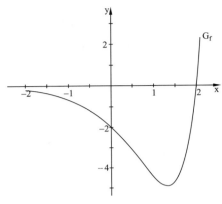

$f(-2) \approx -0{,}20$
$f(2{,}1) \approx 2{,}3$

Wertebereich W_f

Der Wertebereich W_f kann der Skizze des Graphen G_f entnommen werden. Die y-Koordinate des Tiefpunktes bildet den kleinsten Wert von W_f. Nach oben ist G_f und damit auch W_f nicht beschränkt.

$$W_f = \left\{ y \mid y \geq -\frac{2}{3}e^2 \approx -\frac{4}{9} \right\} = \left[-\frac{2}{3}e^2 \approx -4{,}9;\, \infty \right[$$

Anzahl der gemeinsamen Punkte von G_f mit einer Horizontalen

Alle Geraden mit der Gleichung $y = c$ ($c \in \mathbb{R}$) verlaufen horizontal, d. h. parallel zur x-Achse. Um die jeweilige Anzahl der Schnittpunkte des Graphen G_f mit diesen Geraden zu bestimmen, lässt man die Horizontale von „ganz unten" bis nach „ganz oben" durch das gezeichnete Koordinatensystem „wandern" und liest dabei die Anzahl ihrer gemeinsamen Punkte mit G_f ab.

Horizontalen mit $y = c$

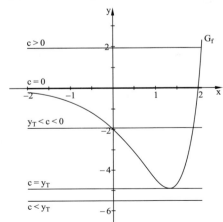

genau einen gemeinsamen Punkt

genau einen gemeinsamen Punkt

genau zwei gemeinsame Punkte

genau einen gemeinsamen Punkt
keinen gemeinsamen Punkt

Somit ergibt sich als Anzahl gemeinsamer Punkte

$$\begin{Vmatrix} 0 & \text{für } c < -\frac{2}{3}e^2 \approx -4{,}9 \\ \text{genau 1} & \text{für } c = -\frac{2}{3}e^2 \approx -4{,}9 \text{ und für } c \geq 0 \\ \text{genau 2} & \text{für } -4{,}9 \approx -\frac{2}{3}e^2 < c < 0 \end{Vmatrix}$$

b) **Flächeninhalt A**

Der Skizze aus dem Aufgabenteil a kann man entnehmen, dass der gesuchte Flächeninhalt A der Inhalt der Fläche „über" dem Intervall [0; 2] ist, die nirgends oberhalb der x-Achse liegt.

$$A = \left| \int_0^2 f(x)\,dx \right| = |F(2) - F(0)|$$

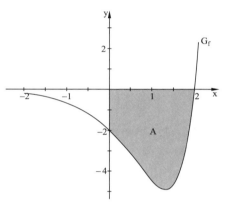

$$= \left| e^{\frac{3}{2} \cdot 2} \cdot \left(\frac{2}{3} \cdot 2 - \frac{16}{9} \right) - e^{\frac{3}{2} \cdot 0} \cdot \left(\frac{2}{3} \cdot 0 - \frac{16}{9} \right) \right|$$

$$= \left| e^3 \cdot \left(-\frac{4}{9} \right) - \left(-\frac{16}{9} \right) \right|$$

$$\underline{\underline{A = \frac{4}{9}e^3 - \frac{16}{9} \approx 7{,}15}}$$

Der gesuchte Flächeninhalt beträgt ca. 7,15 FE.
Gleichwertige Ansätze wären auch

$$A = -\int_0^2 f(x)\,dx \text{ bzw. } A = \int_2^0 f(x)\,dx.$$

Lösungshinweise für das CAS-Abitur

Bei Verwendung eines Taschencomputers kann analog vorgegangen werden. Der CAS-Rechner liefert sofort das Ergebnis.
Eine Kontrolle im Grafikfenster ist möglich.

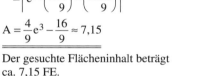

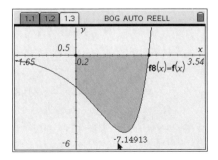

c) **Maximaler Rechteckflächeninhalt**

Der Rechteckflächeninhalt A(u) kann nur für ein solches u ein lokales Maximum annehmen, das der Gleichung A'(u) = 0 genügt.

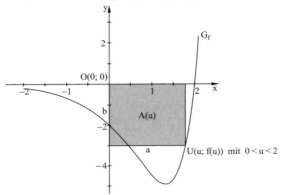

Aufstellen der Zielfunktion:

$A(u) = a \cdot b$ mit $a = u$ und $b = -f(u)$

$= u \cdot \left[-(u-2) \cdot e^{\frac{3}{2}u} \right] = (2u - u^2) \cdot e^{\frac{3}{2}u}$ mit $D_A =]0; 2[$

notwendige Bedingung für die Existenz einer lokalen Maximumstelle:

$A'(u) = (2 - 2u) \cdot e^{\frac{3}{2}u} + (2u - u^2) \cdot e^{\frac{3}{2}u} \cdot \frac{3}{2}$

$= e^{\frac{3}{2}u} \left(-\frac{3}{2} u^2 + u + 2 \right)$

$0 = A'(u)$

$0 = e^{\frac{3}{2}u} \cdot \left(-\frac{3}{2} u^2 + u + 2 \right)$

$0 = e^{\frac{3}{2}u}$ $0 = -\frac{3}{2} u^2 + u + 2$
nicht lösbar

$\qquad\qquad 0 = u^2 - \frac{2}{3} u - \frac{4}{3}$

$\qquad\qquad u_{1,2} = \frac{1}{3} \pm \sqrt{\frac{1}{9} + \frac{4}{3}} = \frac{1}{3} \pm \sqrt{\frac{13}{9}}$

$\qquad\qquad u_1 = \frac{1}{3} + \sqrt{\frac{13}{9}} \approx 1{,}54$

$\qquad\qquad u_2 = \frac{1}{3} - \sqrt{\frac{13}{9}} \approx -0{,}869 \notin D_A$

$\Rightarrow \quad u = \frac{1 + \sqrt{13}}{3} \approx 1{,}54$ ist die einzig mögliche lokale Extremstelle von A.

2008-20

Da auf den Nachweis, dass dieser u-Wert tatsächlich eine lokale Maximumstelle von A ist, verzichtet wird, ist $u = \dfrac{1+\sqrt{13}}{3} \approx 1{,}54$ als derjenige u-Wert anzusehen, für den der Flächeninhalt des Rechtecks maximal wird.

Lösungshinweise für das CAS-Abitur: Nachweis des Extremums

Um nachzuweisen, dass an der Stelle $x_E = \dfrac{\sqrt{13}+1}{3}$ ein Maximum vorliegt, muss $f''(x_E) < 0$ sein. Dies ist der Fall.
Eine Veranschaulichung im Grafikfenster ist möglich.

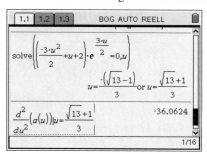
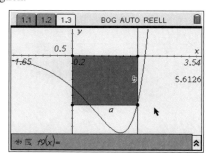

d) **Gleichung der Tangente t**

Die Tangente t wird im Punkt Y an G_f gelegt. Folglich muss sie den Anstieg von G_f an der Stelle $x_Y = 0$ besitzen. Außerdem muss Y auf t liegen.

t: $y = m \cdot x + n$ mit $m = f'(0) = e^{\frac{3}{2} \cdot 0} \cdot \left(\dfrac{3}{2} \cdot 0 - 2\right) = -2$ und

$y = -2x + n$ mit $Y = S_y(0; 2) \in t$
$-2 = -2 \cdot 0 + n \;\Rightarrow\; n = -2$

t: $y = -2x - 2$

Lösungshinweise für das CAS-Abitur

Die Tangente kann als Gerade mithilfe der Punkt-Steigungsform
$t(x) := f'(x_0) \cdot (x - x_0) + f(x_0)$ direkt mit dem Taschencomputer bestimmt werden.
Eine Kontrolle im Grafikfenster ist sinnvoll.

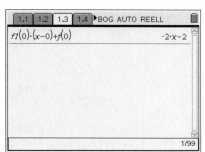
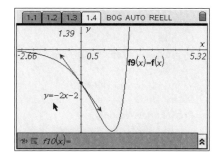

Nachweis der Orthogonalität der Geraden s und t

Damit $s \perp t$ gilt, muss das Produkt $m_s \cdot m_t$ ihrer Anstiege minus eins betragen. Es genügt also, den Anstieg m_s der Geraden s zu bestimmen.

Lösungsweg 1:

$m_s = \tan \alpha = \dfrac{2}{4} = 0{,}5$ als Anstieg der Geraden s.

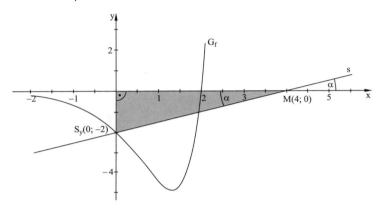

Lösungsweg 2:

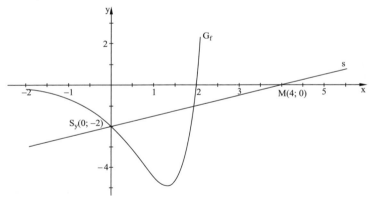

Gerade $s = YM = S_yM$:
$y = m_s \cdot x + n$ mit $Y(0; -2) \in s$
$-2 = m_s \cdot 0 + n \;\Rightarrow\; n = -2$
$y = m_s \cdot x - 2$ mit $M(4; 0) \in s$
$0 = m_s \cdot 4 - 2 \;\Rightarrow\; m_s = 0{,}5$ als Anstieg der Geraden s.
Produkt der Anstiege:
$m_s \cdot m_t = 0{,}5 \cdot (-2) = -1$ **q. e. d.**

Begründung, dass der Kreis m den Graphen G_f in Y berührt

Damit der Kreis den Graphen G_f in Y berührt, muss die im Punkt Y an G_f gelegte Tangente auch eine Tangente des Kreises sein, d. h. auf dem Kreisradius im Punkt Y senkrecht stehen.

m bezeichne den Kreis mit dem Mittelpunkt M und dem Radius $\overline{MY}$. Sowohl der Mittelpunkt M(4; 0) als auch der Radius $\overline{MY}$ liegen auf der Geraden s. Diese Gerade s steht – wie oben bewiesen – senkrecht auf der Tangente t an G_f in ihrem Berührungspunkt Y. Folglich steht $\overline{MY}$ senkrecht auf t in ihrem Berührungspunkt Y.
M ist also der Mittelpunkt des Kreises m, der den Graphen G_f in Y berührt. **q. e. d.**

Radius r des Kreises

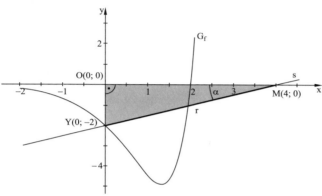

Lösungsweg 1:
Der Radius $r = \overline{MY}$ ist die Hypotenuse des rechtwinkligen Dreiecks OYM, sodass r mithilfe des Satzes von Pythagoras berechnet werden kann.

$r = \sqrt{\overline{OY}^2 + \overline{OM}^2} = \sqrt{2^2 + 4^2} = \underline{\underline{\sqrt{20} = 2\sqrt{5} \approx 4{,}5}}$

Der Radius des Kreises m besitzt eine Länge von ca. 4,5 LE.

Lösungsweg 2:
Der Radius r ist die Hypotenuse des rechtwinkligen Dreiecks OYM, in dem der Winkel α gleich dem Anstiegswinkel der Geraden s ist, so dass r mittels einer Winkelfunktion berechnet werden kann.

$\tan \alpha = m_s = 0{,}5 \quad \Rightarrow \quad \alpha \approx 26{,}6°$

$\sin \alpha = \dfrac{2}{r} \quad \Rightarrow \quad r = \dfrac{2}{\sin \alpha} \approx \dfrac{2}{\sin 26{,}6°} \underline{\underline{\approx 4{,}5}}$

Der Radius des Kreises m ist ca. 4,5 LE lang. Denselben Wert für r erhält man über den Ansatz $\cos \alpha = \dfrac{4}{r}$.

Lösungsweg 3:
Den Radius kann man auch mithilfe des
Betrages des Vektors $\overrightarrow{MY}$ ermitteln.

$$r = |\overrightarrow{MY}| = \left|\begin{pmatrix} 0-4 \\ -2-0 \end{pmatrix}\right|$$

$$= \left|\begin{pmatrix} -4 \\ -2 \end{pmatrix}\right| = \sqrt{(-4)^2 + (-2)^2}$$

$$= \underline{\underline{\sqrt{20} = 2\sqrt{5} \approx 4{,}5}}$$

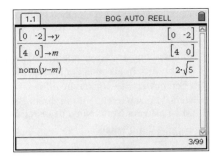

e) **Untersuchen, ob G_f Tangenten besitzt, die Ursprungsgeraden sind**

Gefragt ist nach der Existenz einer Tangente, die in einen (noch unbekannten) Punkt B an G_f gelegt werden kann und zwar so, dass sie durch den Koordinatenursprung verläuft. Das darf nicht verwechselt werden mit der Situation, dass die Tangente im Koordinatenursprung an G_f gelegt werden soll.

$t(x) = m \cdot x + n$ \qquad mit $n = 0$, da t eine Ursprungsgerade sein soll

$t(x) = m \cdot x$ \qquad mit $m = f'(x_B) = e^{\frac{3}{2}x_B} \cdot \left(\frac{3}{2}x_B - 2\right)$

$t(x) = e^{\frac{3}{2}x_B} \cdot \left(\frac{3}{2}x_B - 2\right) \cdot x$ \qquad mit $t(x_B) = f(x_B) = (x_B - 2) \cdot e^{\frac{3}{2}x_B}$

$(x_B - 2) \cdot e^{\frac{3}{2}x_B} = e^{\frac{3}{2}x_B} \cdot \left(\frac{3}{2}x_B - 2\right) \cdot x_B$ \qquad $|: e^{\frac{3}{2}x_B}$, da $e^{\frac{3}{2}x_B} > 0$ stets gilt

$$x_B - 2 = \frac{3}{2}x_B^2 - 2x_B$$

$$0 = \frac{3}{2}x_B^2 - 3x_B + 2 \qquad \left|: \frac{3}{2}\right.$$

$$0 = x_B^2 - 2x_B + \frac{4}{3}$$

$$x_{B_{1,2}} = 1 \pm \sqrt{1 - \frac{4}{3}} \notin \mathbb{R}, \text{ weil } 1 - \frac{4}{3} < 0 \text{ gilt}$$

Es gibt folglich **keine Tangente** an den Graphen von f, die durch den Koordinatenursprung verläuft.

Lösungshinweise für das CAS-Abitur:
Mit der Definition t(b,x) wird zunächst eine beliebige Tangente an den Graphen an der noch unbekannten Stelle b allgemein festgelegt.
Mit t(b, 0) = 0 sucht man nun eine Stelle b, für die die Tangente durch den Ursprung (x = 0 und y = 0) verläuft.
Da der Taschencomputer für diese Gleichung keine Lösung findet, ist gezeigt, dass es keine solche Tangente gibt.

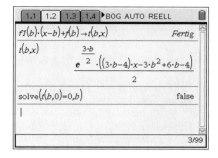

f) **Für das CAS-Abitur**
Man ermittelt als mögliche Extremstellen mit der Bedingung $f'_t(x) = 0$ den Wert
$$x_E = \frac{t^2 - 1}{t}.$$
Dieser Term ist nur für $t = 0$ nicht definiert. Für $t = 0$ existieren keine lokalen Extrempunkte. Ob für alle anderen t ein Extrempunkt existiert, muss mit einem hinreichenden Kriterium untersucht werden. Mit $f''_t(x_E) \neq 0$ erhält man $f''_t(x_E) = t \cdot e^{t^2 - 1}$.
Dieser Ausdruck ist für $t > 0$ positiv ($t > 0$ und $e^{t^2 - 1}$ wird für alle t positiv) und man erhält damit an der Stelle x_E einen Tiefpunkt. Ist $t < 0$, dann wird der Ausdruck negativ (t ist negativ und $e^{t^2 - 1}$ ist positiv, demzufolge ist das Produkt aus beiden Teiltermen negativ) und man erhält damit an der Stelle x_E einen Hochpunkt.
Für die Koordinaten des Extrempunktes ergibt sich
$$E\left(\frac{t^2 - 1}{t} \; \middle| \; -\frac{1}{t} e^{t^2 - 1}\right) \text{ mit } t \neq 0.$$
Damit der Extrempunkt unterhalb der x-Achse liegt, muss für die y-Koordinate des Extrempunktes y < 0 gelten. Da
$$y = -\frac{1}{t} e^{t^2 - 1}$$
gilt und der zweite Faktor $e^{t^2 - 1}$ des Produkts immer positiv ist, folgt hieraus, dass y nur dann negativ wird, wenn $t > 0$ ist.

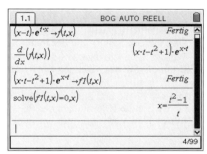

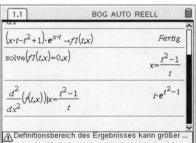

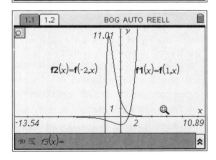

Grundkurs Mathematik (Thüringen): Abiturprüfung 2008
Aufgabe B1: Analytische Geometrie / Vektorrechnung

Gegeben sind die Punkte A(0; 0; 0), B(4; 8; 3), C(4; 10; 5), D(−4; −6; −1) und S(3; 2; 3).

a) Die Punkte B, C und D liegen in einer Ebene.
   Zeigen Sie, dass auch der Punkt A in dieser Ebene liegt! (3 BE)

b) Die Punkte A, B, C, D bilden in dieser Reihenfolge ein Viereck.
   Zeigen Sie, dass das Viereck ABCD ein Trapez ist, das nicht gleichschenklig ist!
   Berechnen Sie den Inhalt der Vierecksfläche! (7 BE)

c) Zeigen Sie, dass der Punkt $M\left(\frac{4}{3}; \frac{10}{3}; \frac{5}{3}\right)$ der Schnittpunkt der Diagonalen des Vierecks ABCD ist!
   Das Viereck ABCD und der Punkt S bilden eine Pyramide.
   Weisen Sie nach, dass $\overline{MS}$ die Höhe der Pyramide ist!
   Ermitteln Sie das Volumen der Pyramide ABCDS! (6 BE)

d) Die x-y-Ebene und die Pyramidenkante $\overline{DS}$ haben einen Punkt F gemeinsam.
   Geben Sie die Koordinaten des Punktes F an!
   In welchem Verhältnis teilt der Punkt F die Pyramidenkante $\overline{DS}$? (4 BE)

   (20 BE)

Hinweise und Tipps

Aufgabe a
- Stellen Sie eine Ebenengleichung in Parameterform auf. Beachten Sie dabei, dass dazu ein Stützvektor sowie zwei Spannvektoren erforderlich sind.
- Eine mögliche Ebenengleichung erhält man mit e(r, s): $\vec{x} = \overrightarrow{OB} + s \cdot (\overrightarrow{OC} - \overrightarrow{OB}) + t \cdot (\overrightarrow{OD} - \overrightarrow{OB})$.
- Ob der Punkt D in der Ebene liegt, kann man durch Gleichsetzen von $\overrightarrow{OA} = \vec{x}$ ermitteln. Findet man für die Parameter s und t eine Lösung, dann liegt der Punkt A in der Ebene.

Aufgabe b
Ungleichschenkliges Trapez
- Damit ein Viereck ein Trapez ist, muss es mindestens ein Paar parallele Gegenseiten haben. Um dies zu überprüfen, kann man z. B. die vier Seiten als Vektoren auffassen und untersuchen, ob mindestens ein Paar zueinander parallel ist.
- Stellt man die vier Vektoren $\overrightarrow{AB}, \overrightarrow{DC}, \overrightarrow{BC}$ und $\overrightarrow{AD}$ auf, so erkennt man, dass nur die ersten beiden zueinander parallel sein können. Dies überprüft man mit $\overrightarrow{AB} = r \cdot \overrightarrow{DC}$.
- Das Trapez ist nicht gleichschenklig, wenn die beiden Schenkel ungleich lang sind.
- Die Länge ermittelt man z. B. mit dem Betrag der entsprechenden Vektoren.

Berechnung des Flächeninhaltes mit der Formel
- Sie können die Flächeninhaltsformel für ein Trapez benutzen: $A = \frac{a+c}{2} \cdot h$
- Die Höhe des Trapezes bestimmen Sie z. B. über trigonometrische Betrachtungen.

Berechnung des Flächeninhaltes über Teilflächen
- Zerlegen Sie das Trapez in zwei Dreiecke ABC und ACD.
- Der Flächeninhalt der Teildreiecke kann nach der Formel $A = a \cdot b \cdot \sin \gamma$ berechnet werden. Hierzu sind die entsprechenden Seitenlängen z. B. über den Betrag der Vektoren und der eingeschlossene Winkel z. B. mithilfe des Kosinussatzes oder der Beziehung $\cos \gamma = \frac{\vec{a} \cdot \vec{b}}{|\vec{a}| \cdot |\vec{b}|}$ zu bestimmen.
- Den Flächeninhalt A eines Dreiecks kann man alternativ auch unter Verwendung des Vektorproduktes mit $A = \frac{1}{2} |\vec{a} \times \vec{b}|$ berechnen.

Berechnung des Flächeninhaltes mithilfe eines Parallelogramms
- Sie können das Trapez durch Spiegelung und Drehung zu einem Parallelogramm ergänzen und das Kreuzprodukt bzw. die Formel zur Berechnung des Flächeninhalts eines Parallelogramms nutzen.

Hinweis für das CAS-Abitur: Abstandsbestimmung mittels Lösen einer Extremwertaufgabe
- Man definiert eine Geradengleichung g(r) für die Gerade AB. Anschließend bestimmt man mit dem TC-Befehl **fmin** denjenigen Punkt auf g, der den geringsten Abstand von D hat. Dann muss man nur noch den Betrag des entsprechenden Vektors ermitteln und hat die Höhe des Trapezes bestimmt.

Aufgabe c
- Erstellen Sie zwei Geradengleichungen g_1(AC) und g_2(BD) und bestimmen Sie den Schnittpunkt.
- Die Strecke $\overline{MS}$ ist die Höhe der Pyramide, wenn sie senkrecht zu mindestens zwei nicht parallelen Seiten der Grundfläche ist.
- Zwei Vektoren stehen genau dann senkrecht aufeinander, wenn $\vec{a} \cdot \vec{b} = 0$ gilt.
- Das Volumen einer Pyramide kann mit der Formel $V = \frac{1}{3} A_g \cdot h$ ermittelt werden.

Aufgabe d
Durchstoßpunkt
- Der Schnittpunkt der Pyramidenkante $\overline{DS}$ mit der x-y-Ebene kann ermittelt werden, indem man in der Geradengleichung g(DS) die z-Koordinate null setzt und den Parameter r berechnet.

Teilverhältnis
- Der bei der Ermittlung des Punktes F genutzte Parameterwert $r = \frac{1}{4}$ bedeutet, dass der Punkt F die Strecke $\overline{DS}$ in zwei Strecken teilt, die $\frac{1}{4}$ bzw. $\frac{3}{4}$ der Gesamtstrecke umfassen. Diese beiden Teilstrecken müssen nun in das Verhältnis gesetzt werden.

Lösungen

A(0; 0; 0), B(4; 8; 3), C(4; 10; 5), D(–4; –6; –1), S(3; 2; 3)

a) **Nachweis von A ∈ ε$_{BCD}$**

Der Punkt A liegt in derselben Ebene ε$_{BCD}$ wie die Punkte B, C und D, wenn auch der Ortsvektor $\overrightarrow{OA}$ der Drei-Punkte-Gleichung von ε$_{BCD}$ genügt.

Drei-Punkte-Gleichung von ε$_{BCD}$:

$\vec{x} = \overrightarrow{OB} + s \cdot \overrightarrow{BC} + t \cdot \overrightarrow{BD}$ (s, t ∈ ℝ)

$\vec{x} = \begin{pmatrix} 4 \\ 8 \\ 3 \end{pmatrix} + s \cdot \begin{pmatrix} 4-4 \\ 10-8 \\ 5-3 \end{pmatrix} + t \cdot \begin{pmatrix} -4-4 \\ -6-8 \\ -1-3 \end{pmatrix}$

$\vec{x} = \begin{pmatrix} 4 \\ 8 \\ 3 \end{pmatrix} + s \cdot \begin{pmatrix} 0 \\ 2 \\ 2 \end{pmatrix} + t \cdot \begin{pmatrix} -8 \\ -14 \\ -4 \end{pmatrix}$ (s, t ∈ ℝ)

Punktprobe für A:

$\overrightarrow{OA} = \begin{pmatrix} 0 \\ 0 \\ 0 \end{pmatrix} = \begin{pmatrix} 4 \\ 8 \\ 3 \end{pmatrix} + s \cdot \begin{pmatrix} 0 \\ 2 \\ 2 \end{pmatrix} + t \cdot \begin{pmatrix} -8 \\ -14 \\ -4 \end{pmatrix}$

$\begin{array}{lll} 0 = 4 & & -8t \\ 0 = 8 & +2s & -14t \\ 0 = 3 & +2s & -4t \end{array}$ $\Rightarrow$ t = 0,5 $\Rightarrow$ 0 = 8 + 2s − 7 $\Rightarrow$ s = −0,5

Kontrolle: 3 + 2·(−0,5) − 4·0,5 = 0 in Ordnung

$\Rightarrow$ A liegt in der Ebene ε$_{BCD}$. **q. e. d.**

b) **Nachweis, dass das Viereck ABCD ein ungleichschenkliges Trapez ist**

Das Viereck ABCD ist ein Trapez, wenn zwei seiner Seiten und damit zwei seiner Seitenvektoren parallel zueinander liegen. Es ist also zu zeigen, dass das Viereck zwei Seitenvektoren besitzt, von denen der eine ein Vielfaches des anderen ist.

$\overrightarrow{AB} = \begin{pmatrix} 4-0 \\ 8-0 \\ 3-0 \end{pmatrix} = \begin{pmatrix} 4 \\ 8 \\ 3 \end{pmatrix}$

$\overrightarrow{DC} = \begin{pmatrix} 4-(-4) \\ 10-(-6) \\ 5-(-1) \end{pmatrix} = \begin{pmatrix} 8 \\ 16 \\ 6 \end{pmatrix}$ $\Rightarrow$ $\overrightarrow{AB} = \frac{1}{2} \cdot \overrightarrow{DC}$ $\Rightarrow$ $\overrightarrow{AB} \parallel \overrightarrow{DC}$

$\Rightarrow$ Viereck ABCD ist ein Trapez.

Ein Trapez mit den zueinander parallelen Seiten $\overline{AB}$ und $\overline{DC}$ ist ungleichschenklig, wenn die beiden anderen Seiten $\overline{AD}$ und $\overline{BC}$ und damit die Vektoren $\overrightarrow{AD}$ und $\overrightarrow{BC}$ verschiedene Längen besitzen. Die Länge eines Vektors $\vec{u}$ berechnet sich nach der Formel:

$|\vec{u}| = \left| \begin{pmatrix} x_u \\ y_u \\ z_u \end{pmatrix} \right| = \sqrt{x_u^2 + y_u^2 + z_u^2}$

$$\vec{AD} = |\vec{AD}| = \left|\begin{pmatrix} -4-0 \\ -6-0 \\ -1-0 \end{pmatrix}\right| = \left|\begin{pmatrix} -4 \\ -6 \\ -1 \end{pmatrix}\right| = \sqrt{(-4)^2 + (-6)^2 + (-1)^2} = \sqrt{53}$$

$$\vec{BC} = |\vec{BC}| = \left|\begin{pmatrix} 4-4 \\ 10-8 \\ 5-3 \end{pmatrix}\right| = \left|\begin{pmatrix} 0 \\ 2 \\ 2 \end{pmatrix}\right| = \sqrt{0^2 + 2^2 + 2^2} = \sqrt{8}$$

$\Rightarrow \vec{AD} \neq \vec{BC}$

$\Rightarrow$ Das Trapez ABCD ist ungleichschenklig. **q. e. d.**

Lösungshinweise für das CAS-Abitur:

Die Rechnungen können mit dem CAS-Rechner ausgeführt werden, etwa so, wie es die Bildschirmdarstellung zeigt. Vorher wurden die Ortsvektoren der Punkte A, B, C und D unter a, b, c und d abgespeichert.

Man erkennt, dass nur die beiden Vektoren $\vec{AB}$ und $\vec{DC}$ zueinander parallel sein können. Man weist nach, dass $\vec{AB}$ halb so lang ist wie $\vec{DC}$.

Die Ungleichheit der Längen der beiden Schenkel wird mithilfe des Betrages der entsprechenden Vektoren ermittelt.

Die Ansätze und Ergebnisse sollten aber bei Nutzung des CAS-Rechners ausführlich dargestellt und kommentiert werden.

Flächeninhalt des Trapezes ABCD

Der Flächeninhalt A eines Trapezes kann auf verschiedene Weisen berechnet werden. Mögliche Lösungswege:

(1) Spezielle Formel für Trapeze:

$$A = \frac{\vec{AB} + \vec{DC}}{2} \cdot h$$

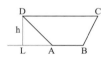

(2) Zerlegen des Trapezes in zwei Dreiecke, ohne h zu berechnen:

$$A = \frac{1}{2} \cdot \vec{AB} \cdot \vec{AC} \cdot \sin \alpha_1 + \frac{1}{2} \cdot \vec{AD} \cdot \vec{AC} \cdot \sin \alpha_2$$

$$= \frac{1}{2} \cdot (|\vec{AB} \times \vec{AC}| + |\vec{AD} \times \vec{AC}|)$$

(3) Ergänzen des Trapezes zu einem Parallelogramm:

$$A = \frac{1}{2} \cdot (\vec{AB} + \vec{DC}) \cdot \vec{AD} \cdot \sin \alpha$$

$$= \frac{1}{2} |(\vec{AB} + \vec{DC}) \times \vec{AD}|$$

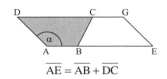

$\vec{AE} = \vec{AB} + \vec{DC}$

Lösungsweg 1:

$A = \dfrac{\overline{AB} + \overline{DC}}{2} \cdot h$ mit $\overrightarrow{AB} = |\overrightarrow{AB}| = \left|\begin{pmatrix} 4 \\ 8 \\ 3 \end{pmatrix}\right| = \sqrt{16+64+9} = \sqrt{89}$

$$\overrightarrow{DC} = |\overrightarrow{DC}| = \left|\begin{pmatrix} 8 \\ 16 \\ 6 \end{pmatrix}\right| = \sqrt{64+256+36} = \sqrt{356} = 2 \cdot \sqrt{89}$$

$$h = \overrightarrow{DL} = |\overrightarrow{DL}| \text{ mit } \overrightarrow{OL} = \overrightarrow{OA} + t \cdot \overrightarrow{AB} = \begin{pmatrix} 0 \\ 0 \\ 0 \end{pmatrix} + t \cdot \begin{pmatrix} 4 \\ 8 \\ 3 \end{pmatrix} \text{ und}$$

$$0 = \overrightarrow{LD} \cdot \overrightarrow{AB} = \begin{pmatrix} -4-4t \\ -6-8t \\ -1-3t \end{pmatrix} \cdot \begin{pmatrix} 4 \\ 8 \\ 3 \end{pmatrix}$$

$$0 = -16 - 16t - 48 - 64t - 3 - 9t$$

$$0 = -67 - 89t \quad \Rightarrow \quad t = -\dfrac{67}{89}$$

$$h = \left|\begin{pmatrix} -\dfrac{67 \cdot 4}{89} + 4 \\ -\dfrac{67 \cdot 8}{89} + 6 \\ -\dfrac{67 \cdot 3}{89} + 1 \end{pmatrix}\right| = \left|\begin{pmatrix} \dfrac{88}{89} \\ -\dfrac{2}{89} \\ -\dfrac{112}{89} \end{pmatrix}\right| = \sqrt{\left(\dfrac{88}{89}\right)^2 + \left(-\dfrac{2}{89}\right)^2 + \left(-\dfrac{112}{89}\right)^2}$$

$h = \sqrt{\dfrac{228}{89}}$ (h lässt sich auch als Lot von A auf DC oder anhand der Zeichnung zum Lösungsweg 2 über $h = |\overrightarrow{AC}| \cdot \sin \alpha_1$ analog zum Lösungsweg 2 berechnen.)

$A = \dfrac{\sqrt{89} + 2 \cdot \sqrt{89}}{2} \cdot \sqrt{\dfrac{228}{89}}$

$\underline{\underline{A = 3 \cdot \sqrt{57} \approx 22{,}6}}$

Lösungshinweise für das CAS-Abitur:

Man definiert zunächst die Geradengleichung $\bar{g}(r)$ durch die Punkte A und B und ermittelt dann mithilfe des TC-Befehls **fmin** denjenigen Punkt auf g, der den geringsten Abstand vom Punkt D hat.

Lösungsweg 2:

$$A = \frac{1}{2} \cdot \overrightarrow{AB} \cdot \overrightarrow{AC} \cdot \sin\alpha_1 + \frac{1}{2} \cdot \overrightarrow{AD} \cdot \overrightarrow{AC} \cdot \sin\alpha_2$$

mit $\overrightarrow{AB} = |\overrightarrow{AB}| = \left|\begin{pmatrix} 4 \\ 8 \\ 3 \end{pmatrix}\right| = \sqrt{16+64+9} = \sqrt{89}$

$\overrightarrow{AC} = |\overrightarrow{AC}| = \left|\begin{pmatrix} 4 \\ 10 \\ 5 \end{pmatrix}\right| = \sqrt{16+100+25} = \sqrt{141}$

$\cos\alpha_1 = \dfrac{\overrightarrow{AC} \cdot \overrightarrow{AB}}{|\overrightarrow{AC}| \cdot |\overrightarrow{AB}|} = \dfrac{\begin{pmatrix}4\\10\\5\end{pmatrix} \cdot \begin{pmatrix}4\\8\\3\end{pmatrix}}{\sqrt{141} \cdot \sqrt{89}} = \dfrac{16+80+15}{\sqrt{141} \cdot \sqrt{89}} \approx 0{,}9909$

$\Rightarrow \alpha_1 \approx 7{,}7°$

$\overrightarrow{AD} = |\overrightarrow{AD}| = \sqrt{53}$

$\cos\alpha_2 = \dfrac{\overrightarrow{AD} \cdot \overrightarrow{AC}}{|\overrightarrow{AD}| \cdot |\overrightarrow{AC}|} = \dfrac{\begin{pmatrix}-4\\-6\\-1\end{pmatrix} \cdot \begin{pmatrix}4\\10\\5\end{pmatrix}}{\sqrt{53} \cdot \sqrt{141}} = \dfrac{-16-60-5}{\sqrt{53} \cdot \sqrt{141}} \approx -0{,}9370$

$\Rightarrow \alpha_2 \approx 159{,}6°$

$A \approx \dfrac{1}{2} \cdot (\sqrt{89} \cdot \sqrt{141} \cdot \sin 7{,}7° + \sqrt{53} \cdot \sqrt{141} \cdot \sin 159{,}6°)$

$\underline{\underline{A \approx 22{,}6}}$

Lösungsweg 3:

$$A = \frac{1}{2} \cdot (\overrightarrow{AB} + \overrightarrow{DC}) \cdot \overrightarrow{AD} \cdot \sin\alpha$$

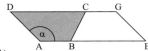

mit $\overrightarrow{AB} = \sqrt{89}$ (vgl. Lösungsweg 1)

$\overrightarrow{DC} = 2 \cdot \sqrt{89}$ (vgl. Lösungsweg 1)

$\overrightarrow{AD} = \sqrt{53}$

$\cos\alpha = \dfrac{\overrightarrow{AD} \cdot \overrightarrow{AB}}{|\overrightarrow{AD}| \cdot |\overrightarrow{AB}|} = \dfrac{\begin{pmatrix}-4\\-6\\-1\end{pmatrix} \cdot \begin{pmatrix}4\\8\\3\end{pmatrix}}{\sqrt{53} \cdot \sqrt{89}} = \dfrac{-16-48-3}{\sqrt{53} \cdot \sqrt{89}} \approx -0{,}8755 \quad \Rightarrow \quad \alpha \approx 167{,}3°$

$A \approx \dfrac{1}{2} \cdot (\sqrt{89} + 2 \cdot \sqrt{89}) \cdot \sqrt{53} \cdot \sin 167{,}3°$

$\underline{\underline{A \approx 22{,}6}}$

Lösungsweg 3 mittels Vektorprodukt:

$$A = \frac{1}{2} |(\overrightarrow{AB} + \overrightarrow{DC}) \times \overrightarrow{AD}|$$

$$= \frac{1}{2} \cdot \left| \left(\begin{pmatrix} 4 \\ 8 \\ 3 \end{pmatrix} + \begin{pmatrix} 8 \\ 16 \\ 6 \end{pmatrix} \right) \times \begin{pmatrix} -4 \\ -6 \\ -1 \end{pmatrix} \right| = \frac{1}{2} \cdot \left| \begin{pmatrix} 12 \\ 24 \\ 9 \end{pmatrix} \times \begin{pmatrix} -4 \\ -6 \\ -1 \end{pmatrix} \right|$$

$$= \frac{1}{2} \cdot \left\| \begin{matrix} \vec{i} & 12 & -4 \\ \vec{j} & 2 & -6 \\ \vec{k} & 9 & -1 \end{matrix} \right\| = \frac{1}{2} \cdot \left| \begin{pmatrix} 30 \\ -24 \\ 24 \end{pmatrix} \right| = \frac{1}{2} \sqrt{30^2 + (-24)^2 + 24^2}$$

$$\underline{\underline{A = 3 \cdot \sqrt{57} \approx 22{,}6}}$$

Das Trapez ABCD besitzt einen Flächeninhalt von ca. 22,6 FE.

c) **Nachweis, dass M Diagonalenschnittpunkt ist**

Um nachzuweisen, dass M Diagonalenschnittpunkt ist, kann man z. B.
(1) die Diagonalengleichungen „gleichsetzen" oder
(2) zweimal die „Punktprobe" für M bezüglich der beiden Diagonalen durchführen.

Diagonale $\overrightarrow{AC}$ genügt der Gleichung: $\vec{x} = \overrightarrow{OA} + s \cdot \overrightarrow{AC}$ mit $s \in [0; 1]$,
Diagonale $\overrightarrow{BD}$ genügt der Gleichung: $\vec{x} = \overrightarrow{OB} + t \cdot \overrightarrow{BD}$ mit $t \in [0; 1]$.

Lösungsweg 1:
$\overrightarrow{OA} + s \cdot \overrightarrow{AC} = \overrightarrow{OB} + t \cdot \overrightarrow{BD}$

$$s \cdot \begin{pmatrix} 4 \\ 10 \\ 5 \end{pmatrix} = \begin{pmatrix} 4 \\ 8 \\ 3 \end{pmatrix} + t \cdot \begin{pmatrix} -8 \\ -14 \\ -4 \end{pmatrix}$$

$$\begin{aligned} 4s &= 4 - 8t \\ 10s &= 8 - 14t \\ 5s &= 3 - 4t \quad |\cdot 2 \end{aligned} \Bigg] -$$

$$0 = 2 - 6t \quad \Rightarrow \quad t = \frac{1}{3} \in [0; 1]$$

$$5s = 3 - 4\cdot\frac{1}{3} \quad \Rightarrow \quad s = \frac{1}{3} \in [0; 1]$$

Kontrolle: $4 \cdot \frac{1}{3} = \frac{4}{3}$
$4 - 8 \cdot \frac{1}{3} = \frac{4}{3}$ $\Bigg\}$ in Ordnung

$$\overrightarrow{OA} + \frac{1}{3} \cdot \overrightarrow{AC} = \frac{1}{3} \cdot \begin{pmatrix} 4 \\ 10 \\ 5 \end{pmatrix} = \begin{pmatrix} \frac{4}{3} \\ \frac{10}{3} \\ \frac{5}{3} \end{pmatrix} = \overrightarrow{OM} \qquad \textbf{q. e. d.}$$

Lösungshinweise für das CAS-Abitur:

Man definiert sich zwei Geradengleichungen $\vec{g}1(r)$ und $\vec{g}2(t)$ und ermittelt mit dem Taschencomputer den Diagonalenschnittpunkt.

Man erhält den Diagonalenschnittpunkt $M\left(\dfrac{4}{3};\dfrac{10}{3};\dfrac{5}{3}\right)$.

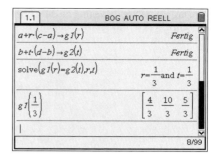

Lösungsweg 2:

$$\overrightarrow{OM} = \overrightarrow{OA} + s\cdot\overrightarrow{AC}$$

$$\dfrac{1}{3}\cdot\begin{pmatrix}4\\10\\5\end{pmatrix} = s\cdot\begin{pmatrix}4\\10\\5\end{pmatrix} \Rightarrow s=\dfrac{1}{3}\in[0;1] \Rightarrow M\in\overrightarrow{AC}$$

$$\overrightarrow{OM} = \overrightarrow{OB} + t\cdot\overrightarrow{BD}$$

$$\dfrac{1}{3}\cdot\begin{pmatrix}4\\10\\5\end{pmatrix}=\begin{pmatrix}4\\8\\3\end{pmatrix}+t\cdot\begin{pmatrix}-8\\-14\\-4\end{pmatrix}$$

$$\left.\begin{array}{l}\dfrac{4}{3}=4-8t \Rightarrow t=\dfrac{1}{3}\\[4pt]\dfrac{10}{3}=8-14t \Rightarrow t=\dfrac{1}{3}\\[4pt]\dfrac{5}{3}=3-4t \Rightarrow t=\dfrac{1}{3}\end{array}\right\} \Rightarrow t\in[0;1] \Rightarrow M\in\overrightarrow{BD}$$

Da M sowohl auf der Diagonale $\overrightarrow{AC}$ als auch auf der Diagonale $\overrightarrow{BD}$ liegt, ist M der Diagonalenschnittpunkt. **q. e. d.**

Nachweis, dass $\overrightarrow{MS}$ die Pyramidenhöhe ist

Der Punkt M liegt in der Grundfläche der Pyramide und S ist die Pyramidenspitze. Folglich ist die Strecke $\overrightarrow{MS}$ die Höhe dieser Pyramide genau dann, wenn $\overrightarrow{MS}$ senkrecht auf der Grundflächenebene ε_{BCD} steht. Um dies nachzuweisen genügt es zu zeigen, dass $\overrightarrow{MS}\perp\overrightarrow{AB}$ und $\overrightarrow{MS}\perp\overrightarrow{AD}$ gilt, d.h. dass beide Skalarprodukte $\overrightarrow{MS}\cdot\overrightarrow{AB}$ und $\overrightarrow{MS}\cdot\overrightarrow{AD}$ den Wert null besitzen.

$$\overrightarrow{MS}\cdot\overrightarrow{AB}=\begin{pmatrix}3-\frac{4}{3}\\2-\frac{10}{3}\\3-\frac{5}{3}\end{pmatrix}\cdot\begin{pmatrix}4\\8\\3\end{pmatrix}=\begin{pmatrix}\frac{5}{3}\\-\frac{4}{3}\\\frac{4}{3}\end{pmatrix}\cdot\begin{pmatrix}4\\8\\3\end{pmatrix}=\dfrac{20}{3}-\dfrac{32}{3}+4=0$$

$$\overrightarrow{MS}\cdot\overrightarrow{AD}=\begin{pmatrix}\frac{5}{3}\\-\frac{4}{3}\\\frac{4}{3}\end{pmatrix}\cdot\begin{pmatrix}-4\\-6\\-1\end{pmatrix}=-\dfrac{20}{3}+8-\dfrac{4}{3}=0 \quad \textbf{q. e. d.}$$

Lösungshinweise für das CAS-Abitur:

Das Vorgehen ist analog zu dem oben beschriebenen. Für die Berechnung des Skalarproduktes nutzt man den Befehl **dotp()**.

Volumen V der Pyramide ABCDS

Das Volumen V einer Pyramide mit dem Grundflächeninhalt A_G und der Höhe h lässt sich nach der Formel $V = \frac{1}{3} \cdot A_G \cdot h$ berechnen.

$V = \frac{1}{3} \cdot A_G \cdot h$ mit $A_G = A_{ABCD} = 3 \cdot \sqrt{57} \approx 22{,}6$ und

$$h = \overline{MS} = \left\| \begin{pmatrix} \frac{5}{3} \\ -\frac{4}{3} \\ \frac{4}{3} \end{pmatrix} \right\| = \sqrt{\frac{25}{9} + \frac{16}{9} + \frac{16}{9}} = \frac{1}{3} \cdot \sqrt{57}$$

$V = \frac{1}{3} \cdot 3 \cdot \sqrt{57} \cdot \frac{1}{3} \cdot \sqrt{57}$

$\underline{\underline{V = 19}}$

Das Volumen der Pyramide ABCDS beträgt 19 VE.

d) **Durchstoßpunkt F**

In der x-y-Ebene liegen alle Punkte, deren z-Koordinaten null sind. Der gemeinsame Punkt zwischen der Pyramidenkante $\overline{DS}$ und der x-y-Ebene – der Durchstoßpunkt F – ist der Punkt der Strecke $\overline{DS}$, dessen z-Koordinate null ist.

$\overline{DS}: \vec{x} = \overrightarrow{OD} + t \cdot \overrightarrow{DS} \quad t \in [0; 1]$

$F(x; y; 0) \in \overline{DS}: \begin{pmatrix} x \\ y \\ 0 \end{pmatrix} = \begin{pmatrix} -4 \\ -6 \\ -1 \end{pmatrix} + t \cdot \begin{pmatrix} 3+4 \\ 2+6 \\ 3+1 \end{pmatrix}$

$\left. \begin{array}{l} x = -4 + 7t \\[4pt] y = -6 + 8t \\[4pt] 0 = -1 + 4t \Rightarrow t = \frac{1}{4} \in [0; 1] \end{array} \right\} \Rightarrow \begin{array}{l} x = -4 + 7 \cdot \frac{1}{4} = -\frac{9}{4} = -2{,}25 \\[4pt] y = -6 + 8 \cdot \frac{1}{4} = -4 \end{array}$

$\Rightarrow \underline{\underline{F\left(-\frac{9}{4}; -4; 0\right)}}$ ist der gemeinsame Punkt der Pyramidenkante $\overline{DS}$ und der x-y-Ebene.

Lösungshinweise für das CAS-Abitur:
Man bestimmt den Schnittpunkt zwischen der Pyramidenkante $\overline{DS}$ und der x-y-Ebene, indem man z. B. die Geradengleichung $\vec{g}3(r)$ definiert, auf der die Kante liegt, und dann den Schnittpunkt mit der x-y-Ebene, die durch $\begin{pmatrix} x \\ y \\ 0 \end{pmatrix}$ beschrieben werden kann, bestimmt.

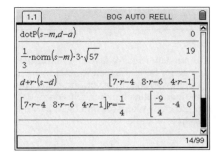

Teilungsverhältnis der Strecke $\overline{DS}$
Im Sinne der „inneren Teilung" gibt es die zwei (zueinander reziproken) Möglichkeiten $\overline{SF}:\overline{FD}$ und $\overline{DF}:\overline{FS}$, um das Teilungsverhältnis von $\overline{DS}$ durch F anzugeben.

Lösungsweg 1:

$$\overline{SF}:\overline{FD} = |\overline{SF}|:|\overline{FD}| = \left|\begin{pmatrix} -2,25-3 \\ -4-2 \\ 0-3 \end{pmatrix}\right| : \left|\begin{pmatrix} -4+2,25 \\ -6+4 \\ -1-0 \end{pmatrix}\right| = \left|\begin{pmatrix} -5,25 \\ -6 \\ -3 \end{pmatrix}\right| : \left|\begin{pmatrix} -1,75 \\ -2 \\ -1 \end{pmatrix}\right|$$

$$= \sqrt{5,25^2 + 6^2 + 3^2} : \sqrt{1,75^2 + 2^2 + 1^2} = 3$$

$\underline{\underline{\overline{SF}:\overline{FD} = 3:1}}$

Lösungsweg 2:

Laut der Bestimmung von F gilt $\overrightarrow{OF} = \overrightarrow{OD} + \dfrac{1}{4}\cdot\overrightarrow{DS} \quad\Rightarrow\quad \overline{DF} = \dfrac{1}{4}$ von $\overline{DS}$

$\Rightarrow\quad \underline{\underline{\overline{DF}:\overline{FS} = 1:3}}$

Der Punkt F teilt (im Sinne der inneren Teilung) die Pyramidenkante $\overline{DS}$ im Verhältnis $\overline{SF}:\overline{FD} = 3:1$ bzw. $\overline{DF}:\overline{FS} = 1:3$.

Grundkurs Mathematik (Thüringen): Abiturprüfung 2008
Aufgabe B2: Stochastik

Für ein neuartiges Würfelspiel produziert eine Spielzeugfirma tetraederförmige Spielsteine, deren vier Seitenflächen jeweils in einer der Farben rot, gelb, blau und weiß gefärbt sind. Ein spezielles Produktionsverfahren sichert, dass beim einmaligen Werfen des Tetraeders dieser mit einer Wahrscheinlichkeit von $p_1 = 0{,}40$ auf die rot gefärbte Seitenfläche fällt. Mit jeweils der gleichen Wahrscheinlichkeit $p_2 = 0{,}20$ fällt das Tetraeder beim Werfen auf eine der anderen drei Seitenflächen.

a) Solch ein Tetraederstein wird zweimal geworfen.
   Bestimmen Sie die Wahrscheinlichkeiten der Ereignisse A bis G!
   A: = „Beim ersten Wurf liegt die blaue und beim zweiten Wurf die gelbe Seitenfläche unten."
   B: = „Beim ersten Wurf fällt das Tetraeder nicht auf die gelbe Seitenfläche und beim zweiten Wurf nicht auf die rote."
   C: = „Beim ersten Wurf liegen weder die blaue noch die rote Seitenfläche unten."
   D: = „Das Tetraeder fällt zweimal auf dieselbe Seitenfläche, jedoch nicht auf die weiße."
   E: = „Das Tetraeder fällt nicht zweimal auf dieselbe Seitenfläche."
   F: = „Es tritt mindestens eines der beiden Ereignisse D oder E ein."
   G: = „Es tritt sowohl Ereignis C als auch Ereignis D ein." (7 BE)

b) Untersuchen Sie, wie oft man ein solches Tetraeder mindestens werfen muss, damit mit einer Wahrscheinlichkeit von mehr als 0,99 mindestens bei einem Wurf nicht die rote Seitenfläche unten liegt!
   Beschreiben Sie im gegebenen Sachzusammenhang ein Ereignis J, das mit der Wahrscheinlichkeit
   $$P(J) = \binom{10}{3} \cdot 0{,}40^3 \cdot 0{,}60^7$$
   eintritt! (4 BE)

Erfahrungsgemäß weisen 10 % der tetraederförmigen Spielsteine einen Farbfehler auf. Um eine möglichst hohe Qualität ihres Produktes zu gewährleisten, hat die Spielzeugfirma einen Industrieroboter angeschafft, der 99 % aller fehlerhaften Tetraeder erkennt und aussortiert. Weiterhin ist bekannt, dass die Entscheidung des Roboters in 98 % aller Fälle korrekt ist.

c) Berechnen Sie die Wahrscheinlichkeit, dass ein Tetraeder, das keinen Farbfehler besitzt, vom Roboter irrtümlich aussortiert wird! (3 BE)

Neben den oben beschriebenen Tetraedern produziert die Firma auch Tetraeder, bei denen die rote Seitenfläche nur mit einer Wahrscheinlichkeit von 0,10 nach dem Werfen unten liegt. Diese beiden Tetraederarten sind ansonsten äußerlich nicht zu unterscheiden. Um einen zufällig aufgefundenen Spielstein einem der beiden Tetraederarten richtig zuordnen zu können, führt der Versandleiter der Firma einen Alternativtest mit der Nullhypothese P („Tetraeder fällt auf die rote Seitenfläche") = 0,40 und der Alternativhypothese P („Tetraeder fällt auf die rote Seitenfläche") = 0,10 durch. Er wirft den Stein zwanzigmal.

d) Der Versandleiter will die Nullhypothese nur dann ablehnen, wenn das Tetraeder höchstens dreimal auf die rote Seitenfläche fällt. Bei diesem Testverfahren sind zwei Arten von Fehlentscheidungen möglich.
Beschreiben Sie diese!
Untersuchen Sie, welche der möglichen Fehlentscheidungen unter den gegebenen Bedingungen die größere Wahrscheinlichkeit aufweist! (6 BE)

(20 BE)

Hinweise und Tipps

Aufgabe a
- Erstellen Sie ein Baumdiagramm und berücksichtigen Sie die Pfadmultiplikations- bzw. -additionsregeln.

Aufgabe b
Mindestanzahl
- Betrachten Sie das Gegenereignis des gesuchten Ereignisses.
- Wenn das Ereignis E: „Mindestens bei einem Wurf liegt die rote Seite nicht unten" ist, dann ist das Gegenereignis $\overline{E}$: „Bei allen Würfen liegt die rote Seite unten".
- Es gilt $P(E) = 1 - P(\overline{E}) > 0,99$.

Beschreibung
- Die dargestellte Formel (Bernoulliformel) bezieht sich auf ein Zufallsexperiment, das durch eine binomialverteilte Zufallsgröße beschrieben werden kann:

$$P(X=k) = B(n; p; k) = \binom{n}{k} p^k (1-p)^{n-k}$$

- Dabei steht n für die Anzahl der Zufallsexperimente, p für die Trefferwahrscheinlichkeit und k für die Anzahl der Treffer. Der Binomialkoeffizient $\binom{n}{k}$ (in vielen Taschenrechnern schon als Funktion ncr(n,k) bzw. comb(n,k) vorhanden) gibt an, wie viele Möglichkeiten es gibt, bei n Versuchen k Treffer zu erzielen.

Aufgabe c
- Erstellen Sie ein Baumdiagramm und betrachten Sie die Situation als zweistufiges Zufallsexperiment.
- Erste Stufe: Produktion der Spielsteine; zweite Stufe: Aussortierung oder nicht
- Beachten Sie: Wenn der Roboter in 98 % aller Fälle richtig entscheidet, so heißt dies, dass in 98 % aller Fälle die Teile fehlerhaft produziert und aussortiert oder fehlerfrei produziert und nicht aussortiert werden.

Aufgabe d

- Man unterscheidet Fehler 1. Art bzw. 2. Art.
- Ein Fehler 1. Art tritt auf, wenn H_0 wahr ist, aber irrtümlich abgelehnt wird. Ein Fehler 2. Art tritt auf, wenn H_0 falsch ist, aber irrtümlich angenommen wird.

Alternativtest

- Formulieren Sie die Nullhypothese H_0: $p = p_0 = 0{,}4$ und die Gegenhypothese H_1: $p = p_1 = 0{,}1$.
- Führen Sie eine Zufallsgröße X ein, die binomialverteilt ist mit den Parametern p und $n = 20$.

Fehler 1. Art

- Da $p_1 < p_0$ ist, wird man die Nullhypothese ablehnen, wenn kleine Trefferzahlen auftreten.
- Der Ablehnungsbereich $\overline{A}$ ist die Menge aller Stichprobenergebnisse, bei deren Eintreten H_0 abgelehnt wird.
- Bestimmen Sie für $p = p_0$ die Wahrscheinlichkeit des Ablehnungsbereiches $\overline{A}$ mit der Formel von Bernoulli bzw. mit der zugehörigen Summenformel. Diese Wahrscheinlichkeit entspricht der Wahrscheinlichkeit für einen Fehler 1. Art.

Fehler 2. Art

- Einen Fehler 2. Art begeht man, wenn eine falsche Nullhypothese irrtümlich als wahr angenommen wird. Dies geschieht dann, wenn die Zufallsgröße X für $p = p_1$ Werte annimmt, die im Annahmebereich $A = \{4; \ldots; 20\}$ liegen.
- Bestimmen Sie für $p = p_1$ die Wahrscheinlichkeit des Annahmebereiches A mit der Formel von Bernoulli bzw. mit der zugehörigen Summenformel. Diese Wahrscheinlichkeit entspricht der Wahrscheinlichkeit für einen Fehler 2. Art.

Lösungen

a) Wahrscheinlichkeiten der Ereignisse A bis G

Das zweimalige Werfen des Tetraeders, dessen Seitenflächen jeweils in einer der Farben rot (r), gelb (g), blau (b) und weiß (w) gefärbt sind, kann durch ein zweistufiges Baumdiagramm beschrieben werden, wobei jeweils die vier Verzweigungswahrscheinlichkeiten $P(\{r\}) = 0{,}40$ und $P(\{g\}) = P(\{b\}) = P(\{w\}) = 0{,}20$ auftreten. Dieses Baumdiagramm besitzt 16 Pfade. Entsprechend dem jeweilig betrachtenden Ereignis kann es allerdings stark vereinfacht werden.

Wahrscheinlichkeit P(A)
$P(A) = 0{,}20 \cdot 0{,}20 = 0{,}04$

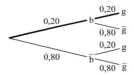

Wahrscheinlichkeit P(B)
$P(B) = 0{,}80 \cdot 0{,}60 = 0{,}48$

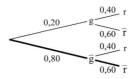

Wahrscheinlichkeit P(C)
$P(C) = 0{,}40$

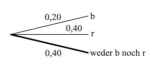

Wahrscheinlichkeit P(D)
$P(D) = 0{,}40 \cdot 0{,}40 + 0{,}20 \cdot 0{,}20 + 0{,}20 \cdot 0{,}20 = 0{,}24$

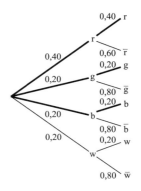

Wahrscheinlichkeit P(E)

$P(E) = 0{,}40 \cdot 0{,}60 + 3 \cdot 0{,}20 \cdot 0{,}80 = 0{,}72$

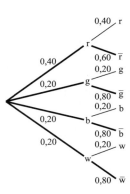

Wahrscheinlichkeit P(F)

P(„mindestens eines der Ereignisse D oder E tritt ein")
$= P(D \cup E)$

Lösungsvariante 1
$P(D \cup E) = 0{,}40 + 0{,}20 + 0{,}20 + 0{,}20 \cdot 0{,}80 = 0{,}96$

Lösungsvariante 2
$P(D \cup E) = 1 - P(\overline{D \cup E}) = 1 - 0{,}20 \cdot 0{,}20 = 0{,}96$

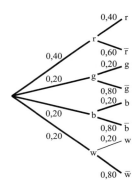

Wahrscheinlichkeit P(G)

$P(G) = P(C \cap D) = 0{,}20 \cdot 0{,}20 = 0{,}04$

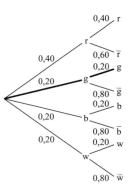

b) Mindestanzahl n_{min} für einen Erfolg

Das n-malige Werfen des Tetraeders lässt sich als Bernoulli-Kette der Länge n und der Erfolgswahrscheinlichkeit p = P(„eine nichtrote Seitenfläche liegt unten") = 0,60 beschreiben. Die zufällige Anzahl X_n der dabei erzielten Erfolge ist somit binomialverteilt mit $X_n \sim B_{n;\,0,60}$. Die gesuchte Mindestanzahl n_{min} erhält man durch Umstellen der folgenden Ungleichung nach n:
P(„mindestens einmal liegt eine nichtrote Seitenfläche unten") $\geq 0,99$

$$P(X_n \geq 1) > 0,99$$
$$1 - P(X_n = 0) > 0,99$$
$$1 - \binom{n}{0} \cdot 0,60^0 \cdot 0,40^n > 0,99$$
$$0,01 > 0,40^n$$
$$\ln 0,01 > n \cdot \ln 0,40 \quad |:\ln 0,40 \text{ mit } \ln 0,40 < 0$$
$$5,025... = \frac{\ln 0,01}{\ln 0,40} < n \quad \text{mit } n \in \mathbb{N}$$
$$6 < n \quad \Rightarrow \quad \underline{\underline{n_{min} = 6}}$$

Mindestens sechsmal ist das Tetraeder zu werfen.

Die Ungleichung $0,01 > 0,40^n$ kann auch durch systematisches Probieren oder mittels eines geeigneten (zugelassenen) Taschenrechners gelöst werden.

Lösungshinweise für das CAS-Abitur:
Die ermittelte Ungleichung wird mithilfe des Taschencomputers gelöst.

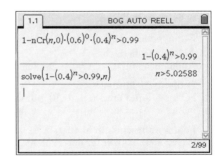

Ereignis J beschreiben

Um das Ereignis J im Zusammenhang mit dem Werfen eines Tetraeders in Worten zu beschreiben, kann man sich vergegenwärtigen, dass es sich bei der gegebenen Wahrscheinlichkeit $P(J) = \binom{10}{3} \cdot 0,40^3 \cdot 0,60^7$ um eine Binomialwahrscheinlichkeit $B_{10;\,0,40}$(„genau drei Erfolge") handelt.

J = „Beim zehnmaligen Werfen des Tetraeders liegt genau dreimal die rote Seitenfläche unten."

c) **Verzweigungswahrscheinlichkeiten auf der zweiten Stufe**
Die im Aufgabentext angeführte Situation kann als ein zweistufiges Zufallsexperiment beschrieben werden, auf dessen erster Stufe das Ereignis FF = „mit Farbfehler produziert" und sein Gegenereignis $\overline{FF}$ betrachtet werden. Auf der zweiten Stufe registriert man, ob das produzierte Tetraeder entweder vom Roboter aussortiert wird (Ereignis AS) oder nicht (Gegenereignis $\overline{AS}$). Da die beiden Verzweigungswahrscheinlichkeiten am Ereignis $\overline{FF}$ nicht direkt vorgegeben sind, bezeichnet man sie mit x und 1 – x.
Um die gesuchte Wahrscheinlichkeit x ermitteln zu können, muss noch die gegebene Wahrscheinlichkeit 0,98 in die Betrachtung einbezogen werden.

0,98 = P(„Roboter trifft eine korrekte Entscheidung")
ist keine Verzweigungswahrscheinlichkeit auf der zweiten Stufe des Zufallsexperiments, sondern diese Wahrscheinlichkeit ist die Summe der beiden im nebenstehenden Baumdiagramm „dick" markierten Pfadwahrscheinlichkeiten.

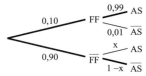

$0,98 = 0,10 \cdot 0,99 + 0,90 \cdot (1-x)$

$1 - x = \dfrac{0,98 - 0,10 \cdot 0,99}{0,90}$

$x = 0,02\overline{1} \approx 0,021$

d) **Alternativtest**
Testgröße X: zufällige Anzahl der Würfe in der Zufallsstichprobe vom Umfang n = 20, bei denen das Tetraeder auf die rote Seitenfläche fällt
$X \sim B_{20;\,p}$
Nullhypothese H_0: p = 0,40   Gegenhypothese H_1: p = 0,10
Ablehnungsbereich: $\overline{A} = \{0; 1; 2; 3\}$
Annahmebereich: $A = \{4; \ldots; 20\}$

Fehlentscheidungen
Fehler 1. Art: Obwohl p = 0,40 gilt, wird H_0 abgelehnt.
Fehler 2. Art: Obwohl p = 0,10 gilt, wird H_0 angenommen.

Fehlerwahrscheinlichkeiten
Wahrscheinlichkeit für den Fehler 1. Art:
$B_{20;\,0,40}(X \in \overline{A}) = B_{20;\,0,40}(X \leq 3) \approx \underline{\underline{0,016}}$

Wahrscheinlichkeit für den Fehler 2. Art:
$B_{20;\,0,10}(X \in A) = B_{20;\,0,10}(X \geq 4) = 1 - B_{20;\,0,10}(X \leq 3) \approx \underline{\underline{0,13}}$

Die Wahrscheinlichkeit, einen Fehler 2. Art zu begehen, ist die größere der beiden Wahrscheinlichkeiten. Sie beträgt ca. das Achtfache der Wahrscheinlichkeit für einen Fehler 1. Art.

Grundkurs Mathematik (Thüringen): Abiturprüfung 2008
Aufgabe C: Themenübergreifend

a) Von einer geometrischen Zahlenfolge sind die Glieder $a_2 = 24$ und $a_5 = 81$ gegeben.
Geben Sie eine explizite Bildungsvorschrift an!
Ab welchem n (n $\in \mathbb{N}$) sind die Glieder größer als 1 000? (3 BE)

Formulierung für das CAS-Abitur
Von einer geometrischen Zahlenfolge sind die Glieder $a_2 = 24$ und $a_5 = 81$ gegeben.
Bestimmen Sie eine explizite Bildungsvorschrift!
Ab welchem n (n $\in \mathbb{N}$) sind die Glieder größer als 1 000? (CAS: 3 BE)

b) Bestimmen Sie diejenige Stammfunktion zu
$y = f(x) = (2x - 4)^3$,
deren Graph durch den Punkt (0; 2 008) verläuft! (2 BE)

Formulierung für das CAS-Abitur
Geben Sie eine Gleichung einer Funktion f an, die folgende zwei Eigenschaften hat:
1. f hat eine Polstelle bei $x = 1$.
2. f hat eine Nullstelle bei $x = 2$. (CAS: 2 BE)

c) Gegeben sind die Vektoren $\vec{a} = \begin{pmatrix} 3 \\ -2 \\ 4 \end{pmatrix}$ und $\vec{b} = \begin{pmatrix} 2k \\ k - 7 \\ 8 \end{pmatrix}$ mit $k \in \mathbb{R}$.

Gibt es Werte für k, so dass $\vec{a}$ parallel zu $\vec{b}$ gilt?
Geben Sie gegebenenfalls diese Werte an!
Gibt es Werte für k, so dass $\vec{a}$ senkrecht zu $\vec{b}$ verläuft?
Geben Sie gegebenenfalls auch diese Werte an! (2 BE)
(CAS: 2 BE)

d) André und Boris spielen ein Tennismatch. Dabei gewinnt derjenige, der zuerst zwei Sätze gewonnen hat. Erfahrungsgemäß gewinnt Boris zwei von drei Sätzen und André einen von drei Sätzen.
Berechnen Sie die Wahrscheinlichkeit dafür, dass André das Tennismatch trotzdem gewinnt!
Zeichnen Sie dazu zunächst ein Baumdiagramm! (3 BE)
(CAS: 3 BE)
(10 BE)

Hinweise und Tipps

Aufgabe a
- Für eine geometrische Folge gilt $a_2 = q \cdot a_1$, wobei q eine reelle Zahl ist. (q ungleich null)
- $a_5 = q \cdot a_4 = q \cdot q \cdot a_3 = \ldots a_2$
- Allgemein gilt $a_n = q^{n-1} \cdot a_1$. Hiermit kann man berechnen, ab welchem n a_n größer als 1 000 ist.
- Alternativ: Hat man q bestimmt, dann kann man auch durch Probieren die Lösung finden.

Aufgabe b
- Zwischen einer Funktion f und der Menge ihrer Stammfunktionen F_C mit $F_C(x) = F(x) + C$ gilt die Beziehung $\int f(x)\,dx = F(x) + C$.
- Um ein F der Menge aller Stammfunktionen zu ermitteln, muss man f integrieren.
- Damit die gesuchte Funktion durch den Punkt (0; 2 008) verläuft, muss $F(0) + C = 2\,008$ gelten.

Aufgabe b für das CAS-Abitur
- Für die Funktion f bietet sich eine gebrochenrationale Funktion mit $f(x) = \frac{z(x)}{n(x)}$ an.
- Polstellen sind Stellen, in deren noch so kleinen Umgebung die Funktionswerte (betragsmäßig) beliebig groß werden. Diese entstehen beispielsweise, wenn der Nenner eines Bruches null wird und der Zähler einen Wert ungleich null annimmt.
- Damit bei $x = 2$ eine Nullstelle entsteht, muss der Zähler null werden und der Nenner für $x = 2$ ungleich null sein.

Aufgabe c
- Zwei Vektoren $\vec{a}$ und $\vec{b}$ sind genau dann zueinander parallel, wenn $\vec{a} = r \cdot \vec{b}$ mit $r \neq 0$ gilt.
- Zwei Vektoren $\vec{a}$ und $\vec{b}$ ($\vec{a}, \vec{b} \neq \vec{o}$) verlaufen genau dann zueinander senkrecht, wenn $\vec{a} \cdot \vec{b} = 0$ gilt, d. h., wenn das Skalarprodukt null wird.

Aufgabe d
- Erstellen Sie ein Baumdiagramm.
- Berücksichtigen Sie, dass André gewinnt, wenn er entweder 2 : 0 oder 2 : 1 gewinnt. Beachten Sie dabei, dass es im zweiten Fall zwei unterschiedliche Spielverläufe geben kann.

Lösungen

a) Explizite Bildungsvorschrift einer geometrischen Zahlenfolge (a_n)

Wenn (a_n) eine geometrische Zahlenfolge mit dem Anfangsglied a_1 und dem Quotienten q ist, dann besitzt (a_n) die explizite Bildungsvorschrift $a_n = a_1 \cdot q^{n-1}$ (a_1, $q \neq 0$, $n \in \mathbb{N}^+$).

Lösungsweg 1:

$a_2 = a_1 \cdot q$

$a_5 = a_1 \cdot q^4$

$24 = a_1 \cdot q \Rightarrow a_1 = \dfrac{24}{q}$

$81 = a_1 \cdot q^4$

$81 = \dfrac{24}{q} \cdot q^4 = 24 \cdot q^3$

$\left.\begin{array}{l} q = \sqrt[3]{\dfrac{81}{24}} = \dfrac{3}{2} \\ a_1 = 24 : \dfrac{3}{2} = 16 \end{array}\right\} \Rightarrow \underline{\underline{a_n = 16 \cdot \left(\dfrac{3}{2}\right)^{n-1}}}$

Lösungsweg 2:

$a_5 = a_2 \cdot q^3$

$81 = 24 \cdot q^3$

$\left.\begin{array}{l} q = \sqrt[3]{\dfrac{81}{24}} = \dfrac{3}{2} \\ a_1 = \dfrac{a_2}{q} = 24 : \dfrac{3}{2} = 16 \end{array}\right\} \Rightarrow \underline{\underline{a_n = 16 \cdot \left(\dfrac{3}{2}\right)^{n-1}}}$

Folgeglieder größer als 1 000

$a_n = 16 \cdot \left(\dfrac{3}{2}\right)^{n-1} > 1\,000$

$\left(\dfrac{3}{2}\right)^{n-1} > 62{,}5$ (Diese Ungleichung lässt sich auch durch systematisches Probieren lösen.)

$(n-1) \cdot \ln \dfrac{3}{2} > \ln 62{,}5$

$n - 1 > \dfrac{\ln 62{,}5}{\ln \dfrac{3}{2}}$

$n > \dfrac{\ln 62{,}5}{\ln \dfrac{3}{2}} + 1 = 11{,}19\ldots$ mit $n \in \mathbb{N}^+$

$\underline{\underline{n \geq 12}}$

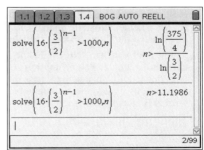

Ab dem 12. Folgeglied sind alle Glieder von (a_n) größer als 1 000.

b) **Spezielle Stammfunktion**

Für die Funktion f erhält man die Gesamtheit aller Stammfunktionen F_C über das unbestimmte Integral: $F_C(x) = \int f(x)\,dx = F(x) + C$

Lösungsweg 1:

$F_C(x) = \int (2x-4)^3\,dx$ mit $(2x-4)^3 = (2x-4) \cdot (2x-4)^2$
$= (2x-4) \cdot (4x^2 - 16x + 16)$
$= 8x^3 - 32x^2 + 32x - 16x^2 + 64x - 64$
$= 8x^3 - 48x^2 + 96x - 64$

$= \int (8x^3 - 48x^2 + 96x - 64)\,dx$

$= 8 \cdot \dfrac{1}{4}x^4 - 48 \cdot \dfrac{1}{3}x^3 + 96 \cdot \dfrac{1}{2}x^2 - 64x + C$

$F_C(x) = 2x^4 - 16x^3 + 48x^2 - 64x + C$ mit $F_C(0) = 2\,008$

$\Rightarrow$ $\underline{\underline{F(x) = 2x^4 - 16x^3 + 48x^2 - 64x + 2\,008}}$ ist eine Gleichung der speziellen Stammfunktion von f, deren Graph durch den Punkt (0; 2 008) verläuft.

Lösungsweg 2:

$F_C(x) = \int (2x-4)^3\,dx = \dfrac{1}{4} \cdot (2x-4)^4 \cdot \dfrac{1}{2} + C$

$F_C(x) = \dfrac{1}{8} \cdot (2x-4)^4 + C$ mit $F_C(0) = 2\,008$

$2\,008 = \dfrac{1}{8} \cdot (2 \cdot 0 - 4)^4 + C$

$C = 2\,008 - \dfrac{1}{8} \cdot 4^4 = 1\,976$

$\Rightarrow$ $\underline{\underline{F(x) = \dfrac{1}{8} \cdot (2x-4)^4 + 1\,976}}$ ist eine Gleichung der speziellen Stammfunktion von f,

deren Graph durch den Punkt (0; 2 008) verläuft.

b) **für das CAS-Abitur**

Es bietet sich eine gebrochenrationale Funktion mit $f(x) = \dfrac{z(x)}{n(x)}$ an.
Um bei $x = 1$ eine Polstelle zu haben, muss die Nennerfunktion n an der Stelle $x = 1$ eine Nullstelle haben und die Zählerfunktion darf für $x = 1$ keine Nullstelle haben. Dies wird am einfachsten durch $n(x) = x - 1$ realisiert.

Damit f bei $x = 2$ eine Nullstelle hat, ist dort eine Nullstelle der Zählerfunktion erforderlich und gleichzeitig abzusichern, dass die Nennerfunktion für $x = 2$ keine Nullstelle besitzt. Dies wird z. B. gewährleistet mit $z(x) = x - 2$.

Für f gilt dann: $f(x) = \dfrac{x-2}{x-1}$.

Eine Kontrolle im Grafikfenster ist sinnvoll.

c) **Parameter k für $\vec{a} \parallel \vec{b}$**

Die Vektoren $\vec{a}$ und $\vec{b}$ verlaufen genau dann parallel zueinander, wenn der eine Vektor ein Vielfaches des anderen ist.

$\vec{b} = r \cdot \vec{a}$ (Analog lässt sich k über den Ansatz $\vec{a} = r \cdot \vec{b}$ bestimmen.)

$$\begin{pmatrix} 2k \\ k-7 \\ 8 \end{pmatrix} = r \cdot \begin{pmatrix} 3 \\ -2 \\ 4 \end{pmatrix}$$

$$\left.\begin{array}{l} 2k = 3r \\ k - 7 = -2r \\ 8 = 4r \Rightarrow r = 2 \end{array}\right\} \quad \left.\begin{array}{l} 2k = 3 \cdot 2 \Rightarrow k = 3 \\ k - 7 = -2 \cdot 2 \Rightarrow k = 3 \end{array}\right\} \Rightarrow \underline{\underline{k = 3}}$$

Nur für $k = 3$ verlaufen die Vektoren $\vec{a}$ und $\vec{b}$ parallel zueinander.

Parameter k für $\vec{a} \perp \vec{b}$

Die Vektoren $\vec{a}$ und $\vec{b}$ verlaufen genau dann senkrecht zueinander, wenn ihr Skalarprodukt $\vec{a} \cdot \vec{b}$ null ergibt, da weder $\vec{a}$ noch $\vec{b}$ der Nullvektor ist.

$$0 = \vec{a} \cdot \vec{b} = \begin{pmatrix} 3 \\ -2 \\ 4 \end{pmatrix} \cdot \begin{pmatrix} 2k \\ k-7 \\ 8 \end{pmatrix} = 6k - 2k + 14 + 32$$

$$0 = 4k + 46$$

$$\underline{\underline{k = -11{,}5}}$$

Nur für $k = -11{,}5$ verlaufen die Vektoren $\vec{a}$ und $\vec{b}$ senkrecht zueinander.

Lösungshinweise für das CAS-Abitur:

Man definiert die Vektoren $\vec{a}$ und $\vec{b}$ und löst die oben angeführten Gleichungen mithilfe des Taschencomputers.

Kann der Taschencomputer das Gleichungssystem nicht in vektorieller Form lösen (wie z. B. der TI-89), so müssen die Gleichungen einzeln eingegeben werden.

Die Ansätze und Ergebnisse sollten aber bei Nutzung des CAS ausführlich dargestellt und kommentiert werden.

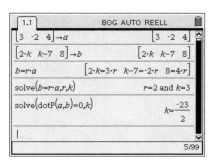

d) **Baumdiagramm**

In dem beschriebenen Tennismatch werden maximal drei Sätze gespielt, um den Sieger zu ermitteln. Nur zwei Sätze werden jedoch benötigt, wenn einer der beiden Spieler nach dem ersten Satz auch den zweiten Satz gewinnt. Betrachtet man das Tennismatch als ein Zufallsexperiment, so lässt es sich durch ein Baumdiagramm beschreiben, das teilweise genau zwei und teilweise genau drei Stufen aufweist. Dabei besitzt André eine konstante Satzgewinnwahrscheinlichkeit von jeweils $\frac{1}{3}$ und Boris von jeweils $\frac{2}{3}$.

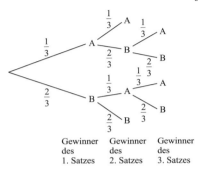

Gewinner des 1. Satzes   Gewinner des 2. Satzes   Gewinner des 3. Satzes

Gewinnwahrscheinlichkeit

Die Wahrscheinlichkeit, mit der André das Tennismatch gewinnt, berechnet sich als Summe aller der Pfadwahrscheinlichkeiten, auf deren Pfaden zweimal A steht, d. h. bei denen André zwei Satzgewinne verbuchen kann.

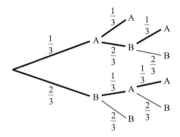

$$P(\text{„André gewinnt das Tennismatch"}) = \frac{1}{3} \cdot \frac{1}{3} + \frac{1}{3} \cdot \frac{2}{3} \cdot \frac{1}{3} + \frac{2}{3} \cdot \frac{1}{3} \cdot \frac{1}{3} = \frac{7}{27} \approx 0,26$$

Grundkurs Mathematik (Thüringen): Abiturprüfung 2009
Aufgabe A1: Analysis

Gegeben ist die Funktion f durch
$$y = f(x) = \ln(2x+1) - x.$$

a) Geben Sie den größtmöglichen Definitionsbereich der Funktion f an!
   Untersuchen Sie den Graphen von f auf den Schnittpunkt mit der y-Achse, auf lokale Extrempunkte und auf Wendepunkte!
   Geben Sie gegebenenfalls deren Koordinaten an!
   Skizzieren Sie den Graphen von f im Intervall $-0{,}4 \leq x \leq 8$!
   Begründen Sie, dass außer $x=0$ eine weitere Nullstelle existieren muss!
   Geben Sie das Verhalten des Graphen von f bei Annäherung an die Gerade mit der Gleichung $x = -\frac{1}{2}$ an! (10 BE)

b) Weisen Sie nach, dass die Funktion F mit
$$F(x) = \left(x + \frac{1}{2}\right) \cdot \ln(2x+1) - \frac{1}{2}x^2 - x$$
   eine Stammfunktion von f ist!
   Der Graph der Funktion f, die x-Achse sowie die Gerade mit der Gleichung $x=1$ schließen für $x \leq 1$ eine Fläche vollständig ein.
   Berechnen Sie den Inhalt dieser Fläche! (4 BE)

c) An den Graphen von f wird im Koordinatenursprung die Tangente t gelegt.
   Die Gerade g steht senkrecht auf der Tangente t und verläuft durch den Punkt $P(1; f(1))$.
   Die Gerade g begrenzt mit den Koordinatenachsen ein Dreieck.
   Zeigen Sie, dass dieses Dreieck gleichschenklig ist und bestimmen Sie seinen Flächeninhalt! (5 BE)

d) Gegeben ist die Gerade h mit der Gleichung $h(x) = 2x + \ln 3$.
   Zeichnen Sie diese Gerade h in das Koordinatensystem aus Aufgabenteil a ein!
   Berechnen Sie den Abstand der Geraden h vom Koordinatenursprung!
   Weisen Sie nach, dass es eine Stelle u gibt, sodass die Differenz der Funktionswerte $d(u) = h(u) - f(u)$ minimal wird!
   Berechnen Sie die minimale Differenz! (8 BE)

e) Für jede reelle Zahl a ist eine Gerade durch die Gleichung $y = a$ gegeben.
   Geben Sie die Anzahl der Schnittpunkte dieser Geraden mit dem Graphen von f in Abhängigkeit von a an! (3 BE)
   (30 BE)

Aufgabenstellung für das CAS-Abitur

Gegeben ist die Funktion f durch
$y = f(x) = \ln(2x+1) - x$.

a) Geben Sie den größtmöglichen Definitionsbereich der Funktion f an!
   Untersuchen Sie den Graphen von f auf den Schnittpunkt mit der y-Achse, auf lokale Extrempunkte und auf Wendepunkte!
   Geben Sie gegebenenfalls deren Koordinaten an!
   Skizzieren Sie den Graphen von f im Intervall $-0{,}4 \leq x \leq 8$!
   Geben Sie den Wertebereich von f an!
   Begründen Sie ohne weitere Rechnung, dass außer $x = 0$ eine weitere Nullstelle von f existieren muss!
   Der Graph der Funktion f wird an der y-Achse gespiegelt. Geben Sie eine Funktionsgleichung der gespiegelten Funktion k an! (CAS: 10 BE)

b) Weisen Sie mithilfe von Ableitungsregeln nach, dass die Funktion F mit
   $$F(x) = \left(x + \frac{1}{2}\right) \cdot \ln(2x+1) - \frac{x^2}{2} - x + 2009$$
   eine Stammfunktion von f ist!
   Der Graph der Funktion f und die x-Achse schließen eine Fläche vollständig ein.
   Berechnen Sie den Inhalt dieser Fläche! (CAS: 4 BE)

c) An den Graphen von f wird im Koordinatenursprung die Tangente t gelegt.
   Die Gerade g steht senkrecht auf der Tangente t und verläuft durch den Punkt $P(1; f(1))$.
   Die Gerade g begrenzt mit den Koordinatenachsen ein Dreieck.
   Zeigen Sie, dass dieses Dreieck gleichschenklig ist und bestimmen Sie seinen Flächeninhalt! (CAS: 5 BE)

d) Gegeben ist die Gerade h mit der Gleichung $h(x) = 2x + \ln 3$.
   Zeichnen Sie diese Gerade h in das Koordinatensystem aus Aufgabenteil a ein!
   Berechnen Sie den Abstand der Geraden h vom Koordinatenursprung!
   Ermitteln Sie die Stelle u, für die die Differenz der Funktionswerte $h(u) - f(u)$ minimal wird!
   Berechnen Sie die minimale Differenz!
   An welchen Stellen u beträgt die Differenz der Funktionswerte 2 LE? (CAS: 8 BE)

e) Für jede reelle Zahl a ist eine Gerade durch die Gleichung $y = a$ gegeben.
   Geben Sie die Anzahl der Schnittpunkte dieser Geraden mit dem Graphen von f in Abhängigkeit von a an! (CAS: 3 BE)

(CAS: 30 BE)

Hinweise und Tipps

Aufgabe a
Definitionsbereich
- Ein Argument x gehört genau dann zum Definitionsbereich einer Funktion, wenn es zu diesem x einen zugehörigen Funktionswert gibt, wenn man also den zugehörigen Funktionswert mit dem gegebenen Funktionsterm berechnen kann.
- Die vorliegende Funktion ist zusammengesetzt aus einer Logarithmusfunktion und einer linearen Funktion. Die Logarithmusfunktion ist nur für Argumente definiert, die größer null sind.

Schnittpunkt, Extrempunkte, Wendepunkte
- Für den Schnittpunkt mit der y-Achse muss $x = 0$ gelten; man erhält ihn aus f(0).
- Zur Bestimmung der Extrem- und Wendepunkte notieren Sie sich zunächst die ersten zwei Ableitungen der Funktion.
- Nun können Sie zunächst mögliche Extremstellen x_E mit dem notwendigen Kriterium $f'(x) = 0$ bestimmen, ebenso finden Sie mögliche Wendestellen x_W mit $f''(x) = 0$. Ob ein Extrem- bzw. Wendepunkt an den ermittelten Stellen vorliegt, kann mit einem hinreichenden Kriterium überprüft werden, z. B. für Extremstellen $f''(x_E) \neq 0$ bzw. für Wendestellen $f'''(x_W) \neq 0$.

Ergänzung für das CAS-Abitur: Wertebereich
- Der Wertebereich einer Funktion umfasst alle Funktionswerte, die die Funktion annehmen kann. Berücksichtigen Sie die ermittelten wesentlichen Punkte der Funktion und das Verhalten der Funktion an den Grenzen des Definitionsbereiches.

Begründung für die Existenz einer weiteren Nullstelle
- Betrachten Sie die Skizze der Funktion und berücksichtigen Sie bei Ihrer Begründung den Definitionsbereich von f.
- Berücksichtigen Sie, dass f eine stetige Funktion ist, die genau einen lokalen Hochpunkt im I. Quadranten hat.

Abitur ohne CAS: Verhalten des Graphen von f bei Annäherung an die Gerade
- Da f für $x \leq -\frac{1}{2}$ nicht definiert ist, kann sich x nur von rechts möglichst nah an $-\frac{1}{2}$ nähern. Setzen Sie einige Werte für x ein und vermuten Sie das Grenzverhalten. Diskutieren Sie dann das Verhalten von $\ln(2x + 1)$ für $x \to -\frac{1}{2}$.

CAS-Abitur: Spiegelung an der y-Achse
- Wenn man einen Punkt P(x; f(x)) an der y-Achse spiegelt, entsteht der Punkt P'(–x; f(x)), d. h. es gilt $k(x) = f(-x)$ (Achsensymmetrie).

Aufgabe b
Nachweis, dass F eine Stammfunktion von f ist
- Der gesamte Funktionsterm ist eine Summe von Teiltermen, d. h. zunächst muss man die Summenregel verwenden. Der erste Teilterm ist ein Produkt, d. h. hier muss man zunächst die Produktregel anwenden.

Flächeninhalt
- Fertigen Sie eine Skizze an und schraffieren Sie die gesuchte Fläche.
- **Abitur ohne CAS:** Die gesuchte Fläche wird durch die Nullstelle $x = 0$, die x-Achse, die Gerade $x = 1$ und von G_f begrenzt.
  CAS-Abitur: Die gesuchte Fläche wird durch die Nullstellen von f begrenzt. Ermitteln Sie die zweite Nullstelle von f.

🖉 Die Flächenberechnungen können Sie mithilfe des bestimmten Integrals durchführen.

Aufgabe c
🖉 Eine Tangente, die durch den Koordinatenursprung verläuft, hat eine Gleichung der Form t(x) = mx. Die Steigung m einer Tangente im Punkt P(u; f(u)) ist gleich der 1. Ableitung von f an der Stelle u.
🖉 Die zu einer Tangente durch einen Punkt senkrecht verlaufende Gerade wird als Normale bezeichnet.
🖉 Damit zwei Geraden senkrecht aufeinander stehen, muss für ihre Anstiege gelten: $m_1 = \frac{-1}{m_2}$
🖉 Man muss nun hiermit eine Gleichung $g(x) = \frac{-1}{m} x + n$ für die Normale bestimmen. Berücksichtigen Sie dabei, dass Sie einen Punkt der Normalen kennen.
🖉 Bestimmen Sie dann die Schnittpunkte von g mit den Koordinatenachsen.
Für Schnittpunkte mit den Achsen muss x = 0 bzw. y = 0 gelten. Mit f(0) erhält man den Schnittpunkt mit der y-Achse und mit f(x) = 0 den Schnittpunkt mit der x-Achse.

Nachweis der Gleichschenkligkeit
🖉 Fertigen Sie sich zunächst eine Skizze an. Da das Dreieck rechtwinklig ist, können Sie z. B. nachweisen, dass beide Katheten gleich lang sind.

Flächeninhalt
🖉 Berechnen Sie den Flächeninhalt des Dreiecks unter Beachtung, dass das Dreieck gleichschenklig und rechtwinklig ist.

Aufgabe d
Abstand der Geraden h zum Koordinatenursprung
🖉 Der Abstand eines Punktes von einer Geraden kann auf verschiedenen Wegen bestimmt werden.
🖉 1. Weg: Bestimmen Sie die lineare Funktion i, deren Graph senkrecht auf dem Graphen von h steht und durch den Koordinatenursprung geht. Danach bestimmen Sie den Schnittpunkt der Graphen von i und h. Der Abstand dieses Punktes S vom Koordinatenursprung kann dann z. B. mittels des Satzes von Pythagoras ermittelt werden oder auch vektoriell als Betrag des Vektors $\overline{OS}$.
🖉 2. Weg (geeignet für CAS): Bestimmen Sie den Abstand eines beliebigen Punktes P(k; h(k)) des Graphen von h vom Koordinatenursprung in Abhängigkeit von k. Welcher dieser Punkte hat den geringsten Abstand vom Ursprung?

Differenz der Funktionswerte
🖉 Bestimmen Sie den Funktionsterm für d(u) = h(u) − f(u).
🖉 Nun können Sie zunächst mögliche Extremstellen u_E mit dem notwendigen Kriterium d'(u) = 0 bestimmen. Ob ein Minimum an den ermittelten Stellen vorliegt, kann mit dem hinreichenden Kriterium d''(u_E) > 0 überprüft werden.
🖉 Berechnen Sie dann diese minimale Differenz mit d(u_E).

Ergänzung für das CAS-Abitur: Stellen mit Abstand 2 LE
🖉 Um die Stellen zu finden, wo der Abstand 2 LE beträgt, muss man die Gleichung d(u) = 2 nach u lösen.

Aufgabe e
🖉 Fertigen Sie sich eine Skizze an und zeichnen Sie dort die möglichen Fälle ein.
🖉 Berücksichtigen Sie, dass es drei verschiedene Fälle gibt.

Lösungen

$f(x) = \ln(2x+1) - x$

$f'(x) = \dfrac{1}{2x+1} \cdot 2 - 1 = \dfrac{2}{2x+1} - 1$

Wendet man für $\dfrac{2}{2x+1}$ die Quotientenregel an, so erhält man:

$f''(x) = \left(\dfrac{2}{2x+1} - 1\right)' = \dfrac{0 \cdot (2x+1) - 2 \cdot 2}{(2x+1)^2} - 0$

$= -\dfrac{4}{(2x+1)^2}$

Alternativ kann f'(x) nach einer Umformung auch mittels Kettenregel abgeleitet werden:
$f''(x) = (2 \cdot (2x+1)^{-1} - 1)'$
$= 2 \cdot (-1) \cdot (2x+1)^{-2} \cdot 2 - 0 = -\dfrac{4}{(2x+1)^2}$

G_f bezeichne den Graphen der Funktion f.

a) größtmöglicher Definitionsbereich D_f

Die Funktion f ist für alle die x-Werte definiert, für die auch $\ln(2x+1)$ definiert ist.

$D_f = \{x \mid \ln(2x+1) \text{ ist definiert}\} = \{x \mid 2x+1 > 0\} = \{x \mid 2x > -1\}$

$\underline{\underline{D_f = \left\{x \mid x > -\dfrac{1}{2}\right\} = \left]-\dfrac{1}{2}; \infty\right[}}$

Schnittpunkt S_y mit der y-Achse

G_f kann die y-Achse nur im Punkt $S_y(0; f(0))$ schneiden.

$f(0) = \ln(2 \cdot 0 + 1) - 0 = \ln 1 = 0 \quad \Rightarrow \quad \underline{\underline{S_y(0; 0)}}$

lokale Extrempunkte E

$E(x_E; f(x_E))$ ist ein lokaler Extrempunkt von G_f, wenn sowohl die Gleichung $f'(x_E) = 0$ als auch die Ungleichung $f''(x_E) \neq 0$ gelten.

$0 = f'(x) = \dfrac{2}{2x+1} - 1$

$2 = 2x+1$

$x = 0{,}5$

$\Rightarrow$ $x = 0{,}5$ ist die einzig mögliche lokale Extremstelle von G_f.

$f''(0{,}5) = -\dfrac{4}{(2 \cdot 0{,}5 + 1)^2} = -1 < 0$

$\Rightarrow$ $x = 0{,}5$ ist die lokale Maximumstelle von G_f.

$f(0{,}5) = \ln(2 \cdot 0{,}5 + 1) - 0{,}5 = \ln 2 - 0{,}5 \approx 0{,}193$

$E(0{,}5;\ \ln 2 - 0{,}5)$ ist als der einzige lokale Extrempunkt von G_f ein Hochpunkt.

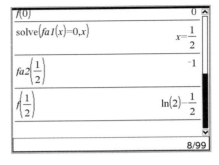

Wendepunkte W

$W(x_W;\ f(x_W))$ kann nur dann ein Wendepunkt von G_f sein, wenn die Gleichung $f''(x_W) = 0$ gilt.

$0 = f''(x) = -\dfrac{4}{(2x+1)^2}$

$0 = -4$ Widerspruch

$\Rightarrow$ G_f besitzt keinen Wendepunkt.

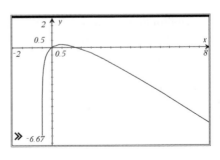

Skizze des Graphen G_f

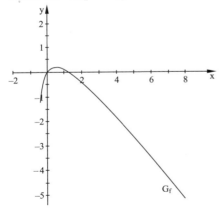

Lösungshinweise für das CAS-Abitur: Wertebereich W_f

Der Wertebereich W_f kann der Skizze des Graphen G_f entnommen werden. Die y-Koordinate des Hochpunktes bildet den größten Wert von W_f. Nach unten ist G_f und damit auch W_f nicht beschränkt.

$W_f = \{y \mid y \leq \ln 2 - 0{,}5 \approx 0{,}193\} = \,]-\infty;\ \ln 2 - 0{,}5 \approx 0{,}193[$

Existenz einer zweiten Nullstelle

Nachweisvariante 1:

G_f besitzt den Hochpunkt H mit $x_H = 0{,}5$ und $y_H \approx 0{,}2$. Auf G_f liegt auch der Punkt P mit $x_P = 2$ und $y_P < 0$. Folglich muss G_f als Graph einer stetigen Funktion im Intervall $]0{,}5;\ 2[$ vom I. Quadranten in den IV. Quadranten verlaufen, d. h. die x-Achse schneiden, was auch der Skizze zu entnehmen ist. f muss also in diesem Intervall eine weitere Nullstelle besitzen. q. e. d.

Nachweisvariante 2:

$0 = f(x)$
$0 = \ln(2x+1) - x$
$x = \ln(2x+1)$

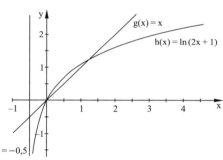

Die Graphen von g mit $g(x) = x$ und h mit $h(x) = \ln(2x+1)$ schneiden sich in zwei verschiedenen Punkten, also muss f zwei verschiedene Nullstellen besitzen. q. e. d.

Lösungshinweise für das CAS-Abitur

Bei der Aufgabenstellung für das CAS-Abitur ist die 2. Nachweisvariante nicht geeignet, da hier eine Begründung ohne weitere Rechnung gefordert wird.

Abitur ohne CAS: Grenzverhalten von G_f

Die Gerade g: $x = -0{,}5$ ist eine senkrechte Asymptote von G_f mit dem rechtsseitigen Grenzwert $\lim\limits_{\substack{x \to -0{,}5 \\ x > -0{,}5}} f(x) = -\infty$.

Diese Eigenschaft kann man aus folgenden Überlegungen schlussfolgern:

$x = -\dfrac{1}{2} \notin D_f \quad \Rightarrow \quad G_f$ kann die (parallel zur y-Achse verlaufende) Gerade g: $x = -\dfrac{1}{2}$ nicht schneiden.

$D_f = \,]-\dfrac{1}{2};\ \infty[\quad \Rightarrow \quad f(x)$ ist für alle x beliebig nahe rechts von $-\dfrac{1}{2}$ definiert, d. h. G_f nähert sich von rechts gegen die Gerade g: $x = -\dfrac{1}{2}$ beliebig nahe an, ohne die Gerade zu erreichen.

$f(-0{,}4) < 0$ und links von $x = 0$ ist G_f streng monoton wachsend. Außerdem besitzt G_f keinen Wendepunkt.

$\Rightarrow \quad \lim\limits_{\substack{x \to -0{,}5 \\ x > -0{,}5}} f(x) = -\infty$

Lösungshinweise für das CAS-Abitur: Spiegelung an der y-Achse

$k(x) = f(-x) = \ln(-2x+1) - (-x)$
$= \ln(1-2x) + x$

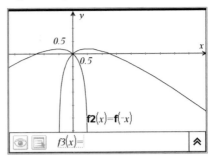

b) Nachweis, dass F eine Stammfunktion von f ist

Für den Nachweis, dass F eine Stammfunktion von f ist, genügt es zu zeigen, dass $F'(x) = f(x)$ für alle $x \in D_f$ gilt. Bei der folgenden Differentiation werden insbesondere die Produkt- und Kettenregel angewandt.

$$F'(x) = \left[\left(x + \frac{1}{2}\right) \cdot \ln(2x+1) - \frac{1}{2}x^2 - x\right]'$$

$$= \left(x + \frac{1}{2}\right)' \cdot \ln(2x+1) + \left(x + \frac{1}{2}\right) \cdot (\ln(2x+1))' - \left(\frac{1}{2}x^2\right)' - x'$$

$$= 1 \cdot \ln(2x+1) + \left(x + \frac{1}{2}\right) \cdot \frac{1}{2x+1} \cdot 2 - \frac{1}{2} \cdot 2x - 1$$

$$= \ln(2x+1) + \frac{2x+1}{2x+1} - x - 1 = \ln(2x+1) + 1 - x - 1$$

$$= \ln(2x+1) - x = f(x) \qquad \text{q. e. d.}$$

Lösungshinweise für das CAS-Abitur

Das konstante Glied 2009 bei der in der Aufgabenstellung angegebenen Funktion F(x) fällt bei der Differentiation weg und die weitere Rechnung verläuft analog zu oben.

Abitur ohne CAS: Inhalt A der eingeschlossenen Fläche

Es ist der Inhalt A der Fläche zu bestimmen, die G_f mit der x-Achse über dem Intervall [0; 1] einschließt. Diese Fläche liegt nirgends unterhalb der x-Achse.

$$A = \int_0^1 f(x)\,dx = F(1) - F(0)$$

$$= \left(1 + \frac{1}{2}\right) \cdot \ln(2 \cdot 1 + 1) - \frac{1}{2} \cdot 1^2 - 1$$

$$- \left[\left(0 + \frac{1}{2}\right) \cdot \ln(2 \cdot 0 + 1) - \frac{1}{2} \cdot 0^2 - 0\right]$$

$$= 1{,}5 \cdot \ln 3 - 0{,}5 - 1 - 0{,}5 \cdot \ln 1 - 0 \quad \text{mit } \ln 1 = 0$$

$$\underline{\underline{A = 1{,}5 \cdot \ln 3 - 1{,}5 \approx 0{,}148}}$$

Der Inhalt der eingeschlossenen Fläche beträgt ca. 0,148 FE.

Lösungshinweise für das CAS-Abitur: Flächeninhalt

Die gesuchte Fläche wird von den beiden Nullstellen von f begrenzt. Die zweite Nullstelle ($x_1 = 0$ ist bereits aus Teilaufgabe a bekannt) liegt bei $x_2 \approx 1{,}25643$.

$$A = \int_0^{x_2} f(x)\,dx \approx 0{,}161094$$

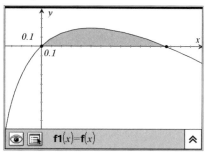

Der Inhalt der eingeschlossenen Fläche beträgt ca. 0,161 FE.

c) **Nachweis der Gleichschenkligkeit des Dreiecks**

Um das in der Aufgabenstellung beschriebene Dreieck näher zu untersuchen, kann man sich zunächst den Sachverhalt anhand einer Skizze klarmachen.
Es ist nachzuweisen, dass das rechtwinklige Dreieck ABC gleichschenklig ist, wobei A der Schnittpunkt der Geraden g mit der x-Achse, B der Schnittpunkt der Geraden g mit der y-Achse sowie C der Koordinatenursprung C(0; 0) ist.
ΔABC ist gleichschenklig, wenn die beiden Katheten gleich lang sind, d. h. wenn $\overline{AC} = \overline{BC}$ gilt.

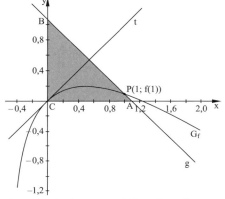

Diese Streckenlängen kann man berechnen, wenn man die Koordinaten der Punkte A und B kennt. Und diese Koordinaten wiederum lassen sich berechnen, wenn man die Gleichungen der Geraden t und g kennt.
t ist die Tangente an G_f im Punkt C(0; 0).

t: $y = m_t \cdot x + n_t$ mit $n_t = 0$

$$m_t = f'(0) = \frac{2}{2 \cdot 0 + 1} - 1 = 1$$

$\Rightarrow \ t(x) = x$

2009-9

g ist die Gerade, die senkrecht auf t steht (also die Normale von t ist) und durch $P(1; f(1)) = P(1; \ln 3 - 1)$ verläuft.

g: $y = m_g \cdot x + n_g$ mit $m_g = -\dfrac{1}{m_t} = -1$

$\Rightarrow y = -x + n_g$ mit $P(1; \ln 3 - 1) \in g$
$\Rightarrow \ln 3 - 1 = -1 + n_g \Rightarrow n_g = \ln 3$
$\Rightarrow g(x) = -x + \ln 3$

$A(x_A; 0)$ besitzt als Abszisse x_A die Nullstelle von g.

$0 = g(x)$
$0 = -x + \ln 3$
$x = \ln 3 \Rightarrow x_A = \ln 3$

$B(0; y_B)$ ist der Schnittpunkt der Geraden g mit der y-Achse.

$g(0) = \ln 3 \Rightarrow y_B = \ln 3$

$\Rightarrow \overline{AC} = x_A = \ln 3 = y_B = \overline{BC}$ q. e. d.

Flächeninhalt A des Dreiecks ABC

Der Flächeninhalt eines rechtwinkligen Dreiecks berechnet sich besonders einfach nach der speziellen Formel $A = \dfrac{1}{2} a \cdot b$.

$A = \dfrac{1}{2} a \cdot b$ mit $a = b = \ln 3$

$\Rightarrow A = \dfrac{1}{2} \cdot \ln 3 \cdot \ln 3 = \dfrac{1}{2} \cdot (\ln 3)^2 \approx 0,60$

Das Dreieck ABC besitzt einen Flächeninhalt von ca. 0,60 FE.

d) **Skizze**

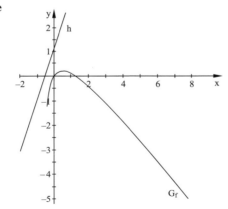

Abstand a der Geraden h vom Koordinatenursprung

Der gesuchte Abstand a ist gleich der Länge OS des Lotes vom Koordinatenursprung O(0; 0) auf die Gerade h. Der Punkt S ist somit der Schnittpunkt der Geraden h mit der zu h senkrecht verlaufenden Ursprungsgeraden i.

Gleichung der Geraden i:

i: $y = m_i x + n_i$ mit $n_i = 0$

$$m_i = \frac{-1}{m_h} = \frac{-1}{2} = -\frac{1}{2}$$

$\Rightarrow\ i(x) = -\frac{1}{2}x$

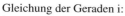

S ist der Schnittpunkt von h und i:
$h(x) = i(x)$

$2x + \ln 3 = -\frac{1}{2}x$

$2{,}5x = -\ln 3$

$x = -0{,}4 \cdot \ln 3\ \Rightarrow\ x_S = -0{,}4 \cdot \ln 3$

$y_S = -\frac{1}{2}x_S = 0{,}2 \cdot \ln 3$

Abstand a ist die Länge der Strecke $\overline{OS}$.

Lösungsvariante 1:

$a = \sqrt{x_S^2 + y_S^2} = \sqrt{(-0{,}4 \cdot \ln 3)^2 + (0{,}2 \cdot \ln 3)^2}$

$\underline{\underline{a = \ln 3 \cdot \sqrt{0{,}2} \approx 0{,}49}}$

Lösungsvariante 2:

$a = \overline{OS} = |\overrightarrow{OS}| = \left| \begin{pmatrix} x_S - x_O \\ y_S - y_O \end{pmatrix} \right| = \left| \begin{pmatrix} -0{,}4 \cdot \ln 3 \\ 0{,}2 \cdot \ln 3 \end{pmatrix} \right| = \sqrt{0{,}16 \cdot (\ln 3)^2 + 0{,}04 \cdot (\ln 3)^2}$

$\underline{\underline{a = \ln 3 \cdot \sqrt{0{,}2} \approx 0{,}49}}$

Lösungshinweise für das CAS-Abitur

Bei Verwendung eines CAS-Rechners genügt der folgende Ansatz, mit dem man die x-Koordinate desjenigen Punktes der Geraden h erhält, der die geringste Entfernung vom Ursprung hat (in der Rechnung oben wird dieser Punkt mit S bezeichnet).

$$\text{fMin}\left(\sqrt{k^2 + (h(k))^2}, k\right) \qquad k = \frac{-2 \cdot \ln(3)}{5}$$

Der Abstand der Geraden h vom Ursprung entspricht dieser (geringsten) Entfernung, die man durch Einsetzen der ermittelten Minimumstelle in die Formel $\sqrt{k^2 + h(k)^2}$ erhält.

Minimumstelle u_{min}

Die Funktionswertedifferenz $d(u) = h(u) - f(u)$ besitzt die lokale Minimumstelle u_{min}, wenn sowohl die Gleichung $d'(u_{min}) = 0$ als auch die Ungleichung $d''(u_{min}) > 0$ gelten.

$$\begin{aligned} d(u) &= h(u) - f(u) = 2u + \ln 3 - (\ln(2u+1) - u) \\ &= 2u + \ln 3 - \ln(2u+1) + u = 3u - \ln(2u+1) + \ln 3 \end{aligned}$$

$$d'(u) = 3 - \frac{1}{2u+1} \cdot 2 + 0 = 3 - \frac{2}{2u+1}$$

$$0 = d'(u) = 3 - \frac{2}{2u+1}$$

$$2 = 6u + 3$$

$$u = -\frac{1}{6}$$

$$d''(u) = \left(3 - \frac{2}{2u+1}\right)' = 0 - \frac{0 \cdot (2u+1) - 2 \cdot 2}{(2u+1)^2} = -\frac{-4}{(2u+1)^2} = \frac{4}{(2u+1)^2}$$

$$d''\left(-\frac{1}{6}\right) = \frac{4}{\left(2 \cdot \left(-\frac{1}{6}\right) + 1\right)^2} = 9 > 0 \quad \Rightarrow \quad \underline{\underline{u_{min} = -\frac{1}{6}}} \text{ ist die lokale Minimumstelle von } d.$$

Die Funktionswertedifferenz $d(u) = h(u) - f(u)$ wird für $u = -\frac{1}{6}$ minimal.

Minimale Differenz

Die gesuchte Differenz ist der Wert der Funktion d an der Stelle $u_{min} = -\frac{1}{6}$.

$$d(u_{min}) = 3 \cdot u_{min} - \ln(2u_{min}+1) + \ln 3 = 3 \cdot \left(-\frac{1}{6}\right) - \ln\left(2 \cdot \left(-\frac{1}{6}\right) + 1\right) + \ln 3$$

$$\underline{\underline{d(u_{min}) = -\frac{1}{2} - \ln \frac{2}{3} + \ln 3 \approx 1{,}00}}$$

Lösungshinweise für das CAS-Abitur: Stellen mit Abstand 2 LE

Die Gleichung $d(u) = 2$ wird mit dem Taschencomputer nach u gelöst. Es ergeben sich die Stellen $u_1 \approx -0{,}45$ und $u_2 \approx 0{,}55$.

$d(x) := h(x) - f(x)$	*Fertig*
solve$(d(u) = 2, u)$	$u = -0.446878$ or $u = 0.546738$

e) **Anzahl der Schnittpunkte**

Die Anzahl der Schnittpunkte des Graphen G_f mit einer horizontalen Geraden kann man anhand der Skizze aus Aufgabenteil a ermitteln. Dabei sind drei Fälle zu unterscheiden: die Horizontale verläuft (1) oberhalb des Hochpunktes H, (2) durch H und (3) unterhalb von H.

Die Anzahl der Schnittpunkte der Geraden mit der Gleichung $y = a$ und dem Graphen G_f beträgt

        0   für alle $a > \ln 2 - 0{,}5$,
genau 1   nur für $a = \ln 2 - 0{,}5$ sowie
genau 2   für alle $a < \ln 2 - 0{,}5$.

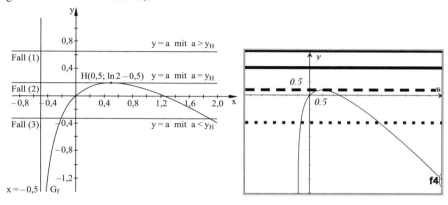

Grundkurs Mathematik (Thüringen): Abiturprüfung 2009
Aufgabe A2: Analysis

Gegeben ist die Funktion f durch

$$y = f(x) = 2 + \frac{8}{x} + \frac{6}{x^2} = \frac{2x^2 + 8x + 6}{x^2}, \quad x \in \mathbb{R}; x \neq 0.$$

a) Untersuchen Sie den Graphen der Funktion f auf gemeinsame Punkte mit der x-Achse, auf Asymptoten, auf lokale Extrempunkte und auf Wendepunkte! Geben Sie gegebenenfalls deren Koordinaten an! (Auf den Nachweis möglicher Wendepunkte darf verzichtet werden.)
Skizzieren Sie den Graphen von f und die waagerechte Asymptote im Intervall $-6 \leq x \leq 6$!
Geben Sie den Wertebereich der Funktion f an! (13 BE)

b) Eine Gerade s verläuft parallel zur Wendetangente durch den Koordinatenursprung.
Ermitteln Sie eine Gleichung von s!
Unter welchem Winkel schneidet die Gerade s die x-Achse? (3 BE)

c) Zeigen Sie durch Integration, dass die Funktion F mit

$$F(x) = \frac{2x^2 - 6}{x} + 8 \cdot \ln|x|$$

eine Stammfunktion von f ist!
Der Graph der Funktion f schließt mit der x-Achse eine Fläche vollständig ein.
Berechnen Sie den Inhalt dieser Fläche! (4 BE)

d) Der Punkt $U(u; f(u))$ mit $u \in \mathbb{R}$, $u > 0$ und der Koordinatenursprung sind Eckpunkte eines achsenparallelen Rechtecks.
Bestimmen Sie den Wert von u, sodass der Flächeninhalt des Rechtecks minimal wird!
Ermitteln Sie für diesen Wert von u den Abstand des Punktes U vom Koordinatenursprung! (6 BE)

e) Für jede reelle Zahl t ($t \neq 0$) ist eine Funktion g_t gegeben durch $g_t(x) = f(x) + t$. Welche Bedeutung hat der Parameter t für den Verlauf des Graphen von g_t?
Geben Sie die Koordinaten des lokalen Extrempunktes der Funktion g_t an!
Für welche Werte von t hat die Funktion g_t genau zwei Nullstellen?
Hinweis: Nutzen Sie die Ergebnisse aus Teilaufgabe a. (4 BE)

(30 BE)

Aufgabenstellung für das CAS-Abitur

Gegeben ist die Funktion f durch

$$y = f(x) = 2 + \frac{8}{x} + \frac{6}{x^2} = \frac{2x^2 + 8x + 6}{x^2}, \quad x \in \mathbb{R}; x \neq 0.$$

a) Untersuchen Sie den Graphen der Funktion f auf gemeinsame Punkte mit der x-Achse, auf Asymptoten, auf lokale Extrempunkte und auf Wendepunkte! Geben Sie gegebenenfalls deren Koordinaten an!
Skizzieren Sie den Graphen von f und die waagerechte Asymptote im Intervall $-6 \leq x \leq 6$!
Geben Sie den Wertebereich der Funktion f an! (CAS: 12 BE)

b) Eine Gerade s verläuft parallel zur Wendetangente durch den Koordinatenursprung.
Ermitteln Sie eine Gleichung von s!
Unter welchem Winkel schneidet die Gerade s die x-Achse? (CAS: 2 BE)

c) Die Tangente an den Graphen von f im Punkt P(–3; f(–3)) begrenzt mit den Koordinatenachsen ein Dreieck. Dieses Dreieck rotiert um die x-Achse.
Berechnen Sie das Volumen des entstehenden Rotationskörpers! (CAS: 3 BE)

d) Zeigen Sie durch Integration, dass die Funktion F mit
$$F(x) = \frac{2x^2 - 6}{x} + 8 \cdot \ln|x|$$
eine Stammfunktion von f ist!
Der Graph der Funktion f schließt mit der x-Achse eine Fläche vollständig ein.
Berechnen Sie den Inhalt dieser Fläche! (CAS: 4 BE)

e) Der Punkt U(u; f(u)) mit $u \in \mathbb{R}$, $u > 0$ und der Koordinatenursprung sind Eckpunkte eines achsenparallelen Rechtecks.
Bestimmen Sie den Wert von u, sodass der Flächeninhalt des Rechtecks minimal wird!
Ermitteln Sie für diesen Wert von u den Abstand des Punktes U vom Koordinatenursprung! (CAS: 5 BE)

f) Für jede reelle Zahl t ist eine Funktion g_t gegeben durch $g_t(x) = f(x) + t$.
Welche Bedeutung hat der Parameter t für den Verlauf des Graphen von g_t?
Geben Sie die Koordinaten des lokalen Extrempunktes der Funktion g_t an!
Für welche Werte von t hat die Funktion g_t genau zwei Nullstellen?
Hinweis: Nutzen Sie die Ergebnisse aus Teilaufgabe a. (CAS: 4 BE)

(CAS: 30 BE)

Hinweise und Tipps

Aufgabe a
Schnittpunkte, Asymptoten, Extrempunkte, Wendepunkte

- Schnittstellen mit der x-Achse erhalten Sie, wenn Sie in der Funktionsgleichung $y = 0$ setzen und die zugehörigen x-Werte berechnen.
- Um alle Asymptoten einer gebrochenrationalen Funktion zu ermitteln, sollte man den Definitionsbereich betrachten (Polstellen bzw. senkrechte Asymptoten). Die vorgegebene Polynomdivision zeigt, dass sich f für $x \rightarrow \pm\infty$ einem konstanten Wert annähert (waagerechte Asymptote).
- Zur Bestimmung der Extrema und Wendepunkte notieren Sie sich zunächst die ersten zwei Ableitungen der Funktion f.
- Nun können Sie zunächst mögliche Extremstellen x_E mit dem notwendigen Kriterium $f'(x) = 0$ bestimmen, ebenso finden Sie mögliche Wendestellen x_W mit $f''(x) = 0$. Ob ein Extrempunkt an den ermittelten Stellen vorliegt, kann mit dem hinreichenden Kriterium $f''(x_E) \neq 0$ überprüft werden.

Ergänzung für das CAS-Abitur: Nachweis der Wendepunkte
- Ob an den ermittelten Stellen x_W tatsächlich ein Wendepunkt vorliegt, kann mit dem hinreichenden Kriterium $f'''(x_W) \neq 0$ überprüft werden.

Skizze
- Tragen Sie zunächst die bereits ermittelten wesentlichen Punkte in die Zeichnung ein und berechnen Sie ggf. weitere Werte.
- Bei Verwendung eines grafikfähigen Taschencomputers sind die Graphen der Funktion f und der Asymptote rasch erstellt.

Wertebereich
- Der Wertebereich einer Funktion umfasst alle Funktionswerte, die die Funktion annehmen kann. Berücksichtigen Sie die ermittelten wesentlichen Punkte der Funktion und das Verhalten der Funktion an den Grenzen des Definitionsbereiches.

Aufgabe b
- Zur Bestimmung einer Gleichung einer Geraden, die parallel zur Wendetangente verläuft, benötigt man z. B. den Anstieg im Wendepunkt und die Koordinaten des Wendepunktes. Da die gesuchte Gerade s durch den Koordinatenursprung verlaufen soll, gilt $s(x) = mx$, wobei m der Anstieg im Wendepunkt ist.
- Den Anstieg an einer Stelle x_W können Sie als 1. Ableitung $f'(x_W)$ ermitteln.

Winkel
- Für den Winkel α, den eine Tangente mit der x-Achse einschließt, gilt $m = f'(x_0) = \tan \alpha$.

Aufgabe c für CAS-Nutzer
- Zur Bestimmung der Gleichung der Tangente, die durch den Punkt $P(-3; f(-3))$ verläuft, benötigt man noch den Anstieg m im Punkt P.
- Den Anstieg einer Funktion f an einer Stelle x_P können Sie als 1. Ableitung $f'(x_P)$ ermitteln.
- Die Gleichung einer Tangente t ist eine Geradengleichung der Form $y = t(x) = mx + n$.
- Bestimmen Sie dann die Schnittpunkte der Tangente mit den Koordinatenachsen. Für Schnittpunkte mit den Achsen muss $x = 0$ bzw. $y = 0$ gelten.

Mit t(0) erhält man den Schnittpunkt mit der y-Achse und mit t(x) = 0 den Schnittpunkt mit der x-Achse.

- Bei der Rotation des Dreiecks entsteht ein Kegel. Bestimmen Sie den Radius und die Höhe des Kegels und berechnen Sie damit das Volumen.

Aufgabe c für nicht CAS-Nutzer bzw.
Aufgabe d für CAS-Nutzer

- Damit F eine Stammfunktion von f ist muss $\int f(x)dx = F(x) + c$ gelten.
- Nutzen Sie zur Integration den als Summe vorgegebenen Term von f. Vergleichen Sie Ihr Ergebnis dann mit dem vorgegebenen Ausdruck für F.
- Die gesuchte Fläche wird durch die bereits berechneten Nullstellen begrenzt.
- Die Flächenberechnung können Sie mithilfe des bestimmten Integrals durchführen oder die gegebene Stammfunktion nutzen (Anwendung des Hauptsatzes der Integralrechnung: $\int_a^b f(x)dx = F(b) - F(a)$).

Aufgabe d für nicht CAS-Nutzer bzw.
Aufgabe e für CAS-Nutzer

- Veranschaulichen Sie den Sachverhalt für ein konkretes Beispiel mit u > 0. Der Flächeninhalt eines Rechtecks kann aus A = a · b bestimmt werden, wobei a und b die Seitenlängen des Rechtecks sind.
- Drücken Sie nun den Flächeninhalt des Rechtecks in Abhängigkeit von u aus.
- Untersuchen Sie die Zielfunktion A(u) = u · f(u) auf lokale Extrema.
- Aus der notwendigen Bedingung A'(u) = 0 ergeben sich mögliche Extremstellen u_E.
- Mithilfe der hinreichenden Bedingung A''(u_E) > 0 kann auf ein lokales Minimum geschlossen werden.
- Der Abstand des gefundenen Punktes U(u; f(u)) vom Koordinatenursprung ist die Länge der Diagonalen des Rechtecks und kann mithilfe des Satzes des Pythagoras ermittelt werden.

Aufgabe e für nicht CAS-Nutzer bzw.
Aufgabe f für CAS-Nutzer

- Bei Verwendung eines CAS-Rechners kann man sich den Sachverhalt leicht veranschaulichen.
- Beschreiben Sie Ihre Beobachtungen.
- Da der Parameter t nur eine Verschiebung um t entlang der y-Achse bewirkt, kann man hieraus sofort auf die Lage des lokalen Extrempunktes der Funktion g_t schließen. Wird t > 0, erfolgt eine Verschiebung nach „oben", ist t < 0, wird nach „unten" verschoben.
- Mit diesem Ergebnis kann man auch die Werte für t bestimmen, für die g genau 2 Nullstellen hat; berücksichtigen Sie dabei die y-Koordinate des Tiefpunktes von f und die Situation, wenn g_t genau eine Nullstelle hat.

Lösungen

$$f(x) = 2 + \frac{8}{x} + \frac{6}{x^2}$$

$$= \frac{2x^2 + 8x + 6}{x^2} =: \frac{Z(x)}{N(x)} \quad (x \in \mathbb{R}, x \neq 0)$$

$$f'(x) = \frac{(4x+8) \cdot x^2 - (2x^2 + 8x + 6) \cdot 2x}{x^4}$$

$$= \frac{(4x+8) \cdot x - (2x^2 + 8x + 6) \cdot 2}{x^3}$$

$$= \frac{-8x - 12}{x^3} =: \frac{Z_1(x)}{N_1(x)}$$

Alternativ kann $f(x) = Z(x) \cdot (N(x))^{-1}$ auch mittels Produkt- und Kettenregel bzw. über $f(x) = 2 + 8 \cdot x^{-1} + 6 \cdot x^{-2}$ abgeleitet werden.

$$f''(x) = \frac{-8 \cdot x^3 - (-8x - 12) \cdot 3x^2}{x^6}$$

$$= \frac{-8 \cdot x - (-8x - 12) \cdot 3}{x^4}$$

$$= \frac{16x + 36}{x^4} =: \frac{Z_2(x)}{N_2(x)}$$

$f(x) := \frac{2 \cdot x^2 + 8 \cdot x + 6}{x^2}$		Fertig
$\frac{d}{dx}(f(x))$		$\frac{-4 \cdot (2 \cdot x + 3)}{x^3}$
$fa1(x) := \frac{-4 \cdot (2 \cdot x + 3)}{x^3}$		Fertig
$,2$		$\frac{4 \cdot (4 \cdot x + 9)}{}$
		7/7

$fa2(x) := \frac{4 \cdot (4 \cdot x + 9)}{x^4}$		Fertig
$\frac{d^3}{dx^3}(f(x))$		$\frac{-48 \cdot (x+3)}{x^5}$
$fa3(x) := \frac{-48 \cdot (x+3)}{x^5}$		Fertig
		7/99

G_f bezeichne den Graphen der Funktion f.

a) **gemeinsame Punkte S_x mit der x-Achse**

G_f kann mit der x-Achse nur die gemeinsamen Punkte $S_x(x; f(x))$ haben, wenn $f(x) = 0$ gilt.

$0 = f(x)$
$0 = Z(x) = 2x^2 + 8x + 6$
$x_1 = -3$ mit $N(-3) = (-3)^2 \neq 0$
$\Rightarrow \underline{\underline{S_{x_1}(-3; 0)}}$

$x_2 = -1$ mit $N(-1) = (-1)^2 \neq 0$
$\Rightarrow \underline{\underline{S_{x_2}(-1; 0)}}$

Asymptoten

Zu untersuchen ist, ob G_f senkrechte oder waagerechte Asymptoten besitzt. G_f besitzt eine senkrechte Asymptote genau dann, wenn f eine Polstelle x_P hat. G_f besitzt eine waagerechte Asymptote genau dann, wenn einer der Grenzwerte $\lim\limits_{x \to \infty} f(x)$ oder $\lim\limits_{x \to -\infty} f(x)$ einen endlichen Wert annimmt.

$0 = N(x) = x^2$
$x = 0$ mit $Z(0) = 6 \neq 0 \Rightarrow x_P = 0$

$\Rightarrow$ G_f besitzt die senkrechte Asymptote mit der Gleichung $x = 0$, d. h. die y-Achse ist die senkrechte Asymptote von G_f.

$$\lim_{x \to \pm\infty} f(x) = \lim_{x \to \pm\infty} \left(2 + \frac{8}{x} + \frac{6}{x^2}\right) = 2 \pm 0 + 0 = 2$$

$\Rightarrow$ G_f besitzt genau eine waagerechte Asymptote und diese genügt der Gleichung $y = 2$.

lokale Extrempunkte E

$E(x_E; f(x_E))$ ist ein lokaler Extrempunkt von G_f, wenn sowohl die Gleichung $f'(x_E) = 0$ als auch die Ungleichung $f''(x_E) \neq 0$ gelten.

$0 = f'(x) = \dfrac{-8x - 12}{x^3}$

$0 = Z_1(x) = -8x - 12$

$x = -\dfrac{3}{2} = -1{,}5$ mit $N_1(-1{,}5) = (-1{,}5)^3 \neq 0$

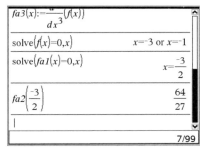

$\Rightarrow$ $x = -1{,}5$ ist die einzig mögliche Extremstelle von G_f.

$f''(-1{,}5) = \dfrac{16 \cdot (-1{,}5) + 36}{(-1{,}5)^4} = 2{,}\overline{370} > 0$

$\Rightarrow$ $x = -1{,}5$ ist die lokale Minimumstelle von G_f.

$f(-1{,}5) = \dfrac{2 \cdot (-1{,}5)^2 + 8 \cdot (-1{,}5) + 6}{(-1{,}5)^2} = -\dfrac{2}{3} = -0{,}\overline{6}$

$\Rightarrow$ $E(-1{,}5; -0{,}\overline{6})$ ist als der lokale Extrempunkt von G_f ein Tiefpunkt.

Wendepunkte W

$W(x_W; f(x_W))$ kann nur dann ein Wendepunkt von G_f sein, wenn die Gleichung $f''(x_W) = 0$ gilt.

$0 = f''(x) = \dfrac{16x + 36}{x^4}$

$0 = Z_2(x) = 16x + 36$

$x = -\dfrac{9}{4} = -2{,}25$ mit $N_2(-2{,}25) = (-2{,}25)^4 \neq 0$

$\Rightarrow$ $x_W = -2{,}25$ ist die einzig mögliche Wendestelle von G_f.

Da auf den Nachweis, dass x_W tatsächlich Wendestelle von G_f ist, verzichtet wird, ist $W(-2{,}25; f(-2{,}25)) = W(-2{,}25; -0{,}\overline{370})$ als der gesuchte Wendepunkt anzusehen.

Lösungshinweise für das CAS-Abitur: Nachweis des Wendepunktes

Den Nachweis für die ermittelte mögliche Wendestelle führen Sie mit der 3. Ableitung durch.
Es gilt $f'''(x_W) \neq 0$. Damit ist gezeigt, dass es sich tatsächlich um einen Wendepunkt handelt.

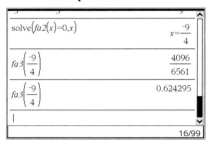

Skizze des Graphen G_f und der waagerechten Asymptote

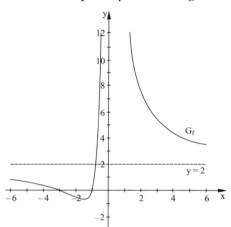

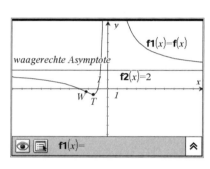

Wertebereich W_f

Der Wertebereich W_f kann der Skizze von G_f entnommen werden.
$W_f = \{y \mid y \geq y_E\}$
$\underline{\underline{W_f = \{y \mid y \geq -0,\overline{6}\} = [-0,\overline{6}; \infty[}}$

b) **Gerade s**

s ist eine Gerade durch den Koordinatenursprung und genügt somit einer Gleichung $y = m \cdot x + n$ mit $n = 0$. s verläuft parallel zur Wendetangente von G_f, also besitzt s denselben Anstieg m wie G_f im Wendepunkt W.

$$s: \quad y = m \cdot x \quad \text{mit} \quad m = f'(x_W) = f'(-2,25) = \frac{-8 \cdot (-2,25) - 12}{(-2,25)^3} = -\frac{128}{243}$$

$\Rightarrow \quad \underline{\underline{s(x) = -\frac{128}{243} x}}$ ist die Gleichung der Geraden s.

Schnittwinkel β mit der x-Achse

Die Aufgabenformulierung „Unter welchem Winkel schneidet ..." wird in der folgenden Berechnung als „Schnittwinkel gesucht" interpretiert.
Der Anstieg m der Geraden s ist gleich dem Tangens ihres Anstiegswinkels α. Für ihren Schnittwinkel β mit der x-Achse gilt:

$$\beta = \begin{cases} \alpha, & \text{wenn } 0° \leq \alpha \leq 90° \\ 180° - \alpha, & \text{wenn } 90° < \alpha < 180° \end{cases}$$

$\tan \alpha = -\dfrac{128}{243} \Rightarrow \alpha \approx -27{,}8° + 180° = 152{,}2°$ ist der Anstiegswinkel von s.

$\Rightarrow \beta = 180° - \alpha \approx \underline{\underline{27{,}8°}}$ ist der Schnittwinkel von s mit der x-Achse.

c) **für CAS-Nutzer**

Zur Bestimmung der Tangentengleichung $t(x) = mx + n$ im Punkt $P(-3; f(-3))$ benötigt man für den Anstieg m die erste Ableitung an der Stelle $x_P = -3$:

$f'(-3) = -\dfrac{4}{9}$

Den Wert für n bestimmt man, indem man in die Tangentengleichung die Werte $x_P = -3$ und $y_P = f(-3)$ einsetzt und damit n ermittelt.
Man erhält insgesamt:

$t(x) = -\dfrac{4}{9}x - \dfrac{4}{3}$

Um das Volumen des Rotationskörpers zu berechnen, benötigt man die Schnittstellen von t mit den Koordinatenachsen.
Für Schnittstellen mit den Achsen muss $x = 0$ bzw. $y = 0$ gelten.

Mit $t(0) = -\dfrac{4}{3}$ erhält man die Schnittstelle

mit der y-Achse und mit $t(x) = 0$ die Schnittstelle mit der x-Achse bei $x = -3$.

Für das Volumen des Kegels, der bei der Rotation des Dreiecks um die x-Achse entsteht gilt:

$V = \dfrac{\pi r^2 h}{3}$

Mit $h = 3$ und $r = \dfrac{4}{3}$ erhält man daraus

$V = \dfrac{16}{9}\pi \approx 5{,}59$.

Der Rotationskörper besitzt ein Volumen von ca. 5,59 VE.

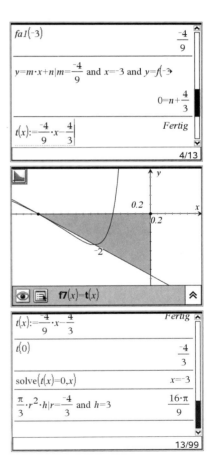

c) **für nicht CAS-Nutzer bzw.**
d) **für CAS-Nutzer**

Nachweis, dass F eine Stammfunktion von f ist

Um mittels Integration zu zeigen, dass F eine Stammfunktion von f ist, ist die Gültigkeit der Gleichung $\int f(x)dx = F(x) + C$ nachzuweisen.

$$\int f(x)dx = \int \left(2 + \frac{8}{x} + \frac{6}{x^2}\right)dx = \int \left(2 + \frac{8}{x} + 6 \cdot x^{-2}\right)dx$$

$$= 2x + 8 \cdot \ln|x| + 6 \cdot \frac{1}{-1} \cdot x^{-1} + C$$

$$= 2x - \frac{6}{x} + 8 \cdot \ln|x| + C$$

$$= \frac{2x^2 - 6}{x} + 8 \cdot \ln|x| + C = F(x) + C \qquad \textbf{q. e. d.}$$

Inhalt A der eingeschlossenen Fläche

Die Fläche, deren Inhalt zu berechnen ist, liegt nirgends oberhalb der x-Achse.

$$A = \left|\int_{-3}^{-1} f(x)\,dx\right| = |F(-1) - F(-3)|$$

$$= \left|\frac{2 \cdot (-1)^2 - 6}{-1} + 8 \cdot \ln|-1| - \left(\frac{2 \cdot (-3)^2 - 6}{-3} + 8 \cdot \ln|-3|\right)\right|$$

$$= |8 - 8 \cdot \ln 3|$$

$$\underline{\underline{A = 8\ln 3 - 8 \approx 0{,}789}}$$

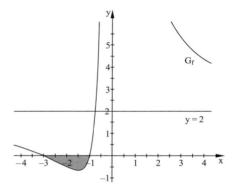

Der Inhalt der eingeschlossenen Fläche beträgt ca. 0,789 FE.

d) **für nicht CAS-Nutzer bzw.**
e) **für CAS-Nutzer**

minimaler Rechteckflächeninhalt

Bezeichnet A(u) den Flächeninhalt des Rechtecks OPUQ in Abhängigkeit vom Wert u (u > 0), so ist eine positive lokale Minimumstelle von A gesucht.

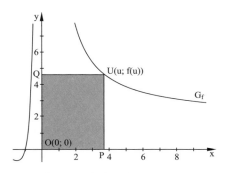
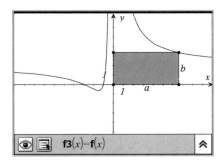

Aufstellen der Zielfunktion A:

$A(u) = \overline{OP} \cdot \overline{PU}$ mit $\overline{OP} = u$ und $\overline{PU} = f(u)$

$A(u) = u \cdot f(u) = u \cdot \dfrac{2u^2 + 8u + 6}{u^2}$

$A(u) = \dfrac{2u^2 + 8u + 6}{u}$

Ermitteln einer möglichen lokalen Extremstelle von A:

$A'(u) = \dfrac{(4u+8) \cdot u - (2u^2 + 8u + 6) \cdot 1}{u^2} = \dfrac{2u^2 - 6}{u^2}$

$0 = A'(u) = \dfrac{2u^2 - 6}{u^2}$

$0 = 2u^2 - 6$

$u^2 = 3$ mit $u > 0$ $\Rightarrow$ $u = \sqrt{3}$ ist die einzig mögliche Extremstelle von A.

Nachweis der lokalen Minimumstelle von A:

$A''(u) = \left(\dfrac{2u^2 - 6}{u^2}\right)' = \dfrac{4u \cdot u^2 - (2u^2 - 6) \cdot 2u}{u^4} = \dfrac{12}{u^3}$

$A''(\sqrt{3}) = \dfrac{12}{(\sqrt{3})^3} > 0$ $\Rightarrow$ $u = \sqrt{3}$ ist die lokale Minimumstelle von A.

Der Flächeninhalt des Rechtecks wird für $u = \sqrt{3}$ minimal.

Abstand a

Lösungsweg 1:

Der Abstand a des Punktes $U(\sqrt{3}; f(\sqrt{3}))$ vom Koordinatenursprung ist die Länge der Diagonalen des Rechtecks OPUQ und somit über den Satz des Pythagoras zu berechnen.

$a = \sqrt{\overline{OP}^2 + \overline{PU}^2} = \sqrt{(\sqrt{3})^2 + (f(\sqrt{3}))^2} = \sqrt{3 + \left(\dfrac{2 \cdot 3 + 8\sqrt{3} + 6}{3}\right)^2}$

$a \approx 8{,}79$

Lösungsweg 2:
Der Abstand a des Punktes U($\sqrt{3}$; f($\sqrt{3}$)) vom Koordinatenursprung O ist gleich der Länge des Vektors $\overrightarrow{OU}$.

$$a = |\overrightarrow{OU}| = \left|\begin{pmatrix} \sqrt{3} \\ f(\sqrt{3}) \end{pmatrix}\right| = \left|\begin{pmatrix} \sqrt{3} \\ \frac{2\cdot 3 + 8\cdot\sqrt{3}+6}{3} \end{pmatrix}\right| = \sqrt{3 + \left(\frac{12+8\sqrt{3}}{3}\right)^2}$$

$$a \approx 8{,}79$$

Der Abstand a des Punktes U($\sqrt{3}$; f($\sqrt{3}$)) vom Koordinatenursprung beträgt ca. 8,79 LE.

e) **für nicht CAS-Nutzer bzw.**
f) **für CAS-Nutzer**

Parameterdiskussion

- Der Graph von g_t mit $g_t(x) = f(x) + t$ ergibt sich aus dem Graphen G_f durch eine Verschiebung um $|t|$ Längeneinheiten in y-Richtung und zwar für $t > 0$ nach „oben" und für $t < 0$ nach „unten".
- G_f besitzt den Extrempunkt $E(x_E; f(x_E)) = E(-1{,}5; -0{,}\overline{6})$, also besitzt der Graph von g_t aufgrund der vertikalen Verschiebung den Extrempunkt $E(x_E; f(x_E) + t) = E(-1{,}5; -0{,}\overline{6}+t)$.
- Der Graph von g_t ($t \neq 0$) schneidet die x-Achse nur dann genau zweimal, wenn
  (1) G_t um weniger als $0{,}\overline{6}$ LE nach „oben" verschoben wird, d. h. wenn $0 < t < 0{,}\overline{6}$, oder wenn
  (2) G_t um weniger als 2 LE nach „unten" verschoben wird, d. h. $-2 < t < 0$, oder wenn
  (3) G_t um mehr als 2 LE nach „unten" verschoben wird, d. h. $t < -2$.

⇒ g_t besitzt nur dann genau zwei Nullstellen, wenn $t < 0{,}\overline{6}$ mit $t \notin \{-2; 0\}$.

Lösungshinweise für das CAS-Abitur

Hier ist der Fall $t = 0$ nicht ausgeschlossen. Für $t = 0$ ist $g_0(x) = f(x)$, also hat auch g_0 genau zwei Nullstellen.

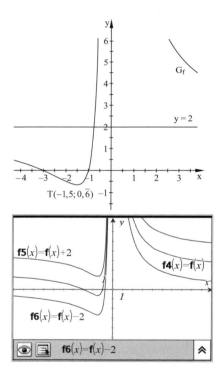

Grundkurs Mathematik (Thüringen): Abiturprüfung 2009
Aufgabe B1: Analytische Geometrie / Vektorrechnung

Eine Gartenlaterne hat die Form eines geraden quadratischen Pyramidenstumpfes mit einer aufgesetzten geraden quadratischen Pyramide. Die Seitenlänge der Grundfläche des Pyramidenstumpfes beträgt 6 dm, die Seitenlänge der Deckfläche 4 dm.
Die Höhe des Pyramidenstumpfes beträgt 8 dm.
Die gesamte Laterne hat eine Höhe von 9,5 dm.

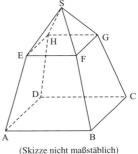

(Skizze nicht maßstäblich)

a) Der Punkt D liegt im Koordinatenursprung. Die Punkte A(6; 0; 0) und E(5; 1; 8) sind Eckpunkte des Pyramidenstumpfes.
Eine Längeneinheit entspricht einem Dezimeter.
Bestimmen Sie die Koordinaten der restlichen Eckpunkte!
Stellen Sie die Laterne in einem kartesischen Koordinatensystem dar! (4 BE)

b) Die Seitenflächen des Pyramidenstumpfes bestehen aus Glas.
Berechnen Sie die Größe der gesamten Glasfläche in Quadratmetern! (4 BE)

c) Die Verlängerungen zweier gegenüberliegender Seitenkanten des Pyramidenstumpfes schneiden sich in einem Punkt V.
Ermitteln Sie die Koordinaten des Punktes V!
Welchen Winkel schließen diese beiden Verlängerungen ein? (4 BE)

d) Im Mittelpunkt der Grundfläche des Pyramidenstumpfes soll eine Kerze stehen.
In welchem Punkt befindet sich die Spitze der Kerzenflamme, wenn sie von den Eckpunkten der Grundfläche genauso weit entfernt ist wie von der Pyramidenspitze? (4 BE)

e) Um eine zusätzliche Verstrebung anzubringen, wird vom Punkt D auf die Seitenkante $\overline{AE}$ das Lot gefällt.
In welchem Verhältnis teilt der Lotfußpunkt L die Strecke $\overline{AE}$?
Berechnen Sie die Länge der Strebe $\overline{DL}$! (4 BE)

(20 BE)

Hinweise und Tipps

Aufgabe a

- Berücksichtigen Sie bei der Bestimmung der übrigen Punkte, dass die Laterne auf der x-y-Ebene steht und dass die Grundflächen beider Teilkörper Quadrate sind. Die Koordinaten der Spitze S lassen sich bestimmen, da der aufgesetzte Teil eine gerade Pyramide ist.
- Darstellungen im räumlichen kartesischen Koordinatensystem erfolgen unter Beachtung des Verzerrungswinkels von $\alpha = 45°$ und des Verkürzungsfaktors $q = \frac{1}{2}\sqrt{2}$ bzw. $q = \frac{1}{2}$.
- Sie können auch eine Darstellung in Zweitafelprojektion durchführen.

Aufgabe b

- Alle vier Seitenflächen sind gleichschenklige Trapeze, die kongruent zueinander sind. Es genügt also, eine Trapezfläche zu berechnen.
- Der Flächeninhalt eines Trapezes kann z. B. nach der Formel $A = \frac{a+c}{2} h$ berechnet werden.
- Die Längen der Seiten a und c können Sie direkt dem Aufgabentext entnehmen.
- Die Höhe eines der Trapeze, z. B. des Trapezes ABFE, können Sie mithilfe des Satzes von Pythagoras bestimmen, indem Sie aus den gegebenen Werten die Länge der Strecken $\overline{AE}$ und $\overline{AJ}$ ermitteln, wobei J der Fußpunkt des Lotes von E auf die Strecke $\overline{AB}$ ist.
- *Variante:*
Da es sich um ein gleichschenkliges Trapez handelt, kann man die Höhe des Trapezes auch aus der Länge der Verbindungsstrecke der beiden Seitenmittelpunkte der Grundseiten ermitteln.
Der Mittelpunkt einer Strecke kann auf verschiedene Weise ermittelt werden:
Der Mittelpunkt kann als Schwerpunkt der beiden Streckenendpunkte aufgefasst werden und dann mit der Formel $\vec{m} = \frac{1}{2}(\vec{a} + \vec{b})$ berechnet werden, wobei $\vec{a}$ und $\vec{b}$ die Ortsvektoren der Streckenendpunkte sind.
- *Variante 1:*
Zerlegen Sie das Trapez in 2 Dreiecke und bestimmen Sie den Flächeninhalt dieser Dreiecke mit einer entsprechenden Formel.
- *Variante 2:*
Der Flächeninhalt der Dreiecke kann auch unter Verwendung des Vektorproduktes berechnet werden.

Aufgabe c

- Um den Schnittpunkt V zu bestimmen, kann man z. B. die Gleichungen der zwei Geraden g(AE) und h(CG) aufstellen und den Schnittpunkt dieser beiden Geraden ermitteln.
- Zur Berechnung der Koordinaten des Schnittpunktes wird aus den Gleichungen der Geraden ein Gleichungssystem aufgestellt und daraus werden die Parameterwerte bestimmt. Die gefundenen Parameterwerte werden dann wieder in die Geradengleichungen eingesetzt und die Koordinaten des Schnittpunktes ermittelt.
- Den gesuchten Winkel kann man dann z. B. mit der Formel $\cos\alpha = \left|\frac{\vec{a}\cdot\vec{b}}{|\vec{a}|\cdot|\vec{b}|}\right|$ bestimmen, wobei $\vec{a}$ und $\vec{b}$ Richtungsvektoren der Geraden g und h sind.

Aufgabe d

- Bestimmen Sie die Koordinaten des Mittelpunktes M der Grundfläche. Da die Kerze senkrecht auf der x-y-Ebene steht, befindet sie sich auf der Geraden, die durch M und die Spitze S der Pyramide verläuft. Der gesuchte Punkt K muss also auf dieser Geraden liegen.
- Für einen beliebigen Punkt K auf dieser Geraden gilt dann K(3; 3; z).
- Da der Pyramidenstumpf quadratisch ist, kann man einen beliebigen Punkt der Grundfläche zur Abstandsermittlung verwenden. Es muss z. B. gelten $\overline{KA} = \overline{KS}$.

Aufgabe e

- Das Lot ist die senkrechte Verbindung von einem Punkt zu einer anderen Geraden oder Fläche. Die Verstrebung LD muss senkrecht auf LA stehen.
- Zwei Vektoren $\vec{a}$ und $\vec{b}$ stehen genau dann senkrecht aufeinander, wenn gilt $\vec{a} \cdot \vec{b} = 0$.
- Da der Punkt L auf der Strecke $\overline{AE}$ liegt, nutzt man zur Beschreibung der Koordinaten des Punktes L die Koordinaten eines beliebigen Punktes von g.
- Bestimmen Sie damit die Koordinaten des Punktes L.

Teilverhältnis

- Der bei der Ermittlung des Punktes L genutzte Parameterwert bedeutet, dass der Punkt L die Strecke $\overline{AE}$ in zwei Strecken teilt. Diese beiden Teilstrecken müssen nun in das Verhältnis gesetzt werden.

Lösungen

A(6; 0; 0), D(0; 0; 0), E(5; 1; 8)
$\overline{AB} = \overline{BC} = \overline{CD} = \overline{DA} = 6$
$\overline{EF} = \overline{FG} = \overline{GH} = \overline{HE} = 4$
Höhe des Pyramidenstumpfes h = 8
Gesamtkörperhöhe $h_g = 9{,}5$
1 LE = 1 dm

a) **Koordinaten der Eckpunkte**

B(6; 6; 0) $F(x_B - 1; y_B - 1; h) = F(5; 5; 8)$ $S\left(\frac{1}{2}\overline{DA}; \frac{1}{2}\overline{AB}; h_g\right) = S(3; 3; 9{,}5)$
C(0; 6; 0) $G(x_C + 1; y_C - 1; h) = G(1; 5; 8)$
             $H(x_D + 1; y_D + 1; h) = H(1; 1; 8)$

Zeichnung

Lösungsweg 1:
Schrägbild (Kavalierperspektive)

Lösungsweg 2:
Zweitafelprojektion

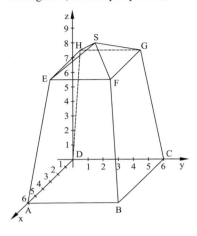
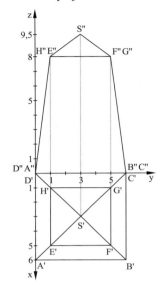

b) Inhalt der Mantelfläche

Die gesamte Glasfläche entspricht dem Inhalt der Mantelfläche des Pyramidenstumpfes, also dem Vierfachen des Inhalts A_T des Trapezes ABFE.

$A = 4 \cdot A_T \quad \text{mit} \quad A_T = \dfrac{\overline{AB} + \overline{EF}}{2} \cdot h_T$

mit $\overline{AB} = 6;\ \overline{EF} = 4$

$h_T = \sqrt{\overline{AE}^2 - \overline{AJ}^2}$

mit $\overline{AE} = |\vec{AE}| = \left|\begin{pmatrix} 5-6 \\ 1-0 \\ 8-0 \end{pmatrix}\right| = \left|\begin{pmatrix} -1 \\ 1 \\ 8 \end{pmatrix}\right| = \sqrt{(-1)^2 + 1^2 + 8^2} = \sqrt{66}$

$\overline{AJ} = \dfrac{\overline{AB} - \overline{EF}}{2} = \dfrac{6-4}{2} = 1 \quad \text{oder} \quad \overline{AJ} = y_E - y_A = 1 - 0 = 1$

$A = 4 \cdot \dfrac{6+4}{2} \cdot \sqrt{66-1}$

$A = 20 \cdot \sqrt{65} \approx 161$

Die gesamte Glasfläche besitzt einen Inhalt von ca. 161 dm², d. h. 1,61 m².

Lösungshinweise für das CAS-Abitur:

Die Rechnungen können mit dem CAS-Rechner ausgeführt werden, etwa so, wie es die Bildschirmdarstellungen zeigen. Die Ortsvektoren der gegebenen und berechneten Punkte A, B,... werden unter a, b, ... abgespeichert. Achten Sie dabei darauf, dass es nicht zu Überschneidungen zwischen den Variablen kommt.

Die Bildschirmdarstellungen unten zeigen die Berechnung des Flächeninhaltes der Trapeze. Dabei wurde im linken Bild die Formel
$A = \dfrac{a+c}{2} \cdot h$ verwendet, wobei die Höhe h

$a:=[6\ 0\ 0]$	$[6\ 0\ 0]$
$e:=[5\ 1\ 8]$	$[5\ 1\ 8]$
$b:=[6\ 6\ 0]$	$[6\ 6\ 0]$
$f:=[5\ 5\ 8]$	$[5\ 5\ 8]$
$h:=[1\ 1\ 8]$	$[1\ 1\ 8]$
$d:=[0\ 0\ 0]$	$[0\ 0\ 0]$

6/99

als Länge der Verbindungsstrecke der beiden Seitenmittelpunkte bestimmt wurde.

Rechts erfolgt die Berechnung des Flächeninhaltes durch Zerlegung der Trapeze in jeweils zwei Dreiecke, deren Flächeninhalte mithilfe des Vektorproduktes berechnet wurden.

$d:=[0\ 0\ 0]$	$[0\ 0\ 0]$
$m:=\dfrac{a+b}{2}$	$[6\ 3\ 0]$
$n:=\dfrac{e+f}{2}$	$[5\ 3\ 8]$
$\dfrac{\text{norm}(b-a)+\text{norm}(f-e)}{2}\cdot\text{norm}(n-m)\cdot 4$	
	161.245

4/9

$\dfrac{\text{norm}(b-a)+\text{norm}(f-e)}{2}\cdot\text{norm}(n-m)\cdot 4$	
	161.245
$2\cdot\text{norm}(\text{crossP}(b-a,e-a))$	$12\cdot\sqrt{65}$
$2\cdot\text{norm}(\text{crossP}(e-f,b-f))$	$8\cdot\sqrt{65}$
$12\cdot\sqrt{65}+8\cdot\sqrt{65}$	161.245

12/99

c) **Koordinaten der Pyramidenspitze V**

Verlängert man die Seitenkanten des Pyramidenstumpfes so weit, bis sie sich schneiden, so entsteht eine gerade, quadratische Pyramide mit der Spitze V. Der Punkt V liegt also sowohl auf der Geraden AE

g: $\vec{x} = \vec{OA} + k_1 \cdot \vec{AE}$ als auch auf der Geraden CG

h: $\vec{x} = \vec{OC} + k_2 \cdot \vec{CG}$ und zwar für $k_1 = k_2 =: k$.

$\vec{OA} + k \cdot \vec{AE} = \vec{OC} + k \cdot \vec{CG}$

$\begin{pmatrix} 6 \\ 0 \\ 0 \end{pmatrix} + k \cdot \begin{pmatrix} 5-6 \\ 1-0 \\ 8-0 \end{pmatrix} = \begin{pmatrix} 0 \\ 6 \\ 0 \end{pmatrix} + k \cdot \begin{pmatrix} 1-0 \\ 5-6 \\ 8-0 \end{pmatrix}$

$6 - k$	$=$	k	(Gleichung I)
k	$=$	$6 - k$	(Gleichung II)
$8k$	$=$	$8k$	(Gleichung III)

Gleichung III gilt für alle $k \in \mathbb{R}$.
Die Gleichungen I und II sind identisch.

k lässt sich also aus Gleichung I bestimmen:

$6 - k = k \Rightarrow k = 3$

$\Rightarrow \overrightarrow{OV} = \overrightarrow{OA} + 3 \cdot \overrightarrow{AE} = \begin{pmatrix} 6 \\ 0 \\ 0 \end{pmatrix} + 3 \cdot \begin{pmatrix} -1 \\ 1 \\ 8 \end{pmatrix} = \begin{pmatrix} 3 \\ 3 \\ 24 \end{pmatrix}$

$\Rightarrow$ V(3; 3; 24)

Den Punkt V kann man auch als Schnittpunkt der Verlängerungen zweier benachbarter Kantenlängen, so z. B. der Geraden AE und BF, bestimmen.

Lösungshinweise für das CAS-Abitur:

Man definiert die Geradengleichungen zweier Seitenkanten (im Bild rechts werden die Kanten $\overrightarrow{BF}$ und $\overrightarrow{DH}$ verwendet) und bestimmt deren Schnittpunkt.

$h := [1 \ 1 \ 8]$	$[1 \ 1 \ 8]$
$g1(t) := b + t \cdot (f-b)$	Fertig
$g2(s) := d + s \cdot (h-d)$	Fertig
$\text{solve}(g1(t)=g2(s),s,t)$	$s=3 \text{ and } t=3$
$g1(3)$	$[3 \ 3 \ 24]$
$g2(3)$	$[3 \ 3 \ 24]$

18/99

Winkel α

Der gesuchte Winkel α, den die Verlängerungen zweier gegenüberliegender Seitenkanten einschließen, ist der Winkel, den die beiden Vektoren $\overrightarrow{VA}$ und $\overrightarrow{VC}$ einschließen. α lässt sich somit über das Skalarprodukt $\overrightarrow{VA} \cdot \overrightarrow{VC}$ oder das Skalarprodukt $\overrightarrow{AE} \cdot \overrightarrow{CG}$ der bereits bekannten Vektoren $\overrightarrow{AE}$ und $\overrightarrow{CG}$ berechnen.

$$\cos\alpha = \frac{\overrightarrow{VA} \cdot \overrightarrow{VC}}{|\overrightarrow{VA}| \cdot |\overrightarrow{VC}|} = \frac{\begin{pmatrix} 6-3 \\ 0-3 \\ 0-24 \end{pmatrix} \cdot \begin{pmatrix} 0-3 \\ 6-3 \\ 0-24 \end{pmatrix}}{\sqrt{3^2 + (-3)^2 + (-24)^2} \cdot \sqrt{(-3)^2 + 3^2 + (-24)^2}} = \frac{-9 - 9 + 24^2}{9 + 9 + 24^2} = 0,\overline{93}$$

oder

$$\cos\alpha = \frac{\overrightarrow{AE} \cdot \overrightarrow{CG}}{|\overrightarrow{AE}| \cdot |\overrightarrow{CG}|} = \frac{\begin{pmatrix} -1 \\ 1 \\ 8 \end{pmatrix} \cdot \begin{pmatrix} 1 \\ -1 \\ 8 \end{pmatrix}}{\sqrt{(-1)^2 + 1^2 + 8^2} \cdot \sqrt{1^2 + (-1)^2 + 8^2}} = \frac{-1 - 1 + 64}{1 + 1 + 64} = 0,\overline{93}$$

$\Rightarrow \underline{\underline{\alpha \approx 20,0°}}$

Die Verlängerungen zweier gegenüberliegender Seitenkanten des Pyramidenstumpfes schließen einen Winkel von ca. 20,0° ein.

Lösungshinweise für das CAS-Abitur:

Die Winkelbestimmung kann z. B. wie im Bild rechts erfolgen.

$\cos^{-1}\left(\dfrac{\text{dotP}(b-f, d-h)}{\text{norm}(b-f) \cdot \text{norm}(d-h)}\right)$	20.05

d) Punkt K

Die Kerze steht im Mittelpunkt M der Grundfläche. Damit die Spitze K der Kerzenflamme von jedem Eckpunkt der Grundfläche dieselbe Entfernung $\overline{KA}$ hat, muss sie sich auf dem Strahl MS befinden.
Alle Punkte auf MS unterscheiden sich vom Punkt M nur in ihrer z-Koordinate. Außerdem soll die Entfernung $\overline{KA}$ gleich der Entfernung von der Kerzenspitze K zur Pyramidenspitze S sein, d. h. gleich der Streckenlänge $\overline{KS}$.

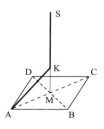

Lösungsweg 1:
M(3; 3; 0)
K(3; 3; z) mit $\overline{KA} = \overline{KS}$
$|\overline{KA}| = |\overline{KS}|$

$$\left| \begin{pmatrix} 6-3 \\ 0-3 \\ 0-z \end{pmatrix} \right| = \left| \begin{pmatrix} 3-3 \\ 3-3 \\ 9,5-z \end{pmatrix} \right|$$

$$\sqrt{3^2 + (-3)^2 + (-z)^2} = \sqrt{0^2 + 0^2 + (9,5-z)^2} \quad |\,(\,)^2$$

$$18 + z^2 = 9,5^2 - 2 \cdot 9,5 \cdot z + z^2$$

$$19z = 72,25$$

$$z = \frac{289}{76} \approx 3,8 \quad \Rightarrow \quad \underline{\underline{K(3; 3; \approx 3,8)}}$$

Lösungsweg 2:

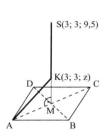

$9,5 - z = \overline{KA}$

$9,5 - z = \sqrt{z^2 + \overline{AM}^2}$ mit $\overline{AM} = \frac{1}{2}\sqrt{\overline{AB}^2 + \overline{BC}^2}$

$\qquad\qquad\qquad\qquad\qquad\qquad = \frac{1}{2}\sqrt{6^2 + 6^2} = \frac{1}{2}\sqrt{72}$

$9,5 - z = \sqrt{z^2 + \frac{1}{4} \cdot 72} \quad |\,(\,)^2$

$9,5^2 - 2 \cdot 9,5 \cdot z + z^2 = z^2 + 18$

$72,25 = 19z$

$z = \frac{289}{76} \approx 3,8$

$\Rightarrow \quad \underline{\underline{K(3; 3; \approx 3,8)}}$

Die Spitze der Kerzenflamme befindet sich im Punkt K(3; 3; ≈ 3,8).

Lösungshinweise für das CAS-Abitur:

Bei Verwendung des Taschencomputers kann man z. B. die Gerade MS definieren und dann den Punkt K als denjenigen Punkt dieser Geraden bestimmen, der von A und S gleich weit entfernt ist.

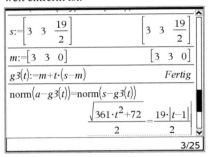

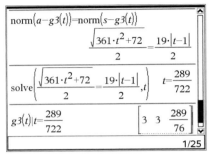

e) **Teilungsverhältnis der Strecke $\overline{AE}$**

Der Lotfußpunkt L liegt auf der Strecke $\overline{AE}$. Außerdem stehen die Strecken $\overline{LD}$ und $\overline{LA}$ senkrecht aufeinander.

$L \in \overline{AE} \Rightarrow \quad \overrightarrow{OL} = \overrightarrow{OA} + t\overrightarrow{AE} \quad (0 \leq t \leq 1)$

$\begin{pmatrix} x_L \\ y_L \\ z_L \end{pmatrix} = \begin{pmatrix} 6 \\ 0 \\ 0 \end{pmatrix} + t \begin{pmatrix} 5-6 \\ 1-0 \\ 8-0 \end{pmatrix}$

$\begin{pmatrix} x_L \\ y_L \\ z_L \end{pmatrix} = \begin{pmatrix} 6-t \\ t \\ 8t \end{pmatrix}$

E(5; 1; 8)

D(0; 0; 0)

A(6; 0; 0)

$\overline{LD} \perp \overline{LA} \Rightarrow \qquad \overrightarrow{LD} \cdot \overrightarrow{LA} = 0$

$\begin{pmatrix} 0-6+t \\ 0-t \\ 0-8t \end{pmatrix} \cdot \begin{pmatrix} 6-6+t \\ 0-t \\ 0-8t \end{pmatrix} = 0$

$\begin{pmatrix} -6+t \\ -t \\ -8t \end{pmatrix} \cdot \begin{pmatrix} t \\ -t \\ -8t \end{pmatrix} = 0$

$-6t + t^2 + t^2 + 64 \cdot t^2 = 0$

$-6t + 66 \cdot t^2 = 0$

$6t(-1 + 11t) = 0$

$\Rightarrow \quad 6t = 0 \quad \text{oder} \quad -1 + 11t = 0$

$t = 0$

$t = \frac{1}{11} \Rightarrow L\left(\frac{65}{11}; \frac{1}{11}; \frac{8}{11}\right)$

Der Fall t=0 bedeutet L=A, d. h. die Verstrebung $\overline{DL} = \overline{DA}$ wäre keine zusätzlich Verstrebung.

Das gesuchte Teilungsverhältnis kann als $\overline{AL}:\overline{LE}$, $\overline{LE}:\overline{AL}$, $\overline{AL}:\overline{AE}$ oder auch $\overline{LE}:\overline{AE}$ bestimmt werden.

$$\frac{\overline{AL}}{\overline{LE}} = \frac{\left|\begin{pmatrix}\frac{65}{11}-6\\\frac{1}{11}\\\frac{8}{11}\end{pmatrix}\right|}{\left|\begin{pmatrix}5-\frac{65}{11}\\1-\frac{1}{11}\\8-\frac{8}{11}\end{pmatrix}\right|} = \frac{\sqrt{\left(\frac{65}{11}-6\right)^2 + \left(\frac{1}{11}\right)^2 + \left(\frac{8}{11}\right)^2}}{\sqrt{\left(5-\frac{65}{11}\right)^2 + \left(1-\frac{1}{11}\right)^2 + \left(8-\frac{8}{11}\right)^2}} = \frac{\frac{1}{11}\cdot\sqrt{66}}{\frac{10}{11}\cdot\sqrt{66}} = \frac{1}{10}$$

$\overline{AE} = \sqrt{66}$ nach Aufgabenteil b

Antwortvarianten:

$\underline{\underline{\dfrac{\overline{AL}}{\overline{LE}} = 1:10}}$ oder $\underline{\underline{\dfrac{\overline{LE}}{\overline{AL}} = 10:1}}$ oder $\underline{\underline{\dfrac{\overline{AL}}{\overline{AE}} = \dfrac{\frac{1}{11}\sqrt{66}}{\sqrt{66}} = 1:11}}$ oder $\underline{\underline{\dfrac{\overline{LE}}{\overline{AE}} = \dfrac{\frac{10}{11}\sqrt{66}}{\sqrt{66}} = 10:11}}$

Länge der Strecke $\overline{DL}$

$$\overline{DL} = |\overrightarrow{DL}| = \left|\begin{pmatrix}\frac{65}{11}-0\\\frac{1}{11}-0\\\frac{8}{11}-0\end{pmatrix}\right| = \sqrt{\left(\frac{65}{11}\right)^2 + \left(\frac{1}{11}\right)^2 + \left(\frac{8}{11}\right)^2} \approx 5{,}95$$

Die Länge der Strecke $\overline{DL}$, und damit die gesuchte Strebenlänge, beträgt ca. 5,95 dm.

Lösungshinweise für das CAS-Abitur:

Bei Verwendung des Taschencomputers definiert man die Gerade AE und bestimmt dann den Punkt L als Lotfußpunkt des Lotes vom Ursprung auf diese Gerade, d. h. denjenigen Punkt L auf der Geraden AE, dessen Ortsvektor senkrecht auf dieser Geraden steht.

$g4(t) := a + t\cdot(e-a)$	Fertig
$\text{dotP}(a-e, g4(t)) = 0$	$6 - 66\cdot t = 0$
$\text{solve}(6 - 66\cdot t = 0, t)$	$t = \dfrac{1}{11}$
$\text{norm}\left(g4\left(\dfrac{1}{11}\right)\right)$	5.95437
	29/99

Grundkurs Mathematik (Thüringen): Abiturprüfung 2009
Aufgabe B2: Stochastik

Familie Neuhaus hat sich ein Regalsystem zur Selbstmontage gekauft. Beim ersten Anblick der vielen Schrauben erkannte sie keinen Unterschied zwischen diesen und schüttete daher alle Schrauben in einen Karton. Erst beim genaueren Lesen der Montageanleitung bemerkte sie, dass es zwar alles Schrauben gleichen Durchmessers sind, aber 50 „a-Schrauben" eine Länge von $a = 24$ mm und 110 „b-Schrauben" eine Länge von $b = 26$ mm sowie die restlichen 20 „c-Schrauben" eine Länge von $c = 28$ mm besitzen.

a) Den 180 Schrauben werden rein zufällig und mit einem Griff genau fünf entnommen.
   Berechnen Sie die Wahrscheinlichkeiten der Ereignisse A und B!
   A := „Unter ihnen befinden sich genau drei b-Schrauben."
   B := „Unter ihnen befindet sich höchstens eine c-Schraube." (3 BE)

b) Jede Schraube ist erfahrungsgemäß mit einer Wahrscheinlichkeit von 0,03 defekt.
   Bestimmen Sie die zu erwartende Anzahl defekter Schrauben unter 110 b-Schrauben!
   Es werden 106 defektfreie b-Schrauben benötigt.
   Mit welcher Wahrscheinlichkeit reichen 110 gelieferte b-Schrauben aus? (3 BE)

c) Familie Neuhaus hatte einen Preisnachlass vereinbart, weil nach Auskunft des Verkäufers 5 % der Einlegeböden produktionsbedingt Mängel in der Beschichtung aufweisen.
   Berechnen Sie die Wahrscheinlichkeiten der Ereignisse C und D!
   C := „Die ersten fünf rein zufällig entnommenen Einlegeböden sind frei von diesem Mangel."
   D := „Unter 28 rein zufällig entnommenen Einlegeböden befinden sich genau vier mit einem derartigen Mangel."
   Beschreiben Sie in diesem Sachzusammenhang ein Ereignis E, das mit der folgenden Wahrscheinlichkeit eintritt:
   $$P(E) = 1 - \sum_{k=0}^{4} \binom{28}{k} \cdot 0{,}05^k \cdot 0{,}95^{28-k}$$ (5 BE)

d) Nachdem der Regalhersteller seine Fertigungslinie modernisiert hat, testet er, ob der Beschichtungsmangelanteil noch 5 % beträgt oder auf 1 % gesunken ist. Er will die Hypothese $p = 0{,}01$ genau dann verwerfen, wenn sich in seiner Zufallsstichprobe vom Umfang $n = 200$ mindestens sechs Einlegeböden mit einem derartigen Beschichtungsmangel befinden.
   Berechnen Sie für diesen Alternativtest die Wahrscheinlichkeiten sowohl für einen Fehler 1. Art als auch für einen Fehler 2. Art! (5 BE)

e) Untersuchen Sie, wie viele Einlegeböden man der laufenden Produktion an der neuen Fertigungslinie mit einem Beschichtungsmangelanteil von 1 % entnehmen muss, um mit einer Wahrscheinlichkeit von mehr als 0,95 mindestens einen derartigen Mangel-Einlegeboden zu erhalten! (4 BE)

(20 BE)

Binomialverteilung

n	k	p = 0,03	
		B(n; p; k)	$\sum_{i=0}^{k} B(n; p; i)$
110	0	0,0351	0,0351
	1	0,1193	0,1544
	2	0,2011	0,3554
	3	0,2239	0,5793
	4	0,1852	0,7646
	5	0,1214	0,8860
	6	0,0657	0,9517
	7	0,0302	0,9819
	8	0,0120	0,9940
	9	0,0042	0,9982
	10	0,0013	0,9995
	11	0,0004	0,9999
	12	0,0001	

n	k	p = 0,01		p = 0,05	
		B(n; p; k)	$\sum_{i=0}^{k} B(n; p; i)$	B(n; p; k)	$\sum_{i=0}^{k} B(n; p; i)$
200	0	0,1340	0,1340		
	1	0,2707	0,4046	0,0004	0,0004
	2	0,2720	0,6767	0,0019	0,0023
	3	0,1814	0,8580	0,0067	0,0090
	4	0,0902	0,9483	0,0174	0,0264
	5	0,0357	0,9840	0,0359	0,0623
	6	0,0117	0,9957	0,0614	0,1237
	7	0,0033	0,9990	0,0896	0,2133
	8	0,0008	0,9998	0,1137	0,3270
	9	0,0002		0,1277	0,4547
	10			0,1284	0,5831
	11			0,1167	0,6998
	12			0,0967	0,7965
	13			0,0736	0,8701
	14			0,0518	0,9219
	15			0,0338	0,9556
	16			0,0206	0,9762
	17			0,0117	0,9879
	18			0,0063	0,9942
	19			0,0032	0,9973
	20			0,0015	0,9988
	21			0,0007	0,9995
	22			0,0003	0,9998
	23			0,0001	0,9999
	24				
	25				

Hinweise und Tipps

Aufgabe a
Ereignis A
- Berücksichtigen Sie, dass es sich um Ziehen ohne Zurücklegen handelt.
- Die Lösung lässt sich mit dem Ansatz über eine hypergeometrische Verteilung („Lottoformel") ermitteln:

$$\frac{\binom{K}{k} \cdot \binom{N-K}{n-k}}{\binom{N}{n}}$$

- Alternative: Man überlegt sich zunächst, wie viele verschiedene Möglichkeiten es gibt, dass unter 5 Schrauben genau drei die richtige Länge haben:
(bbb$\bar{b}\bar{b}$, bb$\bar{b}$b$\bar{b}$, ..., $\bar{b}\bar{b}$bbb), dies entspricht $\binom{5}{3} = 10$.
Dann kann man sich einen Fall herausgreifen und dessen Wahrscheinlichkeit berechnen. Da alle Ereignisse gleichwahrscheinlich sind, muss man dieses Ergebnis nur noch mit 10 multiplizieren.

Ereignis B
- „Höchstens eine" bedeutet keine oder genau eine Schraube der Länge c. Der weitere Lösungsweg ergibt sich wie beim Ereignis A.

Aufgabe b
- Betrachten Sie den Vorgang als Zufallsexperiment und überlegen Sie, ob ein Bernoulli-Experiment vorliegt. Notieren Sie sich dann die Länge der Bernoulli-Kette und die Erfolgswahrscheinlichkeit p.
- Für den Erwartungswert einer binomialverteilten Zufallsgröße gilt $EX = np$.
- Benutzen Sie die Formel von Bernoulli $P(X = k) = B(n; p; k) = \binom{n}{k} p^k (1-p)^{n-k}$ bzw. die entsprechende Summenformel oder die Tabelle.
CAS-Abitur: Die Funktionen für Wahrscheinlichkeitsverteilungen sind z. T. vorhanden – hier wie auch beim Voyage 200 und dem TI-Titanium lauten die entsprechenden Funktionen binompdf() bzw. binomcdf().
- Wenn Sie als Erfolgswahrscheinlichkeit $p = 0{,}03$ gewählt haben, dann berücksichtigen Sie, dass unter den 110 ausgewählten Schrauben 0, 1, 2, 3 oder 4 defekt sein können, damit man mindestens 106 defektfreie erhält.
- Wenn Sie als Erfolgswahrscheinlichkeit $p = 0{,}97$ gewählt haben, dann berücksichtigen Sie, dass unter den 110 ausgewählten Schrauben 110, 109, ..., 106 nicht defekte Schrauben sein müssen, damit man mindestens 106 defektfreie erhält.

Aufgabe c
- Betrachten Sie den Vorgang als Zufallsexperiment und überlegen Sie, ob es ein Bernoulli-Experiment ist. Notieren Sie sich dann die Länge der Bernoulli-Kette und die Erfolgswahrscheinlichkeit p.
- Benutzen Sie die Formel von Bernoulli $P(X = k) = B(n; p; k) = \binom{n}{k} p^k (1-p)^{n-k}$ bzw. die entsprechende Summenformel oder die Tabelle.

Beschreibung eines Ereignisses E mit gegebener Wahrscheinlichkeit
- Aus dem angegebenen Term können Sie zum Beispiel schließen, dass man ein Gegenereignis zu einem gesuchten Ereignis berechnen will und dass es sich um 28 Einlegeböden handelt. Wegen der Wahrscheinlichkeit $p = 0{,}05$ sollen Einlegeböden betrachtet werden, die Mängel haben. Die Summe zeigt, dass das Gegenereignis die Werte von 0 bis 4 umfasst.

Aufgabe d
- Man unterscheidet Fehler 1. Art bzw. 2. Art.
- Ein Fehler 1. Art tritt auf, wenn H_0 wahr ist, aber irrtümlich abgelehnt wird. Ein Fehler 2. Art tritt auf, wenn H_0 falsch ist, aber irrtümlich angenommen wird.

Alternativtest
- Formulieren Sie die Nullhypothese (H_0: $p = p_0$) und die Gegenhypothese (H_1: $p = p_1$).
- Führen Sie eine Testgröße (Zufallsvariable) X ein, die binomialverteilt ist mit p und $n = 200$.

Fehler 1. Art
- Da $p_1 > p_0$ ist, wird man die Nullhypothese ablehnen, wenn große Trefferzahlen auftreten.
- Der Ablehnungsbereich $\overline{A}$ ist die Menge aller Stichprobenergebnisse, bei deren Eintreten H_0 abgelehnt wird.
- Bestimmen Sie für $p = p_0 = 0{,}01$ die Wahrscheinlichkeit für den Ablehnungsbereich $\overline{A}$ mit der Formel von Bernoulli bzw. mit der zugehörigen Summenformel. Diese Wahrscheinlichkeit entspricht der Wahrscheinlichkeit für den Fehler 1. Art.

Fehler 2. Art
- Einen Fehler 2. Art begeht man, wenn eine falsche Nullhypothese irrtümlich als wahr angenommen wird. Dies geschieht dann, wenn die Testgröße X mit $p = p_1 = 0{,}05$ und $n = 200$ Werte annimmt, die im Annahmebereich $A = \{0; \ldots; 5\}$ liegen.
- Bestimmen Sie die Wahrscheinlichkeit für den Annahmebereich A mit der Formel von Bernoulli bzw. mit der zugehörigen Summenformel. Diese Wahrscheinlichkeit entspricht der Wahrscheinlichkeit für den Fehler 2. Art.

Aufgabe e
- Betrachten Sie den Vorgang als Zufallsexperiment und überlegen Sie, ob es ein Bernoulli-Experiment ist.
- Betrachten Sie das Gegenereignis des gesuchten Ereignisses.
- Wenn das Ereignis E: „Mindestens ein Einlegeboden mit Mangel unter n Einlegeböden" ist, dann ist das Gegenereignis $\overline{E}$: „Kein Einlegeboden hat einen Mangel".
- Es soll $P(E) = 1 - P(\overline{E}) > 0{,}95$ gelten.

Lösungen

a) Ziehen mit einem Griff

Den Vorrat an 180 Schrauben, unter denen genau 50 a-Schrauben, 110 b-Schrauben und 20 c-Schrauben sind, kann man als eine Urne mit genau 180 Kugeln, von denen 50 weiß, 110 blau und 20 rot sind, interpretieren. Kugeln mit „einem Griff" zu entnehmen, entspricht der Modellannahme „Ziehen ohne Zurücklegen und ohne Beachtung der Reihenfolge".

Lösungsweg 1:
über die „Lottoformel" der hypergeometrischen Verteilung

$$P(A) = \frac{\binom{110}{3} \cdot \binom{70}{2}}{\binom{180}{5}} \approx 0{,}35$$

$$P(B) = \frac{\binom{20}{0} \cdot \binom{160}{5}}{\binom{180}{5}} + \frac{\binom{20}{1} \cdot \binom{160}{4}}{\binom{180}{5}} \approx 0{,}90$$

Lösungsweg 2:
über Zählprinzipien

$$P(A) = \frac{\binom{5}{3} \cdot 110 \cdot 109 \cdot 108 \cdot 70 \cdot 69}{180 \cdot 179 \cdot 178 \cdot 177 \cdot 176} \approx 0{,}35$$

$$P(B) = \frac{\binom{5}{0} \cdot 160 \cdot 159 \cdot 158 \cdot 157 \cdot 156 + \binom{5}{1} \cdot 20 \cdot 160 \cdot 159 \cdot 158 \cdot 157}{180 \cdot 179 \cdot 178 \cdot 177 \cdot 176} \approx 0{,}90$$

```
nCr(5,3)· 110 · 109 · 108 · 70 · 69           0.350073
          180  179  178  177 176
```

b) Erwartungswert EX

Bei der Entnahme von n Schrauben aus dem b-Schrauben-Vorrat wird nur registriert, ob die Schraube defekt ist oder nicht. Dieser Vorgang lässt sich durch eine Bernoulli-Kette der Länge n und mit der Erfolgswahrscheinlichkeit p = 0,03 beschreiben. Die zufällige Anzahl X der dabei erhaltenen defekten b-Schrauben ist dann binomialverteilt mit $X \sim B_{n;\,p}$ und dem Erwartungswert $EX = n \cdot p$.

Zufallsgröße X: zufällige Anzahl der defekten Schrauben unter den n = 110 b-Schrauben
$$X \sim B_{110;\,0{,}03}$$
$$EX = 110 \cdot 0{,}03 = 3{,}3$$

Unter den 110 b-Schrauben sind 3,3 defekte Schrauben zu erwarten.

Wahrscheinlichkeit $P(Y \geq i)$ bzw. $P(X \leq k)$

Lösungsweg 1:
Zufallsgröße Y: zufällige Anzahl der nicht defekten Schrauben unter 110 b-Schrauben
$$Y \sim B_{110;\, 0{,}97}$$
P(„unter 110 b-Schrauben sind mindestens 106 nicht defekt") $= P(Y \geq 106)$

$$= \sum_{j=106}^{110} \binom{110}{j} \cdot 0{,}97^j \cdot 0{,}03^{110-j} \approx 0{,}76$$

(Der Summenausdruck ist mit dem für das Thüringer Abitur zugelassenen Taschenrechner einfach zu berechnen.)

binomCdf(110,0.97,106,110)	0.764564

Lösungsweg 2:
Wenn $P(Y \geq 106)$ mithilfe der den Abituraufgaben beigelegten Tabelle der Binomialwahrscheinlichkeiten für $n = 110$ und $p = 0{,}03$ berechnet werden soll, so empfiehlt es sich, zum Gegenereignis überzugehen.

P(„unter 110 b-Schrauben sind **mindestens 106 nicht defekt**")
= P(„unter 110 b-Schrauben sind **höchstens 4 defekt**") $= P(X \leq 4)$ mit $X \sim B_{110;\, 0{,}03}$
$\approx 0{,}76$ (entsprechend der vorgegebenen Tabelle)

binomCdf(110,0.03,0,4)	0.764564

c) **Wahrscheinlichkeiten P(C) und P(D)**

Um die Wahrscheinlichkeiten P(C) und P(D) zu berechnen, nutzt man die Modellannahme, dass jeder Einlegeboden mit der Wahrscheinlichkeit $p = 0{,}05$ einen Mangel aufweist.

Zufallsgröße Z_n: zufällige Anzahl der Mängelböden unter n Einlegeböden
$$Z_n \sim B_{n;\, 0{,}05}$$

$$P(C) = P(Z_5 = 0) = \binom{5}{0} \cdot 0{,}05^0 \cdot 0{,}95^5 = 0{,}95^5 \approx 0{,}77$$

$$P(D) = P(Z_{28} = 4) = \binom{28}{4} \cdot 0{,}05^4 \cdot 0{,}95^{24} \approx 0{,}037$$

binomPdf(5,0.95,5)	0.773781
binomPdf(28,0.05,4)	0.037365

Ereignis E beschreiben

Um das Ereignis E in Worten zu beschreiben, empfiehlt es sich, zuerst die aufsummierten Wahrscheinlichkeiten als Wahrscheinlichkeit P(G) eines Ereignisses G im vorgegebenen Sachzusammenhang zu interpretieren. Beachtet man dann die Rechenregel $1 - P(G) = P(\overline{G})$, so erhält man E als Gegenereignis von G.

$$P(E) = 1 - \sum_{k=0}^{4} \binom{28}{k} \cdot 0{,}05^k \cdot 0{,}95^{28-k}$$

$= 1 - P(Z_{28} \leq 4) = 1 - P(\text{„höchstens 4 Mängelböden unter 28 Böden"}) = 1 - P(G)$

$= P(Z_{28} > 4) = P(\text{„mehr als 4 Mängelböden unter 28 Böden"}) = P(\overline{G})$

$\Rightarrow$ E = „Unter 28 rein zufällig entnommenen Einlegeböden befinden sich mehr als vier mit einem Mangel."

d) Alternativtest

Testgröße X: zufällige Anzahl der Einlegeböden mit Beschichtungsmangel unter den 200

$X \sim B_{200;\, p}$

Nullhypothese H_0: $p = 0{,}01$ Gegenhypothese H_1: $p = 0{,}05$

Ablehnungsbereich $\overline{A} = \{6;\ \ldots;\ 200\}$

Annahmebereich $A = \{0;\ 1;\ 2;\ 3;\ 4;\ 5\}$

Wahrscheinlichkeit für Fehler 1. Art

$B_{200;\, 0{,}01}(X \in \overline{A}) = B_{200;\, 0{,}01}(X \geq 6) = 1 - B_{200;\, 0{,}01}(X \leq 5) \approx \underline{\underline{0{,}016}}$

Wahrscheinlichkeit für Fehler 2. Art

$B_{200;\, 0{,}05}(X \in A) = B_{200;\, 0{,}05}(X \leq 5) \approx \underline{\underline{0{,}062}}$

binomCdf(200,0.01,6,200)	0.016023
binomCdf(200,0.05,0,5)	0.062342

e) Mindestanzahl n_{min} für einen Erfolg

Die Entnahme von n Einlegeböden der laufenden Produktion lässt sich als Bernoulli-Kette der Länge n und der Erfolgswahrscheinlichkeit $p = 0{,}01$ beschreiben. Die zufällige Anzahl X_n der dabei entnommenen Mangel-Einlegeböden ist somit binomialverteilt mit $X_n \sim B_{n;\, 0{,}01}$. Die gesuchte Mindestanzahl n_{min} erhält man durch Umstellen der folgenden Ungleichung nach n:

$$P(X_n \geq 1) > 0{,}95$$
$$1 - P(X_n = 0) > 0{,}95$$
$$1 - \binom{n}{0} \cdot 0{,}01^0 \cdot 0{,}99^n > 0{,}95$$
$$1 - 0{,}99^n > 0{,}95$$
$$0{,}05 > 0{,}99^n$$
$$\ln 0{,}05 > n \cdot \ln 0{,}99 \quad |: \ln 0{,}99 \quad \text{mit} \quad \ln 0{,}99 < 0$$
$$298{,}07\ldots = \frac{\ln 0{,}05}{\ln 0{,}99} < n \quad \text{mit} \quad n \in \mathbb{N}$$
$$299 \leq n \quad \Rightarrow \quad \underline{\underline{n_{min} = 299}}$$

Mindestens 299 Einlegeböden sind zu entnehmen.

Die Ungleichung $0{,}05 > 0{,}99^n$ kann auch durch systematisches Probieren oder mittels eines geeigneten (zugelassenen) Taschenrechners gelöst werden.

Lösungshinweise für das CAS Abitur

Die ermittelte Ungleichung kann direkt mit dem Taschencomputer gelöst werden.

solve$(1-(0.99)^n > 0.95, n)$	$n > 298.073$

Grundkurs Mathematik (Thüringen): Abiturprüfung 2009
Aufgabe C: Themenübergreifend

a) Lösen Sie die Gleichung!

$$e^{x^2-1} = 1$$ (2 BE)

Formulierung für das CAS-Abitur

Lösen Sie die Gleichung $e^{x^2-1} = 1$!
Geben Sie eine quadratische Gleichung mit derselben Lösungsmenge an! (CAS: 2 BE)

b) Geben Sie eine Bildungsvorschrift einer arithmetischen Folge (a_n) an, für die $a_{12} = 2\,009$ gilt! (2 BE)

c) Gegeben ist ein Quader ABCDEFGH.
Der Punkt P teilt die Strecke $\overline{BF}$ im Verhältnis 2:3.

Stellen Sie den Vektor $\overrightarrow{PH}$ mithilfe der Vektoren $\overrightarrow{AB}$, $\overrightarrow{AD}$ und $\overrightarrow{AE}$ dar!

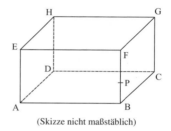

(Skizze nicht maßstäblich) (2 BE)

d) Die Eckpunkte eines Quadrates liegen auf einem Kreis mit dem Radius $r = 1$ LE.
Geben Sie den Flächeninhalt dieses Quadrates an! (2 BE)

e) Aus einem Bücherregal werden drei Bücher entnommen und willkürlich an die drei freien Plätze zurückgestellt.
Mit welcher Wahrscheinlichkeit steht jedes Buch wieder an seinem Platz?
Begründen Sie, dass es nicht möglich ist, dass genau zwei dieser drei Bücher an ihrem Platz stehen! (2 BE)

(10 BE)

Hinweise und Tipps

Aufgabe a
- Für alle Exponentialfunktionen gilt $a^z = 1$, wenn $z = 0$ ($a \neq 0$).
- Sie müssen die Gleichung $x^2 - 1 = 0$ lösen.
- **CAS-Abitur:** Damit haben Sie auch sofort eine quadratische Gleichung mit der gleichen Lösungsmenge gefunden.

Aufgabe b
- Für eine arithmetische Folge gilt $a_2 = d + a_1$, wobei d eine beliebige reelle Zahl ist.
- Nutzt man eine explizite Darstellung, so kann man eine arithmetische Zahlenfolge allgemein ausdrücken durch $a_n = a_1 + (n-1) \cdot d$. Da nur a_{12} vorgegeben ist, können Sie a_1 oder d frei wählen.

Aufgabe c
- Damit der Punkt P die Strecke $\overline{BF}$ im Verhältnis $2:3$ teilt, muss die gesamte Strecke in 5 gleich lange Teile zerlegt werden. Es gilt also $\vec{PF} = \frac{3}{5} \vec{BF}$.
- Suchen Sie dann einen „Weg" entlang der Quaderkanten, um von P nach H zu gelangen.

Aufgabe d
- Fertigen Sie sich eine Skizze an und tragen Sie Hilfslinien ein.
- Zerlegen Sie das Quadrat in Teildreiecke, in denen das gegebene r eine entscheidende Rolle spielt.

Aufgabe e
- Berücksichtigen Sie, wie viele Möglichkeiten es gibt, 3 Gegenstände auf drei Plätze zu verteilen.

Lösungen

a) Exponentialgleichung lösen

Der Wert einer Potenz $e^{f(x)}$ ist nur dann 1, wenn der Exponent $f(x)$ den Wert null annimmt.
$e^{x^2-1} = 1$ gilt genau dann, wenn
$x^2 - 1 = 0$
$\Rightarrow x_{1,2} = \pm 1$

Lösungshinweise für das CAS-Abitur
Eine quadratische Gleichung mit derselben Lösungsmenge lautet z. B. $x^2 - 1 = 0$.

b) Bildungsvorschrift einer arithmetischen Zahlenfolge (a_n)

Eine arithmetische Zahlenfolge (a_n) mit dem Anfangsglied a_1 und der Differenz d besitzt die explizite Bildungsvorschrift $a_n = a_1 + (n-1) \cdot d$ und die implizite Bildungsvorschrift $a_1 = a$; $a_{n+1} = a_n + d$ ($n \in \mathbb{N}^+$). Da in der Aufgabenstellung für (a_n) als einzige Bedingung $a_{12} = 2\,009$ gegeben ist, kann die zweite notwendige Bedingung frei gewählt werden. Dazu bieten sich folgende drei Varianten an:
(1) a_1 frei wählen,
(2) d frei wählen,
(3) ein weiteres Folgenglied frei wählen.

Beispiel für Variante (1):
$a_1 = 1\,998$ und $a_{12} = 2\,009$ $\Rightarrow$ $a_{12} = a_1 + 11d$
$\qquad\qquad\qquad\qquad\qquad\qquad 2\,009 = 1\,998 + 11d$
$\qquad\qquad\qquad\qquad\qquad\qquad d = 1$
$\Rightarrow a_n = 1\,998 + (n-1) \cdot 1 = 1\,998 + n - 1$
$\underline{\underline{a_n = 1\,997 + n}}$ bzw. $\underline{\underline{a_1 = 1\,998 \text{ und } a_{n+1} = a_n + 1}}$

Beispiel für Variante (2):
$d = 10$ und $a_{12} = 2\,009$ $\Rightarrow$ $a_{12} = a_1 + 11d$
$\qquad\qquad\qquad\qquad\qquad\qquad 2\,009 = a_1 + 110$
$\qquad\qquad\qquad\qquad\qquad\qquad a_1 = 1\,899$
$\Rightarrow a_n = 1\,899 + (n-1) \cdot 10 = 1\,899 + 10n - 10$
$\underline{\underline{a_n = 1\,889 + 10n}}$ bzw. $\underline{\underline{a_1 = 1\,899 \text{ und } a_{n+1} = a_n + 10}}$

Beispiel für Variante (3):
$a_5 = 1\,974$ und $a_{12} = 2\,009$ $\Rightarrow$ $a_{12} = a_5 + 7d$
$\qquad\qquad\qquad\qquad\qquad\qquad 2\,009 = 1\,974 + 7d$
$\qquad\qquad\qquad\qquad\qquad\qquad d = 5$
$\qquad\qquad\qquad\qquad\qquad\qquad a_{12} = a_1 + 11d$
$\qquad\qquad\qquad\qquad\qquad\qquad 2\,009 = a_1 + 55$
$\qquad\qquad\qquad\qquad\qquad\qquad a_1 = 1\,954$
$\Rightarrow a_n = 1\,954 + (n-1) \cdot 5 = 1\,954 + 5n - 5$
$\underline{\underline{a_n = 1\,949 + 5n}}$ bzw. $\underline{\underline{a_1 = 1\,954 \text{ und } a_{n+1} = a_n + 5}}$

c) Vektorkette von P nach H

Um den Vektor $\overrightarrow{PH}$, der „quer" durch den Quader verläuft, mithilfe von dessen Kantenvektoren darzustellen, sucht man einen nur entlang der Quaderkanten verlaufenden Weg von P nach H.

$\overrightarrow{PH} = \overrightarrow{PF} + \overrightarrow{FE} + \overrightarrow{EH}$ mit $\overrightarrow{PF} = \frac{3}{5}\overrightarrow{BF} = \frac{3}{5}\overrightarrow{AE}$

$\overrightarrow{FE} = -\overrightarrow{AB}$

$\overrightarrow{EH} = \overrightarrow{AD}$

$\underline{\underline{\overrightarrow{PH} = \frac{3}{5}\overrightarrow{AE} - \overrightarrow{AB} + \overrightarrow{AD}}}$

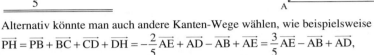

Alternativ könnte man auch andere Kanten-Wege wählen, wie beispielsweise

$\overrightarrow{PH} = \overrightarrow{PB} + \overrightarrow{BC} + \overrightarrow{CD} + \overrightarrow{DH} = -\frac{2}{5}\overrightarrow{AE} + \overrightarrow{AD} - \overrightarrow{AB} + \overrightarrow{AE} = \frac{3}{5}\overrightarrow{AE} - \overrightarrow{AB} + \overrightarrow{AD}$,

die aber letzten Endes dieselbe Darstellung von $\overrightarrow{PH}$ ergeben.

d) Flächeninhalt eines einbeschriebenen Quadrates

Lösungsvariante 1:

Die Strecke $\overline{AC}$ teilt das Quadrat in zwei kongruente Dreiecke mit der Grundseite $\overline{AC}$ und der Höhe $\overline{MB}$.

$A = 2 \cdot \frac{1}{2}\overline{AC} \cdot \overline{MB} = 2 \cdot \frac{1}{2} \cdot 2r \cdot r = 2r^2 = 2 \cdot (1 \text{ LE})^2 = \underline{\underline{2 \text{ FE}}}$

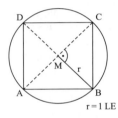

Lösungsvariante 2:

Die Strecken $\overline{AC}$ und $\overline{BD}$ teilen das Quadrat in vier kongruente rechtwinklige, gleichschenklige Dreiecke mit der Kathetenlänge $\overline{MB}$.

$r = 1 \text{ LE}$

$A = 4 \cdot \frac{1}{2}\overline{MB}^2 = 2r^2 = 2 \cdot (1 \text{ LE})^2 = \underline{\underline{2 \text{ FE}}}$

e) Anordnen in einer Reihe

Um drei Bücher auf drei Plätzen willkürlich anzuordnen, gibt es für das erste Buch 3 mögliche Plätze, für das zweite Buch nur noch 2 und für das dritte Buch nur noch einen Platz. Jede der $3 \cdot 2 \cdot 1 = 6$ Möglichkeiten wird mit derselben Chance, d. h. mit der Wahrscheinlichkeit $p = \frac{1}{6}$ gewählt, was man sich auch anhand eines Baumdiagramms veranschaulichen kann.

$\Rightarrow$ P(„jedes Buch steht wieder an seinem Platz") $= \underline{\underline{\frac{1}{6}}}$,

weil nur der markierte Weg zu dem betrachteten Ereignis führt.

Wenn bereits zwei Bücher an ihrem alten Platz stehen, gibt es für das dritte Buch nur noch einen freien Platz und dieser ist sein alter Platz. **q. e. d.**

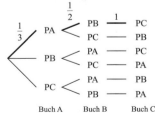

Grundkurs Mathematik (Thüringen): Abiturprüfung 2010
Aufgabe A1: Analysis

Gegeben ist die Funktion f durch
$$y = f(x) = (2x+1) \cdot e^{-x} \quad \text{mit } x \in \mathbb{R}.$$

a) Untersuchen Sie den Graphen von f auf Schnittpunkte mit den Koordinatenachsen, auf lokale Extrempunkte und auf Wendepunkte! Geben Sie gegebenenfalls deren Koordinaten an! Begründen Sie anhand der Funktionsgleichung, dass der Graph der Funktion f nur für $x < -\frac{1}{2}$ negative Funktionswerte besitzt!
Skizzieren Sie den Graphen von f im Intervall $-1 \leq x \leq 5$!
Geben Sie den Wertebereich von f an!
[Kontrollergebnis: $f'(x) = (-2x+1) \cdot e^{-x}$] (11 BE)

b) Im Punkt $R\left(\frac{3}{2}; 4 \cdot e^{-\frac{3}{2}}\right)$ wird die Tangente an den Graphen von f gelegt.
Zeigen Sie, dass diese Tangente durch die Gleichung
$y = t(x) = -2e^{-\frac{3}{2}} x + 7e^{-\frac{3}{2}}$ beschrieben werden kann!
Berechnen Sie die Größe des Schnittwinkels dieser Tangente mit der y-Achse!
Die Tangente t und die Koordinatenachsen begrenzen ein Dreieck. Bei Rotation dieses Dreiecks um die x-Achse entsteht ein Körper.
Berechnen Sie das Volumen dieses Körpers! (6 BE)

c) Weisen Sie nach, dass die Funktion F mit
$F(x) = (-2x-3) \cdot e^{-x} + 2010$
eine Stammfunktion von f ist!
Berechnen Sie den Inhalt der Fläche zwischen dem Graphen der Funktion f und der x-Achse im Intervall $-1 \leq x \leq 1$!
Der Graph der Funktion f, die x-Achse und die Gerade g mit der Gleichung $x = c \ \left(c > -\frac{1}{2}; c \in \mathbb{R}\right)$ begrenzen eine Fläche vollständig.
Bestimmen Sie den Wert für c so, dass diese Fläche den Inhalt $A = (2\sqrt{e} - 3)$ FE hat! (6 BE)

d) Der Punkt $U(u; f(u))$ mit $u > -\frac{1}{2}$ ($u \in \mathbb{R}$) bildet mit den Punkten $Q\left(-\frac{1}{2}; 0\right)$ und $V(u; 0)$ ein Dreieck.
Bestimmen Sie den Wert von u, für den der Flächeninhalt dieses Dreiecks maximal wird!
(Auf den Nachweis des Maximums kann verzichtet werden.)
Berechnen Sie den maximalen Flächeninhalt! (4 BE)

e) Für jede reelle Zahl a ($a \neq 0$) ist eine Funktion f_a gegeben durch
$y = f_a(x) = (2x+a) \cdot e^{-x}$.
Bestimmen Sie die Koordinaten der Achsenschnittpunkte des Graphen von f_a!
Durch die beiden Achsenschnittpunkte verläuft eine Gerade h.
Ermitteln Sie eine Gleichung für h! (3 BE)

(30 BE)

Aufgabenstellung für das CAS-Abitur

Gegeben ist die Funktion f durch
$y = f(x) = (2x+1) \cdot e^{-x}$ mit $x \in \mathbb{R}$.

a) Weisen Sie mithilfe der Ableitungsregeln nach, dass für die 1. Ableitung von f gilt: $f'(x) = (-2x+1) \cdot e^{-x}$!
Untersuchen Sie den Graphen von f auf Schnittpunkte mit den Koordinatenachsen, auf lokale Extrempunkte und auf Wendepunkte! Geben Sie gegebenenfalls deren Koordinaten an! Begründen Sie anhand der Funktionsgleichung, dass der Graph der Funktion f nur für $x < -\frac{1}{2}$ negative Funktionswerte besitzt!
Skizzieren Sie den Graphen von f im Intervall $-1 \leq x \leq 5$!
Geben Sie den Wertebereich von f an! (CAS: 11 BE)

b) Im Punkt $R\left(\frac{3}{2}; 4 \cdot e^{-\frac{3}{2}}\right)$ wird die Tangente an den Graphen von f gelegt.
Zeigen Sie, dass diese Tangente durch die Gleichung
$y = t(x) = e^{-\frac{3}{2}} \cdot (-2x + 7)$ beschrieben werden kann!
Berechnen Sie die Größe des Schnittwinkels dieser Tangente mit der y-Achse!
Die Tangente t und die Koordinatenachsen begrenzen ein Dreieck. Bei Rotation dieses Dreiecks um die x-Achse entsteht ein Körper.
Berechnen Sie das Volumen dieses Körpers! (CAS: 6 BE)

c) Berechnen Sie den Inhalt der Fläche zwischen dem Graphen der Funktion f und der x-Achse im Intervall $-1 \leq x \leq 1$!
Der Graph der Funktion f, die x-Achse und die Gerade g mit der Gleichung $x = c$ $\left(c > -\frac{1}{2}; c \in \mathbb{R}\right)$ begrenzen eine Fläche vollständig.
Bestimmen Sie den Wert für c so, dass diese Fläche den Inhalt $A = (2\sqrt{e} - 3)$ FE hat!
Begründen Sie anhand der Eigenschaften von f, dass für jede Stammfunktion F von f gilt:
(1) Die Extremstelle ist $x = -\frac{1}{2}$.
(2) Der Punkt $T\left(-\frac{1}{2}; F\left(-\frac{1}{2}\right)\right)$ ist der Tiefpunkt des Graphen. (CAS: 6 BE)

d) Der Punkt $U(u; f(u))$ mit $u > -\frac{1}{2}$ ($u \in \mathbb{R}$) bildet mit den Punkten $Q\left(-\frac{1}{2}; 0\right)$ und $V(u; 0)$ ein Dreieck.
Bestimmen Sie den Wert von u, für den der Flächeninhalt dieses Dreiecks maximal wird!
Berechnen Sie den maximalen Flächeninhalt! (CAS: 4 BE)

e) Für jede reelle Zahl a ($a \neq 0$) ist eine Funktion f_a gegeben durch
$y = f_a(x) = (2x + a) \cdot e^{-x}$.
Bestimmen Sie die Koordinaten der Achsenschnittpunkte des Graphen von f_a!
Durch die beiden Achsenschnittpunkte verläuft eine Gerade h.
Ermitteln Sie eine Gleichung für h! (CAS: 3 BE)
(CAS: 30 BE)

Hinweise und Tipps

Aufgabe a

Schnittpunkte mit den Koordinatenachsen
- Der Graph G_f schneidet die x-Achse nur an den Stellen x, für die $f(x) = 0$ gilt.
- Der Graph G_f schneidet die y-Achse nur an der Stelle $y = f(0)$.

lokale Extrempunkte
- Die Extrempunkte können Sie mit der ersten und zweiten Ableitung von f bestimmen.
- Mögliche Extremstellen x_E erhalten Sie als Lösungen der Gleichung $f'(x) = 0$.
- Gilt für eine mögliche Extremstelle x_E außerdem $f''(x_E) \neq 0$, so ist x_E tatsächlich eine Extremstelle.
(Gilt $f''(x_E) < 0$, so ist x_E eine lokale Maximumstelle; gilt $f''(x_E) > 0$, so ist x_E eine lokale Minimumstelle.)

Wendepunkte
- Die Wendepunkte können Sie mit der zweiten und dritten Ableitung von f bestimmen.
- Mögliche Wendestellen x_W erhalten Sie als Lösungen der Gleichung $f''(x) = 0$.
- Gilt für eine mögliche Wendestelle x_W außerdem $f'''(x_W) \neq 0$, so ist x_W tatsächlich eine Wendestelle.

negative Funktionswerte
- Um das Vorzeichen der Funktionswerte f(x) zu bestimmen, sollten Sie die Struktur des Terms f(x) erkennen und überlegen, welche Vorzeichenregeln Sie für eine derartige Termstruktur kennen.
- Ein Produkt aus zwei Faktoren ist genau dann negativ, wenn ein Faktor negativ und der andere positiv ist.

Skizze
- Tragen Sie zunächst die bereits ermittelten Punkte des Graphen G_f in das Koordinatensystem ein.
- Ermitteln Sie noch einige weitere Punkte von G_f, um insbesondere die Punkte $P_1(-1; f(-1))$ und $P_2(5; f(5))$ an den Rändern des vorgegebenen Intervalls zu markieren.

Wertebereich
- Der Wertebereich einer Funktion f umfasst alle ihre Funktionswerte y.
- Der Wertebereich kann der Skizze des Graphen G_f entnommen werden, wenn man dabei sein Verhalten für $x \to \infty$ und für $x \to -\infty$ beachtet.

Aufgabe b

Tangentengleichung
- Die Tangente an G_f im Punkt $R(x_R; y_R)$ muss drei Eigenschaften besitzen:
  - Die Tangente t muss eine Gerade sein.
  - Der Anstieg von G_f an der Stelle x_R muss gleich dem Anstieg von t sein.
  - Der Punkt R muss sowohl auf G_f als auch auf t liegen.
- Die gegebene Gleichung ist eine Gleichung der Tangente an G_f im Punkt $R(x_R; y_R)$, wenn
  - $t(x) = mx + n \quad (m \neq 0)$,
  - $f'(x_R) = t'(x_R) = m$,
  - $f(x_R) = t(x_R) = y_R$.

Schnittwinkel der Tangente mit der y-Achse
- Den Schnittwinkel α der Tangente mit der y-Achse können Sie mithilfe des Anstiegswinkels β dieser Tangente berechnen.
- Veranschaulichen Sie sich α und β in einer Skizze.
- Erinnern Sie sich an mathematische Sätze zu Innen- und Außenwinkeln an (rechtwinkligen) Dreiecken.

Volumen des Rotationskörpers
- Bei der Rotation des Dreiecks um die x-Achse entsteht ein Kegel, dessen Volumenformel dem Tafelwerk zu entnehmen ist.
- Der Kegelradius ist die Schnittstelle der Tangente mit der y-Achse und die Kegelhöhe ist die Schnittstelle der Tangente mit der x-Achse.

Aufgabe c
Abitur ohne CAS: Nachweis, dass F eine Stammfunktion von f ist
- Die Funktion F ist eine Stammfunktion von f, wenn $F'(x) = f(x)$ für alle $x \in D_f$ gilt.
- Der Funktionsterm F(x) ist eine Summe aus zwei Teiltermen. Folglich wendet man zuerst die Summenregel an. Der erste Teilterm ist ein Produkt, folglich wendet man bei seiner Differentiation die Produktregel einschließlich der Kettenregel an.

Flächeninhalt
- Schraffieren Sie in der unter Teilaufgabe a angefertigten Skizze den gesuchten Flächeninhalt.
- Der Flächeninhalt, der links der Nullstelle von f unterhalb und rechts oberhalb der x-Achse liegt, berechnet sich als Summe zweier bestimmter Integrale, bei denen jeweils auf den Betrag zu achten ist.
- Die bestimmten Integrale können mithilfe der Stammfunktion F berechnet werden.

Bestimmen des Parameters c
- Fertigen Sie eine Skizze an, in der die beschriebene Fläche für ein spezielles $c > -0,5$ markiert ist.
- Da der beschriebene Flächeninhalt nicht unterhalb der x-Achse liegt, kann sein Inhalt als bestimmtes Integral bzw. als Differenz zweier Stammfunktionswerte in Abhängigkeit von c angegeben werden.
- Der Parameter c ist durch Lösen einer Gleichung zu bestimmen, für die Ihnen keine Lösungsformel zur Verfügung steht. Durch systematisches Probieren können Sie aber eine Lösung finden.
- Außer dem gefundenen c-Wert kann es keinen weiteren Wert für das gesuchte c geben, weil der beschriebene Flächeninhalt mit wachsendem c auch wächst.

Ergänzung für das CAS-Abitur: Nachweis von Eigenschaften jeder Stammfunktion F
- Die Eigenschaften von F sind anhand von Eigenschaften der Funktion f zu begründen.
- Die hinreichende Bedingung dafür, dass x_E eine Extremstelle bzw. eine Minimumstelle von F ist, lässt sich mit $f(x_E)$ und $f'(x_E)$ ausdrücken, da stets gilt: $F'(x) = f(x)$ und $F''(x) = f'(x)$.

Aufgabe d
Maximaler Dreiecksflächeninhalt
- Veranschaulichen Sie den beschriebenen Sachverhalt für ein spezielles u mit $u > -0,5$.
- Der Flächeninhalt eines rechtwinkligen Dreiecks bestimmt sich nach der Formel $A = \frac{1}{2} a \cdot b$.
- Die Kathetenlänge a entspricht der Differenz $x_V - x_Q$ und die Kathetenlänge b der y-Koordinate des Punktes U.
- Berechnen Sie von der Zielfunktion A mit $A(u) = \frac{1}{2} \cdot (u + 0,5) \cdot f(u)$ die mögliche Maximumstelle.
- Die Lösung von $A'(u) = 0$ ist die mögliche Extremstelle von A.
- Der maximale Dreiecksflächeninhalt berechnet sich als Funktionswert $A(u)$ der Zielfunktion A an der Maximumstelle u.

Ergänzung für das CAS-Abitur: Nachweis des Maximums
- Die mögliche Maximumstelle u ist auch tatsächlich eine Maximumstelle, wenn $A''(u) < 0$ gilt.

Aufgabe e
Achsenschnittpunkte P_x und P_y
- Der Graph G_{f_a} der Funktion f_a schneidet die x-Achse nur an den Stellen x, für die $f_a(x) = 0$ gilt.
- Der Graph G_{f_a} der Funktion f_a schneidet die y-Achse nur an der Stelle $y = f(0)$.

Gleichung der Geraden h
- Die Gerade h wird durch eine Gleichung der Form $y = m \cdot x + n$ beschrieben.
- Die Koordinaten von P_x und P_y müssen jeweils dieser Gleichung genügen.
- Lösen Sie das daraus entstehende lineare Gleichungssystem.

Lösungen

$f(x) = (2x+1) \cdot e^{-x}$

$f'(x) = 2 \cdot e^{-x} + (2x+1) \cdot e^{-x} \cdot (-1)$
$= e^{-x} \cdot (2-2x-1) = (-2x+1) \cdot e^{-x}$

$f''(x) = -2 \cdot e^{-x} + (1-2x) \cdot e^{-x} \cdot (-1)$
$= e^{-x} \cdot (-2-1+2x) = (2x-3) \cdot e^{-x}$

$f'''(x) = 2 \cdot e^{-x} + (2x-3) \cdot e^{-x} \cdot (-1)$
$= e^{-x} \cdot (2-2x+3) = (-2x+5) \cdot e^{-x}$

Der Graph von f werde mit G_f bezeichnet.

Lösungshinweis für das CAS-Abitur
$f'(x)$ ist auch von CAS-Nutzern mittels Ableitungsregeln zu bestimmen.

a) Schnittpunkte S_x und S_y von G_f mit den Koordinatenachsen

G_f kann die x-Achse nur in Punkten $S_x(x; f(x))$ mit $f(x) = 0$ schneiden.

$0 = f(x)$
$0 = (2x+1) \cdot e^{-x}$
$0 = 2x+1 \qquad 0 = e^{-x}$ nicht lösbar
$x = -0,5 \quad \Rightarrow \quad \underline{\underline{S_x(-0,5; 0)}}$

G_f kann die y-Achse nur im Punkt $S_y(0; f(0))$ schneiden.

$f(0) = (2 \cdot 0 + 1) \cdot e^{-0} = 1 \quad \Rightarrow \quad \underline{\underline{S_y(0; 1)}}$

lokale Extrempunkte E

$E(x_E; f(x_E))$ ist ein lokaler Extrempunkt von G_f, wenn sowohl die Gleichung $f'(x_E) = 0$ als auch die Ungleichung $f''(x_E) \neq 0$ gelten.

$0 = f'(x) = (1-2x) \cdot e^{-x}$
$0 = 1-2x \qquad 0 = e^{-x}$ nicht lösbar
$x = 0,5$

$\Rightarrow$ $x = 0,5$ ist die einzig mögliche Extremstelle von G_f.

$f''(0,5) = (2 \cdot 0,5 - 3) \cdot e^{-0,5}$
$= -2 \cdot e^{-0,5}$
$\approx -1,2 < 0$

$\Rightarrow$ $x = 0,5$ ist als die einzige lokale Extremstelle von G_f eine Maximumstelle.

$f(0,5) = (2 \cdot 0,5 + 1) \cdot e^{-0,5} = \dfrac{2}{\sqrt{e}} \approx 1,2$

$\Rightarrow$ $\underline{\underline{E(0,5; 2e^{-0,5})}}$ ist als der einzige lokale Extrempunkt von G_f ein Hochpunkt.

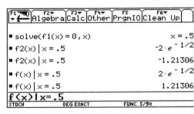

Wendepunkte W

$W(x_W; f(x_W))$ ist ein Wendepunkt von G_f, wenn sowohl die Gleichung $f''(x_W) = 0$ als auch die Ungleichung $f'''(x_W) \neq 0$ gelten.

$0 = f''(x) = (2x - 3) \cdot e^{-x}$

$0 = 2x - 3 \qquad 0 = e^{-x}$ nicht lösbar

$x = 1,5$

$\Rightarrow$ $x = 1,5$ ist die einzig mögliche Wendestelle von G_f.

$f'''(1,5) = (5 - 2 \cdot 1,5) \cdot e^{-1,5} = 2 \cdot e^{-1,5} \neq 0$

$\Rightarrow$ $x = 1,5$ ist die einzige Wendestelle von G_f.

$f(1,5) = (2 \cdot 1,5 + 1) \cdot e^{-1,5} = 4 \cdot e^{-1,5} \approx 0,89$

$\Rightarrow$ $\underline{\underline{W(1,5; 4e^{-1,5})}}$ ist der einzige Wendepunkt von G_f.

Nachweis für negative Funktionswerte

Der Funktionswert $f(x) = (2x + 1) \cdot e^{-x}$ ist genau dann negativ, wenn genau einer der beiden Faktoren $(2x + 1)$ und e^{-x} negativ ist.

Es gilt:
- Der Faktor e^{-x} ist stets positiv, $e^{-x} > 0$ gilt also auch für alle $x < -\frac{1}{2}$.
- Der Faktor $(2x + 1)$ ist nur negativ, wenn $2x + 1 < 0$, d. h. $x < -\frac{1}{2}$ gilt. **q. e. d.**

Skizze

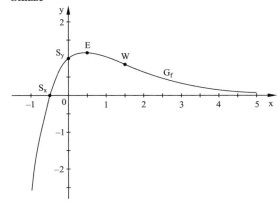

Randpunkte:

$P_1(-1; -e)$

$P_2(5; 11e^{-5})$

Wertebereich W_f

Der Wertebereich W_f kann der Skizze entnommen werden.

$W_f = \{y \mid y \leq y_E\}$

$\underline{\underline{W_f = \{y \mid y \leq 2 \cdot e^{-0,5}\} = \,]-\infty; 2 \cdot e^{-0,5}]}}$

b) **Nachweis der Tangentengleichung**

Die Tangente im Punkt $R\left(\frac{3}{2}; 4\cdot e^{-\frac{3}{2}}\right)$ an den Graphen G_f kann durch die Gleichung $t(x) = -2e^{-\frac{3}{2}}\cdot x + 7e^{-\frac{3}{2}}$ beschrieben werden, wenn sowohl die von t gegebene Gleichung eine Geradengleichung ist als auch die beiden Gleichungen $f'\left(\frac{3}{2}\right) = t'\left(\frac{3}{2}\right) = -2\cdot e^{-\frac{3}{2}}$ und $y_R = t\left(\frac{3}{2}\right)$ gelten.

Die gegebene Gleichung von t hat die Form $t(x) = m\cdot x + n$ und ist damit die Gleichung einer Geraden.

$$f'\left(\frac{3}{2}\right) = \left(-2\cdot\frac{3}{2}+1\right)\cdot e^{-\frac{3}{2}} = -2\cdot e^{-\frac{3}{2}} = t'\left(\frac{3}{2}\right)$$

$$t\left(\frac{3}{2}\right) = -2\cdot e^{-\frac{3}{2}}\cdot\frac{3}{2} + 7\cdot e^{-\frac{3}{2}}$$

$$= e^{-\frac{3}{2}}\cdot(-3+7) = 4\cdot e^{-\frac{3}{2}} = y_R$$

q. e. d.

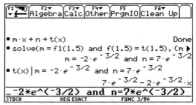

Schnittwinkel α der Tangente t mit der y-Achse

Die Tangente t fällt, da sie den negativen Anstieg $m_t = -2\cdot e^{-\frac{3}{2}}$ besitzt. Sie besitzt daher einen stumpfen Anstiegswinkel β.

Die Tangente schneidet die y-Achse im positiven Bereich an der Stelle $n_t = 7\cdot e^{-\frac{3}{2}}$.

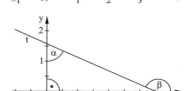

Lösungsweg 1:

$\alpha = \beta - 90°$, weil der Anstiegswinkel β gleich der Summe der beiden nicht anliegenden Innenwinkel ist, d. h. $\beta = \alpha + 90°$.

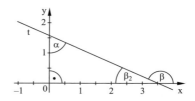

Lösungsweg 2:

$\beta_2 = 180° - \beta$ (Nebenwinkel β_2 und β)

$\alpha = 180° - 90° - \beta_2 = 90° - (180° - \beta)$
 (Innenwinkelsumme im Dreieck beträgt 180°)

$\alpha = -90° + \beta$

Lösungsweg 3:

$\beta_1 = \beta$ (Stufenwinkel an geschnittenen Parallelen)

$\alpha_1 = \alpha$ (Scheitelwinkel)

$\alpha_1 = \beta_1 - 90°$

$\alpha = \beta - 90°$

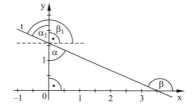

$\tan\beta = m_t = -2 \cdot e^{-\frac{3}{2}}$, weil β der Anstiegswinkel der Tangente t ist.

$\Rightarrow \quad \beta \approx -24{,}0° + 180°$
$ \beta \approx 156°$

$\alpha \approx 156° - 90°$
$\underline{\underline{\alpha \approx 66{,}0°}}$

Der Schnittwinkel der Tangente t mit der y-Achse beträgt ca. 66,0°.

Volumen V des Rotationskörpers

Die Tangente t schließt mit den Koordinatenachsen ein rechtwinkliges Dreieck ABC ein. Bei der Rotation dieses Dreiecks entsteht ein (gerader Kreis-) Kegel mit dem Radius $r = \overline{AC}$ und der Höhe $h = \overline{AB}$.

Das Volumen eines Kegels berechnet sich nach der Formel $V = \frac{1}{3}\pi \cdot r^2 \cdot h$.

$V = \frac{1}{3}\pi \cdot r^2 \cdot h$ mit $r = \overline{AC} = t(0) = 7 \cdot e^{-\frac{3}{2}}$

h entspricht dem x-Wert der Nullstelle von t:
$0 = t(x)$
$0 = e^{-\frac{3}{2}} \cdot (-2x + 7)$
$0 = -2x + 7$
$x = 3{,}5 \quad \Rightarrow \quad h = 3{,}5$

$V = \frac{1}{3}\pi \cdot \left(7 \cdot e^{-\frac{3}{2}}\right)^2 \cdot 3{,}5$

$V = \frac{49 \cdot 3{,}5}{3} \cdot \pi \cdot e^{-\frac{3}{2} \cdot 2}$

$\underline{\underline{V = \frac{343}{6} \cdot \pi \cdot e^{-3} \approx 8{,}941}}$

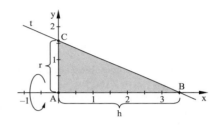

Das gesuchte Volumen beträgt ca. 8,941 VE.

Lösungshinweis für das CAS-Abitur

Alternativ kann das Volumen mit der allgemeinen Formel für das Volumen eines Rotationskörpers, dessen Randkurve durch die Funktion t beschrieben wird, berechnet werden:

$V = \pi \cdot \int_0^{3{,}5} \left(t(x)\right)^2 \, dx$

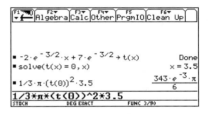

c) Abitur ohne CAS: Nachweis, dass F eine Stammfunktion von f ist

Für den Nachweis, dass F eine Stammfunktion von f ist, genügt es zu zeigen, dass $F'(x) = f(x)$ für alle $x \in D_f$ gilt. Bei der folgenden Differentiation werden insbesondere die Produkt- und die Kettenregel angewandt.

$$F'(x) = \big((-2x-3) \cdot e^{-x} + 2010\big)'$$
$$= (-2x-3)' \cdot e^{-x} + (-2x-3) \cdot (e^{-x})' + 0$$
$$= -2 \cdot e^{-x} + (-2x-3) \cdot e^{-x} \cdot (-1)$$
$$= e^{-x} \cdot (-2 + 2x + 3)$$
$$= (2x+1) \cdot e^{-x}$$
$$= f(x) \qquad \text{q. e. d.}$$

Inhalt A der eingeschlossenen Fläche

Es ist der Inhalt A der Fläche zu bestimmen, die G_f mit der x-Achse über dem Intervall $[-1; 1]$ einschließt. Diese Fläche liegt links der Nullstelle $x_0 = -0{,}5$ von f unterhalb und rechts von x_0 oberhalb der x-Achse.

$$A = -\int_{-1}^{-0,5} f(x)\,dx + \int_{-0,5}^{1} f(x)\,dx$$

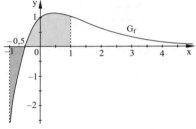

$$= -(F(-0,5) - F(-1)) + (F(1) - F(-0,5))$$
$$= F(-1) - F(-0,5) + F(1) - F(-0,5)$$
$$= F(-1) - 2 \cdot F(-0,5) + F(1)$$
$$= (-2 \cdot (-1) - 3) \cdot e^{-(-1)}$$
$$\quad - 2 \cdot (-2 \cdot (-0,5) - 3) \cdot e^{-(-0,5)} + (-2 \cdot 1 - 3) \cdot e^{-1}$$
$$A = -e^1 + 4e^{0,5} - 5e^{-1} \approx 2{,}037$$

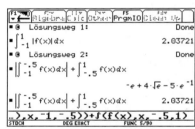

Der Inhalt der eingeschlossenen Fläche beträgt ca. 2,037 FE.

Bestimmen des Parameters c

Es wird die Fläche zwischen G_f, der x-Achse und der Parallelen g zur y-Achse mit der Gleichung $x = c$ ($c > -0,5$) betrachtet. Diese Fläche liegt stets oberhalb der x-Achse. Da der Inhalt dieser Fläche mit wachsendem c auch wächst, ist der gesuchte c-Wert eindeutig bestimmt, falls er überhaupt existiert.

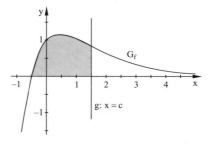

$$A = \int_{-0,5}^{c} f(x)\,dx$$

$2\sqrt{e} - 3 = F(c) - F(-0,5)$

$2\sqrt{e} - 3 = (-2c-3)e^{-c} - (-2\cdot(-0,5)-3)e^{-(-0,5)}$

$2e^{0,5} - 3 = (-2c-3)e^{-c} + 2e^{0,5}$

$-3 = (-2c-3)e^{-c}$

Durch systematisches Probieren oder „scharfes Hinsehen" sieht man, dass $c = 0$ eine Lösung und damit die gesuchte Lösung der Gleichung für $c > -0,5$ ist.

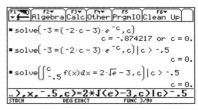

CAS-Abitur: Nachweis von Eigenschaften jeder Stammfunktion F

Eine hinreichende Bedingung dafür, dass jede Stammfunktion F die lokale Extremstelle $x = -\frac{1}{2}$ besitzt, ist

- $F'\left(-\frac{1}{2}\right) = 0$ und
- $F''\left(-\frac{1}{2}\right) \neq 0$.

Dabei sind die Stammfunktionen F nur solche Funktionen mit $F'(x) = f(x)$.

Es gilt: $F'\left(-\frac{1}{2}\right) = f\left(-\frac{1}{2}\right) = 0$, wegen $S_x(-0,5; 0)$ (nach Teilaufgabe a)

$F''\left(-\frac{1}{2}\right) = f'\left(-\frac{1}{2}\right) \neq 0$, weil $f'(x) = 0$ nur für $x = 0,5$ gilt (nach Teilaufgabe a).

$\Rightarrow x = -\frac{1}{2}$ ist eine lokale Extremstelle von F. **q. e. d.**

Um zu zeigen, dass $T\left(-\frac{1}{2}; F\left(-\frac{1}{2}\right)\right)$ ein Tiefpunkt des Graphen von F ist, ist noch zu zeigen, dass $F''\left(-\frac{1}{2}\right) > 0$ gilt.

Es gilt: $F''\left(-\frac{1}{2}\right) = f'\left(-\frac{1}{2}\right) > 0$

Begründungsvariante 1:
Links von seinem Hochpunkt $E(0,5; f(0,5))$ ist der Graph G_f streng monoton wachsend, d. h. $f'(x) > 0$ gilt für alle $x < 0,5$ und damit auch für $x = -0,5$.

Begründungsvariante 2:
$f'(x) = (-2x+1) \cdot e^{-x} > 0$ gilt genau dann,
wenn $-2x+1 > 0$ ist, da e^{-x} stets positiv ist.
$-2x+1 > 0 \Leftrightarrow x < 0{,}5$
Begründungsvariante 3:
$f'\left(-\dfrac{1}{2}\right) = 2 \cdot e^{0{,}5} \approx 3{,}3 > 0$ **q. e. d.**

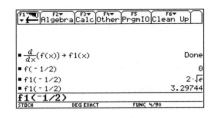

d) **Maximaler Dreiecksflächeninhalt**

Der Flächeninhalt A(u) des Dreiecks QVU kann nur für ein solches u ein (lokales) Maximum annehmen, das der Gleichung $A'(u) = 0$ genügt.

Aufstellen der Zielfunktion:

$A(u) = \dfrac{1}{2} a \cdot b$ mit $a = u + 0{,}5$ und $b = f(u)$

$= \dfrac{1}{2}(u + 0{,}5) \cdot (2u+1) \cdot e^{-u}$

$= \dfrac{1}{2}(2u^2 + u + u + 0{,}5) \cdot e^{-u}$

$= (u^2 + u + 0{,}25) \cdot e^{-u}$ mit $D_A = \left]-\dfrac{1}{2}; \infty\right[$

Notwendige Bedingung für die Existenz einer (lokalen) Maximumstelle:

$A'(u) = (2u+1) \cdot e^{-u} + (u^2 + u + 0{,}25) \cdot e^{-u} \cdot (-1)$
$= e^{-u}(2u + 1 - u^2 - u - 0{,}25)$
$= (-u^2 + u + 0{,}75) \cdot e^{-u}$

$0 = A'(u)$
$0 = (-u^2 + u + 0{,}75) \cdot e^{-u}$
$0 = -u^2 + u + 0{,}75 \quad 0 = e^{-u}$ nicht lösbar
$0 = u^2 - u - 0{,}75$

$u_{1,2} = \dfrac{1}{2} \pm \sqrt{\dfrac{1}{4} + \dfrac{3}{4}} = \dfrac{1}{2} \pm 1$

$\underline{\underline{u_1 = 1{,}5}} \quad u_2 = -0{,}5 \notin D_A$

$\Rightarrow$ u = 1,5 ist die einzig mögliche (lokale) Extremstelle von A. Da bei Nicht-CAS-Nutzern auf den Nachweis, dass der u-Wert tatsächlich eine lokale Maximumstelle von A ist, verzichtet wird, ist u = 1,5 als derjenige u-Wert anzusehen, für den der Flächeninhalt des Dreiecks QVU maximal wird.

$A(1{,}5) = (1{,}5^2 + 1{,}5 + 0{,}25) \cdot e^{-1{,}5}$
$\underline{\underline{A(1{,}5) = 4e^{-1{,}5} \approx 0{,}8925}}$

Der maximale Dreiecksflächeninhalt beträgt ca. 0,8925 FE.

Lösungshinweise für das CAS-Abitur: Nachweis des Maximums

CAS-Nutzer haben noch nachzuweisen, dass $u = 1{,}5$ tatsächlich eine lokale Maximumstelle von A ist, d. h. dass $A''(1{,}5) < 0$ gilt.

$$A''(u) = [(-u^2 + u + 0{,}75) \cdot e^{-u}]'$$
$$= (-2u + 1) \cdot e^{-u} + (-u^2 + u + 0{,}75) \cdot e^{-u} \cdot (-1)$$
$$= (u^2 - 3u + 0{,}25) \cdot e^{-u}$$

$A''(1{,}5) = -2e^{-1{,}5} < 0$ q. e. d

e) Schnittpunkte P_x und P_y von G_{f_a} mit den Koordinatenachsen

Der Graph G_{f_a} der Funktion f_a kann die x-Achse nur in Punkten $P_x(x; f_a(x))$ mit $f_a(x) = 0$ schneiden.

$0 = f_a(x)$
$0 = (2x + a) \cdot e^{-x}$
$0 = 2x + a \qquad 0 = e^{-x}$ nicht lösbar
$x = -\dfrac{a}{2} \quad \Rightarrow \quad \underline{\underline{P_x\left(-\dfrac{a}{2}; 0\right)}}$

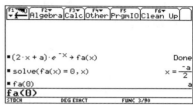

G_{f_a} kann die y-Achse nur im Punkt $P_y(0; f_a(0))$ schneiden.

$f_a(0) = (2 \cdot 0 + a) \cdot e^{-0} = a \quad \Rightarrow \quad \underline{\underline{P_y(0; a)}}$

Gleichung der Geraden h

Die Gerade h verläuft durch die Punkte $P_x\left(-\tfrac{a}{2}; 0\right)$ und $P_y(0; a)$.
Die Koordinaten dieser beiden Punkte müssen also der allgemeinen Geradengleichung $h(x) = m \cdot x + n$ genügen.

P_x liegt auf der Geraden h $\Rightarrow$ I $\quad 0 = m \cdot \left(-\dfrac{a}{2}\right) + n$

P_y liegt auf der Geraden h $\Rightarrow$ II $\quad a = m \cdot 0 + n \Rightarrow n = a$

$\left.\begin{array}{l}\\ \\\end{array}\right\} \quad 0 = m \cdot \left(-\dfrac{a}{2}\right) + a$
$\qquad m = 2$

$\Rightarrow \underline{\underline{h(x) = 2x + a}}$

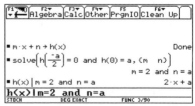

Grundkurs Mathematik (Thüringen): Abiturprüfung 2010
Aufgabe A2: Analysis

Gegeben ist die Funktion f durch

$$y = f(x) = \frac{1}{12}x^4 - \frac{3}{2}x^2 \quad \text{mit } x \in \mathbb{R}.$$

a) Zeigen Sie, dass der Graph der Funktion f außer dem Koordinatenursprung noch zwei weitere Schnittpunkte mit der x-Achse hat!
Untersuchen Sie den Graphen von f auf Symmetrie, auf das Verhalten im Unendlichen, auf lokale Extrempunkte und auf Wendepunkte! Geben Sie gegebenenfalls deren Koordinaten an!
Skizzieren Sie den Graphen von f im Intervall $-4{,}5 \leq x \leq 4{,}5$!
Geben Sie alle Werte für c an, für die gilt:
„Die Gerade h mit der Gleichung $y = c$ ($c \in \mathbb{R}$) und der Graph der Funktion haben genau zwei gemeinsame Punkte."! (13 BE)

b) Bestimmen Sie diejenige Stammfunktion F von f, welche die y-Achse im Punkt P(0; 3) schneidet!
Durch Spiegelung des Graphen von f an der x-Achse entsteht der Graph einer weiteren Funktion g.
Skizzieren Sie den Graphen von g in das Koordinatensystem aus Teilaufgabe a!
Geben Sie eine Gleichung für g an!
Die Graphen der Funktionen f und g schließen für $x > 0$ ein Flächenstück vollständig ein.
Berechnen Sie den Inhalt dieses Flächenstücks! (6 BE)

c) Im Punkt $R(\sqrt{3}; f(\sqrt{3}))$ des Graphen von f wird eine Tangente t_1 gelegt.
Bestimmen Sie eine Gleichung für die Tangente t_1!
Eine weitere Tangente t_2 an den Graphen von f hat die Gleichung
$$y = t_2(x) = 2\sqrt{3} \cdot x + \frac{9}{4}.$$
Skizzieren Sie beide Tangenten in das Koordinatensystem aus Aufgabenteil a!
Geben Sie ohne weitere Rechnung die Koordinaten des zugehörigen Berührungspunktes der Tangente t_2 mit dem Graphen von f an!
Beide Tangenten schneiden einander im Punkt S.
Geben Sie die Koordinaten des Schnittpunktes S an und bestimmen Sie die Größe des Schnittwinkels der Tangenten t_1 und t_2! (6 BE)

d) Für jede reelle Zahl a mit $a > 0$ ist eine Funktion f_a gegeben durch
$$y = f_a(x) = a \cdot x^4 - \frac{3}{2}x^2 \quad \text{mit } x \in \mathbb{R}.$$
Nennen Sie eine Eigenschaft des Graphen von f_a, die sich bei Veränderung des Parameters a nicht ändert!
Begründen Sie Ihre Aussage!
Bestimmen Sie die Nullstellen der Funktion f_a!
Für welchen Wert des Parameters a hat der Graph der zugehörigen Funktion f_a im Punkt $Q(1; f_a(1))$ den Anstieg 3? (5 BE)
(30 BE)

Aufgabenstellung für das CAS-Abitur

Gegeben ist die Funktion f durch

$$y = f(x) = \frac{1}{12}x^4 - \frac{3}{2}x^2 \quad \text{mit } x \in \mathbb{R}.$$

a) Untersuchen Sie den Graphen von f auf Schnittpunkte mit der x-Achse, auf lokale Extrempunkte und auf Wendepunkte! Geben Sie gegebenenfalls deren Koordinaten an!
Bestimmen Sie die Symmetrie des Graphen von f sowie das Verhalten für $x \to +\infty$ und $x \to -\infty$!
Skizzieren Sie den Graphen von f im Intervall $-4{,}5 \leq x \leq 4{,}5$!
Geben Sie alle Werte für c an, für die gilt:
„Die Gerade h mit der Gleichung $y = c$ ($c \in \mathbb{R}$) und der Graph der Funktion haben genau zwei gemeinsame Punkte."! (CAS: 10 BE)

b) Ermitteln Sie diejenige Stammfunktion F von f, welche die y-Achse im Punkt P(0; 3) schneidet!
Durch Spiegelung des Graphen von f an der x-Achse entsteht der Graph einer weiteren Funktion g.
Skizzieren Sie den Graphen von g in das Koordinatensystem aus Teilaufgabe a!
Geben Sie eine Gleichung für g an!
Die Graphen der Funktionen f und g schließen für $x > 0$ ein Flächenstück vollständig ein.
Berechnen Sie den Inhalt dieses Flächenstücks! (CAS: 5 BE)

c) Im Punkt $R(\sqrt{3}; f(\sqrt{3}))$ des Graphen von f wird eine Tangente t_1 gelegt.
Bestimmen Sie eine Gleichung für die Tangente t_1!
Eine weitere Tangente t_2 an den Graphen von f hat die Gleichung

$$y = t_2(x) = 2\sqrt{3} \cdot x + \frac{9}{4}.$$

Skizzieren Sie beide Tangenten in das Koordinatensystem aus Aufgabenteil a!
Geben Sie ohne weitere Rechnung die Koordinaten des zugehörigen Berührungspunktes der Tangente t_2 mit dem Graphen von f an!
Beide Tangenten schneiden einander im Punkt S.
Geben Sie die Koordinaten des Schnittpunktes S an und bestimmen Sie die Größe des Schnittwinkels der Tangenten t_1 und t_2! (CAS: 6 BE)

d) Für jede reelle Zahl a mit $a > 0$ ist eine Funktion f_a gegeben durch

$$y = f_a(x) = a \cdot x^4 - \frac{3}{2}x^2 \quad \text{mit } x \in \mathbb{R}.$$

Nennen Sie eine Eigenschaft des Graphen von f_a, die sich bei Veränderung des Parameters a nicht ändert!
Begründen Sie Ihre Aussage!
Bestimmen Sie die Nullstellen der Funktion f_a!
Für welchen Wert des Parameters a hat der Graph der zugehörigen Funktion f_a im Schnittpunkt mit der positiven x-Achse den Anstieg 3? (CAS: 5 BE)

e) Der Graph einer ganzrationalen Funktion 3. Grades verläuft symmetrisch zum Koordinatenursprung und hat mit dem Graphen von f einen gemeinsamen Tiefpunkt.
Ermitteln Sie eine Gleichung einer solchen Funktion! (CAS: 4 BE)

(CAS: 30 BE)

Hinweise und Tipps

Allgemeines
✎ Bei allen nachfolgenden Hinweisen wird der Graph einer Funktion f mit dem Symbol G_f bezeichnet, der Graph der Stammfunktion F von f entsprechend mit dem Symbol G_F usw.

Aufgabe a
Schnittpunkte mit der x-Achse
✎ Solche Schnittpunkte $N(x_N; 0)$ existieren, wenn die Gleichung $f(x) = 0$ Lösungen x_N besitzt. Beachten Sie, dass diese ganzrationale Gleichung höchstens vier reelle Lösungen hat.
✎ Beachten Sie, dass ein Punkt (der Ebene) immer zwei Koordinaten hat, die Sie hier vollständig angeben müssen.

Symmetrieverhalten
✎ Beachten Sie, dass f(x) eine ganzrationale Funktion vierten Grades ist, in der nur Summanden mit einem geraden Exponenten vorkommen.
✎ Überlegen Sie, welches der Kriterien $f(-x) = f(x)$ für Symmetrie zur y-Achse bzw. $f(-x) = -f(x)$ für Symmetrie zum Koordinatenursprung von der gegebenen Funktion f erfüllt wird.

Lokale Extrempunkte
✎ Lokale Extrempunkte $P_E(x_E; f(x_E))$ existieren, wenn die Gleichung $f'(x) = 0$ Lösungen x_E besitzt (notwendige Bedingung) und zugleich $f''(x_E) \neq 0$ gilt (hinreichende Bedingung).
✎ Je nachdem, ob $f''(x_E)$ positiv oder negativ ist, ist der lokale Extrempunkt ein Tiefpunkt T oder ein Hochpunkt H.

Wendepunkte
✎ Wendepunkte $W(x_W; f(x_W))$ existieren, wenn die Gleichung $f''(x) = 0$ Lösungen x_W besitzt (notwendige Bedingung) und zugleich $f'''(x_W) \neq 0$ erfüllt ist (hinreichende Bedingung).

Skizze des Funktionsbildes
✎ Beachten Sie, dass die Funktion in einem abgeschlossenen Intervall dargestellt werden soll. Berechnen Sie zur genaueren Darstellung die Koordinaten der Graphenpunkte an den Intervallrändern.
✎ Achten Sie darauf, dass sich alle bisher ermittelten Ergebnisse widerspruchsfrei in der grafischen Darstellung zusammenfügen lassen und gehen Sie andernfalls auf Fehlersuche.

Gemeinsame Punkte mit y = c
✎ Denken Sie darüber nach, wie eine Gerade h verläuft, deren sämtliche Punkte den gleichen konstanten y-Wert c besitzen ($\Rightarrow$ parallel zur x-Achse mit dem Abstand c).
✎ Verschieben Sie diese Parallele nunmehr in Richtung der y-Achse. Beginnen Sie dabei unterhalb der Tiefpunkte von G_f. Notieren Sie alle c-Werte, bei denen die Parallele den Graphen G_f in genau zwei Punkten berührt bzw. schneidet.

Aufgabe b
Bestimmen einer Stammfunktion
- Beachten Sie, dass eine Funktion F genau dann eine Stammfunktion von f ist, wenn $F'(x) = f(x)$ gilt. Für die erste Ableitung eines konstanten reellen Summanden c gilt bekanntlich $c' = 0$. Wegen $(F(x) + c)' = F'(x) + c' = f(x)$ ist also auch jede der unendlich vielen Funktionen $F(x) + c$ eine Stammfunktion von f(x). Die Menge aller dieser Stammfunktionen ist Ihnen bekannt als unbestimmtes Integral der Funktion f(x). Sie bildet sozusagen eine Funktionenschar $F_c(x)$ mit dem Scharparameter c.

Es gilt: $F_c(x) = \int f(x)\,dx = F(x) + c$

- Damit der Punkt P(0; 3) auf G_{F_c} liegt, muss also $F_c(0) = F(0) + c = 3$ erfüllt sein.

Spiegelung an der x-Achse
- Jedem Punkt $P_0(x_0; y_0)$ von G_f wird bei einer solchen Spiegelung der Spiegelpunkt $P_0'(x_0; -y_0)$ zugeordnet. Die Menge aller dieser Spiegelpunkte ist der Graph G_g der Funktion g(x).
- Bei der soeben durchgeführten Spiegelung wurde jedem y-Wert dessen entgegengesetzter Wert $-y$ zugeordnet. Dementsprechend gilt $g(x) = -f(x)$.

Inhalt eines Flächenstücks
- Beachten Sie, dass der Inhalt der von den Funktionsbildern G_f und G_g begrenzten Fläche nur für $x > 0$, also im ersten und vierten Quadranten, zu berechnen ist.
- Nutzen Sie die Spiegelsymmetrie aus, um den Rechenaufwand möglichst gering zu halten.
- Da Sie F(x) bereits bestimmt und die Beziehung $g(x) = -f(x)$ erkannt haben, erhalten Sie $G(x) = -F(x)$.
- Die Integrationsgrenzen sind bereits bekannt (vgl. Schnittpunkte mit der x-Achse aus Teil a). Sie müssen nicht erneut rechnerisch bestimmt werden.

Aufgabe c
Bestimmung einer Tangentengleichung
- Bestimmen Sie zunächst die Ordinate (den y-Wert) des Punktes R.
- Den Anstieg der Tangente t_1 erhalten Sie als Funktionswert der ersten Ableitung von f(x) an der Stelle $x_R = \sqrt{3}$.
- Beachten Sie, dass der Punkt R bereits im Teil a eine Rolle spielte, wenn auch unter einer anderen Bezeichnung.

Skizze der Tangenten, Berührungspunkt, Schnittpunkt
- Achten Sie auf Unterschiede und Gemeinsamkeiten in den Gleichungen der beiden Tangenten t_1 und t_2. Überlegen Sie, durch welche geometrische Abbildung t_1 in t_2 übergeht.
- Sie erhalten dadurch sowohl Hinweise auf den Tangentenschnittpunkt als auch auf den Berührungspunkt von t_2 mit G_f.

Bestimmen des Schnittwinkels
- Beachten Sie, dass als Schnittwinkel zweier Geraden stets der spitze (ggf. rechte) Winkel zwischen ihnen zu berechnen ist.

Aufgabe d
Parameterunabhängige Eigenschaft einer Kurvenschar
- Analysieren Sie die Struktur der Gleichung der Funktion f_a. Bisher haben Sie für $a = \frac{1}{12}$ bereits eine spezielle Kurve dieser Schar betrachtet.
- Überlegen Sie, welche Eigenschaft von G_f aus Teil a sich nicht ändern würde, wenn anstelle von $\frac{1}{12}$ ein anderer positiver Wert stehen würde. Formulieren Sie eine geeignete Aussage und begründen Sie diese Aussage.

Nullstellen der Funktionenschar
- Beachten Sie, dass Nullstellen x_N einer Funktion diejenigen ihrer Argumente (x-Werte) sind, deren Funktionswerte (y-Werte) gleich null sind.
- Die zur Nullstellenberechnung erforderliche Rechenarbeit haben Sie bereits bei der Bestimmung der Schnittpunkte von G_f mit der x-Achse in Teil a geleistet.

Abitur ohne CAS: Bestimmen eines Parameterwertes
- Überlegen Sie, wie man die Frage mithilfe einer Gleichung formulieren kann.
- Sie wissen, dass man den Anstieg des Graphen einer Funktion f_a in einem Punkt $Q(x_Q; y_Q)$ bestimmt durch $m = f_a'(x_Q)$, Sie kennen die Stelle $x_Q = 1$ und Sie wissen, dass der Anstieg den Wert $m = 3$ haben soll.

CAS-Abitur: Bestimmen eines Parameterwertes
- Wegen $m = f_a'(x_0) = 4ax_0^3 - 3x_0$ wird der Kurvenanstieg vom Scharparameter a beeinflusst.
- Beachten Sie die Aufgabenstellung und überlegen Sie, an welcher der soeben berechneten Nullstellen von f_a der Anstieg des Graphen den Wert $m = 3$ haben soll.

Aufgabe e für das CAS-Abitur
Bestimmen einer ganzrationalen Funktion
- Beachten Sie, dass eine ganzrationale Funktion dritten Grades gesucht ist. Diese wird hier mit r(x) bezeichnet.
- Notieren Sie für r(x) eine allgemeine Funktionsgleichung.
- Überlegen Sie, unter welcher Voraussetzung die Graphen ganzrationaler Funktionen punktsymmetrisch zum Koordinatenursprung sind und ändern Sie den Ansatz für r(x) dementsprechend ab, bevor Sie die Kurvenrekonstruktion fortsetzen. Sie sollten nunmehr nur noch zwei unbekannte Koeffizienten in Ihrem Ansatz für r(x) haben. Zu deren rechnerischen Bestimmung nutzen Sie die Forderung, dass einer der beiden Tiefpunkte von G_f aus Teil a auch ein Tiefpunkt von G_r sein muss. Sie haben daher zwei Möglichkeiten für die Bestimmung einer Gleichung von r(x), von denen Sie aber nur eine vollständig durchrechnen müssen, um die Aufgabe zu lösen.

Lösungen

a) Schnittpunkte mit der x-Achse

$y = f(x) = 0 \Rightarrow \frac{1}{12}x^4 - \frac{3}{2}x^2 = 0$

$x^4 - 18x^2 = 0 \Rightarrow x^2 \cdot (x^2 - 18) = 0$

Faktoren gleich null setzen:

$x^2 = 0 \qquad x^2 - 18 = 0$

$\underline{\underline{N_{1;2}(0;0)}} \qquad \underline{\underline{N_3(-3\sqrt{2};0)}} \quad \underline{\underline{N_4(3\sqrt{2};0)}}$

Symmetrieverhalten

$f(-x) = \frac{1}{12}(-x)^4 - \frac{3}{2}(-x)^2 = \frac{1}{12}x^4 - \frac{3}{2}x^2 = f(x)$

G_f ist symmetrisch zur y-Achse.

Verhalten im Unendlichen

$\lim\limits_{x \to \pm\infty} \left(\frac{1}{12}x^4 - \frac{3}{2}x^2 \right) = +\infty$

Lokale Extrempunkte

$f'(x) = \frac{1}{3}x^3 - 3x$

$f''(x) = x^2 - 3$

$f'''(x) = 2x$

Notwendige Bedingung: $f'(x) = 0$

$\frac{1}{3}x^3 - 3x = 0 \Rightarrow x^3 - 9x = 0 \Rightarrow x \cdot (x^2 - 9) = 0$

$\Rightarrow x_{E_1} = 0 \quad x_{E_2} = -3 \quad x_{E_3} = 3$

Hinreichende Bedingung: $f''(x_E) \neq 0$

$f''(x_{E_1} = 0) = -3 \qquad f''(x_{E_2} = -3) = 6 \qquad f''(x_{E_3} = 3) = 6$

$\underline{\underline{H(0;0)}} \qquad \underline{\underline{T_1\left(-3; -\frac{27}{4}\right)}} \qquad \underline{\underline{T_2\left(3; -\frac{27}{4}\right)}}$

Wendepunkte

Notwendige Bedingung: $f''(x) = 0$

$x^2 - 3 = 0$

$x_{W_1} = -\sqrt{3} \quad x_{W_2} = \sqrt{3}$

Hinreichende Bedingung: $f'''(x_W) \neq 0$

$f'''(x_{W_1} = -\sqrt{3}) = -2\sqrt{3} \neq 0 \Rightarrow \underline{\underline{W_1\left(-\sqrt{3};\ -\frac{15}{4}\right)}}$

$f'''(x_{W_2} = \sqrt{3}) = 2\sqrt{3} \neq 0 \Rightarrow \underline{\underline{W_2\left(\sqrt{3};\ -\frac{15}{4}\right)}}$

Wegen $f'''(-\sqrt{3}) = -2\sqrt{3} < 0$ ist W_1 ein links-rechts-Wendepunkt, wegen $f'''(\sqrt{3}) = 2\sqrt{3} > 0$ ist W_2 ein rechts-links-Wendepunkt.

Skizze des Funktionsbildes

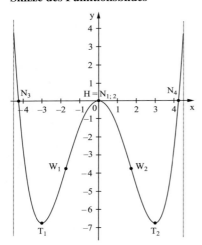

Gemeinsame Punkte mit $y = c$

Die x-Achse ist eine Gerade mit der Gleichung $y = 0$.
Die Gerade h mit der Gleichung $y = c$ ist eine Parallele zur x-Achse, die von der x-Achse den Abstand c hat.
Damit hat die Gerade h für $c = -\frac{27}{4}$ die beiden Tiefpunkte T_1 und T_2 und für $c > 0$ ebenfalls genau zwei Punkte mit G_f gemeinsam.

b) **Bestimmen einer Stammfunktion**

$F_c(x) = \int \left(\frac{1}{12}x^4 - \frac{3}{2}x^2\right)dx = \frac{1}{60}x^5 - \frac{1}{2}x^3 + c$

Damit der Punkt $P(0; 3)$ auf G_{F_c} liegt, muss gelten: $F_c(0) = 3$
Somit ist $c = 3$ und die gesuchte Stammfunktion lautet: $\underline{\underline{F_3(x) = \frac{1}{60}x^5 - \frac{1}{2}x^3 + 3}}$

Spiegelung an der x-Achse

$$g(x) = -f(x) = -\left(\frac{1}{12}x^4 - \frac{3}{2}x^2\right) \quad \Rightarrow \quad \underline{\underline{g(x) = -\frac{1}{12}x^4 + \frac{3}{2}x^2}}$$

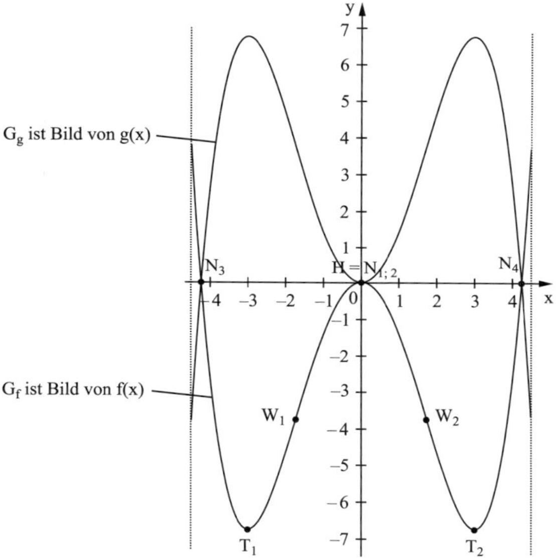

G_g ist Bild von g(x)

G_f ist Bild von f(x)

Inhalt eines Flächenstücks

Unter Ausnutzung der Symmetrie der beiden Funktionsbilder zur x-Achse verdoppelt man den Inhalt des ebenen Flächenstücks, welches G_g im ersten Quadranten mit der x-Achse einschließt. Nutzen Sie beim erforderlichen Flächenansatz die Beziehung $G(x) = -F(x)$. Die Integrationsgrenzen kann man Teilaufgabe a entnehmen; dort wurden bereits die Schnittpunkte von G_f mit der x-Achse ermittelt. Bei einer Achsenspiegelung werden bekanntermaßen alle auf der Spiegelachse liegenden Punkte auf sich selbst abgebildet.

$$A = 2 \cdot A_0(3\sqrt{2}) = 2 \cdot \int_0^{3\sqrt{2}} g(x)\,dx$$

$$= 2 \cdot \left[-\frac{1}{60}x^5 + \frac{1}{2}x^3\right]_0^{3\sqrt{2}}$$

$$= \left[-\frac{1}{30}x^5 + x^3\right]_0^{\sqrt{18}}$$

$$= -\frac{1}{30} \cdot 18^2 \cdot \sqrt{18} + 18 \cdot \sqrt{18}$$

$$= \underline{\underline{\frac{36}{5}\sqrt{18} = \frac{108}{5} \cdot \sqrt{2}}} \quad \text{(FE)}$$

$$\approx 30{,}55 \quad \text{(FE)}$$

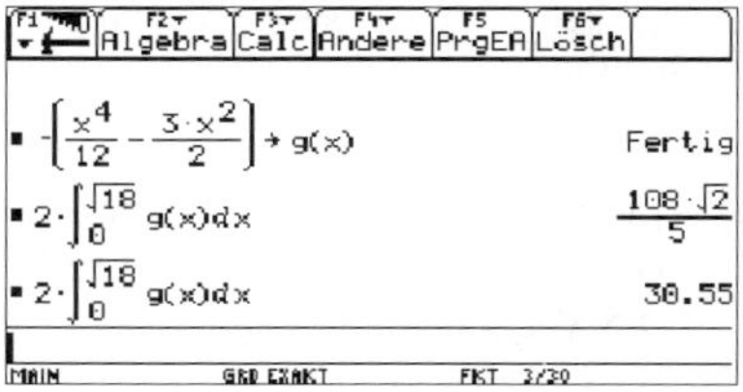

2010-21

c) Bestimmung einer Tangentengleichung im Punkt R

Wegen $f(\sqrt{3}) = -\frac{15}{4}$ hat der Punkt R die Koordinaten $R\left(\sqrt{3}; -\frac{15}{4}\right)$.

Dieser Punkt R und der Wendepunkt W_2 aus Teilaufgabe a sind identisch.
Der Anstieg der Tangente t_1 in diesem Punkt ergibt sich mit $m_1 = f'(\sqrt{3}) = -2\sqrt{3}$.
Setzt man die Koordinaten des Punktes R bzw. W_2 und den errechneten Anstieg in die Gleichung $y = m \cdot x + n$ ein, so erhält man:

$$-\frac{15}{4} = -2\sqrt{3} \cdot \sqrt{3} + n \quad \Rightarrow \quad n = \frac{9}{4} \quad \Rightarrow \quad \text{Gleichung der Tangente } t_1: \; y = -2\sqrt{3} \cdot x + \frac{9}{4}$$

Darstellung beider Tangenten

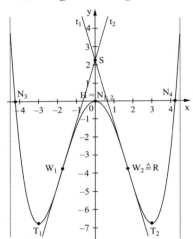

Berührungspunkt

t_1 wird im Punkt $R\left(\sqrt{3}; -\frac{15}{4}\right)$ an G_f angelegt, also im Wendepunkt W_2.

t_2 entsteht durch Spiegelung von t_1 an der y-Achse. Da auch die Wendepunkte spiegelbildlich zur y-Achse liegen, wird G_f von der Tangente t_2 im Wendepunkt $W_1\left(-\sqrt{3}; -\frac{15}{4}\right)$ berührt.

Tangentenschnittpunkt

t_1 schneidet die y-Achse im Punkt S. Da Punkte der Spiegelachse bei einer Achsenspiegelung auf sich selbst abgebildet werden, geht demnach auch t_2 durch diesen Punkt S. Damit ist $S\left(0; \frac{9}{4}\right)$ der Schnittpunkt der beiden Tangenten t_1 und t_2.

Alternativ:
$$t_1(x) = t_2(x) \quad \Rightarrow \quad -2\sqrt{3} \cdot x + \frac{9}{4} = 2\sqrt{3} \cdot x + \frac{9}{4} \quad \Rightarrow \quad 4\sqrt{3} \cdot x = 0 \quad \Rightarrow \quad x = 0$$

In den Gleichungen von t_1 und t_2 folgt mit $x = 0$ sofort $y = \frac{9}{4}$.

Schnittwinkel der Tangenten

Die Tangenten t_1 und t_2 schneiden sich im Winkel $\sphericalangle T_1 S T_2 = \varphi$.
Die Anstiege der beiden Tangenten sind $m_1 = -2\sqrt{3}$ und $m_2 = 2\sqrt{3}$.

Lösungsweg 1:
Setzt man diese Werte in $\tan \varphi = \left| \dfrac{m_2 - m_1}{1 + m_1 \cdot m_2} \right|$ ein, so ergibt sich

$\tan \varphi = \left| \dfrac{2\sqrt{3} - (-2\sqrt{3})}{1 + (-2\sqrt{3}) \cdot 2\sqrt{3}} \right| = \left| \dfrac{4\sqrt{3}}{1 - 12} \right| = \dfrac{4}{11}\sqrt{3}$ und daraus $\varphi = \arctan\left(\dfrac{4}{11}\sqrt{3}\right) \approx 32{,}2°$.

Lösungsweg 2:
Anwendung der Definition des Tangens eines spitzen Winkels im rechtwinkligen Dreieck:

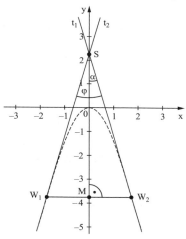

Im Dreieck MW_2S gilt

$\tan \alpha = \dfrac{x_{W_2} - x_M}{y_S - y_M} = \dfrac{\sqrt{3} - 0}{\frac{9}{4} - \left(-\frac{15}{4}\right)} = \dfrac{\sqrt{3}}{6}$

und daraus folgt

$\alpha = \arctan\left(\dfrac{\sqrt{3}}{6}\right) \approx 16{,}1°$

und

$\varphi = 2 \cdot \alpha \approx 32{,}2°$.

Lösungsweg 3:
Mithilfe des Skalarproduktes von Richtungsvektoren:
Ordnet man dem Anstieg $m_1 = -2\sqrt{3}$ der Tangente t_1 einen Richtungsvektor $\vec{a}_1 = \begin{pmatrix} 1 \\ -2\sqrt{3} \end{pmatrix}$
und dem Anstieg $m_2 = 2\sqrt{3}$ der Tangente t_2 einen Richtungsvektor $\vec{a}_2 = \begin{pmatrix} 1 \\ 2\sqrt{3} \end{pmatrix}$ zu, so erhält man:

$\cos \varphi = \left| \dfrac{\vec{a}_1 \cdot \vec{a}_2}{|\vec{a}_1| \cdot |\vec{a}_2|} \right| = \left| \dfrac{1 - 12}{\sqrt{1+12} \cdot \sqrt{1+12}} \right| = \left| -\dfrac{11}{13} \right| = \dfrac{11}{13}$ und daraus $\varphi = \arccos\left(\dfrac{11}{13}\right) \approx 32{,}2°$.

d) Parameterunabhängige Eigenschaft

Wegen $f_a(0) = 0$ für jede positive reelle Zahl a gehen alle Funktionsbilder dieser Funktionenschar durch den Koordinatenursprung.

Wegen $f_a(-x) = a \cdot (-x)^4 - \frac{3}{2} \cdot (-x)^2 = ax^4 - \frac{3}{2}x^2 = f_a(x)$ sind alle Graphen dieser Funktionenschar symmetrisch zur y-Achse.

Es genügt die Angabe einer Eigenschaft mit Begründung.

Nullstellen der Funktionenschar

$$f_a(x) = 0 \implies ax^4 - \frac{3}{2}x^2 = 0 \implies x^2 \cdot \left(ax^2 - \frac{3}{2}\right) = 0$$

Setzt man jeden der Faktoren dieses Produktes gleich null, so ergeben sich die vier höchstens zu erwartenden reellen Lösungen dieser ganzrationalen Gleichung:

$$x^2 = 0 \implies \underline{\underline{x_{1;2} = 0}}$$

$$ax^2 - \frac{3}{2} = 0 \implies x^2 = \frac{3}{2a} \implies \underline{\underline{x_3 = -\sqrt{\frac{3}{2a}}\,;\ x_4 = \sqrt{\frac{3}{2a}}}}$$

Abitur ohne CAS: Bestimmen eines Parameterwertes

Wegen $f_a(1) = a - \frac{3}{2}$ hat der Punkt Q die Koordinaten $Q\left(1;\ a - \frac{3}{2}\right)$.

Für den Anstieg der Funktionskurve ergibt sich aus $f_a'(x) = 4ax^3 - 3x$, dass an der Stelle $x_Q = 1$ gilt: $m = f_a'(1) = 4a - 3$
Der Anstieg nimmt den geforderten Wert $m = 3$ an, wenn $4a - 3 = 3$ gilt. Somit ist $a = \frac{6}{4} = \frac{3}{2}$
der gesuchte Wert des Parameters.

CAS-Abitur: Bestimmen eines Parameterwertes

Unter den soeben berechneten Nullstellen der Funktion $f_a(x)$ erfüllt nur $x_4 = \sqrt{\frac{3}{2a}}$ die
Bedingung $x > 0$. Nur der zu ihr gehörende Schnittpunkt der Scharkurve G_{f_a} liegt folglich auf der positiven x-Achse.

Mit dem CAS ergibt sich die Schnittstelle
$x = \frac{\sqrt{6}}{2\sqrt{a}}$. Sie stimmt mit x_4 überein, denn:

$$\frac{\sqrt{6}}{2\sqrt{a}} = \frac{\sqrt{6}}{\sqrt{4a}} = \sqrt{\frac{6}{4a}} = \sqrt{\frac{3}{2a}}$$

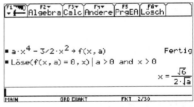

Im nächsten Schritt ist der Funktionswert
der ersten Ableitung von f_a an dieser
Schnittstelle zu ermitteln und gleich 3 zu
setzen.
Die entstehende Gleichung hat die Lösung
$\underline{\underline{a = \frac{3}{2}}}$.

e) Für das CAS-Abitur: Bestimmen einer ganzrationalen Funktion

Ansatz: $r(x) = ax^3 + bx^2 + cx + d;\ a, b, c, d \in \mathbb{R};\ a \neq 0$

Aus der geforderten Symmetrie zum Koordinatenursprung lässt sich schließen, dass $b = 0$ und $d = 0$ sein müssen.

Folglich gilt: $r(x) = ax^3 + cx;\ a, c \in \mathbb{R};\ a \neq 0$
$r'(x) = 3ax^2 + c$ und $r''(x) = 6ax$

Einer der Tiefpunkte von G_f soll auch ein Tiefpunkt des Bildes G_r der Funktion $r(x)$ sein.

Möglichkeit 1:

Mit $T_1\left(-3; -\frac{27}{4}\right)$ ergibt sich daraus:

$r(-3) = -\frac{27}{4} \implies -27a - 3c = -\frac{27}{4}$

$r'(-3) = 0 \implies 27a + c = 0$

Dieses Gleichungssystem hat die Lösungen:

$a = -\frac{1}{8}$ und $c = \frac{27}{8}$

Die gesuchte ganzrationale Funktion dritten Grades ist also:

$\underline{\underline{r(x) = -\frac{1}{8}x^3 + \frac{27}{8}x}}$

Möglichkeit 2:

Mit $T_2\left(3; -\frac{27}{4}\right)$ erhält man analog:

$r(3) = -\frac{27}{4} \implies 27a + 3c = -\frac{27}{4}$

$r'(3) = 0 \implies 27a + c = 0$

Dieses Gleichungssystem hat die Lösungen:

$a = \frac{1}{8}$ und $c = -\frac{27}{8}$

Die gesuchte ganzrationale Funktion dritten Grades ist also:

$\underline{\underline{r(x) = \frac{1}{8}x^3 - \frac{27}{8}x}}$

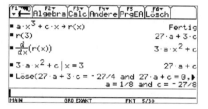

Diese Aufgabe ist vollständig gelöst, wenn man eine der möglichen Gleichungen für r(x) angibt. Eine Probe zeigt, dass jede der ermittelten Funktionen die geforderten Eigenschaften besitzt.

Grundkurs Mathematik (Thüringen): Abiturprüfung 2010
Aufgabe B1: Analytische Geometrie / Vektorrechnung

In einem kartesischen Koordinatensystem sind die Punkte A(–2; 9; 3), B(7; 3; 0), C(1; 7; 2), P(0; 3; 0) und G(0; 1; 4) gegeben.

a) Untersuchen Sie, ob C auf der Geraden liegt, die durch A und B verläuft!
Wenn ja, entscheiden Sie, ob C sogar auf der Strecke $\overline{AB}$ liegt und geben Sie gegebenenfalls das Teilverhältnis an!
Wenn nein, berechnen Sie den Abstand des Punktes C von der Geraden durch A und B!
D ist derjenige Punkt der y-Achse, der von A den gleichen Abstand hat wie von B.
Bestimmen Sie die Koordinaten von D! (6 BE)

b) Das Dreieck ABP ist die Grundfläche eines geraden Prismas, zu dessen Deckfläche der Punkt G gehört.
Weisen Sie nach, dass die Strecke $\overline{PG}$ senkrecht auf der Grundflächenebene steht!
Stellen Sie das Prisma in einem kartesischen Koordinatensystem dar und bestimmen Sie die Koordinaten der restlichen Eckpunkte! Dabei sollen der Punkt E über A und der Punkt F über B liegen.
Berechnen Sie das Volumen des Prismas! (8 BE)

c) Vom Punkt G aus wird in dem Prisma (aus Aufgabenteil b) eine Bohrung in Richtung $\vec{u} = \begin{pmatrix} 0{,}5 \\ 3 \\ -1 \end{pmatrix}$ angebracht.
(Der Durchmesser der Bohrung wird vernachlässigt.)
In welchem Punkt S durchstößt die Bohrung die Ebene, zu der die Grundfläche ABP gehört?
Begründen Sie, dass der Punkt S sogar in der Grundfläche ABP des Prismas liegt!
Berechnen Sie die Größe des Winkels, den die Bohrung mit der Kante $\overline{GF}$ einschließt! (6 BE)

(20 BE)

Hinweise und Tipps

Allgemeines

- Übertragen Sie alle Punktkoordinaten sehr sorgfältig auf Ihr Lösungsblatt. Sie sind die Ausgangsdaten für alle Berechnungen. Kontrollieren Sie deshalb die Korrektheit dieser Daten unbedingt.
- Schauen Sie sich während der Lösung die Koordinaten der ermittelten Punkte stets aufmerksam an und vergleichen Sie diese mit den gegebenen Punkten. Eventuelle Identitäten erleichtern mitunter die Lösung erheblich.

Aufgabe a

Inzidenz von Punkt und Gerade

- Durch die beiden (voneinander verschiedenen) Punkte A und B ist eine Gerade g(A, B) bestimmt. Stellen Sie für diese Gerade eine Parametergleichung auf.
- Ein Punkt und eine Gerade inzidieren (d. h. der Punkt liegt auf der Geraden), wenn seine Koordinaten die Geradengleichung erfüllen. Dies ist dann der Fall, wenn dem Punkt durch die Parametergleichung ein eindeutig bestimmter reeller Parameterwert zuzuordnen ist.
- Der Punkt C liegt auf g(A, B), wenn die Gleichung $\overrightarrow{OC} = \overrightarrow{OA} + t \cdot \overrightarrow{AB}$ durch eine eindeutig bestimmte reelle Zahl t erfüllt wird.
  Für t = 0 sind die Punkte C und A identisch.
  Für t = 1 sind die Punkte C und B identisch.
  Für 0 < t < 1 liegt der Punkt C zwischen den Punkten A und B, also auf der Strecke $\overline{AB}$.
  Für alle anderen reellen Werte von t liegt C auf der Geraden außerhalb der Strecke $\overline{AB}$.

Teilverhältnis

- Wenn der Punkt C auf der Strecke $\overline{AB}$ liegt, so entstehen die Teilstrecken $\overline{AC}$ und $\overline{CB}$. Man spricht von einer inneren Teilung. Das Verhältnis der Längen dieser Teilstrecken ist das gesuchte Teilverhältnis.

Abstandsgleichheit von Punkten

- Beachten Sie, dass der gesuchte Punkt D auf der y-Achse liegen soll. Damit kennen Sie bereits zwei seiner Koordinaten ($\Rightarrow$ D(0; y; 0); y $\in \mathbb{R}$).
- Formulieren Sie die geforderte Abstandsgleichheit als Gleichung mit den Beträgen der entsprechenden Verbindungsvektoren dieser Punkte.

Aufgabe b

Orthogonalitätsnachweis

- Wenn die Strecke $\overline{PG}$ senkrecht auf der Grundflächenebene des Prismas steht, steht natürlich auch der Vektor $\overrightarrow{PG}$ senkrecht auf dieser Ebene (und umgekehrt).
  Dazu muss er gleichzeitig auf zwei voneinander verschiedenen (also nicht parallelen) Richtungsvektoren dieser Ebene senkrecht stehen.
- Beachten Sie, dass zwei Vektoren dann senkrecht aufeinander stehen (orthogonal zueinander sind), wenn ihr Skalarprodukt gleich null ist.

Darstellung des Prismas im kartesischen Koordinatensystem
- Achten Sie auf die Bezeichnung der Achsen. Geben Sie einen Achsenmaßstab an. Denken Sie daran, dass die in die Tiefe des Raumes weisende Koordinatenachse unter einem Verzerrungswinkel von 45° zu zeichnen ist. Außerdem ist die Längeneinheit auf dieser Achse gegenüber den Längeneinheiten der anderen Achsen verkürzt darzustellen. Die Abbildung rechts zeigt eine Möglichkeit, diese Forderungen unter Nutzung des Quadratrasters zu erfüllen.

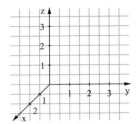

- Achten Sie bei der Bezeichnung der restlichen Eckpunkte darauf, dass das Prisma die Kanten $\overline{PG}$, $\overline{AE}$ und $\overline{BF}$ hat.

Volumen des Prismas
- Zur Berechnung des Volumens des Prismas benötigen Sie den Inhalt seiner Grundfläche $\triangle ABP$ und die Länge seiner Höhe $\overline{PG}$.
- Beachten Sie, dass Sie den Inhalt der dreieckigen Grundfläche sowohl elementar (Satz des Pythagoras, Kosinussatz) als auch mithilfe vektorieller Mittel berechnen können.

Aufgabe c
Ermitteln eines Durchstoßpunktes
- Die Bohrung erfolgt längs einer Geraden. Stellen Sie für diese Gerade eine Parametergleichung auf.
- Stellen Sie für die Grundflächenebene eine Parametergleichung auf und achten Sie darauf, dass alle nunmehr verwendeten Parameter unterschiedlich bezeichnet sind.
- Setzen Sie die Parametergleichungen von Bohrungsgerade und Grundflächenebene einander gleich. Durch Koordinatenvergleich entsteht aus dieser Vektorgleichung ein System aus drei linearen Gleichungen mit drei Unbekannten, eben den Parametern.
- Die daraus ermittelten Parameterwerte erzeugen in ihrer Gleichung jeweils einen Punkt. Wenn Sie richtig gerechnet haben, werden der Punkt auf der Bohrungsgeraden und der Punkt der Grundflächenebene identisch sein. Es ist der gesuchte Durchstoßpunkt S.
- In der Abbildung rechts liegt der Punkt S genau dann in der Ebene ε(A, B, P) des Dreiecks $\triangle ABP$, wenn sein Ortsvektor die folgende Gleichung erfüllt:

$$\overrightarrow{OS} = \overrightarrow{OP} + r \cdot \overrightarrow{PA} + s \cdot \overrightarrow{PB}; \quad r, s \in \mathbb{R}$$

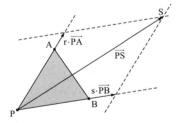

S liegt dabei sogar auf dem Dreieck $\triangle ABP$ bzw. in seinem Inneren, wenn folgende Bedingungen erfüllt sind:
(1) $0 \leq r \leq 1$ (2) $0 \leq s \leq 1$ (3) $0 \leq r+s \leq 1$

Bestimmen eines Schnittwinkels
- Stellen Sie Ihren Rechner auf das Gradmaß eines Winkels ein.
- Der gesuchte Schnittwinkel zwischen Prismenkante und Bohrung ist der Winkel zwischen den zugehörigen Richtungsvektoren $\overrightarrow{GF}$ und $\vec{u}$. Er kann je nach Bohrung durchaus auch stumpf sein. Verwenden Sie deshalb die folgende Formel:

$$\cos \varphi = \frac{\overrightarrow{GF} \cdot \vec{u}}{|\overrightarrow{GF}| \cdot |\vec{u}|}$$

Lösungen

a) Inzidenz von Punkt und Gerade

Eine Parametergleichung für die Gerade durch die Punkte A und B ist:

$g(A, B): \vec{x} = \overrightarrow{OA} + t \cdot \overrightarrow{AB}; \; t \in \mathbb{R}$

$\begin{pmatrix} x \\ y \\ z \end{pmatrix} = \begin{pmatrix} -2 \\ 9 \\ 3 \end{pmatrix} + t \cdot \begin{pmatrix} 9 \\ -6 \\ -3 \end{pmatrix}$

Einsetzen von $\vec{x} = \overrightarrow{OC} = \begin{pmatrix} 1 \\ 7 \\ 2 \end{pmatrix}$ in diese Gleichung führt zu:

$\begin{pmatrix} 1 \\ 7 \\ 2 \end{pmatrix} = \begin{pmatrix} -2 \\ 9 \\ 3 \end{pmatrix} + t \cdot \begin{pmatrix} 9 \\ -6 \\ -3 \end{pmatrix}$

Koordinatenvergleich: $1 = -2 + 9t \quad \Rightarrow \quad t = \dfrac{1}{3}$

$\qquad\qquad\qquad\quad 7 = 9 - 6t \quad \Rightarrow \quad t = \dfrac{1}{3}$

$\qquad\qquad\qquad\quad 2 = 3 - 3t \quad \Rightarrow \quad t = \dfrac{1}{3}$

In der oben angegebenen Gleichung wird der Punkt C durch den eindeutig bestimmten Parameterwert $t = \dfrac{1}{3}$ erzeugt. Deshalb liegt er auf der Geraden g(A, B) und wegen $0 < t = \dfrac{1}{3} < 1$ sogar auf der Strecke $\overline{AB}$.

Lösungshinweise für das CAS-Abitur

Speichern Sie die Ortsvektoren aller gegebenen Punkte. Verwenden Sie dabei möglichst x, y und z sowie r, s und t nicht.
Notieren Sie die benutzten Bezeichnungen für Ortsvektoren und Parameter in einer Tabelle. So vermeiden Sie später zeitraubende Fehlersuche.

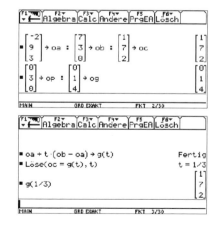

Speichern Sie die Gleichung für g(A, B) als g(t).
Setzen Sie den Ortsvektor des Punktes C ein und lösen Sie nach t.
$g\left(\dfrac{1}{3}\right)$ liefert zur Kontrolle den Punkt C.

Teilverhältnis

Lösungsweg 1:
Für die Längen der beiden Teilstrecken $\overrightarrow{AC}$ und $\overrightarrow{CB}$ erhält man:

$|\overrightarrow{AC}| = \left|\begin{pmatrix} 3 \\ -2 \\ -1 \end{pmatrix}\right| = \sqrt{9+4+1} = \sqrt{14}$ und

$|\overrightarrow{CB}| = \left|\begin{pmatrix} 6 \\ -4 \\ -2 \end{pmatrix}\right| = \sqrt{36+16+4} = \sqrt{56} = 2\sqrt{14}$

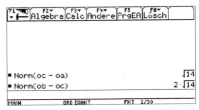

Damit ist das zu ermittelnde Teilverhältnis
$|\overrightarrow{AC}| : |\overrightarrow{CB}| = 1 : 2$.

Lösungsweg 2:
In der Parametergleichung $\vec{x} = \overrightarrow{OA} + t \cdot \overrightarrow{AB}$ für die Gerade durch die Punkte A und B wird der Punkt C durch $t = \frac{1}{3}$ erzeugt. Es gilt also:

$\overrightarrow{OC} = \overrightarrow{OA} + \frac{1}{3} \cdot \overrightarrow{AB} \qquad |\cdot 3$

$3 \cdot \overrightarrow{OC} = 3 \cdot \overrightarrow{OA} + \overrightarrow{AB}$

$2 \cdot \overrightarrow{OC} + \overrightarrow{OC} = 3 \cdot \overrightarrow{OA} + \overrightarrow{OB} - \overrightarrow{OA}$

$2 \cdot \overrightarrow{OC} + \overrightarrow{OC} = 2 \cdot \overrightarrow{OA} + \overrightarrow{OB} \qquad |-2 \cdot \overrightarrow{OA} - \overrightarrow{OC}$

$2 \cdot (\overrightarrow{OC} - \overrightarrow{OA}) = \overrightarrow{OB} - \overrightarrow{OC}$

$2 \cdot \overrightarrow{AC} = \overrightarrow{CB}$

Die Gleichheit dieser beiden Vektoren bedeutet auch, dass ihre Beträge gleich sind. Deshalb gilt:

$2 \cdot \overrightarrow{AC} = \overrightarrow{CB} \quad \Rightarrow \quad \frac{\overline{AC}}{\overline{CB}} = \frac{1}{2}$ bzw. $\overline{AC} : \overline{CB} = 1 : 2$.

Abstandsgleichheit von Punkten

Der Punkt D liegt auf der y-Achse. Seine Koordinaten sind $D(0; y; 0)$ $y \in \mathbb{R}$.

$\overrightarrow{AD} = \begin{pmatrix} 2 \\ y-9 \\ -3 \end{pmatrix}; \quad \overrightarrow{BD} = \begin{pmatrix} -7 \\ y-3 \\ 0 \end{pmatrix}$

Der Abstand von D zu A bzw. B soll gleich sein:
$|\overrightarrow{AD}| = |\overrightarrow{BD}|$

$\sqrt{4+(y-9)^2+9} = \sqrt{49+(y-3)^2}$

$y^2 - 18y + 94 = y^2 - 6y + 58$

$12y = 36$

$y = 3$

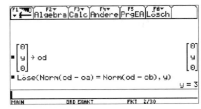

Damit ist der Punkt $D(0; 3; 0)$ der gesuchte Punkt.

Man stellt fest, dass D mit dem in der Aufgabe gegebenen Punkt $P(0; 3; 0)$ identisch ist, weshalb das Dreieck $\triangle ABP = \triangle ABD$ folglich gleichschenklig ist mit $\overline{DA} = \overline{DB} = 7$ (LE).

b) Orthogonalitätsnachweis

Die Grundfläche des Prismas liegt in der Ebene ε(A, B, P). Auf ihr steht der Vektor $\overrightarrow{PG}$ genau dann senkrecht, wenn sein Skalarprodukt mit zwei linear unabhängigen (also nicht parallelen) Richtungsvektoren dieser Ebene, z. B. $\overrightarrow{PA}$ und $\overrightarrow{PB}$, jeweils den Wert null hat.

$$\overrightarrow{PG} \cdot \overrightarrow{PA} = \begin{pmatrix} 0 \\ -2 \\ 4 \end{pmatrix} \cdot \begin{pmatrix} -2 \\ 6 \\ 3 \end{pmatrix} = 0 - 12 + 12 = 0 \qquad \overrightarrow{PG} \cdot \overrightarrow{PB} = \begin{pmatrix} 0 \\ -2 \\ 4 \end{pmatrix} \cdot \begin{pmatrix} 7 \\ 0 \\ 0 \end{pmatrix} = 0$$

q. e. d.

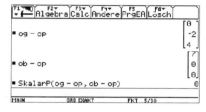

Darstellung des Prismas im kartesischen Koordinatensystem

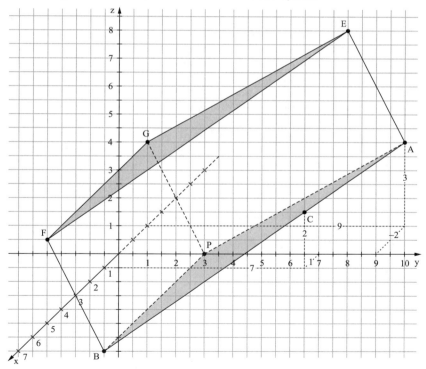

Wegen der besseren Übersichtlichkeit ist hier nur die Lage der Punkte A und C durch die entsprechenden Hilfslinien in Bezug auf das Koordinatensystem verdeutlicht.

Koordinaten der restlichen Eckpunkte

Im Prisma sind die Verbindungskanten zwischen Grund- und Deckfläche gleich lang und parallel. Das bedeutet: $\overrightarrow{PG} = \overrightarrow{AE} = \overrightarrow{BF}$

Aus $\overrightarrow{PG} = \overrightarrow{AE} = \overrightarrow{OE} - \overrightarrow{OA}$ folgt:

$\overrightarrow{OE} = \overrightarrow{OA} + \overrightarrow{PG} = \begin{pmatrix} -2 \\ 9 \\ 3 \end{pmatrix} + \begin{pmatrix} 0 \\ -2 \\ 4 \end{pmatrix} = \begin{pmatrix} -2 \\ 7 \\ 7 \end{pmatrix} \Rightarrow \underline{\underline{E(-2;\ 7;\ 7)}}$

Aus $\overrightarrow{PG} = \overrightarrow{BF} = \overrightarrow{OF} - \overrightarrow{OB}$ folgt:

$\overrightarrow{OF} = \overrightarrow{OB} + \overrightarrow{PG} = \begin{pmatrix} 7 \\ 3 \\ 0 \end{pmatrix} + \begin{pmatrix} 0 \\ -2 \\ 4 \end{pmatrix} = \begin{pmatrix} 7 \\ 1 \\ 4 \end{pmatrix} \Rightarrow \underline{\underline{F(7;\ 1;\ 4)}}$

Volumen des Prismas

Die Grundfläche des Prismas ist das Dreieck $\triangle ABP$; ihr Flächeninhalt sei $A_{\triangle ABP}$. Die Höhe h des Prismas ist die Länge seiner Kante $\overrightarrow{PG}$. Für das Volumen dieses Prismas gilt also: $V = A_{\triangle ABP} \cdot \overrightarrow{PG}$

Lösungsweg 1:
Der Flächeninhalt der Grundfläche $\triangle ABP$ lässt sich elementar berechnen. In diesem Dreieck sei h_{AB} die Höhe vom Punkt P auf die Seite $\overline{AB}$. Diese Höhe zerlegt das gleichschenklige $\triangle ABP$ in zwei kongruente rechtwinklige Teildreiecke. Nach dem Satz des Pythagoras gilt:

$\left(\dfrac{\overline{AB}}{2}\right)^2 + h_{AB}^2 = \overline{AP}^2 \Rightarrow h_{AB} = \sqrt{\overline{AP}^2 - \left(\dfrac{\overline{AB}}{2}\right)^2}$

Daraus erhält man durch Einsetzen von $\overline{AB} = 3\sqrt{14}$ (LE) und $\overline{AP} = 7$ (LE):

$h_{AB} = \sqrt{7^2 - \left(\dfrac{3\sqrt{14}}{2}\right)^2} = \sqrt{49 - \dfrac{9 \cdot 14}{4}} = \sqrt{\dfrac{35}{2}}$ (LE)

Für den Inhalt der Grundfläche ergibt sich damit:

$A_{\triangle ABP} = \dfrac{1}{2} \cdot \overline{AB} \cdot h_{AB} = \dfrac{1}{2} \cdot 3\sqrt{14} \cdot \sqrt{\dfrac{35}{2}} = \dfrac{1}{2} \cdot 3 \cdot \sqrt{2 \cdot 7 \cdot \dfrac{5 \cdot 7}{2}} = \dfrac{21}{2}\sqrt{5}$ (FE)

Unter Verwendung dieses Ergebnisses und der Prismenhöhe

$h = |\overrightarrow{PG}| = \left|\begin{pmatrix} 0 \\ -2 \\ 4 \end{pmatrix}\right| = \sqrt{20} = 2\sqrt{5}$ (LE)

erhält man für das Volumen des Prismas:

$V = A_{\triangle ABP} \cdot h$

$V = \dfrac{21}{2}\sqrt{5} \cdot 2\sqrt{5} = \underline{\underline{105\ \text{VE}}}$

Lösungsweg 2:
Es wird zuerst ein Innenwinkel der Grundfläche $\triangle ABP$ berechnet. Im $\triangle ABP$ gilt für die gleich langen Schenkel $|\overrightarrow{PA}| = |\overrightarrow{PB}| = 7$ (LE). Sie schließen den Winkel γ ein. Außerdem ist $\overline{AB} = 3\sqrt{14}$ (LE). Damit sind die Längen aller Seiten des $\triangle ABP$ bekannt.

Nach dem Kosinussatz gilt im $\triangle ABP$:

$\overline{AB}^2 = \overline{PA}^2 + \overline{PB}^2 - 2 \cdot \overline{PA} \cdot \overline{PB} \cdot \cos\gamma$

$\Rightarrow \cos\gamma = \dfrac{\overline{PA}^2 + \overline{PB}^2 - \overline{AB}^2}{2 \cdot \overline{PA} \cdot \overline{PB}} = \dfrac{7^2 + 7^2 - (3\sqrt{14})^2}{2 \cdot 7 \cdot 7} = -\dfrac{2}{7}$

$\Rightarrow \gamma = \arccos\left(-\dfrac{2}{7}\right) \approx 106{,}6°$

Die Höhe h des Prismas ist:

$h = |\overrightarrow{PG}| = \left|\begin{pmatrix} 0 \\ -2 \\ 4 \end{pmatrix}\right| = \sqrt{20} = 2\sqrt{5}$ (LE)

Damit ergibt sich nunmehr das Volumen des Prismas aus:

$V = \quad A_{\triangle ABP} \quad \cdot h$

$= \dfrac{1}{2} \cdot |\overrightarrow{PA}| \cdot |\overrightarrow{PB}| \cdot \sin\gamma \cdot |\overrightarrow{PG}|$

$= \dfrac{1}{2} \cdot 7 \cdot 7 \cdot \sin 106{,}6° \cdot 2\sqrt{5}$

$= \underline{\underline{105 \text{ VE}}}$

Lösungsweg 3:
Für den Inhalt der dreieckigen Grundfläche wird zuerst ein Innenwinkel dieses gleichschenkligen Dreiecks berechnet. Vorzugsweise könnte das der Winkel γ zwischen den gleich langen Schenkeln sein; für diese gilt: $|\overrightarrow{PA}| = |\overrightarrow{PB}| = 7$ (LE)
Für den Winkel γ gilt:

$\cos\gamma = \cos\sphericalangle(\overrightarrow{PA}, \overrightarrow{PB}) = \dfrac{\overrightarrow{PA} \cdot \overrightarrow{PB}}{|\overrightarrow{PA}| \cdot |\overrightarrow{PB}|}$

$= \dfrac{\begin{pmatrix} -2 \\ 6 \\ 3 \end{pmatrix} \cdot \begin{pmatrix} 7 \\ 0 \\ 0 \end{pmatrix}}{7 \cdot 7} = -\dfrac{14}{49} = -\dfrac{2}{7}$

$\Rightarrow \gamma \approx 106{,}6°$

Die Höhe des Prismas ist:

$|\overrightarrow{PG}| = \left|\begin{pmatrix} 0 \\ -2 \\ 4 \end{pmatrix}\right| = \sqrt{20} = 2\sqrt{5}$ (LE)

Damit ergibt sich nunmehr das Volumen des Prismas aus:

$V = \quad A_{\triangle ABP} \quad \cdot h$

$= \dfrac{1}{2} \cdot |\overrightarrow{PA}| \cdot |\overrightarrow{PB}| \cdot \sin\gamma \cdot |\overrightarrow{PG}|$

$= \dfrac{1}{2} \cdot 7 \cdot 7 \cdot \sin 106{,}6° \cdot 2\sqrt{5}$

$= \underline{\underline{105 \text{ VE}}}$

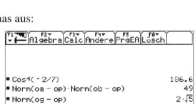

c) Ermitteln eines Durchstoßpunktes

Die Bohrung erfolgt längs der Geraden $g(G; \vec{u})$: $\vec{x} = \overrightarrow{OG} + t \cdot \vec{u}$; $t \in \mathbb{R}$.

Für die Grundflächenebene $\varepsilon(A, B, P)$ gilt: $\vec{x} = \overrightarrow{OP} + r \cdot \overrightarrow{PA} + s \cdot \overrightarrow{PB}$; $r, s \in \mathbb{R}$

Einfügen aller Koordinaten und Gleichsetzen von Geraden- und Ebenengleichung:

$$\begin{pmatrix}0\\1\\4\end{pmatrix} + t \cdot \begin{pmatrix}\frac{1}{2}\\3\\-1\end{pmatrix} = \begin{pmatrix}0\\3\\0\end{pmatrix} + r \cdot \begin{pmatrix}-2\\6\\3\end{pmatrix} + s \cdot \begin{pmatrix}7\\0\\0\end{pmatrix}$$

Lösungshinweise für das CAS-Abitur
Speichern des Vektors $\vec{u}$, der Geraden- und der Ebenengleichung:

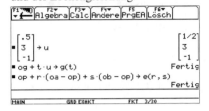

Durch Koordinatenvergleich entsteht das folgende Gleichungssystem:

(1) $0 + \frac{1}{2}t = 0 - 2r + 7s$

(2) $1 + 3t = 3 + 6r$

(3) $4 - t = 3r$

Aus (3) $\Rightarrow$ $t = 4 - 3r$

in (2) $\Rightarrow$ $1 + 3 \cdot (4 - 3r) = 3 + 6r$ $\Rightarrow$ $r = \frac{2}{3}$

in (3) $\Rightarrow$ $t = 2$

$r = \frac{2}{3}$ und $t = 2$ in (1) $\Rightarrow$ $s = \frac{1}{3}$

Setzt man $t = 2$ in die Geradengleichung bzw. $r = \frac{2}{3}$ und $s = \frac{1}{3}$ in die Gleichung der Ebene ein, so erhält man jeweils den Punkt mit den Koordinaten $x = 1$, $y = 7$, $z = 2$.

Lösen der durch Gleichsetzen von Geraden- und Ebenengleichung entstehenden Vektorgleichung nach den in ihr enthaltenen Parametern:

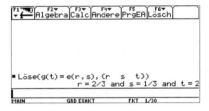

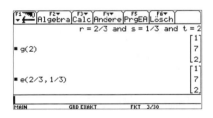

Damit ist der Punkt S(1; 7; 2) der gesuchte Durchstoßpunkt der Bohrung in der Grundflächenebene $\varepsilon(A, B, P)$.

Ein aufmerksamer Vergleich mit den in der Aufgabe gegebenen Punkten zeigt, dass die Punkte S und C identisch sind.
Damit wäre auch die Frage nach der Lage des Durchstoßpunktes S bezüglich des Dreiecks ABP beantwortet: S liegt auf der Kante $\overline{AB}$ dieses Dreiecks.

Andererseits erfüllen die Parameterwerte die in den Hinweisen und Tipps zur Aufgabe c genannten Bedingungen (vgl. Seite 2010-28).

Berechnen des Schnittwinkels φ

Die folgende Abbildung zeigt das Prisma mit eingebrachter Bohrung:

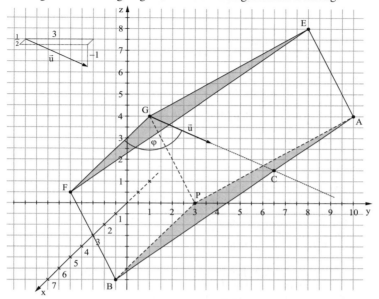

Der Richtungsvektor der Kante $\overrightarrow{GF}$ ist $\overrightarrow{GF} = \begin{pmatrix} 7 \\ 0 \\ 0 \end{pmatrix}$.

Die Bohrung erfolgt vom Punkt G aus in Richtung des Vektors $\vec{u} = \begin{pmatrix} \frac{1}{2} \\ 3 \\ -1 \end{pmatrix}$.

Um den Winkel φ zwischen der Kante $\overrightarrow{GF}$ und der Bohrung in Richtung von $\vec{u}$ zu berechnen, setzt man:

$$\cos\varphi = \frac{\overrightarrow{GF} \cdot \vec{u}}{|\overrightarrow{GF}| \cdot |\vec{u}|}$$

$$\cos\varphi = \frac{\begin{pmatrix} 7 \\ 0 \\ 0 \end{pmatrix} \cdot \begin{pmatrix} \frac{1}{2} \\ 3 \\ -1 \end{pmatrix}}{7 \cdot \sqrt{\frac{1}{4}+9+1}} = \frac{3{,}5}{7 \cdot \sqrt{\frac{41}{4}}} = \frac{1}{\sqrt{41}}$$

$\Rightarrow \quad \varphi = \arccos\left(\frac{1}{\sqrt{41}}\right) \approx \underline{\underline{81{,}02°}}$

ist der gesuchte Winkel.

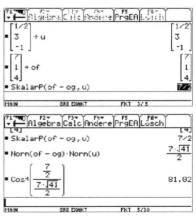

Grundkurs Mathematik (Thüringen): Abiturprüfung 2010
Aufgabe B2: Stochastik

Im Jahr der Fußballweltmeisterschaft haben sich auch die Mannschaften „FC Rundes Leder", „Einheit Holzheim" und „Wade 07" für ein Turnier qualifiziert.

a) Am Turnier nehmen zwölf Mannschaften teil. Es werden für die erste Runde vier Gruppen zu je drei Mannschaften ausgelost.
Zunächst werden die drei Mannschaften der ersten Gruppe gezogen.
Berechnen Sie die Wahrscheinlichkeiten für folgende Ereignisse!
A := „Die drei genannten Mannschaften sind in der 1. Gruppe."
B := „Nur „FC Rundes Leder" ist in der 1. Gruppe."
C := „Höchstens zwei von den drei genannten Mannschaften sind in der 1. Gruppe." (3 BE)

b) Der Torwart von „Wade 07" hält einen Strafstoß mit einer Wahrscheinlichkeit von 0,15. Beim Training wird in einer Übungsphase 20-mal auf das Tor geschossen.
Berechnen Sie die Wahrscheinlichkeiten für die Ereignisse:
D := „Der dritte Ball ist der erste, den er hält."
E := „Er hält genau drei Bälle."
F := „Keinen der 20 Schüsse kann er halten." (4 BE)

c) Der Fanclub von „Einheit Holzheim" hat 25 Mitglieder und bekommt fünf Freikarten für das Endspiel des Turniers. Um diese zu verteilen, werden Lose gezogen. In der Lostrommel befinden sich neben den fünf Gewinnlosen zwanzig Nieten. Die Mitglieder ziehen der Reihe nach jeder genau ein Los.
Prüfen Sie, ob der Zweite, der zieht, die gleiche Chance auf eine Freikarte hat wie der Erste! (2 BE)

Herr Lecker betreibt regelmäßig bei solchen Veranstaltungen einen Verpflegungsstand.

d) Er bereitet pro Tag 350 belegte Brötchen vor und stellt fest, dass er an 5 % der Tage 100 Brötchen, an 20 % der Tage 50 Brötchen, an 40 % der Tage 30 Brötchen und an 10 % der Tage 10 Brötchen übrig behält. An allen anderen Tagen verkauft er alle Brötchen. An einem belegten Brötchen verdient er 0,50 €, bei einem nicht verkauften macht er 0,80 € Verlust.
Berechnen Sie seinen durchschnittlichen Gewinn pro Tag! (4 BE)

e) Er verkauft auch echte Thüringer Bratwürste. Mit seinem Lieferanten hat er folgende Vereinbarung getroffen:
Es werden 50 Bratwürste auf ihr Mindestgewicht geprüft. Sind höchstens drei Bratwürste untergewichtig, nimmt er die Lieferung an.
Mit welcher Wahrscheinlichkeit kommt es zu einer Ablehnung, wenn die Wahrscheinlichkeit für eine untergewichtige Bratwurst 0,05 beträgt? (3 BE)

f) Nach einiger Zeit hat er den Eindruck, dass sich der Anteil der Bratwürste mit zu geringem Gewicht vergrößert hat. Er wählt deshalb 50 Bratwürste als Zufallsprobe aus.
Wie muss seine Entscheidungsregel lauten, wenn die Wahrscheinlichkeit, dass er sich mit seiner Annahme irrt, höchstens 0,01 beträgt? (4 BE)

(20 BE)

Binomialverteilung

n	k	p = 0,05 B(n; p; k)	p = 0,05 $\sum_{i=1}^{n} B(n; p; i)$	p = 0,10 B(n; p; k)	p = 0,10 $\sum_{i=1}^{n} B(n; p; i)$	p = 0,125 B(n; p; k)	p = 0,125 $\sum_{i=1}^{n} B(n; p; i)$	p = 0,15 B(n; p; k)	p = 0,15 $\sum_{i=1}^{n} B(n; p; i)$
50	0	0,07694	0,07694	0,00515	0,00515	0,00126	0,00126	0,00030	0,00030
	1	0,20249	0,27943	0,02863	0,03379	0,00900	0,01026	0,00261	0,00291
	2	0,26110	0,54053	0,07794	0,11173	0,03150	0,04176	0,01128	0,01419
	3	0,21987	0,76041	0,13857	0,25029	0,07201	0,11377	0,03186	0,04605
	4	0,13598	0,89638	0,18090	0,43120	0,12087	0,23463	0,06606	0,11211
	5	0,06584	0,96222	0,18492	0,61612	0,15885	0,39349	0,10725	0,21935
	6	0,02599	0,98821	0,15410	0,77023	0,17020	0,56369	0,14195	0,36130
	7	0,00860	0,99681	0,10763	0,87785	0,15283	0,71652	0,15745	0,51875
	8	0,00243	0,99924	0,06428	0,94213	0,11735	0,83387	0,14935	0,66810
	9	0,00060	0,99984	0,03333	0,97546	0,07824	0,91211	0,12299	0,79109
	10	0,00013	0,99997	0,01518	0,99065	0,04582	0,95793	0,08899	0,88008
	11	0,00002	1,00000	0,00613	0,99678	0,02380	0,98173	0,05711	0,93719
	12			0,00222	0,99900	0,01105	0,99279	0,03275	0,96994
	13			0,00072	0,99971	0,00462	0,99740	0,01689	0,98683
	14			0,00021	0,99993	0,00174	0,99914	0,00788	0,99471
	15			0,00006	0,99998	0,00060	0,99974	0,00334	0,99805
	16			0,00001	1,00000	0,00019	0,99993	0,00129	0,99934
	17					0,00005	0,99998	0,00045	0,99979
	18					0,00001	1,00000	0,00015	0,99994
	19							0,00004	0,99998
	20							0,00001	1,00000
100	0	0,00592	0,00592	0,00003	0,00003				
	1	0,03116	0,03708	0,00030	0,00032	0,00002	0,00002		
	2	0,08118	0,11826	0,00162	0,00194	0,00016	0,00018	0,00001	0,00002
	3	0,13958	0,25784	0,00589	0,00784	0,00075	0,00093	0,00008	0,00009
	4	0,17814	0,43598	0,01587	0,02371	0,00259	0,00353	0,00033	0,00043
	5	0,18002	0,61600	0,03387	0,05758	0,00711	0,01064	0,00113	0,00155
	6	0,15001	0,76601	0,05958	0,11716	0,01609	0,02673	0,00315	0,00470
	7	0,10603	0,87204	0,08890	0,20605	0,03086	0,05759	0,00746	0,01217
	8	0,06487	0,93691	0,11482	0,32087	0,05126	0,10885	0,01531	0,02748
	9	0,03490	0,97181	0,13042	0,45129	0,07485	0,18370	0,02762	0,05509
	10	0,01672	0,98853	0,13187	0,58316	0,09730	0,28100	0,04435	0,09945
	11	0,00720	0,99573	0,11988	0,70303	0,11373	0,39473	0,06404	0,16349
	12	0,00281	0,99854	0,09879	0,80182	0,12050	0,51523	0,08382	0,24730
	13	0,00100	0,99954	0,07430	0,87612	0,11653	0,63176	0,10012	0,34743
	14	0,00033	0,99986	0,05130	0,92743	0,10345	0,73521	0,10980	0,45722
	15	0,00010	0,99996	0,03268	0,96011	0,08473	0,81994	0,11109	0,56832
	16	0,00003	0,99999	0,01929	0,97940	0,06430	0,88424	0,10415	0,67246
	17	0,00001	1,00000	0,01059	0,98999	0,04539	0,92963	0,09081	0,76328
	18			0,00543	0,99542	0,02990	0,95954	0,07390	0,83717
	19			0,00260	0,99802	0,01843	0,97797	0,05628	0,89346
	20			0,00117	0,99919	0,01067	0,98864	0,04022	0,93368
	21			0,00050	0,99969	0,00580	0,99444	0,02704	0,96072
	22			0,00020	0,99989	0,00298	0,99742	0,01714	0,97786
	23			0,00007	0,99996	0,00144	0,99886	0,01026	0,98811
	24			0,00003	0,99999	0,00066	0,99952	0,00581	0,99392
	25			0,00001	1,00000	0,00029	0,99981	0,00311	0,99703
	26					0,00012	0,99993	0,00159	0,99862
	27					0,00005	0,99997	0,00077	0,99939
	28					0,00002	0,99999	0,00035	0,99974
	29					0,00001	1,00000	0,00015	0,99989

Hinweise und Tipps

Aufgabe a

- Die drei gesuchten Wahrscheinlichkeiten könnten Sie mithilfe eines dreistufigen Baumdiagramms berechnen. Dies ist jedoch recht aufwendig, da es mindestens 34 Ergebnisse aufweisen müsste.
  Die drei gesuchten Wahrscheinlichkeiten können Sie rationeller mithilfe eines Urnenmodells berechnen. Um das Urnenmodell angeben zu können, sollten Sie sich folgende Fragen beantworten: Wie viele Kugeln sind in der Urne? Wie sind die Kugeln gekennzeichnet? Wie viele Kugeln werden gezogen? Ziehen „auf gut Glück"? Ziehen mit oder ohne Zurücklegen? Ziehen mit oder ohne Beachtung der Reihenfolge?
- Aus einer Urne mit genau 12 Kugeln werden „auf gut Glück" und ohne Zurücklegen genau drei Kugeln gezogen.
- Mit der Urnenmodellannahme „Ziehen ohne Beachten der Reihenfolge" lässt sich jeweils die Anzahl der Möglichkeiten als Binomialkoeffizient berechnen. Die gesuchten Wahrscheinlichkeiten können mit der „Lottoformel" der hypergeometrischen Verteilung ermittelt werden:

$$\frac{\binom{K}{k} \cdot \binom{N-K}{n-k}}{\binom{N}{n}}$$

Aufgabe b

- Betrachten Sie das Halten oder Nichthalten eines Strafstoßes als ein Bernoulli-Experiment mit der Erfolgswahrscheinlichkeit p.
- Die zufällige Anzahl X_n der gehaltenen Strafstöße unter n Strafstößen ist binomialverteilt mit den Parametern n und p: $X_n \sim B_{n;p}$
- Die Bernoulliformel für „genau k Erfolge" bei n Strafstößen lautet:

$$P(X_n = k) = \binom{n}{k} \cdot p^k \cdot (1-p)^{n-k}$$

Die Wahrscheinlichkeit für den „ersten Erfolg" beim n-ten Strafstoß berechnet sich über das Produkt $P(X_{n-1} = 0) \cdot p$.

Aufgabe c

- Das Auslosen der Freikarten lässt sich durch ein Urnenmodell beschreiben. Zum Berechnen der beiden gesuchten Wahrscheinlichkeiten genügt es, die ersten beiden Kugelentnahmen zu betrachten und mittels Baumdiagramm zu veranschaulichen.
- Um das Urnenmodell angeben zu können, sollten Sie sich folgende Fragen beantworten: Wie viele Kugeln sind in der Urne? Wie sind die Kugeln gekennzeichnet? Wie viele Kugeln werden gezogen? Ziehen „auf gut Glück"? Ziehen mit oder ohne Zurücklegen? Ziehen mit oder ohne Beachtung der Reihenfolge?

Aufgabe d

- Wenn Sie die gegebenen Prozentsätze als relative Häufigkeiten und damit als Näherungswerte für die entsprechenden Wahrscheinlichkeiten $p_n = P(\text{„genau n Brötchen verkauft"})$ deuten, können Sie den zufälligen Gewinn als Zufallsgröße G definieren.
- Die möglichen Werte der Zufallsgröße G ergeben sich als jeweils möglicher Tagesreingewinn (ohne Maßeinheit Euro).
- Der Tagesreingewinn ergibt sich als Differenz aus dem Gewinn durch den Verkauf von n Brötchen und dem Verlust, der bei (350 − n) nicht verkauften Brötchen entsteht.

- Der Erwartungswert der Zufallsgröße G ist (abgesehen von der noch fehlenden Maßeinheit Euro) als durchschnittlicher Tagesgewinn zu interpretieren.

Aufgabe e
- Betrachten Sie das Unterschreiten bzw. Nichtunterschreiten des Bratwurstmindestgewichts als ein Bernoulli-Experiment mit der Erfolgswahrscheinlichkeit p.
- Die zufällige Anzahl X der „Untergewichtigen" unter 50 Bratwürsten ist binomialverteilt mit den Parametern n = 50 und p: $X \sim B_{50;\,p}$
- Die Bernoulliformel für „höchstens k Erfolge unter n" lautet:

$$P(X \leq k) = \sum_{i=0}^{k} \binom{n}{i} \cdot p^i \cdot (1-p)^{n-i}$$

- Die Wahrscheinlichkeit für „mehr als k Erfolge unter n" lässt sich über die Wahrscheinlichkeit des Gegenereignisses berechnen: $P(X > k) = 1 - P(X \leq k)$
- Die Wahrscheinlichkeiten $P(X > 3)$ bzw. $P(X \leq 3)$ kann man als aufsummierten Wert der Wahrscheinlichkeitstabelle $B_{50;\,0,05}$ entnehmen.

Aufgabe f
- Konstruieren Sie einen Signifikanztest mit der Nullhypothese $p = 0,05$ und der Gegenhypothese $p > 0,05$ für das Signifikanzniveau $\alpha = 0,01$.
- Wählen Sie als binomialverteilte Testgröße X die zufällige Anzahl der untergewichtigen Bratwürste in der Zufallsstichprobe.
- Wählen Sie als Ablehnungsbereich $\overline{A}$ die Werte von X, die gegen H_0 und damit für H_1 sprechen.
- Der Fehler 1. Art tritt auf, wenn H_0 wahr ist, aber aufgrund des Testergebnisses abgelehnt wird.
- Bestimmen Sie den Ablehnungsbereich $\overline{A} = \{k;\, k+1;\, \ldots;\, 50\}$ so, dass $B_{50;\,0,05}(X \geq k) \leq 0,01$ gilt.
- Formulieren Sie die gesuchte Entscheidungsregel, nach der die Hypothese, dass die Wahrscheinlichkeit für „Untergewicht" 0,05 beträgt, aufgrund des Testergebnisses abzulehnen und damit zu verwerfen ist.

Lösungen

a) Wahrscheinlichkeiten der Ereignisse A bis C

Das Auslosen der drei Mannschaften kann als ein dreistufiges Zufallsexperiment, das durch das folgende Urnenmodell beschrieben wird, interpretiert werden:
Einer Urne mit genau 12 Kugeln (von 1 bis 12 durchnummeriert, ansonsten nicht unterscheidbar) werden „auf gut Glück" und ohne Zurücklegen genau drei Kugeln entnommen.

Lösungsweg 1:
Nimmt man an, dass das Ziehen außerdem ohne Beachtung der Reihenfolge, d. h. mit einem Griff, erfolgt, können die gesuchten Wahrscheinlichkeiten mithilfe der sogenannten „Lottoformel", d. h. der hypergeometrischen Verteilung, berechnet werden.
(Kugel 1: „FC Rundes Leder"; Kugel 2: „Einheit Holzheim"; Kugel 3: „Wade 07")

Wahrscheinlichkeit P(A)

P(A) = P(„die Kugeln mit den Nummern 1, 2 und 3 werden gezogen")

$$= \frac{\binom{3}{3} \cdot \binom{9}{0}}{\binom{12}{3}} = \frac{1}{220}$$

$P(A) \approx 0{,}00455$

Wahrscheinlichkeit P(B)

P(B) = P(„die Kugel 1 wird gezogen und die Kugeln 2 und 3 werden nicht gezogen")

$$= \frac{\binom{1}{1} \cdot \binom{2}{0} \cdot \binom{9}{2}}{\binom{12}{3}} = \frac{9}{55}$$

$P(B) \approx 0{,}164$

Wahrscheinlichkeit P(C)

P(C) = P(„von den Kugeln 1, 2, 3 werden höchstens zwei gezogen")

$$= \frac{\binom{3}{0} \cdot \binom{9}{3} + \binom{3}{1} \cdot \binom{9}{2} + \binom{3}{2} \cdot \binom{9}{1}}{\binom{12}{3}} = \frac{219}{220}$$

$P(C) \approx 0{,}995$

oder

$P(C) = 1 - P(A) = 1 - \dfrac{1}{220} = \dfrac{219}{220}$

$P(C) \approx 0{,}995$

Lösungsweg 2:
Nimmt man an, dass das Ziehen ohne Zurücklegen und mit Beachtung der Reihenfolge erfolgt, können die gesuchten Wahrscheinlichkeiten mithilfe von Abzählprinzipien ermittelt werden.

Wahrscheinlichkeit P(A)

$$P(A) = \frac{3 \cdot 2 \cdot 1}{12 \cdot 11 \cdot 10} = \frac{1}{220}$$

$$P(A) \approx 0{,}0045$$

Wahrscheinlichkeit P(B)

$$P(B) = \frac{\binom{3}{1} \cdot 1 \cdot 9 \cdot 8}{12 \cdot 11 \cdot 10} = \frac{9}{55}$$

$$P(B) \approx 0{,}164$$

Wahrscheinlichkeit P(C)

$$P(C) = \frac{\binom{3}{2} \cdot 3 \cdot 2 \cdot 9}{12 \cdot 11 \cdot 10} + \frac{\binom{3}{1} \cdot 3 \cdot 9 \cdot 8}{12 \cdot 11 \cdot 10} + \frac{\binom{3}{0} \cdot 9 \cdot 8 \cdot 7}{12 \cdot 11 \cdot 10} = \frac{219}{220}$$

$$P(C) \approx 0{,}995$$

b) **Wahrscheinlichkeiten der Ereignisse D bis F**

Das Halten bzw. Nichthalten bei 20 Strafstößen werde durch das 20-malige Realisieren eines Bernoulli-Experiments mit der Erfolgswahrscheinlichkeit p = 0,15 modelliert. Da p nur mit zwei wesentlichen (geltenden) Ziffern gegeben ist, sind nach den Regeln für sinnvolle Genauigkeit die gesuchten Wahrscheinlichkeiten auch nur mit zwei wesentlichen Ziffern anzugeben.

Zufallsgröße X_n: zufällige Anzahl der gehaltenen Strafstöße bei n Strafstößen
$$X_n \sim B_{n;\,0{,}15}$$

Wahrscheinlichkeit P(D)

Lösungsweg 1:

$P(D) = P(X_2 = 0) \cdot p$

$= \binom{2}{0} \cdot 0{,}15^0 \cdot 0{,}85^2 \cdot 0{,}15$

$P(D) \approx 0{,}11$

Lösungsweg 2:
Dem nebenstehenden Baumdiagramm ist zu entnehmen:

$P(D) = 0{,}85 \cdot 0{,}85 \cdot 0{,}15$

$P(D) \approx 0{,}11$

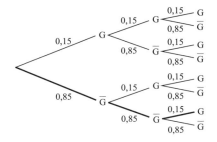

Wahrscheinlichkeit P(E)

$$P(E) = P(X_{20} = 3) = \binom{20}{3} \cdot 0{,}15^3 \cdot 0{,}85^{17}$$

$$\underline{\underline{P(E) \approx 0{,}24}}$$

Wahrscheinlichkeit P(F)

$$P(F) = P(X_{20} = 0) = \binom{20}{0} \cdot 0{,}15^0 \cdot 0{,}85^{20} = 0{,}85^{20}$$

$$\underline{\underline{P(F) \approx 0{,}039}}$$

c) **Untersuchen auf Chancengleichheit**

Das Auslosen der fünf Freikartengewinner ist als ein 25-stufiges Zufallsexperiment zu interpretieren, das aber zum Berechnen der beiden gesuchten Wahrscheinlichkeiten nur als „zweimaliges Ziehen aus einer Urne" realisiert werden muss.
Einer Urne mit genau fünf weißen Kugeln (Gewinnlose) und 20 schwarzen Kugeln (Nieten), die ansonsten nicht voneinander unterscheidbar sind, werden nacheinander „auf gut Glück" ohne Zurücklegen und mit Beachtung der Reihenfolge zwei Kugeln entnommen.
Zu untersuchen ist, ob die Ereignisse
Z1: = „die erste entnommene Kugel ist weiß" und
Z2: = „die zweite entnommene Kugel ist weiß"
dieselbe Wahrscheinlichkeit besitzen.

$$P(Z1) = P(\{(w; w), (w; s)\}) = P(\{w\}) = \frac{5}{25} = \frac{1}{5} = 0{,}2$$

$$P(Z2) = P(\{(w; w), (s; w)\}) = \frac{5}{25} \cdot \frac{4}{24} + \frac{20}{25} \cdot \frac{5}{24} = 0{,}2$$

$$\Rightarrow \underline{\underline{P(Z1) = P(Z2)}}$$

Der Zweite, der zieht, besitzt die gleiche Chance auf eine Freikarte wie der Erste.

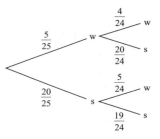

d) **Erwartungswert EG**

Die durch die Prozentsätze angegebenen relativen Häufigkeiten werden als Näherungswerte für die entsprechenden Wahrscheinlichkeiten gedeutet.
Als durchschnittlicher Gewinn pro Tag wird der Erwartungswert des zufälligen Tagesgewinns angesehen.

Zufallsgröße X: zufällige Anzahl der verkauften Brötchen

$$X \stackrel{\triangle}{=} \begin{pmatrix} 250 & 300 & 320 & 340 & 350 \\ 0{,}05 & 0{,}20 & 0{,}40 & 0{,}10 & 0{,}25 \end{pmatrix}$$

Lösungsweg 1:

Zufallsgröße G: zufälliger Gewinn (in Euro)

$$G \stackrel{\triangle}{=} \begin{pmatrix} 250 \cdot 0{,}50 - 100 \cdot 0{,}80 & 300 \cdot 0{,}50 - 50 \cdot 0{,}80 & 320 \cdot 0{,}50 - 30 \cdot 0{,}80 & 340 \cdot 0{,}50 - 10 \cdot 0{,}80 & 350 \cdot 0{,}50 \\ 0{,}05 & 0{,}20 & 0{,}40 & 0{,}10 & 0{,}25 \end{pmatrix}$$

$$\stackrel{\triangle}{=} \begin{pmatrix} 45 & 110 & 136 & 162 & 175 \\ 0{,}05 & 0{,}20 & 0{,}40 & 0{,}10 & 0{,}25 \end{pmatrix}$$

$EG = 45 \cdot 0,05 + 110 \cdot 0,20 + 136 \cdot 0,40 + 162 \cdot 0,10 + 175 \cdot 0,25$
$EG = \underline{\underline{138,60}}$

Lösungsweg 2:
$EX = 250 \cdot 0,05 + 300 \cdot 0,20 + 320 \cdot 0,40 + 340 \cdot 0,10 + 350 \cdot 0,25 = 322$
$EX \cdot 0,50 - (350 - EX) \cdot 0,80 = 322 \cdot 0,50 - 28 \cdot 0,80 = \underline{\underline{138,60}}$

Der durchschnittliche Gewinn pro Tag beträgt ca. 140 €.

Nachbetrachtung zur Gleichwertigkeit beider Lösungswege:
Lösungsweg 1:
$G = 0,50 \cdot X - (350 - X) \cdot 0,80 = 0,50 \cdot X - 350 \cdot 0,80 + 0,80 \cdot X = 1,30 \cdot X - 280$
$EG = 1,30 \cdot EX - 280$

Lösungsweg 2:
$EX \cdot 0,50 - (350 - EX) \cdot 0,80 = 0,50 \cdot EX - 280 + 0,80 \cdot EX = 1,30 \cdot EX - 280 = EG$

e) **Binomialwahrscheinlichkeit $B_{n;p}(X > k)$**

Das Überprüfen von 50 Bratwürsten auf „Untergewicht" wird als 50-maliges Realisieren eines Bernoulliexperiments mit der Erfolgswahrscheinlichkeit 0,05 angesehen. Da die Erfolgswahrscheinlichkeit nur mit einer wesentlichen (geltenden) Ziffer angegeben ist, kann auch die gesuchte Wahrscheinlichkeit nur auf eine wesentliche Ziffer sinnvoll gerundet werden.

Zufallsgröße X: zufällige Anzahl der untergewichtigen Bratwürste
$$X \sim B_{50;\,0,05}$$
$P(X > 3) = 1 - P(X \leq 3) \approx 1 - 0,76041 \approx \underline{\underline{0,2}}$

f) **Entscheidungsregel für einen einseitigen Signifikanztest**

Aufgrund der gegebenen Wahrscheinlichkeit 0,01, der Wahrscheinlichkeit, „dass er sich mit seiner Annahme irrt", dass also seine Annahme „der Anteil der Bratwürste mit zu geringem Gewicht hat sich vergrößert" falsch ist, kann man keine Entscheidungsregel im Sinne der klassischen Testtheorie erarbeiten.
Wird die Wahrscheinlichkeit 0,01 als Signifikanzniveau α mit
$P_{\text{„}H_0 \text{ ist wahr"}}(\text{„}H_0 \text{ wird aufgrund des Testergebnisses verworfen"})$
$= P_{\text{„}p\,=\,0,05\text{"}}(\text{„p wird aufgrund des Testergebnisses als größer 0,05 eingestuft"}) \leq 0,01$
interpretiert, so lässt sich die gesuchte Entscheidungsregel ermitteln.

Testgröße X: zufällige Anzahl der untergewichtigen Bratwürste in der Zufallsstichprobe
$$X \sim B_{50;\,p}$$

Nullhypothese H_0: $p = 0,05$ $\qquad$ Gegenhypothese H_1: $p > 0,05$

Ablehnungsbereich: $\overline{A} = \{k; k+1; ...; 50\}$
Annahmebereich: $A = \{0; ...; k-1\}$

$P_{\text{„}H_0\text{ ist wahr"}}(\text{„}H_0\text{ wird abgelehnt"}) = B_{50;\,0,05}(X \geq k)$
$= 1 - B_{50;\,0,05}(X \leq k-1) \leq 0,01$

$0,99 \leq B_{50;\,0,05}(X \leq k-1)$
$7 \leq k-1$
$8 \leq k$

$\Rightarrow \overline{\overline{A = \{8; 9; \ldots; 50\}}}$

Damit ergibt sich als Entscheidungsregel:
H_0 ist genau dann abzulehnen, wenn mindestens 8 untergewichtige Bratwürste in der Zufallsstichprobe enthalten sind.
Die Hypothese, dass die Wahrscheinlichkeit für „Untergewicht" 0,05 beträgt, ist genau dann aufgrund des Testergebnisses zu verwerfen, wenn mindestens 8 untergewichtige Bratwürste in der Zufallsstichprobe sind.

```
F1      F2    F3    F4    F5     F6
  Algebra Calc Other PrgmIO Clean Up

 binomcdf(50,.05,k,50)|k = 5    .103617
 binomcdf(50,.05,k,50)|k = 7    .011786
 binomcdf(50,.05,k,50)|k = 8    .003188
binomcdf(50,.05,k,50)|k=8
STOCH        DEG EXACT      FUNC 3/90
```

Grundkurs Mathematik (Thüringen): Abiturprüfung 2010
Aufgabe C: Themenübergreifend

a) Gegeben ist die Zahlenfolge (a_n) mit
$a_n = \dfrac{2n+3}{n+1}$, $n \geq 1$.
Ab welchem n unterscheiden sich die Folgenglieder vom Grenzwert der Folge um weniger als $\dfrac{1}{100}$? (2 BE)

b) Eine gebrochenrationale Funktion der Form
$f(x) = \dfrac{x^2 - ax}{x + b}$
hat eine senkrechte Asymptote mit der Gleichung $x = -3$ und die Nullstellen $x_1 = 0$ und $x_2 = 4$.
Bestimmen Sie die Werte für a und b! (2 BE)

c) Gegeben sind die Vektoren
$\vec{a} = \begin{pmatrix} 6 \\ 8 \\ 4 \end{pmatrix}$ und $\vec{b}_k = \begin{pmatrix} 0{,}5k + 9 \\ k + 10 \\ 8 \end{pmatrix}$ mit $k \in \mathbb{R}$.

Für welche Werte von k sind die Vektoren
(1) parallel bzw.
(2) gleich lang? (3 BE)

Formulierung für das CAS-Abitur
Für welche Werte von k sind die Vektoren
(1) parallel zueinander bzw.
(2) gleich lang bzw.
(3) orthogonal zueinander?

d) Zwei ideale Würfel unterschiedlicher Farbe werden gleichzeitig geworfen und die Summe der Augenzahlen gebildet.
Ermitteln Sie die Wahrscheinlichkeiten folgender Ereignisse!
A := „Die Augensumme ist kleiner als 6."
B := „Die Augensumme ist eine Primzahl."
Beschreiben Sie zu diesem Zufallsexperiment ein Ereignis C, dessen Wahrscheinlichkeit $P(C) = \dfrac{1}{6}$ beträgt! (3 BE)
(10 BE)

Hinweise und Tipps

Aufgabe a
- Bestimmen Sie zuerst den Grenzwert g der Zahlenfolge (a_n).
- Um den Grenzwert g eines Quotienten für $n \to \infty$ zu bestimmen, kann man versuchen, ihn über die Quotientenregel für Grenzwerte zu ermitteln.
- Da die Anwendung dieser Quotientenregel zu einem unbestimmten Ausdruck $\frac{\infty}{\infty}$ führt, kann man nun verschiedene Lösungswege einschlagen:
  (1) Indem Sie im Zähler und Nenner n ausklammern und somit n herauskürzen, lässt sich g über die Quotientenregel berechnen.
  (2) Indem Sie den Quotienten durch Polynomdivision in eine Summe verwandeln, lässt sich g über die Summenregel ermitteln.
  (3) Indem Sie für einige hinreichend große n-Werte a_n berechnen, erhält man ein aussagekräftiges Indiz für den Wert von g.
- Der Unterschied, also der Abstand zwischen a_n und g, berechnet sich als Betrag $|a_n - g|$.
- Versuchen Sie die Differenz $a_n - g$ so weit zu vereinfachen, dass die Betragsstriche überflüssig werden, da n stets positiv ist.

Aufgabe b
- Zur Bestimmung der zwei Parameter benötigen Sie (mindestens) zwei Gleichungen.
- Drei Gleichungen erhalten Sie aufgrund der notwendigen Bedingungen für die Polstelle und die zwei Nullstellen der gebrochenrationalen Funktion f.
- Lösen Sie das entstandene Gleichungssystem, dessen Gleichungen jeweils nur einen der zwei Parameter enthalten.

Aufgabe c
- Die zwei Vektoren $\vec{a}$ und $\vec{b}_k$ sind genau dann parallel zueinander, wenn $\vec{b}_k = s \cdot \vec{a}$ mit $s \neq 0$ gilt.
- Die zwei Vektoren $\vec{a}$ und $\vec{b}_k$ sind gleich lang, wenn für ihre Beträge $|\vec{a}| = |\vec{b}_k|$ gilt.

Ergänzung für das CAS-Abitur: Orthogonalität
- Die zwei Vektoren $\vec{a}$ und $\vec{b}_k$ verlaufen genau dann orthogonal zueinander, wenn für ihr Skalarprodukt $\vec{a} \cdot \vec{b} = 0$ gilt.

Aufgabe d
- Das einmalige Werfen zweier unterscheidbarer Würfel kann man als ein zweistufiges Zufallsexperiment auffassen.
- Überlegen Sie, welche Struktur ein entsprechendes Baumdiagramm aufweist, wenn die Seitenflächen beider idealer Würfel jeweils von 1 bis 6 durchnummeriert sind.

Wahrscheinlichkeiten P(A) und P(B)
- Bestimmen Sie für jeden der 36 Pfade die Pfadwahrscheinlichkeit.
- Zählen Sie aus, wie viele Pfade zu einer Augensumme kleiner als 6 bzw. zu einer primen Augensumme führen.
- Berechnen Sie P(A) und P(B) über die zweite Pfadregel (Summenregel).

Ereignis C
- Als Ereignis C kann jedes Ereignis gewählt werden, das so viele der 36 Ergebnisse umfasst, dass deren aufsummierten Pfadwahrscheinlichkeiten $\frac{1}{6} = \frac{6}{36}$ betragen.

Lösungen

a) Index n eines Folgegliedes

Der Grenzwert $g = \lim\limits_{n \to \infty} a_n$ der Folge (a_n) lässt sich mithilfe der Grenzwertsätze berechnen, wenn man den Quotienten $\frac{2n+3}{n+1}$ mit n gekürzt hat oder ihn durch Polynomdivision in einen „gemischten" Term umwandelt.

Bestimmen des Grenzwertes g von (a_n):

Lösungsweg 1: Anwenden von Konvergenzkriterien

$$g = \lim_{n \to \infty} a_n = \lim_{n \to \infty} \frac{2n+3}{n+1} = \lim_{n \to \infty} \frac{n \cdot \left(2 + \frac{3}{n}\right)}{n \cdot \left(1 + \frac{1}{n}\right)} = \lim_{n \to \infty} \frac{2 + \frac{3}{n}}{1 + \frac{1}{n}} = \frac{2+0}{1+0} = 2$$

Lösungsweg 2: Termvereinfachung durch Polynomdivision

$$\frac{2n+3}{n+1} = (2n+3):(n+1) = 2 + \frac{1}{n+1} \quad \Rightarrow \quad g = \lim_{n \to \infty} a_n = \lim_{n \to \infty}\left(2 + \frac{1}{n+1}\right) = 2 + 0 = 2$$

Lösungsweg 3: Indiz für g

Die folgende Wertetabelle spricht für den Grenzwert $g = 2$:

n	a_n
100	2,0099
1 000	2,001
10 000	2,0001

Der Abstand $|a_n - g|$ soll kleiner als $\frac{1}{100}$ sein.

$$|a_n - 2| = \left|\frac{2n+3}{n+1} - 2\right| = \left|\frac{2n+3-2(n+1)}{n+1}\right| = \left|\frac{2n+3-2n-2}{n+1}\right| = \left|\frac{1}{n+1}\right| = \frac{1}{n+1} \quad \text{(da } n \geq 1\text{)}$$

$\frac{1}{n+1} < \frac{1}{100} \qquad |\cdot 100(n+1)$

$100 < n + 1 \qquad |-1$

$99 < n$

$\underline{n \geq 100}$, was auch direkt aus der Ungleichung $\frac{1}{n+1} < \frac{1}{100}$ abzulesen ist.

Ab $n = 100$, d. h. für alle $n \geq 100$, unterscheiden sich die Folgeglieder a_n um weniger als $\frac{1}{100}$ vom Grenzwert der Folge (a_n).

b) **Bestimmen der Parameter a, b eines Funktionsterms**

Der Graph der Funktion f hat eine senkrechte Asymptote mit der Gleichung $x = -3$, d. h. f besitzt die Polstelle $x_P = -3$. Folglich muss der Nenner $x + b$ für $x = -3$ null werden.
Die Funktion f besitzt die Nullstellen $x_1 = 0$ und $x_2 = 4$. Folglich muss der Zähler $x^2 - ax$ sowohl für $x = 0$ als auch für $x = 4$ null werden.

Die Parameter a und b müssen deshalb den folgenden drei Gleichungen genügen:

$-3 + b = 0 \quad \Rightarrow \quad \underline{\underline{b = 3}}$

$0^2 - a \cdot 0 = 0 \quad$ gilt für alle reellen Zahlen a

$4^2 - a \cdot 4 = 0 \quad \Rightarrow \quad \underline{\underline{a = 4}}$

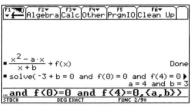

c) **Parameter k für $\vec{a} \parallel \vec{b}_k$**

Zwei Vektoren sind genau dann parallel zueinander, wenn der eine Vektor ein Vielfaches des anderen Vektors ist.

$\vec{b}_k = s \cdot \vec{a} \quad (s \neq 0)$ (Analog – aber etwas umständlicher – lässt

$\begin{pmatrix} 0{,}5k+9 \\ k+10 \\ 8 \end{pmatrix} = s \cdot \begin{pmatrix} 6 \\ 8 \\ 4 \end{pmatrix}$ sich k über den Ansatz $\vec{a} = s \cdot \vec{b}_k$ bestimmen.)

$\left. \begin{array}{l} 0{,}5k + 9 = 6s \\ k + 10 = 8s \\ 8 = 4s \quad \Rightarrow \quad s = 2 \end{array} \right\} \quad \left. \begin{array}{l} 0{,}5k + 9 = 12 \quad \Rightarrow \quad k = 6 \\ k + 10 = 16 \quad \Rightarrow \quad k = 6 \end{array} \right\} \quad \underline{\underline{k = 6}}$

Parameter k für $|\vec{a}| = |\vec{b}_k|$

Zwei Vektoren sind genau dann gleich lang, wenn ihre Beträge übereinstimmen.

$|\vec{a}| = |\vec{b}_k|$

$\sqrt{6^2 + 8^2 + 4^2} = \sqrt{(0{,}5k+9)^2 + (k+10)^2 + 8^2}$ | Das Quadrieren ist hier eine äquivalente Termumformung, da in den Radikanden keiner der Summanden negativ ist.

$116 = (0{,}5k+9)^2 + (k+10)^2 + 8^2$ | 1. binomische Formel anwenden

$116 = 0{,}25k^2 + 9k + 81 + k^2 + 20k + 100 + 64$ | -116

$0 = 1{,}25k^2 + 29k + 129$

$\underset{TR}{\Rightarrow} \quad \underline{\underline{k_1 = -17{,}2}}$

$\underline{\underline{k_2 = -6}}$

Lösungshinweise für das CAS-Abitur: Parameter k für $\vec{a} \perp \vec{b}_k$

Die Vektoren $\vec{a}$ und $\vec{b}_k$ sind genau dann orthogonal zueinander, wenn ihr Skalarprodukt null ist.

$$\vec{a} \cdot \vec{b}_k = \begin{pmatrix} 6 \\ 8 \\ 4 \end{pmatrix} \cdot \begin{pmatrix} 0,5k+9 \\ k+10 \\ 8 \end{pmatrix}$$

$= 6 \cdot (0,5k+9) + 8 \cdot (k+10) + 4 \cdot 8$

$= 11k + 166$

$0 = 11k + 166$

$k = -\dfrac{166}{11}$

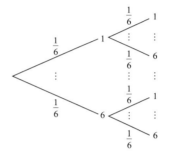

d) Wahrscheinlichkeiten P(A) und P(B)

Das einmalige Werfen zweier idealer unterscheidbarer Würfel, deren Seitenflächen mit 1 bis 6 durchnummeriert sind, wird durch das angedeutete Baumdiagramm beschrieben. Jede der 36 Pfadwahrscheinlichkeiten beträgt $\dfrac{1}{6} \cdot \dfrac{1}{6} = \dfrac{1}{36}$.

Eine Augensumme kleiner als 6 erhält man auf genau 10 Pfaden:
$2 = 1+1$
$3 = 1+2 = 2+1$
$4 = 1+3 = 2+2 = 3+1$
$5 = 1+4 = 2+3 = 3+2 = 4+1$

$\Rightarrow P(A) = 10 \cdot \dfrac{1}{36} = \dfrac{5}{18}$

Als Augensumme eine Primzahl erhält man auf genau 15 Pfaden:
$2 = 1+1$
$3 = 1+2 = 2+1$
$5 = 1+4 = 2+3 = 3+2 = 4+1$
$7 = 1+6 = 2+5 = 3+4 = 4+3 = 5+2 = 6+1$
$11 = 5+6 = 6+5$

$\Rightarrow P(B) = 15 \cdot \dfrac{1}{36} = \dfrac{5}{12}$

Beschreiben eines Ereignisses C

Da im obigen Baumdiagramm jede Pfadwahrscheinlichkeit $\dfrac{1}{36}$ beträgt, kann für das Ereignis C mit $P(C) = \dfrac{1}{6} = \dfrac{6}{36}$ jedes Ereignis gewählt werden, das durch genau sechs Pfade beschrieben wird.

Einige Möglichkeiten für das Ereignis C, die sich aus den obigen Summenbildungen ergeben:
C = „Die Augensumme beträgt 7."
C = „Die Augensumme beträgt 3 oder 5."
C = „Die Augensumme ist kleiner als 5."

2010-49

Ihre Meinung ist uns wichtig!

Ihre Anregungen sind uns immer willkommen. Bitte informieren Sie uns mit diesem Schein über Ihre Verbesserungsvorschläge!

Titel-Nr.	Seite	Vorschlag

Bitte hier abtrennen

Lernen ▪ Wissen ▪ Zukunft

20-VMN

Bitte ausfüllen und im frankierten Umschlag an uns einsenden. Für Fensterkuverts geeignet.

STARK Verlag
Postfach 1852
85318 Freising

Zutreffendes bitte ankreuzen!

Die Absenderin/der Absender ist:

- ☐ Lehrer/in in den Klassenstufen: _____
- ☐ Fachbetreuer/in
  Fächer: _____
- ☐ Seminarlehrer/in
  Fächer: _____
- ☐ Regierungsfachberater/in
  Fächer: _____
- ☐ Oberstufenbetreuer/in
- ☐ Schulleiter/in
- ☐ Referendar/in, Termin 2. Staatsexamen: _____
- ☐ Leiter/in Lehrerbibliothek
- ☐ Leiter/in Schülerbibliothek
- ☐ Sekretariat
- ☐ Eltern
- ☐ Schüler/in, Klasse: _____
- ☐ Sonstiges: _____

Unterrichtsfächer: (Bei Lehrkräften!)

Absender (Bitte in Druckbuchstaben!)

Kennen Sie Ihre Kundennummer?
Bitte hier eintragen.

Name/Vorname
Straße/Nr.
PLZ/Ort/Ortsteil
Telefon privat   Geburtsjahr
E-Mail

Schule/Schulstempel (Bitte immer angeben!)

Bitte hier abtrennen

Sicher durch das Abitur!

Klare Fakten, systematische Methoden, prägnante Beispiele sowie Übungsaufgaben auf Abiturniveau mit erklärenden Lösungen zur Selbstkontrolle.

Mathematik

Analysis – LK	Best.-Nr. 940021
Analysis – GK	Best.-Nr. 94001
Analysis mit CAS	Best.-Nr. 540021
Analytische Geometrie (G9)	Best.-Nr. 40075
Analytische Geometrie und lineare Algebra 1	Best.-Nr. 94005
Analytische Geometrie und lineare Algebra 2	Best.-Nr. 54008
Stochastik (G8)	Best.-Nr. 94009
Stochastik – LK (G9)	Best.-Nr. 94003
Stochastik – GK (G9)	Best.-Nr. 94007
Wahrscheinlichkeitsrechnung und Statistik GK	Best.-Nr. 40055
Kompakt-Wissen Abitur Analysis	Best.-Nr. 900151
Kompakt-Wissen Abitur Analytische Geometrie	Best.-Nr. 900251
Kompakt-Wissen Abitur Wahrscheinlichkeitsrechnung und Statistik	Best.-Nr. 900351
Klausuren Mathematik Oberstufe	Best.-Nr. 900461

Physik

Mechanik	Best.-Nr. 94307
Elektrisches und magnetisches Feld – LK	Best.-Nr. 94308
Elektromagnetische Schwingungen und Wellen – LK	Best.-Nr. 94309
Atom- und Quantenphysik – LK	Best.-Nr. 943010
Kernphysik – LK	Best.-Nr. 94305
Elektromagnetische Felder, Schwingungen und Wellen · Photonen – GK	Best.-Nr. 94321
Quanten-, Atom- und Kernphysik – GK	Best.-Nr. 94322
Physik – Übertritt in die Oberstufe	Best.-Nr. 80301
Abitur-Wissen Elektrodynamik	Best.-Nr. 94331
Kompakt-Wissen Abitur Physik 1 Mechanik, Wärmelehre, Relativitätstheorie	Best.-Nr. 943012
Kompakt-Wissen Abitur Physik 2 Elektrizität, Magnetismus und Wellenoptik	Best.-Nr. 943013
Kompakt-Wissen Abitur Physik 3 Quanten, Kerne und Atome	Best.-Nr. 943011

Erdkunde

Erdkunde Atmosphäre · Relief- und Hydrosphäre · Wirtschaftsprozesse und -strukturen · Verstädterung	Best.-Nr. 94909
Abitur-Wissen Entwicklungsländer	Best.-Nr. 94902
Abitur-Wissen Die USA	Best.-Nr. 94903
Abitur-Wissen Europa	Best.-Nr. 94905
Abitur-Wissen Der asiatisch-pazifische Raum	Best.-Nr. 94906
Abitur-Wissen GUS-Staaten/Russland	Best.-Nr. 94908
Kompakt-Wissen Abitur Erdkunde	Best.-Nr. 949010
Lexikon Erdkunde	Best.-Nr. 94904

Wirtschaft/Recht

Wirtschaft – Unternehmen im Wirtschaftsgeschehen · Internationale Wirtschaftsbeziehungen	Best.-Nr. 84852
Abitur-Wissen Volkswirtschaft	Best.-Nr. 94881
Abitur-Wissen Rechtslehre	Best.-Nr. 94882
Kompakt-Wissen Abitur Volkswirtschaft	Best.-Nr. 948501
Kompakt-Wissen Abitur Betriebswirtschaft	Best.-Nr. 924801

Chemie

Chemie 1 – Gleichgewichte · Energetik · Säuren und Basen · Elektrochemie	Best.-Nr. 84731
Chemie 2 – Naturstoffe · Aromatische Verbindungen · Kunststoffe	Best.-Nr. 84732
Rechnen in der Chemie	Best.-Nr. 84735
Methodentraining Chemie	Best.-Nr. 947308
Abitur-Wissen Protonen und Elektronen	Best.-Nr. 947301
Abitur-Wissen Struktur der Materie und Kernchemie	Best.-Nr. 947303
Abitur-Wissen Stoffklassen organischer Verbindungen	Best.-Nr. 947304
Abitur-Wissen Biomoleküle	Best.-Nr. 947305
Abitur-Wissen Biokatalyse und Stoffwechselwege	Best.-Nr. 947306
Abitur-Wissen Chemie am Menschen – Chemie im Menschen	Best.-Nr. 947307
Kompakt-Wissen Abitur Chemie Organische Stoffklassen · Natur-, Kunst- und Farbstoffe	Best.-Nr. 947309
Kompakt-Wissen Abitur Chemie Anorganische Chemie · Energetik · Kinetik · Kernchemie	Best.-Nr. 947310

Biologie

Biologie 1 – LK K 12 Genetik · Stoffwechsel · Ökologie	Best.-Nr. 94701
Biologie 2 – LK K 13 Verhaltensbiologie · Evolution	Best.-Nr. 94702
Biologie 1 – GK K 12 Zellbiologie · Genetik · Stoffwechsel · Ökologie	Best.-Nr. 94715
Biologie 2 – GK K 13 Neurobiologie · Verhaltensbiologie · Evolution	Best.-Nr. 94716
Methodentraining Biologie	Best.-Nr. 94710
Chemie für den LK Biologie	Best.-Nr. 54705
Abitur-Wissen Genetik	Best.-Nr. 94703
Abitur-Wissen Neurobiologie	Best.-Nr. 94705
Abitur-Wissen Verhaltensbiologie	Best.-Nr. 94706
Abitur-Wissen Evolution	Best.-Nr. 94707
Abitur-Wissen Ökologie	Best.-Nr. 94708
Abitur-Wissen Zell- und Entwicklungsbiologie	Best.-Nr. 94709
Kompakt-Wissen Abitur Biologie Zellen und Stoffwechsel · Nerven · Sinne und Hormone · Ökologie	Best.-Nr. 94712
Kompakt-Wissen Abitur Biologie Genetik und Entwicklung · Immunbiologie · Evolution · Verhalten	Best.-Nr. 94713
Kompakt-Wissen Biologie Fachbegriffe der Biologie	Best.-Nr. 94714
Kompakt-Wissen Biologie – Mittelstufe	Best.-Nr. 907001

(Bitte blättern Sie um)

Geschichte

Geschichte 1 – Deutschland vom 19. Jahrhundert
bis zum Ende des Nationalsozialismus .... Best.-Nr. 84763
Geschichte 2 – Deutschland seit 1945 · Europäische
Einigung · Weltpolitik der Gegenwart .... Best.-Nr. 84764
Methodentraining Geschichte .... Best.-Nr. 94789
Abitur-Wissen Die Antike .... Best.-Nr. 94783
Abitur-Wissen Das Mittelalter .... Best.-Nr. 94788
Abitur-Wissen Französische Revolution .... Best.-Nr. 947812
Abitur-Wissen Die Ära Bismarck: Entstehung und
Entwicklung des deutschen Nationalstaats .... Best.-Nr. 94784
Abitur-Wissen Imperialismus und Erster Weltkrieg ... Best.-Nr. 94785
Abitur-Wissen Die Weimarer Republik .... Best.-Nr. 47815
Abitur-Wissen
Nationalsozialismus und Zweiter Weltkrieg ...... Best.-Nr. 94786
Abitur Wissen
Deutschland von 1945 bis zur Gegenwart .... Best.-Nr. 947811
Abitur Wissen USA .... Best.-Nr. 947813
Abitur Wissen Naher Osten .... Best.-Nr. 947814
Kompakt-Wissen Abitur Geschichte Oberstufe ... Best.-Nr. 947601
Lexikon Geschichte .... Best.-Nr. 94787

Politik

Abitur-Wissen Demokratie .... Best.-Nr. 94803
Abitur-Wissen Sozialpolitik .... Best.-Nr. 94804
Abitur-Wissen Die Europäische Einigung .... Best.-Nr. 94805
Abitur-Wissen Politische Theorie .... Best.-Nr. 94806
Abitur-Wissen Internationale Beziehungen .... Best.-Nr. 94807
Kompakt-Wissen Abitur Politik/Sozialkunde .... Best.-Nr. 948001

Fachübergreifend

Richtig Lernen
Tipps und Lernstrategien – Oberstufe .... Best.-Nr. 10483
Referate und Facharbeiten – Oberstufe .... Best.-Nr. 10484
Training Methoden
Meinungen äußern, Ergebnisse präsentieren ... Best.-Nr. 10486

Abitur-Prüfungsaufgaben

Von den Kultusministerien zentral gestellte Abitur-Prüfungsaufgaben, einschließlich des **aktuellen Jahrgangs**. Mit **schülergerechten Lösungen**.

Sachsen

Abiturprüfung Mathematik – LK Sachsen .... Best.-Nr. 145000
Abiturprüfung Mathematik – GK Sachsen .... Best.-Nr. 145100
Abiturprüfung Deutsch – GK/LK Sachsen .... Best.-Nr. 145400
Abiturprüfung Englisch – LK Sachsen .... Best.-Nr. 145460
Abiturprüfung Physik – LK Sachsen .... Best.-Nr. 145300
Abiturprüfung Chemie – GK/LK Sachsen .... Best.-Nr. 145730
Abiturprüfung Biologie – GK Sachsen .... Best.-Nr. 145700
Abiturprüfung Geschichte – GK/LK Sachsen ... Best.-Nr. 145760

Sachsen-Anhalt

Abiturprüfung Mathematik – LKN
Sachsen-Anhalt .... Best.-Nr. 155000
Abiturprüfung Mathematik – GKN
Sachsen-Anhalt .... Best.-Nr. 155100
Abiturprüfung Deutsch – GKN/LKN
Sachsen-Anhalt .... Best.-Nr. 155400
Abiturprüfung Englisch – GKN/LKN
Sachsen-Anhalt .... Best.-Nr. 155460
Abiturprüfung Physik – LKN
Sachsen-Anhalt .... Best.-Nr. 155300
Abiturprüfung Chemie – GKN/LKN
Sachsen-Anhalt .... Best.-Nr. 155730
Abiturprüfung Biologie – GKN/LKN
Sachsen-Anhalt .... Best.-Nr. 155700
Abiturprüfung Geschichte – GKN/LKN
Sachsen-Anhalt .... Best.-Nr. 155760

Thüringen

Abiturprüfung Mathematik – Thüringen .... Best.-Nr. 165100
Abiturprüfung Deutsch – Thüringen .... Best.-Nr. 165400
Abiturprüfung Englisch – gA/eA Thüringen
mit Audio-Dateien zum Downloaden .... Best.-Nr. 165460
Abiturprüfung Physik – gA/eA Thüringen .... Best.-Nr. 165300
Abiturprüfung Biologie – gA/eA Thüringen ..... Best.-Nr. 165700
Abiturprüfung Geschichte – eA Thüringen ...... Best.-Nr. 165760

Mecklenburg-Vorpommern

Abiturprüfung Mathematik
Mecklenburg-Vorpommern .... Best.-Nr. 135000
Abiturprüfung Deutsch
Mecklenburg-Vorpommern .... Best.-Nr. 135410
Abiturprüfung Englisch
mit Audio-Dateien zum Downloaden
Mecklenburg-Vorpommern .... Best.-Nr. 135460
Abiturprüfung Biologie
Mecklenburg-Vorpommern .... Best.-Nr. 135700

Berlin/Brandenburg

Abiturprüfung Mathematik mit CD-ROM – LK
Berlin/Brandenburg .... Best.-Nr. 125000
Abiturprüfung Mathematik mit CD-ROM – GK
Berlin/Brandenburg .... Best.-Nr. 125100
Abiturprüfung Deutsch
Berlin/Brandenburg .... Best.-Nr. 125400
Abiturprüfung Englisch
Berlin/Brandenburg .... Best.-Nr. 125460
Abiturprüfung Biologie – GK/LK
Berlin/Brandenburg .... Best.-Nr. 125700

Bestellungen bitte direkt an:
STARK Verlagsgesellschaft mbH & Co. KG · Postfach 1852 · 85318 Freising
Tel. 0180 3 179000* · Fax 0180 3 179001* · www.stark-verlag.de · info@stark-verlag.de
*9 Cent pro Min. aus dem deutschen Festnetz, Mobilfunk bis 42 Cent pro Min.
Aus dem Mobilfunknetz wählen Sie die Festnetznummer: 08167 9573-0

Lernen • Wissen • Zukunft